不同战略导向制造企业网络可持续发展构形与路径研究

王雪原 著

资助项目：
国家自然科学基金青年科学基金项目（71403070）
国家自然科学基金青年科学基金项目（71503061）
黑龙江省哲学社会科学研究规划项目（17GLB018）
黑龙江省高校基本科研业务费专项资金项目（LGYC2018JC054）

科学出版社
北 京

内 容 简 介

制造企业网络成为国际化、信息化发展时代制造企业提升自我竞争力的重要战略选择，本书对制造企业网络类型、网络构形维度及不同类型制造企业网络的最佳构形特征开展研究，确定了影响创新战略导向、灵活战略导向与效率战略导向制造企业网络可持续发展的重要构形维度、维度作用关系，并设计了不同类型制造企业可持续发展路径。

本书可供制造企业管理领域学者、研究生使用，其研究思路与方法可应用于战略管理、创新管理、运营管理等多个领域；可供制造企业与产业管理人员使用，为企业管理提供有效方法与支持；可供政府相关部门工作人员使用，为科技成果转化、平台建设、金融服务、人力规划等提供有效参考。

图书在版编目（CIP）数据

不同战略导向制造企业网络可持续发展构形与路径研究 / 王雪原著. —北京：科学出版社，2020.5
ISBN 978-7-03-063491-7

Ⅰ. ①不… Ⅱ. ①王… Ⅲ. ①制造工业-可持续发展战略-研究-中国 Ⅳ. ①F426.4

中国版本图书馆 CIP 数据核字（2019）第 266230 号

责任编辑：杭 玫 / 责任校对：贾伟娟
责任印制：张 伟 / 封面设计：无极书装

科 学 出 版 社 出版
北京东黄城根北街 16 号
邮政编码：100717
http://www.sciencep.com

北京建宏印刷有限公司 印刷
科学出版社发行 各地新华书店经销
*
2020 年 5 月第 一 版 开本：720×1000 B5
2020 年 10 月第二次印刷 印张：17
字数：340 200

定价：**152.00 元**
（如有印装质量问题，我社负责调换）

前　言

我国制造业经过多年发展已取得了巨大的成绩，但与国外制造企业相比，仍存在影响力与品牌识别度有待提升、资源整合及生产布局不够充分、技术与工艺创新先进性与前瞻性不足等问题。这些问题影响了我国制造企业的市场稳定性、资源筹集与风险对抗能力、盈利与增长能力等，严重制约了我国制造企业的可持续发展。全球经济一体化时代，单制造企业竞争已经转向了制造企业网络竞争。制造企业网络联结可创造更多无形价值增值，例如，通过制造企业网络可以获得社会网络资源、技术创新知识，可以开拓市场或资源获取渠道等。制造企业网络竞争力提升方式不同，有些通过资源在成员间的高效传递与利用实现价值增值；有些通过不同成员创新能力联合提供领先或差异化产品、服务获得竞争优势；有些通过网络成员对外界信息的及时洞察，快速满足客户需求而实现价值创造。因此，不同制造企业网络实现可持续发展方式不同。研究不同战略导向下制造企业网络如何实现可持续发展具有重要的理论研究价值与实践指导意义。

基于能级跃迁理论分析制造企业可持续发展的能量源，通过内容分析的定性分析方法，结合编码人员信度检验，确定制造企业的广泛能量源；进一步通过案例分析方法，结合企业运营实践，确定创新、灵活、效率三种不同战略导向下制造企业可持续发展的主要能量源。面对外部环境变动，制造企业网络成为企业获取外部资源与市场的重要方式，因此制造企业纷纷组建制造企业网络以实现自身的发展目标。在揭示制造企业网络内涵、特征基础上，采用文献分析方法，提取制造企业网络构形维度；采用专家打分方法与多轮次比对方法，确定制造企业网络构形维度重要性，进一步通过案例分析确定不同构形的具体特征，并设计基于规则的特征打分方法，帮助制造企业网络科学判定与选择其战略导向。以制造企业网络关系为例，开展单构形维度对制造企业网络可持续发展的影响分析，得出不同战略导向下关系维度的管理要点，为制造企业网络可持续发展的单维度构形管理提供有效的决策支持。

在确定知识管理核心的基础上，通过文献分析与案例分析相结合的方式，从方法、过程和结果三个方面分别论证了知识获取、知识转移、知识整合对创新战略导向制造企业网络经济、创新与环境绩效的影响，在信度检验基础上，采用结构方程方法验证了其相互作用关系。为更好开展企业网络知识管理工作，在分析流程、关系与结构灵活性对制造企业网络知识遗传、适应与变异产生影响的基础上，证明制造企业网络可通过知识演进提升服务化水平，并需重点利用关系灵活性促进知识遗传与变异，利用结构灵活性促进知识适应。为利用关系灵活性有效优化网络知识管理，本书分析了互惠、联结对知识获取、转移与整合的影响。根据理论分析，本书提出基于互惠的促进资源流动、提升网络开放性、增强合作意愿、增加转移价值、衍生同伴压力、缩短权力距离、减少专用投资、拓展外溢知识等知识管理方法；同时本书提出基于联结的降低机会主义、强化隐性知识、减少冲突、形成共识与心理契约、学习模仿、促进社会化与标准化的知识管理方法。在此基础上，本书提出了创新战略导向制造企业网络的可持续发展路径与策略。

为实现灵活战略导向制造企业网络可持续发展，应当改变传统生产制造模式，不断加强外部客户需求调查、提供个性化服务，因此，制造企业网络服务化成为灵活战略导向制造企业网络实现可持续发展的战略选择。本书应用扎根理论，通过文献研究，确定三个主范畴、十四个副范畴。应用结构方程方法，验证服务化需求、行为、结果三者关系。在阐明制造企业网络灵活性类型、服务化类型基础上，提出理论假设，通过问卷设计与数据采集、处理分析等，得出以下结论：制造企业网络生产灵活性、关系灵活性与流程灵活性对基于产品的服务化具有显著正向影响；生产灵活性、关系灵活性与结构灵活性对基于功能的服务化具有显著正向影响；生产灵活性与流程灵活性对基于业务流程的服务化具有显著正向影响；结构灵活性、流程灵活性对基于概念的服务化具有显著正向影响。基于上述分析，在分析战略转型构成要素基础上，构建制造企业网络服务化战略转型要素体系，提出服务化初期战略转型模型架构。从全过程发展视角考虑，结合质量屋思想，分析制造企业网络服务化与战略特征要素相关关系、要素形成竞争优势的可行性及服务化行动计划。在此基础上，提出不同服务化阶段下基于战略特征要素的具体管理方法。进一步从市场服务伙伴选择、增加联结强度、拓展联结广度及提升市场服务合作联系关系稳定性出发，设计了灵活战略导向制造企业网络可持续发展路径，提出该类企业网络可持续发展的支撑要素和实现策略。

本书采用自下而上的任务组合思想，设计了任务合并规则与方法；基于分解的任务，设计了六维度的资源表述标准；并将任务按照匹配要求等级进行分类，采取高等级优先的资源合并与删除、中低等级广泛组合的思想设计了资源需求与供给匹配方法。结合生态战略轮思想、价值链与资源基础理论，设计"三层面—五阶段—七资源"的制造企业网络可持续发展行为清单。对清单行为项进行三级编码，采用差距判定方法，确定制造企业网络可持续发展行为方案的行为项组合。受企业网络资金、精力及行为逻辑等方面的限制，在确定行为项关系基础上，采用格雷厄姆和金尼的影响危险性判定思想，从行为清单项的影响力、关联性、收益与成本变化四方面，设计方案行为项优先序判定方法，最终形成制造企业网络可持续发展行为方案，并选择典型企业网络开展实证研究。在进一步论证高互惠关系对制造企业网络环境绩效具有重要作用的基础上，揭示制造企业网络生态互惠通过促进资源循环利用和加速绿色知识、技术共享两种方式改善环境绩效。同时，构建了基于互惠的制造企业网络环境绩效提升方法，包含明确生态互惠空间、寻找并确定生态互惠对象集、判断生态互惠程度、签订协议与构建生态互惠关系等。从加固生态链强度、延伸生态链长度及完善生态链结构三方面设计效率导向制造企业网络可持续发展路径，阐明可持续发展支撑要素，并设计具体实现策略。

采用科学性、系统性等原则，从制造企业网络可持续发展战略的价值主张与资源两方面设计了制造企业网络可持续发展实现路径的衡量指标，并通过多属性群专家决策法对典型案例的由多个指标组成的多个评价方案进行评价，并将结果进行优劣排序，为制造企业网络可持续发展实现路径选择提供依据。

采用 Lotka-Volterra 模型，分析了科技服务业、金融业两类生产性服务业与制造业的关系，通过历史划分揭示了其相互作用的变动关系。本书提出了基于制造业价值环节的科技服务平台功能设计方法，在分析科技成果、技术成熟度、成果转化相互关系的基础上，划分了成果转化的主要阶段。针对不同阶段的特征，分析了所涉及主体的定位与行为方式。基于企业生命周期，分析了制造企业融资渠道需求，并提出不同渠道的融资策略。结合灰色预测、神经网络等多种方法，设计了制造业人力资源预测与规划方法。从宏观视角，揭示了制造企业网络跨界价值创造的内涵与过程，提出制造企业网络经济与科技领域、生态领域、社会领域跨界融合，通过资源、主体、环节整合实现价值创造的新理念。采用多案例分析方法提出制造企业网络不同价值创造方式、过程及对应的重要价值创造活动内容。根据价值活动，本书提出了政府部门对应的具体支持行为，可为制造企业网络价值创造、政府系统支持行为实施提供有效决策参考。

本书研究可为制造企业网络战略导向确定、构形特征调整、路径与管理优化等提供有效的理论方法支持与决策参考。本书可为政府部门从科技成果转化、平台建设、金融服务、人力规划等方面优化制造企业网络发展环境，为促进网络可持续发展提供决策支持。本书也可为从事制造企业管理领域相关学者提供有效参考，未来将进一步跟踪制造企业可持续发展问题，对制造企业智能化、大数据等方面进行进一步跟踪研究。

王雪原
2019 年 12 月

目 录

第1章 制造企业网络可持续发展构形设计 ·· 1
    1.1 基于可持续发展能量源的制造企业战略导向确定 ····················· 1
    1.2 基于企业跃迁能量源的制造企业网络内涵与类型 ····················· 12
    1.3 制造企业网络的构形维度分析 ·· 15
    1.4 制造企业网络构形特征与战略导向确定方法设计 ····················· 21
    1.5 单构形维度对制造企业网络可持续发展的影响分析 ·················· 29
    1.6 本章小结 ··· 37

第2章 创新战略导向制造企业网络可持续发展路径研究及设计 ·········· 38
    2.1 知识管理与创新战略导向制造企业网络可持续发展的作用关系 ········ 38
    2.2 灵活性对创新战略导向制造企业网络知识演进的影响 ·············· 49
    2.3 创新战略导向制造企业网络知识管理方法设计 ······················· 56
    2.4 创新战略导向制造企业网络可持续发展路径设计 ···················· 63
    2.5 创新战略导向制造企业网络可持续发展策略 ··························· 79
    2.6 本章小结 ··· 83

第3章 灵活战略导向制造企业网络可持续发展路径研究及设计 ·········· 85
    3.1 制造企业网络服务化需求、行为与绩效关系研究 ···················· 85
    3.2 灵活性与制造企业网络服务化的匹配 ··································· 94
    3.3 制造企业网络服务化初期战略转型模型设计 ··························· 106
    3.4 制造企业网络服务化的全过程管理模型设计 ··························· 115
    3.5 灵活战略导向制造企业网络可持续发展路径 ··························· 124
    3.6 灵活战略导向制造企业网络可持续发展策略 ··························· 133
    3.7 本章小结 ··· 136

第4章 效率战略导向制造企业网络可持续发展路径研究及设计 ·········· 138
    4.1 基于任务与资源匹配的效率战略导向网络可持续发展方法 ········ 138
    4.2 效率战略导向制造企业网络可持续发展方案设计 ···················· 152
    4.3 基于网络成员互惠的效率战略导向企业网络环境绩效提升方法 ······ 162

4.4　效率战略导向制造企业网络可持续发展路径·················170
  4.5　效率战略导向制造企业网络可持续发展策略·················182
  4.6　本章小结···185
第5章　制造企业网络可持续发展路径选择································186
  5.1　指标设计原则···186
  5.2　制造企业网络可持续发展路径选择指标·······················187
  5.3　制造企业网络可持续发展路径选择方法·······················191
  5.4　专家意见差异下权重设计···193
  5.5　实证分析···196
  5.6　本章小结···200
第6章　制造企业网络可持续发展支撑策略·······························201
  6.1　科技服务、金融与制造业发展···································201
  6.2　优化制造业科技服务平台功能设计······························212
  6.3　促进科技成果转化与制造业发展·································216
  6.4　为制造业发展提供科学资金支持·································228
  6.5　制造业人力资源预测与规划······································237
  6.6　加大制造企业网络跨界价值创造的政府支持·················245
  6.7　本章小结···256
参考文献··257

第1章 制造企业网络可持续发展构形设计

1.1 基于可持续发展能量源的制造企业战略导向确定

我国制造业经过多年发展已取得巨大的成绩,但与国外制造企业相比,仍存在影响力与品牌识别度有待提升、资源整合及生产布局不够充分、技术与工艺创新先进性与前瞻性不足等问题。这些问题影响了我国制造企业的市场稳定性、资源筹集与风险对抗能力、盈利与增长能力等,严重制约了我国制造企业的可持续发展。环球市场年度盘点调研报告抽取了1000多个优质制造业群体样本,调研结果表明中国制造企业的平均寿命为11.1年,其中寿命达20年以上的仅占7.9%[①]。企业品牌积累需要历史沉淀、口碑扩散、技艺传承与创新;资源整合需要时间开拓渠道、稳固渠道、扩大渠道,生产布局同样需要时间进行规划、准备、布局、进入、调整适应与丰富;技术与工艺则要求企业长期在相关技术领域进行深入研究与技术动态跟踪,从而及时掌握丰富、全面的信息,利用自身经验与洞察力科学地确定技术方向,实现高效技术攻关。企业存续的生命周期短,将影响其品牌、资源整合与创新能力的提升,而能力不足则进一步限制企业的可持续发展,从而导致制造企业陷入恶性循环。因此,探索如何在政策、市场、竞争等外部环境变动中,成功实现制造企业的持续发展成为当前面临的重要战略问题。

传统思路谋求制造企业稳定,防止外部不稳定因素造成企业动荡,对企业产生不利影响,从而保证企业平稳发展;然而,跃迁理论思想认为应挖掘和激发企业升级、跃迁、突变的不稳定因素,不断积累能量,目的是将低活性的制造企业因子转化为活跃因子,进入不稳定跃迁状态,从而实现制造企业的跨越发展。传统思路强调平稳、渐进、线性增长,而跃迁理论强调活跃、突变、非线性增长。当前,制造企业外部市场、技术、商业模式日新月异,企业不进则退,后进入者

---

① 来自《环球市场年度盘点调研报告》。

的跨越赶超、竞争者的突变升级，都需要制造企业改变传统发展思路，通过不断跃迁在竞争中实现可持续发展。

当前关于制造企业可持续发展与跃迁方面的研究主要集中在可持续发展内涵、跃迁定性模型描述等方面。主要不足包括：①制造企业跃迁与可持续发展关联关系的研究不足；②不同制造企业实现可持续发展的重要能量源应当不同，应当采用权变思想分类研究，但是当前多采用统一范式研究制造企业可持续发展的动力源与路径问题；③研究缺乏系统性，尚未形成理论引入—文献分析—案例实践分析—管理框架构建的整体研究逻辑链，难以为制造企业及制造企业网络可持续发展提供有效决策支持。因此，需要在论证可持续发展与跃迁关系基础上，采用理论与实践相结合的分析范式，逐层揭示不同类型制造企业跃迁动力源，为制造企业及制造企业网络可持续发展管理提供有效的决策与方法支持。

1.1.1 制造企业可持续发展与跃迁系统分析

（1）制造企业可持续发展内涵。联合国世界环境与发展委员会定义可持续发展为能满足当代人的需要，又不对后代人满足其需要的能力构成危害的发展；后期学者将经济、社会、环境可持续作为宏观可持续发展的标准。微观层面企业的可持续发展是指企业在追求自我生存和永续发展过程中，既要满足利益相关者要求，又要始终保持企业在已领先的竞争领域的盈利增长及能力与地位的提高，保证企业在相当长时间内的发展与长盛不衰。微观企业可持续发展与宏观可持续发展存在相互依赖性，只有企业实现了经济、科技、环境与社会各方绩效的综合提升，才能实现持久发展、体现行业竞争优势，而只有微观制造企业实现持久发展与竞争力持续提升，才能保证宏观产业实现经济、科技与环境等方面的协同发展。因此，确定微观制造企业可持续发展能量源与战略导向，对制造企业网络管理研究具有重要的参考作用。

（2）企业可持续发展影响因素方面，Barringer 等将企业可持续发展影响因素归为领导者品质、公司特性、商业模式和人力资源管理四类[1]。Guo 和 Suo 分析了长寿企业的核心要素，即创新、控制、文化、资源、竞争和发展，认为这些对企业的寿命产生了深刻影响[2]。李君认为企业可通过研发创新、生产管控、供应链管理、财务管控、经营管控和用户服务实现可持续竞争能力的提升[3]。龙昀光等认为制造业实施精益生产不仅可以通过节约成本、减少库存、提高生产效率等方式有效提升经济绩效，而且会对制造业的环境与社会绩效产生显著正向促进作用，对促进制造企业可持续发展具有重要意义[4]。在综合分析视角外，部分学者选择单维度因素进行分析，邓万江等认为消费者需求和广大市场是可持续发展的保障[5]；Tormay 则认为研发人才及在研发创新过程中发生的技术转移可为企业可持续发展提供动力[6]；Vorkapić 等认为优化改进生产方式，进行模块化生产，通过材料的循环再利用可实现可持续发展目标[7]。Vanessa 等认为在流程管理中应用标准化，可以更好地规范或优化业务流程，在决策过程中采用可持续过程管理方法，将对企业成长的持续性产生重要影响[8]。总之，学者给出了影响企业可持续发展的不同因素，但缺少针对制造企业与制造企业网络的研究，因素提取缺乏理论与实践的有机结合，各因素促进制造企业可持续发展的过程与规律阐释不清，且没有区分制造企业类型，影响其对制造企业可持续发展指导的精准性与科学性。因此，需要科学提取不同类型制造企业可持续发展的能量源，为制造企业网络管理提供有效决策支持。

（3）跨领域研究。现代管理面临更为复杂的问题，单一领域的理论方法难以有效应对各种挑战，跨领域融合已成为有效解决管理问题的重要方法。在研究制造企业可持续发展等相关问题时，学者引入了不同理论，黄江明等引入生态学理论，认为企业可采用生态位专业分离或多元重叠战略定位，构建可持续发展的竞争优势[9]；齐平和宿柔嘉引入遗传学理论，从基因视角出发研究企业创新驱动与发展问题，认为企业要想实现可持续创新发展，需要对企业基因进行全方位、系统性的诊断和修复[10]。李柏洲等则引入物理能级跃迁理论阐释知识转移与创新过程等，基于"组织学习—知识创造"与量子运动特征的隐喻提出"组织学习—知识创造"的能级跃迁模型，揭示知识能级跃迁机理[11]。制造企业通过多次跃迁实现可持续发展，具有更加明显的能级跃迁理论隐喻特征，因此，引入跃迁理论对可持续发展进行跨领域研究，能更好地解决制造企业网络可持续发展问题。

（4）跃迁理论研究。当前学者关于能级跃迁的研究主要集中在揭示事物发展规律方面，理论分析居多，基于跃迁理论的管理方法、实践研究较少，难以为制造企业管理实践提供直接支持。例如，张立超和刘怡君引入能级跃迁理论用于阐释产业技术轨道的演化规律，用能级表示技术轨道，产业温度升高时，即产业领域投资、生产、研发热度上升，大量企业将获得足够能量，从而上升到高能态，促使整个产业系统出现能级跃迁[12]。陈祖胜等应用跃迁理论分析网络合作关系，认为企业可选择同一位置或高位置企业合作，而高位置所赋予的优势会增加低位置企业跃迁动力，实现位置跃迁[13]。也有学者研究了跃迁的影响因素，Schilke 认为行业环境动态程度越高，产品生命周期越短、技术变革频率越快，产品创新机会也越多，企业跃迁的可能性就越大[14]。Liu 和 Guan 认为企业能从异位合作中实现位置跃迁，主要取决于企业合作能力、网络能力和协同能力，这些决定了企业能量的获取[15]。史丽萍和唐书林认为知识以能量形式聚集在个人、组织内，为实现知识跃迁与创新，个体或组织掌握的知识能量必须越过壁垒而外溢，这需要长期的积累过程[16]。外部环境、自身能力影响跃迁能量来源、能量获取、能量积累，是最终实现量变到质变的重要影响因素。当前这些因素分析通常从单方面展开，少有研究将其系统纳入统一框架，并且对这些因素对能级跃迁的作用方式与规律的研究尚不深入，难以为跃迁管理提供更加精确的操作指导。

也有学者对企业跃迁能量来源确定方法开展研究，部分基于前期文献研究成果，利用扎根理论分析方法等，确定影响制造企业可持续发展与能级跃迁的影响因素，该方法对前人研究智慧进行提炼总结，但与企业实践结合不够紧密；部分学者采用案例分析方法，通过多企业案例比较或单案例时间序列行为比较提取能量源，该类研究更加贴近实际，但却缺乏理论支撑。因此，融合两种分析方法，实现理论、实践的有机结合，可提高制造企业能级跃迁能量来源提取的科学性与客观性。

1.1.2 制造企业可持续发展的能级跃迁机理分析

1. 制造企业发展与能级跃迁的隐喻关系

首先，能级跃迁强调量变到质变的飞跃过程，凸显顿悟与突变。制造企业的发展需要经过长期的知识学习与积累形成自我创新能力，需要通过渠道与市场经营形成规模效应和行业影响力，需要通过长期技术与客户跟踪形成更具品质的产品与服务从而更好地保留与拓展客户群体。企业通过稳定积累形成的创新能力、行业影响力、市场品牌等，可以帮助企业在变动的环境中及时捕获与接收外界刺激，从而把握机会实现质变。制造企业稳定捕获与积累能量，利于促进能量量变与能级质变的交替，符合能级跃迁量变到质变的隐喻特征。

其次，能级的能量分布是不连续的，不同能级状态下粒子的属性特征不同。制造企业知识、资源渠道、工艺水平、市场品牌的原有基础不同，因此在吸收能量的过程中表现的成长规则与秩序不同。伴随制造企业学习能力、网络关系管理能力、信息控制、市场洞察与分析能力的变化，外部能量吸收、转化与整合对制造企业可持续发展的作用与影响规律出现变化，制造企业依托的优势资源、发展动力出现变化，因而企业战略导向、市场定位、商业模式等发生根本性改变。因此，制造企业不同能级状态下能量源的属性与特征不同。

再次，当获得足够激发能量时粒子将向更高能级跃迁，但粒子并不稳定，有自发回归原位的趋势，自动回到原状态的过程粒子将释放相应的能量。当制造企业产生突发性能量刺激，如大规模并购、上市、实现技术突破等，很可能快速脱离原有的成长轨道，但如果没有其他配套能力、资源与条件的对等升级与快速调整匹配，单独领域的膨胀将无法助力制造企业在更高能级状态下实现稳定持续发展。制造企业退回原有状态时，吸纳的资源、资金或技术等将转化为沉没成本从制造企业的价值体系中流失。

最后，跃迁发生没有确切的时间，但存在跃迁概率性，跃迁受到外界作用势和跃迁速率的综合影响。制造企业的发展环境中存在许多不确定性，市场、竞争对手、政策对企业的影响与作用难以准确估计，企业学习与成长的基础、条件可能出现阶段性变化，因此无法准确判断制造企业未来产生质变的确切时间，但制造企业发展的主导方向、实现业务结构与战略调整的可能概率是可以进行预判的，且未来发生质变的时间也受到外部环境刺激力度、自有实力、机会与企业优势匹配程度等的综合影响，这有效体现了能级跃迁的概率性隐喻特征。

综上所述，制造企业发展过程表现出能级跃迁的隐喻特征，采用能级跃迁理论揭示制造企业可持续发展具有理论适应性。

2. 制造企业可持续发展与能级跃迁的关系

面对外部动态、复杂与激烈的市场竞争，跃迁成为制造企业实现可持续发展的核心与战略选择。制造企业无法通过抵御环境影响、寻求稳定而实现长远发展，快速变化的竞争环境，使制造企业不进则退、不求变则丧失抵御能力，因此，不主动寻求变化、不以变化为目的的管理无法适应当前制造企业可持续发展的要求。"跃迁、求变"成为企业的生存法则，跃迁与可持续发展关系具体如图1-1所示。跃迁是向着更高能级实现高质量的发展变化，制造企业实现可持续发展需要不断地提升能量吸收、转化能力，需要通过量变积累，更好地实现质变。可见，与为了变动而变动不同，制造企业需要在可持续发展的长远战略规划与引导下，实现有目的的跃迁，科学引导的有序跃迁才能保证制造企业可持续发展。因此，需要基于可持续发展目标，设计一套有效的制造企业跃迁管理方法，为制造企业提供更加系统与规范的方法支持。

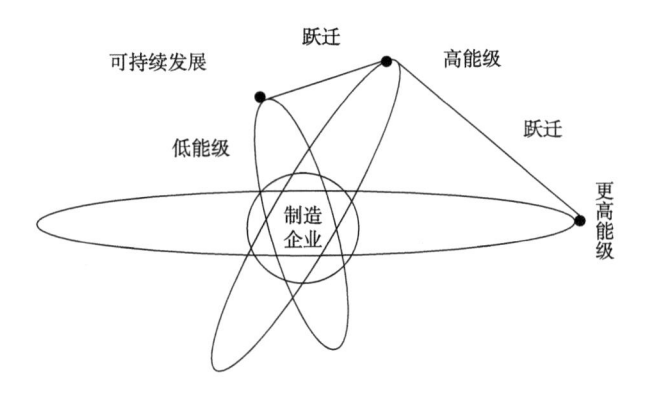

图 1-1 制造企业跃迁与可持续发展关系图

1.1.3 制造企业可持续发展战略导向与跃迁能量源分析

1. 基于文献分析的能量源提取

将"制造企业+可持续发展"及"制造企业+跃迁"作为主题词进行检索,得到期刊文献144篇。通过文献质量与相关性筛选,最终得到有效文献112篇。提取112篇文献摘要,利用词频软件对其进行分词处理和词频统计。将分词功能下缺少现实语义价值的词删减,保留可能成为制造企业跃迁与可持续发展能量源的词语,对词语进行预处理与整合,最后得到39个关键词及词频情况,具体如表1-1所示。

表1-1 制造企业可持续发展与跃迁关键词及词频统计表

序号	关键词	频数	序号	关键词	频数	序号	关键词	频数
1	产品	74	14	工艺	18	27	节约	12
2	再制造	73	15	技术创新	17	28	结构	12
3	供应链	57	16	信息	17	29	研发	11
4	生产	56	17	扩散	17	30	网络化	11
5	模式	54	18	需求	16	31	自动化	11
6	服务	48	19	能源	16	32	产业链	10
7	资源	41	20	关键技术	15	33	转型	10
8	绿色制造	41	21	绿色化	15	34	企业家	10
9	战略	34	22	效率	14	35	专利	9
10	市场	29	23	领先技术	13	36	客户	9
11	设计	23	24	机制	13	37	投入	8
12	环保	20	25	员工	13	38	品牌	7
13	责任	18	26	人才	13	39	伙伴	6

采用内容分析方法制定类目系统,即将分析单元进行归类,形成合理的类目系统,各类目应同时具有完整性、互斥性和独立性。完整性需要分析单元全部可以归入对应类目中,互斥性和独立性是指类目系统符合高内聚、低耦合的要求,同时一个分析单元只能对应一个类目。在构建类目系统时,对于新问题可依据研究内容自主设计。为提升类目构建客观性,选择五名熟悉该领域的研究学者分别单独进行类目编码。对比分类结果,对存在归类差异的分析单元进行讨论,再做最终确认及归类。经协商讨论,确定制造企业可持续发展与跃迁能量源主要包括创新活动、创新资源、市场价值、战略布局、网络关系与生产运作等,具体如表1-2所示。

表 1-2 制造企业可持续发展与跃迁能量源归类表

一级类目	二级类目	关键词
技术/创新	创新活动	投入、设计、研发、技术创新、扩散
技术/创新	创新资源	人才、员工、信息、关键技术、领先技术、产品、专利
商业/灵活	市场价值	市场、需求、客户、品牌、企业家
商业/灵活	战略布局	服务、责任、转型、战略、模式、机制、结构
产品/效率	网络关系	供应链、网络化、产业链、伙伴
产品/效率	生产运作	生产、再制造、工艺、节约、自动化、环保、效率、绿色制造、资源、能源、绿色化

最后采用信度检验，确定构建类目的一致性、稳定性和准确性。类目构建过程由多位编码员独立开展归属类目设计，因此需要对彼此的设计结果进行信度检验，设计结果一致性越高，表示类目构建信度越高，反之则越低。因此，采用横向信度检验，即检验编码者间编码结果一致性。在信度系数计算上使用"评分员信度"法，其信度计算公式如下：

$$R = \frac{n \times K}{1+(n+1) \times K} \qquad K = \frac{2M}{N_1 + N_2}$$

其中，R 为信度系数；K 为相互同意度；M 为编码员编码一致的类目数；N_1、N_2 为两位编码员各自编码的类目数。在类目构建过程中，产品、环保、网络化、战略、市场、责任、服务七个关键词分别出现归类不统一情况，根据归类编码过程，分别对五位编码员进行两两配对信度检验，具体结果如表 1-3 所示。

表 1-3 编码员归类的配对信度检验

专家编码	A	B	C	D	E
A	—	95.1%	93.7%	92.3%	95.0%
B	95.1%	—	88.0%	89.5%	90.9%
C	93.7%	88.0%	—	88.0%	89.5%
D	92.3%	98.5%	88.0%	—	89.5%
E	95.0%	90.9%	89.5%	89.5%	—

Bos 和 Tarnai 认为基于同意度进行信度检验时，信度大于 85% 时分析单元归类一致性较为可靠，可开展后续研究工作[17]。虽然五位编码员在七个关键词归类中出现差异，但是调整后达成一致，且两两检验信度都大于 85%，因此基于文献分析，制造企业可通过创新资源投入及资源利用、创新活动，形成技术领先优势；可通过关注市场、客户提升企业影响力，可通过模式创新、战略定位调整、组织结构无边界化等增强环境适应力；可通过渠道拓展与外部资源获取等增强计划变动应对能力，可通过自动化、绿色化等提升资源利用与生产运作效率以适应个性化定制与生态环保要求，从而在竞争中赢得主动权、对抗各种风险，实现可持续发展。

2. 基于案例的能量源提取

在文献分析基础上确定的制造企业跃迁与可持续发展能量源，仍需接受实践检验，因此选择案例分析方法进一步从企业实践视角，检验与确定促使其能级跃迁的能量源。历时半年时间，对企业官方资料、网络信息、文献记录及访谈结果进行对照与综合分析，最终确定可用的统一信息与材料，在此基础上对其进行处理、分析，获得不同企业在不同跃迁过程的能量源。

（1）学者及网络针对华为技术有限公司（以下简称华为）发展历史通常将其分为四个阶段，基于前期划分观点及研究需要，将重点研究华为的后三个发展阶段：研发能力提升阶段（1998~2004年）、创新应用与推广阶段（2005~2010年）、高端化发展阶段（2011年至今）。根据华为官网的历史大事记记录及相关资料，寻找不同阶段下促进企业跃迁与可持续发展的特征及能量源，具体如表1-4所示。

表1-4 华为跃迁与可持续发展的特征及能量源

项目	研发能力提升（1998~2004年）	创新应用与推广（2005~2010年）	高端化发展（2011年至今）
阶段特征	不断提升企业自身创新能力，进入国际合作轨道	依托技术创新实力，不断拓展技术应用领域与国际市场	智能、云计算等新兴领域发力，制定国际技术标准，提升创新话语权
重要事件	1999年在印度班加罗尔设立研发中心 2000年在瑞典首都斯德哥尔摩设立研发中心 2001年在美国设立四个研发中心 2001年加入国际电信联盟 2002年为中国移动通信集团有限公司部署世界上第一个移动模式无线局域网（wireless local area networks, WLAN） 2003年与3Com成立合资公司，专注企业数据网络解决方案研究 2004年首次实现在欧洲市场合同额的重大突破 2004年与德国西门子股份公司成立合资公司，开发时分同步的码分多路访问（time division-synchronous code division multiple access, TD-SCDMA）解决方案	2005年与英国沃达丰公司签署《全球框架协议》 2006年与摩托罗拉公司开发UMTS技术 2007年成为欧洲所有顶级运营商合作伙伴；与赛门铁克公司成立合资公司，开发存储和安全产品解决方案 通过《专利合作条约》（patent cooperation treaty, PCT），2008年共提交1737件专利申请，在2008年专利申请公司排名榜上位列第一 2009年在全球部署了3000多个新能源供电解决方案站点，主要产品都实现资源消耗同比降低20%以上 2010年全球部署超过80个单无线电接入网（single radio access network, SRAN）商用网络；获英国《经济学人》杂志2010年度公司创新大奖	2011年建设20个云计算数据中心 2012年在第三代合作伙伴计划（the 3th generation partner project, 3GPP）长期演进（long term evolution, LTE）核心标准中贡献了全球通过提案总数的20% 2013年积极构建第五代通信（the 5th generation, 5G）全球生态圈 2013年发布全球首款敏捷交换机等；领跑全球LTE商用部署 2014年加入177个标准和开源组织，担任183个重要职位 2015年以3898件企业专利申请位居专利申请榜首 2016年联合60多家伙伴提供数字城轨、智慧机场方案；智能手机全球市场份额居全球前三 2017年与100多商家合作，通过华为云到端智能家居解决方案联盟HiLink认证产品超300个，构建智能家居
关键词提取	开发、成立研发中心、解决方案、研究	全球、开发、技术、顶级、专利、新能源、产品、全球部署、创新	云计算、标准、构建、5G、首款、交换机、领跑、专利、智慧、智能

续表

项目	研发能力提升（1998~2004年）	创新应用与推广（2005~2010年）	高端化发展（2011年至今）
能量源	在研发中心投入人力、资金、设备、信息等各种创新资源；开展各类关键、领先技术的开发与研究	整合全球创新资源，形成专利资产，扩大成果应用与推广；促进产品技术与质量升级；在新领域推进技术开发	整合专利池，形成技术标准；在全球核心技术领域维持领先地位，并在智能新领域快速形成技术成果
结论	华为主要依靠研发、投入、专利、标准等创新资源积累、创新活动开展、创新产出利用等实现跃迁与可持续发展，品牌营销及生产运营在华为跃迁的重大事件中并没有特别记录，其对企业发展推动作用有限		

（2）根据企业发展战略调整，海尔集团（以下简称海尔）官方网站将自身划分为五个阶段，重点选择后三个阶段进行研究：国际化战略（1999~2005年）、全球化战略（2006~2011年）及网络化战略（2012年至今）三阶段。根据海尔的发展历程记录，挖掘其跃迁与可持续发展的特征及能量源，具体如表1-5所示。

表1-5 海尔跃迁与可持续发展的特征及能量源

项目	国际化战略（1999~2005年）	全球化战略（2006~2011年）	网络化战略（2012年至今）
阶段特征	不断拓展自身的营销网络与品牌形象，增加市场影响力	利用国际渠道拓展海外市场，提升产品质量；承担更多责任，树立卓越品牌形象	广泛合作，拓展业务与市场；利用共享理念推出经营合作新思路
重要事件	1999年更多海外经销商加入海尔营销网络中 2000年总裁改任首席执行官（chief executive officer，CEO），成为家电业第一位CEO；全球最佳营运公司 2001年启用中国第一个物流示范基地，在欧洲实现三位一体本土化经营；令人尊敬上市公司榜首 2002年与声宝股份有限公司代理彼此品牌，与三洋互换市场资源；最具价值品牌 2003年中国企业首次在东京银座竖广告，二段市场链流程再造 2004年第一个在海外冠名体育俱乐部的企业，CEO亚洲最具影响力商界领袖之一，开创国内品牌电脑走向国际的先河 2005年最具员工成长价值企业，成为北京奥运会白电赞助商	2006年海尔不用洗衣粉的"环保双动力"洗衣机获国家科技进步二等奖，开启以高端产品定位全球市场战略 2007年海尔可以代表行业统一规划家电服务标准化；在印度实施本土化战略；家电下乡 2008年成为日本大型购物中心必客家乐美（BicCamera）渠道首推中国家电品牌；进入英国第二大零售渠道 2009年通过环境管理体系审核；服务满足用户需求，针对欧美用户设计意式三门和法式对开门冰箱等，入围德意志联邦共和国设计奖 2010年向服务、双赢模式转型；牵头的国际标准家庭多媒体网关通用要求成为国际电工委员会（International Electrotechnical Commission，IEC）国际标准；引入全球领先绿色科技；白色家电第一家模块化企业 2011年创办市场创新产业园，服务业转型全面提速；创新商业模式	2012年提出以开放式研发平台为核心的创新体系；进入日本主流市场 2013年形成互联网新思维与经营模式，与阿里巴巴达成合作，打造物流配送、安装服务整套体系及标准 2014年获得德国电气工程师协会质量检验标志（verband deutscher elektrotechniker-quality tested mark，VDE-QTM）质量认证，成为高端品牌；21项物联标准获认可；与中国石化销售有限公司在互动营销等开展合作 2015年品牌价值蝉联家电品牌第一；建立地产签约服务中心；与网筑集团合作，在教育、旅行、健康领域布局 2016年与通用电气合作，布局医疗、工业互联网、先进制造；建设共赢新平台 2017年切入用户，通过创造和传递价值引领模式创新；用人机交互创新管理、用互联网思维颠覆商业模式

续表

项目	国际化战略（1999~2005年）	全球化战略（2006~2011年）	网络化战略（2012年至今）
关键词提取	低成本战略、多元化、营销网络、CEO、最佳、示范基地、市场、品牌、广告、市场链、冠名	员工成长、白电、市场战略、服务标准、本土战略、渠道、环境管理、用户、服务、需求、转型、商业模式	开放、思路、品牌、市场、新思维、经营模式、物联标准、品牌、营销、合作、布局、平台、用户
能量源	有效制定与执行有关战略，通过开拓市场、延展市场链，形成良好品牌	战略转型，创新商业模式；提供针对客户需求的服务，实行服务标准化；承担更多环境、社会与员工成长责任	开放、共赢，搭建合作平台，拓展市场，采用新思维、新模式、新管理思路赢得品牌形象与行业地位
结论	海尔看重市场，通过营销网络搭建、品牌强化、针对客户需求提升服务供给水平，承担社会责任，升级品牌形象，后期整合多方力量，引领模式创新，形成全球高端品牌，不断实现企业质变跃迁与可持续发展，虽然其中技术研发也发挥了一定作用，但最终目标是为了形成更具优势与竞争力的品牌形象		

（3）根据联想北京股份有限公司（以下简称联想）官方网站、网络资料及文献期刊等对联想的阶段划分，重点选择近三个阶段进行研究：快速发展阶段（1997~2003年）、国际扩张阶段（2004~2011年）及高质量发展阶段（2012年至今）。根据联想发展经历与主要事件，挖掘其跃迁与可持续发展的特征及能量源，具体如表1-6所示。

表1-6 联想跃迁与可持续发展的特征及能量源

项目	快速发展阶段（1997~2003年）	国际扩张阶段（2004~2011年）	高质量发展阶段（2012年至今）
阶段特征	形成主打产品，不断优化生产线与运营方式，提升产品与企业影响力	在提升效率基础上，与外部多领域企业开展多项合作，形成有效资源供应链，拓展市场范围、提升市场地位	注重全面自动化、能源高效利用以及生态绿色化设计、生产，体现产品高质量、绿色环保竞争优势
重要事件	1997年联想多功能中心（MFC）激光一体机问世 1998年推出幸福之家软件，使市场占有率显著提升 1999年发布具有"一键上网"功能的互联网电脑 2000年建立北京柔性生产线厂房，进行自动化生产 2001年实施供应链管理系统（supply chain management，SCM）系统与企业资源计划（enterprise resource planning，ERP）系统集成，海外发货仓库、配送中心等统一连接，实现信息化、网络化生产，提升资源调度效率 2002年联想推出关联应用技术战略，实现多伙伴技术有机整合 2003年使用新标识为进军海外做准备，携手众多伙伴推动制定信息设备资源共享协同服务标准	2004年收购国际商业机器公司（International Business Machines Corporation，IBM）个人电脑（personal computer，PC）业务 2005年优化生产线及库存布局，效率提升32%，成本下降18%，周期缩短30% 2006年国内开展产品全生命周期管理，大部分产品实施回收服务，循环利用 2007年建立上海北亚生产运营中心，靠近供应商，供应链更加敏捷、快速、高效 2008年进军全球消费PC市场，与用友软件股份有限公司在研发、生产、市场等形成全方位合作 2009年与微软形成设计与产品对接合作，为用户打造软硬件一体技术应用平台 2010年联想能源利用率提升15%，超过预定10%的目标 2011年召开由260多位全球供应链伙伴参加的全球供应链沟通会，开展全球合作，成为第二大PC生产商	2012年领先节能工艺通过国际标准，获得业界认可，提升产品竞争力 2013年邀请全国66家渠道合作伙伴参加商务大会，形成多项共识 2014年获得精益管理优秀项目奖；ThinkPad笔记本电脑生产工作完全自动化 2015年向供应商宣传文化保供应链文化、质量标准一致；开拓环保新领域，实现产品循环利用、再制造 2016年世界环保组织发布全球知名电子产品制造商环保排名，中国联想取代芬兰诺基亚跃居榜首 2017年不断提升制造工艺和环保意识，实现单位产品能耗连续降低；取得工艺突破，使用低温锡膏工艺使碳排放量减少35%

续表

项目	快速发展阶段（1997～2003年）	国际扩张阶段（2004～2011年）	高质量发展阶段（2012年至今）
关键词提取	产品、生产线、自动化、系统集成、网络化生产、资源、效率、技术整合、共享、协同、标准	收购、优化、生产线、布局、效率、成本、回收、循环利用、生产运营、全球供应链、全方位合作、对接、利用率	节能、合作伙伴、精益管理、完全自动化、标准一致性、循环利用、再制造、环保排名、工艺突破、碳排放
能量源	定位主打产品，构建柔性、自动化生产线，利用信息化与网络化，促进资源、技术共享、协同、整合及统一调度，提升效率	优化生产线与布局，提升效率，降低成本，加强产品回收利用；建立与完善产品供应链，与外部企业在不同领域开展全方位合作，加强交流，提升影响力	高质量发展，采用节能工艺、精益制造、自动化、供应链质量标准一致化、循环利用、再制造提升能源利用率，树立绿色、环保、生态高品质形象
结论	联想在实现持续发展过程中更加重视生产线、布局、生产工艺、自动化、供应链、全方位合作、精益管理与能耗控制等方面，制定标准主要围绕生产资源共享服务及节能生产技术方法，虽然技术创新在其跃迁过程中也起到积极作用，但创新主要目标在于产品生产加工工艺优化、能耗降低、环保与绿色化等		

可见，从企业案例与实践视角提取的能量源与文献分析提取的能量源具有一致性，这些能量源是制造企业可持续发展过程中重要的活动内容与控制要素。但案例分析表明并非所有的能量源都将对制造企业跃迁产生激发作用，不同类型企业的重要能量源存在明显的不同。某些创新战略导向企业重点依托创新活动与资源获取跃迁与可持续发展能量；某些灵活战略导向企业重点依托市场与战略布局下模式、管理方法、经营理念的动态调整实现跃迁与可持续发展；某些效率战略导向制造企业则重点通过内部生产线、生产布局优化，外部供应链、合作伙伴拓展、节能工艺使用与能耗控制等手段，实现清洁、高效生产等，从而促进能级跃迁。本书的研究结论与Zhang和Gregory的研究结果一致："制造企业网络主要有效率、创新与灵活三种战略导向，不同战略导向下制造企业网络的构形特征与管理核心不同，应当根据制造企业网络战略导向选择合适运营方式，高效地促进制造企业网络价值创造。"[18]

在资源、时间等条件的限制下，制造企业应重点关注对自身影响重大的能量源。根据关键词出现频度、关键词与文献分析匹配情况等，最终得到不同制造企业的核心跃迁与可持续发展能量源，具体如表1-7所示。

表1-7 不同类型制造企业跃迁与可持续发展核心能量源

项目	创新战略导向	灵活战略导向	效率战略导向
核心能量源	创新活动	市场价值	网络关系
	创新资源	战略布局	生产运作

可见制造企业大致可分为创新战略导向、灵活战略导向及效率战略导向三种

类型，不同类型的制造企业组合形成不同的制造企业网络，因此制造企业网络也应当划分为以上三种类型，制造企业成员从网络中获取创新资源、拓展市场或优化配置生产要素等，选择最有效的能量积累方式促进制造企业可持续发展。

1.2 基于企业跃迁能量源的制造企业网络内涵与类型

1.2.1 制造企业网络的内涵

全球经济一体化时代，单制造企业竞争已经转向了制造企业网络竞争。制造企业网络是围绕企业能量跃迁不断获取、积累、整合能量源，形成的多企业横向与纵向联结的组织。制造企业网络重视成员间不同资源的利用、整合，具体如下。

（1）制造企业网络联结的目的是实现能量积累，尤其是核心能量源获取、增值与积累。例如，通过制造企业网络获得社会网络资源、技术创新知识、开拓市场或资源获取渠道等。对网络成员资源的利用，成为获得跃迁能量源的重要方式。

（2）制造企业网络实现可持续发展的方式不同，有些通过资源在成员间的高效传递与利用实现能量积累；有些通过不同成员创新能力组合提供领先或差异化的产品、服务获得竞争优势；有些通过网络成员对外界信息的及时洞察，快速满足客户需求而实现价值创造。因此，不同制造企业网络实现可持续发展的方式不同。

（3）制造企业网络依托成员力量实现发展，成员组合形成 1+1>2 的协同效果是促进网络持续发展的关键。制造企业网络中成员动态变动、网络成员数量众多、成员关系纵横交错，优化网络结构、改善成员关系特征成为制造企业网络可持续发展的关键。

1.2.2 制造企业网络特征

制造企业网络是介于制造企业合作与制造企业并购之间的一种中间组织形式。与制造企业传统合作相比，制造企业网络在规模、合作者、目标、阶段、交流、责任、国际化、管理对象、价值关注点及能量源积累方式等十个方面存在明显不同，表 1-8 对比分析了制造企业传统合作及制造企业网络特征与识别标准，具体如下。

表 1-8　制造企业传统合作与制造企业网络区别和共同之处及识别标准

存在区别的方面		制造企业传统合作	制造企业网络	识别标准
区别	规模	合作规模受到地域、文化与语言限制	大规模、不同文化与语言的合作者有机结合	多领域、多主体合作者，跨边界大规模合作
	合作者	与合作者开展上下游合作，或者相关产业领域横向合作	不同主体、不同领域跨边界横纵交互，开放边界合作	多领域制造企业开放边界合作，成员通常具有高技术实力
	目标	为实现自我发展，合作者各方均以实现自身利润与市场价值最大化为目标	为提升网络竞争力，所有成员都需不断升级，通过价值共享与建立长远合作机制，实现共同成长	提升网络整体及每个成员的竞争力
	阶段	集中少数工程阶段，重点在于原材料供应、生产与运输方面	包含众多工程环节，从概念生成到废弃物回收	重点关注工程前后两端，概念生成与服务，涉及众多环节
	交流	双向交流与定期信息交换	多边交流，频繁信息共享，借助IT开展时时、虚拟交流	无形资源共享与不定期深入交流
	责任	对投资者与客户负责	对所有利益相关者负责，包含客户、投资者、政府、社会群体、环境、社区等	承担更多责任，包含经济、环境、就业、科技发展等
	国际化	将国际化作为发展与拓展新业务的一种方式	将国际化作为背景，所有的业务与运营都在国际化中开展	企业网络从国际化视角开展各种管理与运营
	管理对象	工程管理中重点开展项目、任务管理	除了项目与任务管理外，价值链管理与价值创造、国际化、关系维护等全面发展与管理成为主流	网络关系管理、国际范围内全面整合成为重点
	价值关注点	关注经济价值，如现金流、高利润率和低成本等	注重无形结果，如提升竞争力、获取市场、提升问题解决能力等	关注利润同时与成员建立友好关系得无形资源增值
	能量源积累方式	通常通过资源的高效利用与低成本获得竞争方式	通过提升网络高效性、创新性与灵活性，提升网络竞争力	通过高效、创新、灵活实现可持续发展目标，获得竞争力
共同之处		通过交流、沟通与合作对不同合作者资源、功能、流程进行整合，将资源更加有效地转化为产品、服务		对资源、工具和不同主体进行整合，将概念转化为实践

1.2.3　基于战略导向的制造企业网络类型

与制造企业类似，制造企业网络也大致分为三类战略导向，不同制造企业网络特征如下。

（1）创新战略导向。创新主要分为三种类型：产品、工艺和系统创新（组织或者管理创新）。一些学者研究了其中某一种创新，如工艺创新或者产品创新，也有一些学者将两种或三种创新组合在一起开展研究。三种创新都有利于竞争优势的形成，因此具有创新战略导向的制造企业网络包含以下三种类型。

一是产品创新。这种制造企业网络通常具有高研发投入、高新产品和服务创新产出。该网络的产品应具备新颖性、不可模仿性及技术领先性。

二是工艺创新。这种制造企业网络通过采用多种新的活动方式改变生产和服务过程与活动进行次序、形式、速度等，从而使产品与服务呈现更好的性能。

三是系统创新。这种制造企业网络采用了一种新的管理策略和一种新的管理理念。在这种制造企业网络中采用的新管理方法或理念会引起从下到上、从上到下的若干变化，这些变化是成体系的。

现实中创新战略导向的制造企业网络重点通过提高技术新颖性、技术先进性或创新管理模式三方面形成差异化竞争优势。该类制造企业网络重视成员研发资源投入，通过生产与众不同的、新颖的产品或服务同竞争对手进行有效区分，从而形成网络价值创造能力；致力于产业领域内尖端技术开发，通过鼓励成员服务概念创新、产品创新等，率先在产业内形成技术变革，通过技术标准建立与推广等，获得技术竞争优势；通过商业模式、管理方法创新等在网络内形成新型创新主导管理模式，不断开拓生产、运行与服务供给方式，提升产品与服务质量。通常技术含量高、技术复杂、产品生产与服务周期长的制造领域多采用该种模式，例如，大型客运飞机、大型发动机等的制造与服务商等多通过提升产品与服务技术先进性与复杂性等增强竞争力。

（2）灵活战略导向。这种网络具备一种能力——面对变化能够做出敏捷性反应。这种制造企业网络可以快速响应顾客的需求，如果发现顾客有新的需求产生，那么整个网络都会以满足顾客需求为中心进行协作。网络灵活性较高时将会持续满足顾客不断变化的需求。这种灵活性还可以通过其他方面体现：市场上新产品的交货时间；处理订单的时间或服务请求的响应时间；虚拟业务网络的协作时间；重新配置组织流程及系统改变做出反应的时间；根据客户需求波动满足订单要求的调整时间等。

现实中有些制造企业网络根据外部环境、市场、客户需求变动及时开发对应产品或服务，能够领先竞争对手进入新市场，在新市场产品与服务短缺的情况下，获取第一批利润，而当市场进入竞争者增多时，能及时实现主导业务转型。该类制造企业网络重点依靠需求反应速度、组织柔性、新市场进入速度三方面体现竞争优势。首先，制造企业网络需要领先竞争对手超前发现、洞察市场需求变动，根据变动快速形成应对方案，这种快速行为能力可为网络后续活动争取更多时间。其次，该类制造企业网络能根据行动方案，调整研发团队、生产线、材料、设备资源及市场营销资源等，改变组织界面与职责权限，适应网络任务变动要求。最后，能够在完成内部调整与任务后，快速通过营销渠道率先进入市场，形成有效的市场拓展能力。通常产品或服务生命周期短、客户需求变动频繁、技术升级与更替产品出现较快的制造领域采用该模式，例如，手机、小家电等领域的制造企业网络经常通过与客户建立紧密联系，挖掘客户需求，及时完善、调整产品或服务功能、外观等，提升竞争力。

（3）效率战略导向。这种类型的网络目标是通过使用最为经济的方式来利用组织的资源进而达成组织的输出目标。效率战略导向网络通过高效的运营来提高性能，以保证盈利能力和可靠性，其中重点关注财务业绩，财务业绩以时间为基础。另外，这种类型的网络需要对网络运行流程进行恰当地控制，降低成本（总成本、产品成本、工艺成本）；应具备实现改善库存周转率和产能平衡的功能。总的来说，效率意味着网络可以更好、更可靠地完成目标，包含成本预算、时间安排和质量要求、经济与财务业绩等。

现实中有些制造企业网络通过资源有效利用保障网络收益。资金作为制造企业各类资源有效转化的中介，其利用效率体现了整个网络人力、技术、知识等资源的对接、匹配、流转与应用状态，能有效体现效率战略导向网络的竞争力。该类网络重视成本控制，包含生产成本、成员资源流转成本等。通过对制造原材料采购、仓储、物流运输等方面进行严格的成本控制，满足网络资源安排与资金预算要求。另外，效率战略导向网络需要通过有效任务分解、组合形成竞争优势。分解过程需要体现串联与并行任务关系及基于任务特征的模块化拆分与成员-任务科学匹配；组合过程需要确保各子任务能够有机对接、资源优势组合得到协同与放大。资金利用效率保障资源对任务的供给、任务完成效率保障任务完成后的资金回收，通过对资金、任务控制实现良性发展，从而形成效率型网络竞争优势。通常标准化、规模化制造企业网络采用该种模式，如小汽车、客车、电脑等大批量、标准化制造与作业网络。

三类不同战略导向的制造企业网络为实现能量积累与可持续发展，应当不断调整自身的构形特征，使其更加符合战略导向的要求，更利于能量积累与能级跃迁，但是如何刻画制造企业网络的构形，各维度下不同战略导向的制造企业网络应当具备哪些构形特征才能更好地实现可持续发展，仍需进一步探索与研究。

1.3 制造企业网络的构形维度分析

1.3.1 制造企业网络构形维度确定

影响制造企业网络的因素有很多，通过文献检索、分析与梳理，将影响因素大致分为五个大类和十五个小类，通过因素提取，确定制造企业网络构形维度及其具体构成。

1. 网络特征

网络的主客体主要包含参与者和资源，它们的静态位置构成了一个网络结构。

因此，网络结构、参与者和资源成为反映制造企业网络特征的三个重要方面。

（1）网络结构（维度 1）。它影响网络参与者信息交换和共享的方式及程度，从而影响网络对外部变化的响应能力及网络新奇想法的产生。

清晰的网络结构边界有利于提高效率，因为其有助于项目资源的控制与分配，使项目变得更加稳定，并能确保每个项目参与者都更加关注自己的任务；但是过于清晰的任务边界可能成为信息和经验共享的强大障碍，并限制创造性成果的产出。因此，降低中心性更加适合创新战略导向网络，非层次结构的网络则更能保证网络灵活。

高度互补性和互惠性的网络具有更大的集成热情，通常长期参与者彼此都很了解，它们拥有更多共同和相互的知识，这有利于提升效率。新参与者可以提供更多互补的信息或知识，有研究证明了新参与者可以产生更多的差异，可以创造新的工作方式、管理方法与产品业务等[19]。在效率战略导向网络中，长期合作是首选，而在创新战略导向制造企业网络中，新参与者是首选。

（2）网络参与者（维度 2）。网络创新能力与所在网络的伙伴数量呈正相关关系，有学者考察了成员公司数量（网络规模）对网络绩效的影响，结果表明较大的网络更容易实现较大的创新。较大规模的网络拥有丰富的资源供给，网络效率也可以得到保证，但规模庞大是网络灵活性的障碍。

参与者类型也影响网络操作，具有不同参与者组合的网络有更多的机会访问诸如信息和知识等对网络创新具有积极影响的各种资源。但是不同的参与者可能导致网络间冲突增多、项目错误概念化或参与者竞争激烈化等，这将不利于网络效率和质量的提升。因此，沿着工程价值方向与战略方向组合不同参与者，对提升制造企业网络环境适应性与灵活性具有重要意义。

（3）网络资源（维度 3）。知识资源成为工程创新最重要的资源，设备和材料资源是提高工程项目效率的基础。缺乏员工参与将限制潜在创新的数量，因此创新战略导向网络更加看重成员知识资源情况及成员知识资源投入情况；另外，产品所用材料（可再生/再生材料）的类型将影响产品再生的性能，资源整合能力和资源整合标准有助于网络效率的提升。在动态环境中，丰富的资源容量和资源获取能力对工程来说更为重要，这将直接影响网络的灵活性[20]。

2. 网络关系

关系特征、分享和沟通对网络成员的深入了解是非常重要的，它将以不同的方式影响网络发展。

（1）网络共享（维度 4）。在创新战略导向网络中，知识共享是必要的，但要实现创新，还需要紧密的成员联系。信息共享，特别是精确的进度信息共享对于工程项目的效率是至关重要的，它可以保证每个项目都知道其他项目的情况，根据项目集成的整体需求调整项目运行计划。在灵活战略导向的制造企业网络中，信息共享和潜在变化的提前预测对于网络在快速变化的业务环境中做好准备也是非常重要的。

（2）网络交流（维度5）。适当的知识信息互动交流可以提高网络性能，然而潜在的过度沟通可能使项目进展缓慢。Jayaram等证明了客户协调沟通与灵活性绩效呈负相关关系，但是与客户的相对松散沟通及企业与供应商间的协调是可以提升制造企业网络灵活性的[21]。一些人认为，参与者应直接接触、共享无形知识，开展热情的交流才能促进创新。

（3）成员关系（维度6）。网络内部的专业信任是沟通和协调中所必需的，这对于创新很重要；而另一些人则认为应订立合约/协议，它可以明确每个成员的责任，有助于提高网络效率。网络信息链接影响网络运行，Zhang和Cantwell的研究表明，广泛参与者链接之间的冗余关系将增加网络的复杂性，影响其效率，因此效率战略导向的制造企业网络应当控制网络参与者数量[22]。结构洞理论认为内聚关系是阻碍复杂任务协调的刚性来源，内聚网络的管理人员及关系紧密的成员不太可能积极促进这些网络采取行动以适应变化，因此，对灵活战略导向的网络来说，松散的连接方式更可取。

3. 网络管理

网络管理包括制造企业网络成员的日常问题管理和突发事件的管理等。

（1）网络冲突/应急管理（维度7）。预测网络演化可提高我们对不断演化的复杂网络的理解，有助于减少网络配置的错误。不同战略下的资源管理，应该有不同的关键控制点：对于效率战略导向的网络，资源/任务冲突控制应该是最重要的；对创新网络而言，控制应更多地集中在思想或概念冲突上；网络参与者之间或外部与内部机制之间的冲突是灵活战略导向网络控制的重点。

（2）网络常规管理（维度8）。对成本、进度和质量的持续监控、反馈或控制可促进网络效率的持续改进。以往的监控经验可以提高管理技能，这在一个高效的工程网络中是非常重要的；对灵活战略导向的网络来说，很难为所有参与者在每个方面都设定标准，因为它们需要满足不同的本地标准，因此对于灵活战略导向的网络，确保其运营符合当地标准，将风险控制在可允许的范围内是很重要的。创新战略导向网络和灵活战略导向网络更加强调面向绩效的激励，而不是监督与控制。Kalleitner-Huber等通过研究奥地利最大的工业批发商——Haberkorn，发现管理委员会对可持续性的深刻兴趣和所有产品线经理对可持续发展与创新的共同认知让Haberkorn实现了可持续发展的目标[23]。

（3）网络规划（维度9）。规划、调度和程序是建立高效网络的必要条件。在网络运行中，需要协调复杂的活动序列并在活动之间平衡资源。研发活动在创新网络中占据重要位置,因此大量的研发资源支持是创新网络发展必不可少的,而柔性网络则强调柔性资源分配和柔性调度。

4. 网络支持

制造企业网络支持活动虽然不直接参与工程业务,但是却对网络活动的开展产生重要影响。

(1)学习和培训(维度10)。优化企业和网络间的知识管理是共同创新的催化剂。对效率战略导向网络来说,需要详细地了解网络需求及网络知识传递的机制和标准,使不同参与者的步调保持一致。对灵活战略导向网络来说,根据客户的需求变化进行学习,则更加重要。

(2)信息管理和基础设施(维度11)。信息质量差导致决策能力差。在灵活战略导向网络中,充分与可靠的信息对于做出正确决定变得更加重要。从基本要素信息到主要信息,全面掌握制造企业网络的动态发展情况对高效网络来说是必不可少的。同时,先进、动态的技术信息共享在创新网络中也得到越来越多的重视。

(3)工程工具(维度12)。工程工具可以为设计、控制、验收等不同工程活动提供支持。资源安排和工程活动控制工具对于效率战略导向网络的运行是必不可少的。灵活战略导向网络更加注重 IT 兼容性技术,因为网络成员拥有不同类型的工具,如果能够有效整合则可极大地促进网络可持续发展;在创新战略导向网络中,则强调创新设计工具和先进的技术工具。

5. 网络环境

外部和内部及工程项目/任务环境不受网络控制,但会影响网络运行,也是制造企业网络可持续发展过程应当关注的因素之一。

(1)外部环境(维度13)。制造企业网络的灵活性不仅受国家层面的法规和正式的国际协议的影响,还受劳动或环境标准的行为准则影响。同时,材料价格的波动、利率和融资方式都会影响项目的资金成本,这将影响网络效率。效率战略导向和创新战略导向的网络分别适合于复杂和动态的环境,而灵活战略导向的网络通常是在二者兼具的环境下使用。

(2)内部环境(维度14)。开放合作的心态有助于制造企业网络产生创意,网络创新文化和创新热情对于知识整合是有益的。对于灵活战略导向的服务工程网络而言,则强调服务和适应性概念。对于效率战略导向网络来说,要保证标准化和统一的文化认知与理解。

(3)工程环境(维度15)。工程项目/任务的相互依赖(包括任务和组织间的相互依赖)将影响网络的效率和灵活性。子项目/任务的相互依赖可能导致项目调度困难增加,影响效率。同时,参与者之间的相互依赖会影响网络集成,从而影响灵活性。工程目标的变化或不稳定的任务会影响网络效率。具有挑战性的任务会使参与者更加关注任务本身,完成任务的紧迫性致使成员无法对关键问题进行探索、尝试与创新。

通过上述分析,可以得出以上 15 个维度的特征将影响制造企业网络发展的可持续性,必须做好上述 15 个维度因素特征的管理才能促进制造企业网络的持续发展,具体网络构形构成如表 1-9 所示。

表 1-9 制造企业网络构形构成

构形维度	构成子项	影响方式
网络特征	网络结构	影响信息传递方式与效率
	网络参与者	影响制造企业社会网络规模、丰富程度与业务范围
	网络资源	影响制造企业网络运营与应对外部变动的能力
网络关系	网络共享	影响网络成员学习与知识传递、价值与目标认知一致性
	网络交流	影响网络冲突形成、冲突处理,影响隐性知识与技能转移
	成员关系	影响成员投入与未来合作,影响成员间的彼此信任与合作信心
网络管理	网络冲突/应急管理	影响网络遇到危机时产生的损失与应对成本
	网络常规管理	影响资源利用效率与参与积极性
	网络规划	影响网络战略执行与任务整合、资源匹配
网络支持	学习和培训	影响网络问题解决能力及参与成员能力提升效果
	信息管理和基础设施	影响网络战略制定与调整,影响成员交流方式与网络整体运行
	工程工具	使网络运行更加方便、有效,任务执行更加有效、精确、成功率更高
网络环境	外部环境	影响网络战略调整与成员预期目标实现
	内部环境	影响网络运营理念,影响成员交流与沟通
	工程环境	影响网络任务完成效率、匹配对接科学性

1.3.2 维度重要性判定

为了确定上述构形维度的重要性,项目开展了初始调研。第一次调研选择 20 人,包含 9 名学者和 11 名企业人员,学者主要从事制造企业网络可持续发展、构形、运营等方面的研究,企业人员主要从事制造企业网络管理或运营业务。为了对第一次调研结果进行检验,又做了第二次调研,选择 8 名高校人员和 12 名企业人员。每位人员选择认为重要的三个构形维度,对不同维度进行累计统计,可以得到两次的统计结果，如表1-10所示。

表1-10 第一次和第二次构形维度重要性调研结果比较

构形维度		各个构形维度的累计被选次数											
		第一次调研						第二次调研					
		①	得分	②	得分	③	得分	①	得分	②	得分	③	得分
网络特征	网络结构	4	9	7	23	1	16	3	9	3	21	6	14
	网络参与者	2		8		7		4		10		5	
	网络资源	3		8		8		2		8		3	
网络关系	网络共享	4	7	12	19	2	17	2	6	7	13	5	17
	网络交流	3		6		9		0		5		9	
	成员关系	0		1		6		4		1		3	
网络管理	网络冲突/应急管理	3	25	0	6	1	4	3	32	3	11	5	5
	网络常规管理	10		3		3		13		3		0	
	网络规划	12		3		0		16		5		0	
网络支持	学习和培训	3	15	9	10	5	10	2	11	8	12	1	7
	信息管理和基础设施	6		1		2		3		4		5	
	工程工具	6		0		3		6		0		1	
网络环境	外部环境	0	4	2	2	8	13	0	2	1	3	11	17
	内部环境	2		0		2		1		1		6	
	工程环境	2		0		3		1		1		0	
总计		60	60	60	60	60	60	60	60	60	60	60	60

注：①表示效率战略导向；②表示创新战略导向；③表示灵活战略导向

整体调研过程包含：23名企业人员，其中7名来自电子设备制造产业，6名来自航空与航天制造产业，4名来自仪器设备制造产业，4名来自汽车与零部件制造产业，2名来自石油设备与服务产业；17名学者来自学术领域，包含工程设计与研发、工程设备生产与维护、维修与运营、工程服务与国际化等研究方向。为了比较学者与企业人员对构形维度重要性的认知，对两者调研结果进行分别统计，具体如表1-11所示。

表 1-11 学者与企业人员构形维度重要性调研结果比较

构形维度		各个构形维度的累计被选次数										
		学者						企业人员				
		①	得分	②	得分	③	得分	①	得分	②	得分	③	得分
网络特征	网络结构	2	6	5	17	4	16	5	12	5	27	3	15
	网络参与者	2		6		5		4		12		7	
	网络资源	2		6		7		3		10		5	
网络关系	网络共享	3	4	9	13	4	16	3	9	10	20	3	18
	网络交流	1		4		8		2		8		10	
	成员关系	0		0		4		4		2		5	
网络管理	网络冲突/应急管理	1	26	1	7	1	2	5	31	2	10	5	7
	网络常规管理	12		1		1		11		5		2	
	网络规划	13		5		0		15		3		0	
网络支持	学习和培训	3	12	9	12	1	7	2	14	7	9	5	10
	信息管理和基础设施	4		3		3		5		2		4	
	工程工具	5		0		3		7		0		1	
网络环境	外部环境	0	3	0	2	6	10	0	3	3	3	12	19
	内部环境	2		1		3		1		0		5	
	工程环境	1		1		1		2		0		2	
总计		51	51	51	51	51	51	69	69	69	69	69	69

注：①表示效率战略导向；②表示创新战略导向；③表示灵活战略导向

根据调查结果可知，影响效率战略导向制造企业网络可持续发展的主要因素是网络管理与网络支持，影响创新战略导向制造企业网络可持续发展的主要因素是网络特征与网络关系，影响灵活战略导向制造企业网络可持续发展的主要因素是网络关系、网络特征及网络环境。因此，影响制造企业网络可持续发展的重要构形应当包含网络关系、网络特征与网络管理三个方面。

1.4 制造企业网络构形特征与战略导向确定方法设计

制造企业网络可以通过五个维度（15 个子维度）进行刻画与描述，不同战略导向下，制造企业网络可持续发展的最佳能量积累特征应当不同，因此需要首先确定其理想构形特征。

1.4.1 不同战略导向制造企业网络构形特征确定

通过网络资料采集、文献分析、企业访谈、邮件确认等多种方式对企业案例资料进行确认与调整，最终结合文献分析及案例分析中的制造企业网络描述，获得不同战略导向制造企业网络的最佳构形特征。以下将选择六个典型制造企业网络，分析其构形特征，并通过多案例比较分析，确定相似战略导向制造企业网络构形特征的共同之处，以有效提取不同战略导向制造企业网络可持续发展的构形特征。

1. 联想

联想是一家跨国公司，是全球最大的 PC 供应商，具有大规模采集能力。联想通过并购等将原材料、配件供应商等逐步纳入网络体系，不断拓展其网络成员数量，它的使命是通过成本效益和创新优势，成为世界上最优秀的科技公司之一。联想是增长最快的大型 PC 公司，体现效率战略导向的特征，其网络在 15 个维度上的具体构形特征及重点如表 1-12 所示。

表 1-12 联想制造企业网络的构形特征及重点

项目	网络特征	网络关系	网络管理	网络支持	网络环境
特征	维度 1：分散的子公司统一接受母公司的协调；参与者都需经过审核，通过 EICC（Electronic Industry Code of Conduct，电子行业行为准则）认证审核，它们清楚自己应该完成什么，在战略和操作层面都有统一的战术，但战略上的贡献有点模糊 维度 2：网络包括 300 多个供应商和 5000 多个客户渠道 维度 3：截至 2019 年底，业务遍及 180 个市场，服务全球超过 10 亿用户，全球约有 5.7 万名员工	维度 4：它们共享先进的技术和资源，共同制订产品和研发计划。不同地区的附属公司将共同分担时间进度和任务程序 维度 5：核心企业和参与者间沟通通常是双向的，冲突或紧急情况发生时通常进行沟通。参与者将定期或按特定主题，如环境事务和标准进行交流 维度 6：网络参与者关系密切，网络作为一个公司运作，参与者总是签订长期合作合同；现在建立了优胜劣汰机制，供应商将被更新，一些新供应商可以进入网络	维度 7：构建采购平台，应对突发事件，保持其在采购市场中的战略地位 维度 8：为实现有效运作目标，每天开展监督，及时反馈给有关各方，及时采取对策，保证最终目标；提供生产供应商的自我评估问卷，保证它们的活动是与整个网络的要求符合；于最终结果建立绩效考核系统 维度 9：根据目标，网络将每个参与者和员工的战略目标划分成小块，目标非常详细	维度 10：积极为员工和其他参与者进行培训，以实现发展 维度 11：建立网络学习平台，辅助学习和培训。ERP、电子商务和信息系统都很先进 维度 12：网络参与者共同创造工具和流程，积极主动设定统一标准，便于监控供应商的表现；网络采用很多标准，制造网络获得国际标准化组织（International Organization for Standardization，ISO）9001 质量认证、ISO 14001 环境认证和职业健康与安全管理体系（occupational health and safety management system，OHSMS）18001 认证	维度 13：网络通常具有良好的政府关系；网络一贯致力于社会和环境的发展；它有很多的竞争对手；整个 PC 市场正在萎缩，网络将面临巨大挑战 维度 14：在网络中，人们有一种共同的愿望，即成为最好的人。网络的力量在于它的多样性，它创造了一种新的语言来尊重他人 维度 15：网络是一个复杂的网络，涉及不同的工程阶段和产品

续表

项目	网络特征	网络关系	网络管理	网络支持	网络环境
重点	通过对联想的调研与访谈获得其网络可持续发展的重要因素：网络管理——监督及时调整，保证每个部门、每个参与者、每个员工准确完成任务；网络环境——材料短缺或延迟，客户需求的变化或某些领域的竞争对手创新将影响网络绩效					

2. 上汽集团

上海汽车集团股份有限公司（以下简称上汽集团）是在 A 股市场上市的最大的汽车公司，以全球化视野打造卓越品牌，提升国际化经营能力，努力整合全球的设计师、工程师、制造资源等，企业规模扩张较快，一直保持国内市场领先地位，体现出效率战略导向特征。网络初步建立了全球自主品牌研发框架；大型合资企业的本土研发能力越来越强，体现的网络结构特征及重点如表 1-13 所示。

表 1-13　上汽集团制造企业网络的构形特征及重点

项目	网络特征	网络关系	网络管理	网络支持	网络环境
特征	维度 1：子公司清楚自己的任务和工作要求；维度 2：上汽集团积极与外国汽车制造商开展合作，在德国、英国和美国建立起三个大型研发中心；上汽集团在中国拥有众多生产设施，在英国有一家装配厂；在欧洲、韩国、日本等地设有海外公司；维度 3：截至2019年底，拥有近4000名乘用车工程师	维度 4：上汽集团通过整合分布的信息，通过整合分析为其子公司提供决策参考；共享三层信息，宏观信息包括政策经济情况，中层信息包括竞争对手情况等，微观信息包括相关数据和调查；维度 5：参与者通常共同成立合资企业，共同沟通，共同决策；维度 6：通过兼并收购，建立汽车零部件公司合资企业或全资子公司，对其他关系不密切的汽车零部件公司，计划将其统一纳入一个整体上市公司	维度 7：始终将风险控制在可控范围内，通过严格内部控制机制进行全面风险管理；维度 8：设置 400 多个关键点和关键绩效指标（key performance index，KPI）考核点。设置激励机制，包括物质奖励、职业机会和价值/精神激励三种模式	维度 10：建立培训中心，承担技术知识培训、合作文化培训等培训任务，为培训中心改进工作提供有价值的建议；维度 11：在信息技术支持下，上汽集团实现在采购、生产、配送、服务等方面的信息管理；以上汽信息技术公司为基础，建立统一控制、统一资源配置、统一设备共享的采购、设计、生产、销售服务平台，确保高效运营	维度 13：中国政府支持上汽集团发展，中国汽车市场依然广阔；中国"四大"汽车制造商之间存在竞争（另外三家分别是重庆长安汽车股份有限公司、中国第一汽车集团有限公司（以下简称一汽集团）和东风汽车集团有限公司）；维度 15：上汽集团涵盖整车、零配件、汽车金融、物流、车辆信息、二手车等汽车服务贸易业务的研发、制造、销售
重点	通过对上汽集团的调查研究获得其网络可持续发展的重要因素：网络特征——从参与者那里获得网络资源，通过并购能够快速占领市场，在每一次并购中，可获得的专利/技术/市场等资源，对于进一步的运营和最终的绩效表现都非常重要；网络管理——它们想在并购的基础上发展并建立自己的品牌，因此如何整合这些资源和通过激励形成自己的优势十分重要				

3. 华为

华为是全球领先的信息通信技术（information communication technology，ICT）解决方案提供商，通过建立联合研发中心、与多元主体开展技术合作等方式，不断拓展网络成员数量，形成自身的企业网络。根据客户需求进行可持续创新，以先进的产品和服务创造客户价值，形成众多国际标准，创造了新的业务领域和新的工作方式，以绿色观念积极布局未来新兴领域。联结网络表现出创新战略导向特征，具体网络构形特征及重点如表1-14所示。

表1-14 华为制造企业网络的构形特征及重点

项目	网络特征	网络关系	网络管理	网络支持	网络环境
特征	维度1：参与者进行交流，提供整体解决方案，有时会由核心企业安排讨论一些问题 维度2：网络参与者来自行业、学术界、研究机构及政府部门；拥有200多家一级渠道合作伙伴和2000多家二级渠道合作伙伴 维度3：拥有高效管理团队；截至2019年底，该公司拥有19.4万名员工，其产品和解决方案已部署在170多个国家，服务于全球30多亿人口	维度4：整个网络为所有参与者创造和谐的环境，它们共同创造价值，共享价值和利益；实现了关键客户和战略供应商的IT整合和联动，能够及时共享和交换信息 维度5：通过讨论和沟通，让参与者在项目前期及时参与网络活动，共同提供一套解决方案。建立多信息沟通渠道，获取客户、供应商等外部信息 维度6：深度合作，积极整合市场、客户。坚持实施透明稳定的渠道政策，努力与合作伙伴分享更多利益，努力构建和谐合作共赢的生态系统	维度7：建立风险管理部门，识别和控制突发事件，预测环境变化对网络的潜在影响，并为网络决策者提供对策 维度8：基于网络结构和运营模式进行内部控制，所有业务流程、财务流程及子公司业务单元均采用内部控制框架和机制；设定全球流程的关键管理点，每月发布检查和测试结果。在反馈中提供最优解决对策；每半年对整个流程设计和业务单元实施效果进行评估，并向审计委员会提供结果；大量利润用于激励工程师	维度10：培训全体职工和参训人员，贯彻执行规章制度 维度11：建立全球供应链管理体系，主要是ERP或高级计划与排程（advanced planning and scheduling，APS） 维度12：截至2019年，已加入400多家国内外行业标准机构，提交大量国际标准提案	维度13：融入当地社区文化；开发当地人才和参与者，为当地客户提供最好的产品和服务；评估产品设计、产品回收、资源与能源消耗、温室气体排放、废弃物处理等活动的影响，采用创新的解决方案，持续减少对环境的负面影响，推动低碳循环促进经济增长 维度15：业务涉及多个领域，工程活动涉及多个阶段
重点	通过对华为的研究获得其网络可持续发展的重要因素：网络特征——资源，尤其是人力资源，是网络、技术瓶颈和人才创新的重要因素。一些地方的环境——政府限制严重影响了企业网络经营，市场和客户需求的变化将极大地影响网络性能					

4. 罗罗

英国罗尔斯-罗伊斯有限公司（Rolls-Royce Limited，以下简称罗罗）是一家全球性的公司，为客户提供民用和国防航空航天、海洋和能源市场的综合动力解决方案。罗罗大力投资于研究和技术领域，以开发越来越高效的动力系统。罗罗具有高额利润，其在碳披露项目（carbon disclosure project，CDP）指标中处于领先地位。罗罗不断创新经营方式和模式，从而表现出创新战略导向特征，其网络具体构形特征及重点如表1-15所示。

表1-15 罗罗制造企业网络的构形特征及重点

项目	网络特征	网络关系	网络管理	网络支持	网络环境
特征	维度1：参与者信息交流自由，不需要通过罗罗统一传递，边界清晰，参与者可相互学习 维度2：与专门机构、大学和国家政府合作 维度3：截至2019年底，在50多个国家雇用42 000多人；例如，以国防航空航天为例，它涉及18 000个发动机、24个发动机方案、103个国家和160个武装部队	维度4：为雇员和成员代表提供完善的沟通渠道，分享问题和关注事项 维度5：将客户组织的中心，专注于面向客户需求的创新和响应速度；不同部门负责与企业战略、财务业绩等不同方面的股东沟通。与机构投资者进行专门投资者关系计划 维度6：参与者有长期合作的经验，并希望进一步合作；会员每月碰面；在每一个阶段与供应商紧密合作	维度7：通过供应商高级业务关系质量规定，管理短期和长期供应链风险 维度8：要求供应商完全符合所有政策，如罗罗供应商代码及对应供应商期望标准规定；欢迎反馈；完善的分享和激励方案，鼓励年轻人追求有价值的职业；设定明确的目标实现共同效益 维度9：参与者共同沟通，以便安排项目日程	维度10：提供教育框架；在研究和技术上重点投资；建立最好的管理团队，投资于培训、教育和发展；为所有参与者能满足标准要求开展公开训练 维度11：不断开发信息分析方法，如顾客合作采购决定影响评估工具 维度12：广泛的工程网络工具；形成规则，如选择参与者	维度13：国家政府往往是战略合作伙伴；采取对社会负责的态度，在法律、习俗和传统上符合客户国家要求；竞争并没有十分激烈，客户需求变化不频繁 维度14：在动力系统领域，享有很高的声誉 维度15：成员来自运营、制造、工程、质量、采购等领域
重点	通过对罗罗的研究获得其网络可持续发展的重要因素：网络特征——技术水平、资源和工程能力；网络环境——材料市场、政策或客户需求的变化对网络可持续发展产生重要影响				

5. 阿特金斯

英国阿特金斯集团（Atkins Group，以下简称阿特金斯）是世界上最大的设计和工程咨询公司之一，它拥有丰富的专业知识，能够应对最具技术挑战性和受时间限制的基础设施项目。阿特金斯具有多年服务经验，这帮助公司获得了更多客户，完成了许多成就显著的典型项目，如伦敦奥运会公园规划和基础设施支持都是由该企业提供的，该企业表现出灵活战略导向特征。该公司针对不同项目采用不同设计团队、人员满足当地客户的多种需求，其具体网络构形特征如表1-16所示。

表 1-16　阿特金斯制造企业网络的构形特征及重点

项目	网络特征	网络关系	网络管理	网络支持	网络环境
特征	维度1：分散结构被认为是向客户提供服务网络能力的一个关键部分；在同一地区分散的工作会有专人协调 维度2：与中央和地方政府、主要金融和零售公司、公用事业、制造与开发商和其他蓝筹公司合作 维度3：截至2019年底，在29国雇用了18000多名员工，并在许多国家开展了项目	维度4：它的供应商独立性强、精通多种技术，能够利用移动平台和Web程序从现成系统寻找可参考方案，生成各种定制解决方案 维度5：确保广泛的团体和个人参与，从客户和顾问团队到网络社区。专业团队沟通顾问和设计师一起工作，确保技术人员语言和视觉沟通的高标准及一致性 维度6：网络努力提升聚合性，并结合其卓越的技术能力使它们能够继续提供好的方案	维度7：控制措施一致，确保网络能评估和管理整体业务风险；内部审计职能通过审计委员会直接向董事报告支持该目标 维度8：行为政策规定它们期望的员工在与客户、供应商、同事和其他当事人往来时的标准；在每个业务框架设计控制点，形成了一个强大的业务管理系统，有共同管理结构、治理质量、安全和环境。通过月度报告和季度报告跟踪活动业绩；管理包括工程项目各阶段的策略和计划在内的整个过程 维度9：网络中存在约束和机会的早期识别	维度10：致力于技术研发工作，开展最新先进复合材料研发；承诺对员工的培训和发展，并提供广泛多样的职业；提供顾问服务，整个项目管理团队协助客户提供业务转型服务 维度11：平台信息独立发布，可通过台式机和移动设备接入。开发的通信材料、视觉和言语设备，具有广泛受众空间 维度12：使用广泛的试验、创新定性和定量技术	维度13：社会和环境框架对其工作至关重要，所有项目在交付时必须考虑社区背景；提供生态评价，并结合最高技术标准，帮助满足环境保护和发展之间的平衡 维度14：对低碳设计和可持续发展的解决方案具有极高热情 维度15：包括规划师、建筑师和工程师，涉及多领域
重点	通过对阿特金斯的研究获得其网络可持续发展的重要因素：网络关系——不同的专家和参与者（包括客户）的意见交流和知识整合，以及充分的沟通与理解对于网络服务质量很重要，如了解当地政府、投资者、开发商和运营商的运营方式、业务流程和标准法规等；网络特征——不同领域的专家具有不同的创意设计理念，所有参与者间互补程度强，对参与者进行优势特色整合等					

6. 莫特麦克唐纳

莫特麦克唐纳集团（Mott MacDonald Group，以下简称莫特麦克唐纳）是一家总部位于英国的全球咨询公司，通过对专业精益求精的追求，获得了客户较高的满意度；企业欢迎变革，不断创新，打败了英国奥雅纳集团有限公司（Arup Group Limited）等竞争对手，获得建筑奖年度工程顾问奖。在整个经济衰退期间，该公司的收入却逐年增长，其较高的国际客户满意度和较低的员工流失率值得称赞，其网络运行中表现出灵活战略导向的特征，具体网络构形特征及重点如表1-17所示。

表1-17 莫特麦克唐纳制造企业网络的构形特征及重点

项目	网络特征	网络关系	网络管理	网络支持	网络环境
特征	维度1：地域划分基本独立，结构分散 维度2：网络成员愿意与当地和全球公司及它们的供应链合作，以确保最好的结果；参与者主要集中在银行、企业和研究机构 维度3：截至2019年底，覆盖150个国家，有超过1.6万名员工，承接项目分布广泛，包含非洲、亚太、中东、北美、南美等	维度4：网络鼓励交换意见和资料，这些资料以出版物、成员联网、网站、录像带、论坛、讨论会、会议、工作人员理事会、网上讨论和主席定期向全体工作人员发送电子邮件等方式进行共享 维度5：给参与者带来能量和承诺。分散的部门沟通通常集中在项目上，同一领域或同一项目相关的专家可能有机会相互沟通 维度6：努力与参与者建立长期密切的合作关系	维度7：为尽量降低客户及本身的风险，它们发展了一套风险管理方法，包括公司的策略、程序和制度，以及员工的态度和行为 维度8：集团董事会密切参与网络决策，使决策能够迅速执行、恰当地获得最高管理者的有效支持；莫特麦克唐纳是员工所有的公司，绩效直接影响员工的利益，鼓励员工参与决策 维度9：对于经营和制造活动来说，通常是逐步积累资源，第一阶段后，财务等资源会在第二阶段开始前准备好	维度10：员工将获得全面的、自由选择驱动的学习和发展计划，包含数百门在线课程，以课堂为基础的课程，商学院主导的管理培训，对多次获得荣誉的员工给予升级奖励 维度12：网络中可以使用许多设计或制造方面的高级工具，这些工具由各部门共享。它们有标准的流程和模式，当满足客户需求时，这种方法可以帮助莫特麦克唐纳快速设计出满意的方案	维度13：支持客户，培养员工，保护环境，关心社区。目标是为长期发展做出贡献。英国竞争对手并不多，但在其他国家有很多外国咨询公司竞争 维度14：积累经验和声誉帮助其获得更多的客户和参与者 维度15：服务行业包括交通、能源、建筑、水、环境、卫生、教育、工业、通信等
重点	通过对莫特麦克唐纳的研究获得其网络可持续发展重要因素：网络关系——参与者协调是保证项目进度和质量的重要因素；网络环境——客户需求的变化、其他方面的问题、人才短缺等突发事件会导致目标偏离，一旦出现偏差，任务将面临巨大挑战					

7. 不同战略导向制造企业网络构形特征提取

通过对六个案例的分析，可获得三种不同战略导向制造企业网络的基本构形特征，具体如表1-18所示。

表1-18 不同战略导向制造企业的网络构形特征

构形维度	构成子项	战略导向		
^	^	效率战略导向	创新战略导向	灵活战略导向
网络特征	网络结构	中心性强，目标明确，长期合作	适当降低中心性，鼓励新合作成员加入	无严格科层结构
^	网络参与者	大量参与者，按照工程环节纵向延展	大量不同类型、不同领域成员	对规模不做要求，但要求反应灵活
^	网络资源	标准化技术，整合各类专家	知识、知识产权与标准	获取充足资源的能力
网络关系	网络共享	进度安排，精确信息	高频度接触与深入交流	提前告知变动预期
^	网络交流	必要交流与正式沟通	成员直接交流，基于兴趣讨论	多主体非一致性的交流
^	成员关系	契约界定，无冗余关系	强联结，能力信任明显	略低于强联结

续表

构形维度	构成子项	战略导向		
		效率战略导向	创新战略导向	灵活战略导向
网络管理	网络冲突/应急管理	资源与任务冲突控制	理念与观点冲突控制	内外与合作者间冲突
	网络常规管理	持续的监督与控制,利用与不断积累、反馈经验	绩效管理	满足不同标准,强有力的风险控制能力
	网络规划	计划与控制	充分的研发资源支持	灵活的资源安排
网络支持	学习和培训	通过培训理解网络规则、制度与要求	知识与技能培训学习	客户需求与反应能力培训
	信息管理和基础设施	项目控制方面信息	先进与动态知识、技术信息	充分的预测判定变动信息
	工程工具	资源控制与配置工具	设计与研发工具	调整工具与兼容工具
网络环境	外部环境	复杂环境,受材料、汇率、通胀影响明显	动态环境	行为准则,无政府组织,动态与复杂环境
	内部环境	遵守与执行文化	创新与开放文化	服务与适应文化
	工程环境	项目依赖度高,时间压力	任务技术能力,技术目标调整	成员与组织高依赖度

1.4.2 制造企业网络战略导向确定方法设计

制造企业网络需要在确定自身战略导向后,不断调整自身的构形特征,从而能更加容易地进行能量源积累,实现可持续发展,但是有些网络具备不同类型的特征,例如,那些具有开发与创新新产品能力的制造企业网络同时具有良好的资源重新配置能力,这就使制造企业网络很难去确定自身的类型,该类问题的方法研究目前很少有文献提到。因此,有必要结合制造企业网络构形特征,设计科学的制造企业战略导向确定方法,为制造企业网络战略导向确定提供有效的方法支持。

根据表1-11的制造企业网络构形维度和企业网络实际情况进行逐项判定与打分,可以得到判定矩阵,假设企业网络在15个维度($i=1, 2, \cdots, 15$)上对三种战略类型($j=1, 2, 3$)的符合情况用X_{ij}表示,当X_{ij}为1时,符合构形维度特征要求,如果不符合j战略,则X_{ij}为零。有时,企业网络的一个特征符合不同战略要求,则两个战略下得分均为1。最终可以得到15×3的矩阵。根据企业网络在不同战略下的累积符合次数,就可以得到企业网络所属战略类型。以某企业为例,根据其特征描述,判定不同战略下的符合度[24],可以得到表1-19。

表 1-19 企业特征与战略类型判定表

维度	特征	效率战略导向	创新战略导向	灵活战略导向
1	分散的子公司在总公司协调下有明确的目标	1	0	0
2	网络包括 300 多个供应商和超过 5000 个客户渠道	0	1	0
3	标准化生产与多样化知识资源	1	1	0
4	分享先进技术及其资源，不同地区的子公司共享时间表和任务进程	1	1	0
5	核心企业和参与者间的沟通通常是双向的，网络参与者将定期进行交流	1	0	1
6	网络参与者之间有密切的关系，参与者总是签订长期合作合同	1	1	0
7	构建采购平台，处理突发事件，保证进度	1	0	0
8	每天进行监督，建立绩效导向的评价体系	1	1	0
9	网络将战略目标划分为多个子模块，与每个参与者和员工对应、匹配	1	0	0
10	积极培训员工和其他参与者，以实现进一步的发展和适应变化	0	0	1
11	建立电子学习平台，辅助知识学习和培训	0	1	0
12	创建工具，为标准的供应商业绩监测铺平道路	1	0	0
13	有很多竞争对手，整个 PC 市场正在萎缩	1	0	0
14	有共同的愿望将事情做到最好，网络的力量在于它的多样性	0	1	0
15	与不同工程阶段和产品有关，进度和新颖性要求高	1	1	0
	总计	11	9	2

根据上述结果可知，该制造企业网络当前主导战略类型主要是效率战略导向，同时企业网络具有一定的创新能力，根据未来发展规划与市场、竞争环境分析，企业网络可以明确其未来可持续发展采取的战略导向类型，进而优化其构形特征，使其更加利于网络能量积累与能级跃迁，从而实现可持续发展。

1.5 单构形维度对制造企业网络可持续发展的影响分析

鉴于网络关系构形维度对制造企业网络可持续发展的重要作用，本书以网络关系为例分析与揭示单构形维度对网络可持续发展的作用与影响，其他维度可按照同样的方法进行单维度分析，据此确定不同战略导向下制造企业网络可持续发展不同维度的管理要点，为制造企业网络可持续发展管理提供更加精细与准确的依据与决策支持。

1.5.1 网络关系维度划分

关于制造企业网络成员关系构成，不同学者提出了不同观点：程跃提出创新网络成员关系应当通过关系强度（交流频度与深度）、关系结构等反映[25]；刘丽敏等认为可通过沟通与承诺来反映网络关系质量[26]；有些学者认为成员关系就是在一定时期内的责权利共享协议关系。Chinowsky 等提出交流与协作可以提升网络成员信任程度，是改善网络成员关系的关键[27]；Fulop 和 Couchman 认为信任和可靠的契约对于成员关系而言同样重要，且不能忽视任何一方[28]；因此，应当在契约与信任间形成平衡，以保证网络成员关系持续健康地发展。整体而言，责权利契约界定与共享、成员交流与沟通（频度与深度）、成员信任程度成为影响与衡量网络成员关系的重要维度。具体包括如下几点。

（1）成员间责权利契约界定与共享——成立前。方兴和林元增认为网络合作初期阶段，建立在企业间的相互信任比较脆弱，因此组织应明确地界定成员企业各方的责权利以维护成员合作关系[29]。有学者认为成员关系是交易关系，通过增加信任和承诺演变而来，但不同于一般的交易关系，网络成员必须共享利益和共担风险。事实上，制造企业网络关系复杂，成员共同完成复杂工程制造与服务任务，通过串行前后对接合作、并行组装合作、联合共同开发等形式开展任务合作。任务完成效果受到前后任务分工明确程度、表述规范性、一致性与统一性、前后任务兼容性、时间安排与任务进度精准性的影响；受到并行工程各方能力水平一致性、质量保障要求、进度控制范围界定、任务变动与调整信息共享要求等的影响；受到联合开发过程中各方投入激励制度、利益分配公正性等的影响。可见，责权利契约中对各方行为对接、使用工具与方法等的规范要求与责任划分及对各方共享责权利的约束与激励制度规定等，可帮助制造企业网络形成相互合作、相互制约、相互促进的良好关系，因此，成员间责权利契约界定与共享是成员关系的重要构成维度。

（2）网络成员交流与沟通——合作中。通过交流可提升制造企业网络成员信任程度，加强各方对制造领域相关知识表述、资源传递与接收的默契，减少资源流动的企业边界障碍。提高交流频度将产生更多信任，更多信任将巩固更多的交流沟通，从而加深成员彼此关系，形成良性循环、促进网络成员关系优化、提升网络凝聚力。由此可见，制造企业网络成员可通过增加交流频度影响关系深度进而增加信任，成员交流与沟通是制造企业网络成员关系的重要构成维度，有助于形成更加紧密、信任、默契的网络成员关系。

（3）网络成员信任程度——结束后。责权利清晰界定与明确共享制度有利于规范成员行为关系，交流与沟通有利于减少成员冲突、加强成员理解，制造企业网络的持续发展则依靠成员的信任。Cheng 和 Li 认为成员信任直接影响合作绩效[30]。张蔚虹等指出提升成员信任程度可促进各方开展隐性知识交流与共享，激发相互学习从而促进网络创新与持续发展[31]。网络成员信任程度影响网络未来发展，良好的信任关系可增强合作意愿，有利于在后续合作中成员各方投入更多资源与精力，以获得更多价值收益；在面对合作矛盾时，成员能积极主动化解，避免关系扰动超出预期而影响网络持续。可见，提升网络成员信任程度有助于形成互助共赢、循环促进、持续发展的网络成员关系。

综上所述，可以得到网络成员关系维度，具体如图 1-2 所示。

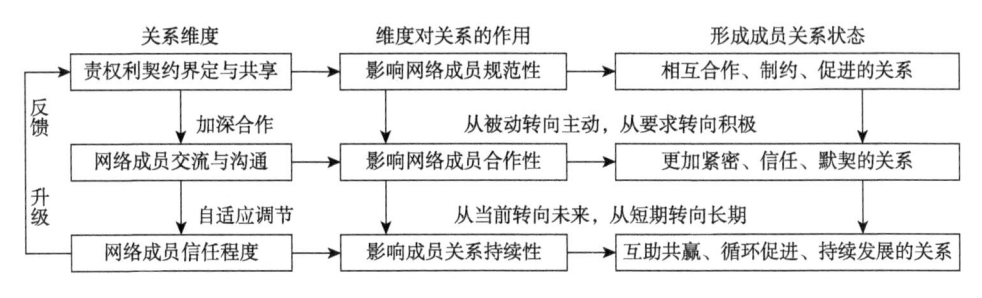

图 1-2 制造企业网络成员关系维度图

1.5.2 成员关系及其对制造企业网络可持续发展影响的理论假设

（1）责权利契约界定与共享促进成员交流沟通。制造企业网络成员契约公平获得、公平感知，会促进各方加强隐性、核心知识交流与沟通；契约程序与过程公平感知，会使各方更加遵守制度要求，形成良性的沟通与交流机制，产生危机后能够及时修复网络成员的合作关系。李晓冬和王龙伟通过研究发现契约可更好地促进成员交流，为成员知识共享提供正式保障[32]。因此，提出假设 1-1：责权利契约界定影响成员交流与沟通。

（2）交流沟通提升成员信任程度。Gibson 等指出成员交流频度越高，成员信任程度越高[33]。成员积极设立韧性的深度沟通与交流边界，可以促进成员间自由协作，形成强烈的责任感和使命感；基于对网络负责的态度，成员各方依赖与信任程度增强。网络成员沟通频度越高，制造企业成员结构依赖和文化相容越明显，双方信任度越高。闫禹和于涧的研究也表明网络成员沟通可以通过增进委托代理合约实施的信任基础而降低道德风险和机会主义倾向[34]。因此，提出假设 1-2：交流沟通影响成员信任。

（3）成员信任促进责权利契约界定与共享。信任包含契约计算信任与成员关系信任等，契约计算信任是指成员各方认同契约计算过程、方法与责权划分，成员关系信任是相信对方会有效执行契约。契约计算信任可保障成员各方认同契约公平性，进而实现契约治理优化；成员关系信任可以保证契约责权利共享约束的有效开展及柔性调整。信任有利于降低制造企业网络成员契约执行纠纷概率，能够增强成员机会主义行为的"自我"约束力，降低成员对隐性知识共享泄露的担忧，保证各方有效、积极执行契约约定，增强契约变动容忍度。因此，提出假设1-3：信任影响成员责权利契约界定与共享。

（4）责权利契约界定可以避免任务衔接及物料调配中的滞留问题，有利于节约运作成本，促进资金利用效率的提升。明确责权利共享要求可拓展成员应对任务变动的范围与内容，从而增加任务分配灵活度，保障任务的高效完成。有效的交流与沟通有利于成员对资源转移标准、要求形成共识，在保障任务完成效率的同时，减少谈判、交易资本支出，提升资金利用效率。最后，信任可减少资金与收益分配冲突、任务再分配与调整矛盾，还可以通过1+1>2的协同效果，提高任务完成质量、促进后续投资与合作；制造企业网络中具有较高信任度的成员合作时，其任务完成效率总是高于其他角色协作。因此，提出假设1-4：责权利契约界定对效率战略导向的制造企业网络可持续发展具有显著正向影响；假设1-5：交流与沟通对效率战略导向的制造企业网络可持续发展具有显著正向影响；假设1-6：信任对效率战略导向的制造企业网络可持续发展具有显著正向影响。

（5）责权利契约界定与共享通过公平的技术投入与分配制度激励制造企业网络成员投入更多先进技术资源，通过打破各方的技术边界锁定实现技术资源共享融合，催生更多新颖技术，提高网络技术先进性。有研究表明契约有利于显性知识获取，成员交流关系能促进隐性知识获取，且契约对交流影响隐性知识获取具有正向调节作用。有效交流有利于降低异质性知识获取成本，从而使制造企业网络能够有效整合各方理念与观点，形成新颖技术，并通过知识资源集成与突破，提升网络整体技术先进性；交流沟通促进网络成员各方经验与管理方式兼容与转换，有利于形成更加领先与有效的商业模式与管理方法。最后，较高的信任度可以降低制造企业网络成员机会主义行为，为企业网络未来价值创造提供动力，从而不断提升技术先进性，并积极主动应对管理模式调整，以更好开展后续合作。因此，提出假设1-7：责权利契约界定的成员关系对创新战略导向的制造企业网络可持续发展具有显著正向影响；假设1-8：交流与沟通的成员关系对创新战略导向的制造企业网络可持续发展具有显著正向影响；假设1-9：信任的成员关系对创新战略导向的制造企业网络可持续发展具有显著正向影响。

（6）成员责权利契约界定与共享促进各类信息在成员间按照既定规则快速转移与流动，提升需求反应速度；成员责权利模块化合作界定，可提升合作对接的便利性、快捷性，提高组织柔性。有效交流利于网络及时洞察、发现与挖掘不同领域范围内的市场、需求变动，并提前进行预判与准备，提升网络对市场需求变动的反应速度；良好交流可以提升成员合作默契，保证各种资源、信息、知识在网络强关系下发生转移，企业网络资源扩散速度更加迅速，制造企业网络应对能力与组织柔性显著提升。高信任度促进成员对合作持有乐观态度，在资源投入与调整等方面更具容忍性，从而使企业网络在需求变动应对、新市场进入活动中更加快速与灵活；高信任度促进成员学习与能力拓展，成员能满足更多领域任务要求，实现能力交叉，从而提升组织柔性。柯洪等研究结果表明能力信任、善意信任对工程价格调整柔性、工程任务变更柔性都具有正向影响[35]。因此，提出假设 1-10：责权利契约界定的成员关系对灵活战略导向制造企业网络可持续发展具有显著正向影响；假设 1-11：交流与沟通的成员关系对灵活战略导向制造企业网络可持续发展具有显著正向影响；假设 1-12：信任的成员关系对灵活战略导向制造企业网络可持续发展具有显著正向影响。

1.5.3 成员关系对制造企业网络可持续发展影响的检验与结果分析

为科学确定网络成员关系对不同类型制造企业网络竞争力的影响，在上述分析基础上，设计调查问卷，主要题项如表 1-20 所示。

表 1-20 调查问卷主要题项与标准

主要题项			得分标准（企业完全符合下述情况为 9 分，较为符合为 7 分，部分符合为 5 分，不太符合为 3 分，完全不符合为 1 分）
制造企业网络类型（根据企业实际情况选择）			通过整合资源以降低成本、提升资源利用水平而获得竞争优势
			通过开发新产品与服务以引导或满足客户需求而获得竞争优势
			通过有效应对与适应外部变动而获得竞争优势
成员关系	网络成员交流沟通	交流频度	网络存在频繁的定期正式交流和非正式交流
		交流深度	成员积极参与讨论，意见对网络具有积极作用，网络对意见给予重视并采纳应用
	责权利契约界定与共享		网络契约机制完善，保证成本、风险共担，利益根据成员贡献得到公正分配
	成员信任与合作期望		成员都努力完成任务，愿意进行隐性知识交流与沟通，成员对未来合作前景乐观
制造企业网络可持续发展绩效	效率战略导向	资金利用效率	经济指标表现良好，明显优于同类制造网络
		任务完成效率	总是超额完成任务目标，任务分解与安排科学，任务分解与成员能力与优势匹配
	创新战略导向	技术新颖性	与其他竞争者相比存在明显独特性与差异性，产品或服务可进行有效区分
		技术先进性	产品或服务具有高创新性，核心技术与辅助技术在同领域内都处于领先地位
		模式方法创新	制造企业网络采用新管理方法，运行模式先进
	灵活战略导向	需求反应速度	总是能提前洞察客户需求变动或引领需求，在该方面表现积极主动
		组织柔性	组织柔性好，可根据内外变动与发展战略及时调整网络组织结构与功能
		进入新市场速度	制造企业网络总是能够率先发现与拓展新市场

（1）数据收集。采用邮件、网络链接、滚雪球等调查方式，向华为、中兴通讯股份有限公司（以下简称中兴）、上汽集团、联想、中国石油天然气股份有限公司（以下简称中石油）等相关制造或制造服务领域的有关人员发放问卷，涉及中高层部门管理人员、基层管理人员和一般技术与管理人员，共回收问卷191份，回收率为76.4%，剔除不合理问卷，共采集有效问卷172份，问卷有效回收率为68.8%，符合学术研究问卷回收要求。172份问卷中属于效率战略导向网络的有40份，属于创新战略导向网络的有88份，属于灵活战略导向网络的有44份。

（2）数据计算。对由多个题项反映的主题，如成员交流与沟通情况、不同类型制造企业网络绩效表现等，采用简单加权方式，确定不同主题对应的唯一数据序列。采用结构方程方法，利用Amose17.0软件进行数据计算，通过拟合优度检验和95%显著性检验的模型作用关系如表1-21和图1-3所示。

表1-21 成员关系对三类制造企业网络绩效的作用

效率战略导向					创新战略导向					灵活战略导向				
作用关系	估计值	标准误差	临界比率	显著性	作用关系	估计值	标准误差	临界比率	显著性	作用关系	估计值	标准误差	临界比率	显著性
绩效←信任	0.333	0.104	3.210	0.001	绩效←沟通	0.228	0.097	2.354	0.019	绩效←沟通	0.619	0.140	4.433	0.000
绩效←契约	0.394	0.106	3.706	0.000	绩效←契约	0.307	0.088	3.473	0.000	绩效←信任	0.256	0.100	2.555	0.011
沟通←契约	0.333	0.130	2.552	0.011	绩效←信任	0.327	0.107	3.070	0.002	契约←信任	0.411	0.120	3.421	0.000
信任←沟通	0.469	0.185	2.529	0.011	沟通←契约	0.216	0.101	2.133	0.033	沟通←契约	0.415	0.113	3.677	0.000
契约←信任	0.354	0.154	2.303	0.021	信任←沟通	0.272	0.094	2.882	0.004	信任←沟通	0.680	0.192	3.548	0.000
					契约←信任	0.254	0.130	1.954	0.046					

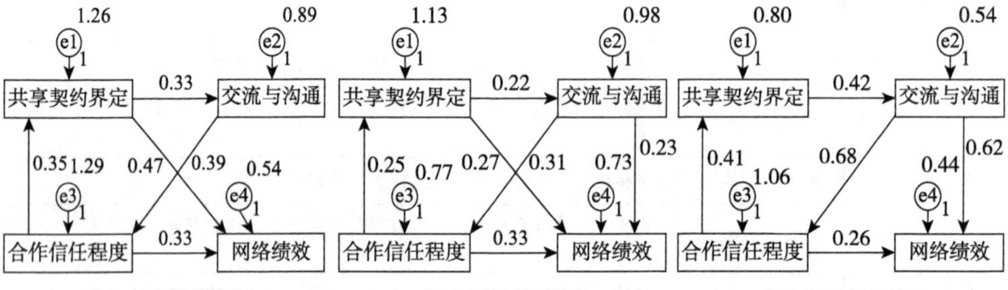

（a）效率战略导向　　　　（b）创新战略导向　　　　（c）灵活战略导向

图1-3 成员关系对制造企业网络绩效的作用图

（3）结果分析。计算结果表明，成员不同维度的作用关系及其对不同类型制造企业网络绩效的影响不同，制造企业网络需根据自身类型，开展不同的成员关系管理。具体包括如下几点。

第1章 制造企业网络可持续发展构形设计

首先，成员关系三维度自循环的促进作用普遍存在，假设在效率战略导向、创新战略导向、灵活战略导向三类网络中都得到证实，这与一些文献的前期研究结果一致。可见，各类型网络都应明确成员责权利共享契约，在契约框架下开展有效交流、沟通，提升成员信任程度，进一步提升契约公平、公正性，促进成员关系循环升级与改善。

前期研究成果没有比较不同网络类型下成员关系维度间影响差异。本书研究表明灵活战略导向制造企业网络中成员关系维度间影响最大，其次是效率战略导向网络，最后是创新战略导向网络。灵活战略导向网络中成员关系最为动态、复杂，契约、沟通与信任任何单维度的变动都将对成员关系产生重大影响。效率战略导向网络中，成员形成一定的资源、任务与流程依赖，成员各维度的影响相对较低。创新战略导向网络成员关系维度间影响最弱，主要原因在于成员数量规模相对较低，且成员之间通常具有合作基础，围绕创新内容开展长期深入交流，成员关系相对简化与稳定，因而各维度间影响较低。另外，创新战略导向网络要求较高，成员选择具有不可替代性或替代性低于另外两类网络，成员关系各维度多受技术互补性、创新风险与创新收益等实质性内容影响，成员关系各维度间的影响则相对减弱。可见，灵活战略导向制造企业网络更应投入更多时间、精力做好成员关系各维度管理，实现网络成员关系的不断优化。

其次，"沟通对信任的影响"是三类制造企业网络成员关系最重要的作用维度。学者对各维度作用关系的关注度与维度作用重要性基本一致。按照题目检索，近几年知网上研究沟通与信任的期刊文献数量最多，其次是信任与契约，契约与沟通最少。在契约与信任中，部分学者研究信任对契约的影响或信任、契约间的互补与替代作用，也有部分学者分析契约对信任的影响，而契约框架下的沟通则成为形成信任的最好方式，杜亚灵等利用扎根理论分析得出其他因素都需要通过沟通与响应来影响信任演化[36]。可见，各类制造企业网络都需要关注成员交流，通过沟通增强各方对成员优势、专长知识与技术的信任感；通过情感交流与问题互助、知识共享、沟通学习等提升成员关系信任感；通过契约约定交流与调整沟通，实现各方对公平、责权利对等的感知，提升成员对契约签订与执行的信任感，这是实现成员关系优化的重中之重。

再次，假设1-4、假设1-6、假设1-7~假设1-9、假设1-11、假设1-12通过检验。结果表明信任在三类网络中都发挥了积极作用，许婷与杨建君的研究也表明，信任在股权式合作、契约式合作中对合作绩效都产生了积极正向促进作用[37]，加强成员信任有利于资源传递与转移、知识共享与创新、信息捕获与整合等，可促进不同类型制造企业网络绩效的提升。契约对效率战略导向网络绩效影响最大，在效率战略导向网络中应明确各方责权利及合作共享范围，对成员行为、认知、战略意识等进行规范，减少冲突、增加共识，应明确各方任务完成质量、时间、材料等要求，改善对接兼容性，提升成员各方任务对接、资金与资源匹配及转移效率。在创新战略导向制造企业网络中，信任对网络绩效影响最大，网络是否能够开发领先技术、是否采用先进模式，主要取决于成员间是否能够基于信任进行核心知识共享与交互、贡献各方优势实现技术突破、面向长远合作与发展进行知识学习、为采用新商业模式主动开展自我调整等。该结论与杨治等研究结论不一致，其认为信任对双元创新本身影响不显著，但当企业间具有较多冗余资源和充足人力资本时，企业间信任对创新显示积极影响。当前研究对象是制造企业网络，内部成员众多，成员间基于资源及优势互补结成网络合作关系，因此成员间不同类型资源交互具有保证，信任能够对创新产生积极影响[38]。因此，网络成员可通过契约信任、关系信任、能力信任等多方努力，全面提升成员信任感，以促进隐性知识与技能共享，提升创新绩效。在灵活战略导向制造企业网络中，交流与沟通对网络绩效影响最大。为应对快速变动的外部市场、合作条件、任务分配、资源调度等，网络需要在既定的合作框架下，通过有效交流与沟通掌握外部客户、市场、竞争对手、政策信息等，加强对外部信息、内部反映、成员行为的理解，对责权利、行为、运营模式要求调整达成共识，形成应对方案，并有效贯彻合作方案，以快速进入市场、满足客户需求变动。

最后，假设1-5和假设1-10没有通过检验。成员沟通影响效率战略导向网络绩效没有通过显著性检验。有研究表明，成员频繁、冗余沟通，将影响与延迟合作成员的工作效率与行动时间，从而制约网络效率提升。效率战略导向网络的环境不确定性相对较低，转移的资源通常是有形、显性资源，因此交流与沟通作用不明显。效率战略导向网络重点依靠保证交易时间、资金回收、任务分解与对接、资源按时交付等提升网络绩效，出现变动时通常利用任务与工序的优化、时间进度的调整等确保任务目标实现，可见成员间并不需要开展过多的深入交流。另外，契约对灵活战略导向网络绩效并没有显著促进作用。当外部环境变动时，各方的任务、资源交互可能会超越契约预期规定与要求，灵活战略导向网络中突破契约规定、对各方任务与资源进行柔性调配的可能性高于其他两类网络，因此更多依靠针对任务情景的交流与各方的信任开展合作。为了能够快速满足市场需求变动，灵活战略导向网络成员无法在事前进行有效的谈判、责权利划分，契约作用相应降低。有学者认为动态环境下，难以明确规定成员各方的任务与责任要求，契约的模糊化更加适应当前经济与市场发展要求。因此，灵活战略导向网络应重点为成员沟通提供有效平台、渠道与媒介，侧重信息、资源共享及基于信任的任务临时拆分组合与事后利益协商分配等，以提升网络对市场的洞察力和响应力。

综上所述，成员关系三维度具有自促进作用，灵活战略导向网络成员关系各环节相互影响最大。信任对网络绩效具有普遍影响，契约、信任与沟通分别成为效率战略导向、创新战略导向、灵活战略导向制造企业网络可持续发展中网络关系管理的重点[39]。

网络结构、网络支持活动、外部环境变动及网络管理等四个其他维度也可以采用同样的方式确定其对三种不同战略导向类型制造企业网络可持续发展产生重要影响的关键点，此处不再依次分析。

1.6 本章小结

基于能级跃迁理论分析制造企业可持续发展的能量源，通过内容分析的定性分析方法，结合编码人员信度检验，确定制造企业的广泛能量源；进一步通过案例分析方法，结合企业运营实践，确定制造企业可以分为创新、灵活、效率三种战略类型，不同类型下的能量源不同，因此形成制造企业网络后，需要通过优化构形特征，加强不同类型关键能量源的积累，以促进制造企业与制造企业网络可持续发展。本章在揭示制造企业网络内涵、特征基础上，采用文献分析方法，提取制造企业网络构形维度；采用专家打分方法与多轮次比对方法，确定制造企业网络构形维度重要性，进一步通过案例分析确定不同构形的具体特征，并设计基于规则的特征打分方法，帮助制造企业网络科学判定与选择其战略导向。以制造企业网络关系为例，开展单构形维度对制造企业网络可持续发展的影响分析，得出不同战略导向下关系维度的管理要点，为制造企业网络可持续发展的单维度构形管理提供有效的决策支持。

第 2 章　创新战略导向制造企业网络可持续发展路径研究及设计

2.1　知识管理与创新战略导向制造企业网络可持续发展的作用关系

2.1.1　创新战略导向制造企业网络知识管理的核心内容

国际化及客户需求个性化使制造企业网络需要了解不同顾客、组织、行业和地域的知识，因此获取新知识成为制造企业网络知识管理的重要内容。知识获取是企业与内外部群体互动的过程或一个群体从其他群体获得知识的过程。知识转移是对知识接受企业或个人认知及体验产生影响、使知识接受者学习新内容的过程，该过程有助于缩小制造企业网络成员与外部知识拥有者及企业内部知识主体间的知识距离，形成更好的内外协同效应。获得新知识并在不同主体间进行有效转移仍无法满足企业适应动态、复杂、多变环境的要求，制造企业网络还需要进行整体规划；提高企业知识的系统性、融合性，因此知识整合成为知识管理的又一核心内容。知识整合是一个动态过程，是对制造企业网络掌握的知识进行重新整理，摒弃无用的知识，将网络成员企业知识有机融合，使之具有较强柔性、条理性、系统性，必要时对原有知识体系进行重构，以此形成企业网络新知识体系。可见，知识整合侧重在知识整体规划及应对外部变动时协同各方、各部门的知识两方面。

综合上述分析，知识获取、转移与整合成为制造企业网络弥补知识不足、提升自我知识水平、实现成员各方协同的有效措施，是制造企业网络知识管理的核心内容。

2.1.2 知识管理对创新战略导向制造企业网络可持续发展的影响

1. 知识获取对制造企业网络可持续发展的影响与作用方式

制造企业网络通过知识获取提升网络经济、创新与环境可持续发展的绩效。

（1）知识获取通过优化决策工具与方法、打破发展过程瓶颈、洞察目标市场三方面影响制造企业网络经济绩效。

首先，基于信息技术的现代化知识获取工具，可帮助制造企业网络及时、动态地从供应商、分销商、合作伙伴等获得有关经验与技术、管理知识等，从而提升企业网络决策及时性与动态有效性；企业网络的知识获取过程通过跨部门探索、员工经验提取、外部交流，保证了制造企业网络能够科学掌握与洞悉多领域知识运行状态，确保其综合掌握全面知识信息、形成符合现实要求的决策成果、制定有效的制造企业网络发展战略，提升未来经济绩效。其次，知识获取过程使制造企业网络能够发现其在采购、生产、加工、存储、包装与运输等过程中存在的知识分布问题，确定知识优势领域及知识缺口，并及时采取措施改善知识结构分布，优化知识布局，突破制造企业网络经济绩效提升的知识制约瓶颈。最后，在挖掘与获取客户知识时，制造企业网络可通过目标客户认知、体验等，在增加知识储备的同时，不断改善产品性能、拓展服务业务范围，提升制造企业网络经济绩效。综上所述，本书提出理论假设2-1：知识获取对制造企业网络的经济绩效产生直接正向影响。

（2）知识获取通过提高创新组合方法可能性、加快研发进程、有效把握市场方向等影响制造企业网络创新绩效。

首先，通过增加企业网络可用知识广度和深度可提高企业网络创新组合可能性。知识获取可通过拓展制造企业网络知识边界，形成跨组织、跨领域、跨技术的创新组合方法，帮助制造企业网络推出跨界新产品、新功能与新服务；同时，隐性知识挖掘与获取过程中各方的深度交流，便于企业网络清晰梳理知识脉络，掌握开发更先进技术与产品的知识组合与方法。其次，制造企业网络产品与工艺涉及知识领域众多、工序复杂，需要的知识分散于不同员工或外部供应商、合作者间。知识获取形成的知识渠道信息能够帮助企业网络快速定位适合的知识供给者，组建知识结构合理的研发团队，从不同层面获得有效知识支撑，从而加速研发进程，提高产品创新速度。最后，有效获取目标市场客户需求知识、技术领域动态前沿知识等，可提升制造企业网络市场洞察力及产品、服务质量，在面对外部环境与市场需求变动时，更容易利用已获取的知识开发新产品、新功能，最大限度把握市场机会，并开辟出新细分市场、发展新分销渠道、为新消费者群体提供新服务。综上所述，本书提出理论假设 2-2：知识获取对制造企业网络的创新绩效产生直接正向影响。

（3）知识获取通过影响绿色战略理念、优化绿色技术工艺、形成绿色标准三方面促进企业网络环境绩效提升。

首先，知识获取会影响制造企业网络的战略取向选择。有学者认为知识获取影响环境绩效可体现为多个方面，其中对企业网络战略理念影响最为长远。绿色知识的有效获取能使制造企业网络将经营与环保目标有效结合，促进制造企业网络探索绿色领域内增加经济价值的方法，如挖掘绿色环保增值功能、提升材料与能源利用效率等。因此，绿色知识获取可改变企业网络业务与管理导向，拓展企业网络绿色市场领域，改善环境绩效。其次，制造企业网络获取绿色设计知识，可不断替代与升级自身落后技术，开发各种绿色产品原型，充分利用资源同时，减少环境污染。最后，获得绿色标准知识，不仅有利于制造企业网络掌握国家、行业绿色要求，也利于企业网络根据自身情况建立企业网络绿色标准或出台计划。这既可有效约束制造企业网络各环节活动与制度按照绿色标准要求开展，也利于企业网络对未能满足标准要求的环节集中资源与力量进行攻关与突破，形成绿色知识成果，满足环境标准要求。综上所述，本书提出理论假设 2-3：知识获取对制造企业网络环境绩效产生直接正向影响。

知识获取通过方法、过程、结果三方面影响制造企业网络综合绩效，具体如图 2-1 所示。

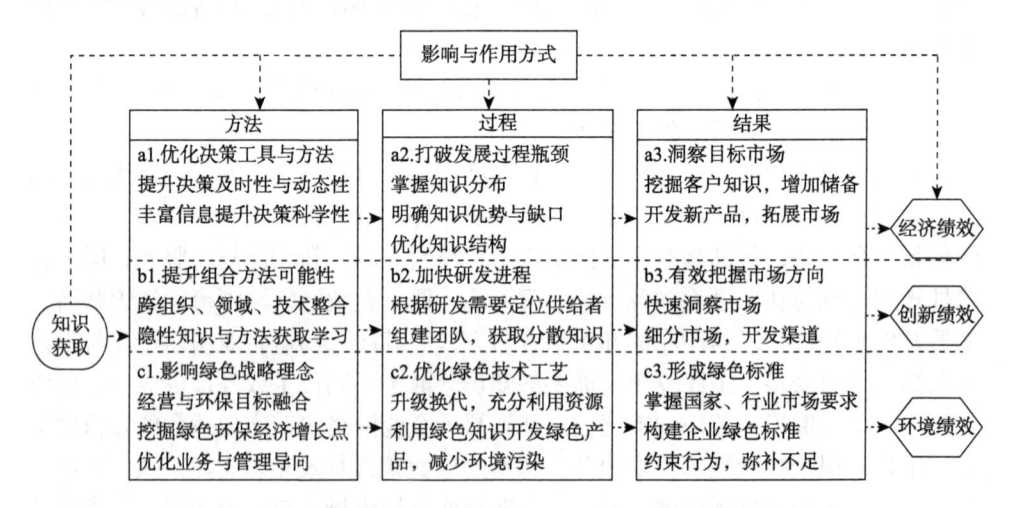

图 2-1　知识获取对制造企业网络可持续发展绩效的影响与作用

2. 知识转移对制造企业网络可持续发展绩效的影响与作用方式

制造企业网络通过知识转移促进网络经济、创新与环境绩效的综合提升。

（1）知识转移通过改善工作方式、优化制造企业网络业务流程、创新企业网络经营模式影响制造企业网络的经济绩效。

首先，知识转移可加深不同部门对各方知识、工作与业务的理解与掌握，更加深刻地体会部门关联关系及本部门在制造企业网络发展中的整体定位，从而形成更加系统与完善的、符合制造企业网络发展战略要求的工作方式、知识体系与工作理念。其次，根据知识转移渠道通畅性、发生知识转移频度与层次等，可寻找与确定制造企业网络的战略环节、主体与资源，并根据知识转移通道实现战略资源的合理配置。除优化内部业务流程外，知识转移还可以为制造企业网络与外界组织开展交互价值创造提供有效通道，保障外部关联业务按照既定时间与逻辑有序开展，从而通过内外流程优化提升制造企业运作效率与经济绩效。最后，知识转移利于改变企业网络现有经营模式，实现跨领域与跨地区的联合经营与营销，从而开拓业务范围、分散经营风险；另外，知识转移形成的转移渠道有利于企业网络实现价值链前后攀升。综上所述，本书提出理论假设2-4：知识转移对制造企业网络经济绩效产生直接正向影响。

（2）知识转移通过创新储备思维衍生、降低资源转移时间与成本、延长知识生命周期与降低学习成本等改善制造企业网络创新绩效。

首先，通过知识转移，知识拥有方和接收方获得的制造技术与管理经验呈几何级增长，且异质知识碰撞衍生出各种创新思维，大大激活了现有知识储备，使制造企业网络的无形知识与资产不断增加。其次，知识转移提升了知识拥有者与接收方的合作默契与信任程度，在转移过程形成明确的转移规则与制度及规范统一的知识表述、交换与重组要求等，这将提升知识交换和反馈效率，降低知识资源转化成本和时间，提升创新成果质量。最后，知识转移延长了知识生命周期，现有领域闲置与陈旧知识，转移到新领域，可能实现全新的知识创造或升级，从而提升现有知识的利用价值。同时，知识转移可避免或减少制造企业网络知识冗余与再学习成本、减少人员流动给制造企业网络带来的知识学习损失，从而使企业网络可快速、高效解决技术与服务问题，提高企业网络创新服务效率。综上所述，本书提出理论假设2-5：知识转移对制造企业网络创新绩效产生直接正向影响。

（3）知识转移通过提升环境决策质量、绿色资源配置效率及绿色管理能力等改善制造企业网络环境绩效。

首先，知识转移保障了制造企业网络整个环节绿色知识的高效流动，因此不同部门知识融合确定的绿色环境决策在技术、市场、经济、财务等各方面可行，保障了绿色产品能够以最快速度适应市场环境、产生经济价值，从而进一步促进制造企业网络绿色环境行为的推广与执行。其次，知识转移帮助制造企业网络在上下游知识供应链上搭建高效的回收再造与废物减量流程。各方通过废弃物处理与知识传递利用，构建有效的资源利用与对接计划，从而降低制造企业网络供应链整体污染物的排放水平。同时，有效的知识转移可实现绿色价值资源的有效匹配，通过绿色价值资源的推广应用，最大限度地改善制造企业网络环境绩效。最后，有效的绿色环保知识转移使不同个人、部门与主体实现共同绿色知识认知，不仅服从于统一绿色战略要求，同时强化了绿色知识交流与学习，有助于制造企业网络整体提高绿色环境管理能力，提升制造企业网络整体环境战略品质。综上所述，本书提出理论假设 2-6：知识转移对制造企业网络的环境绩效产生直接正向影响。

知识转移通过方法、过程、结果三个方面影响制造企业网络可持续发展绩效，具体如图 2-2 所示。

影响与作用方式

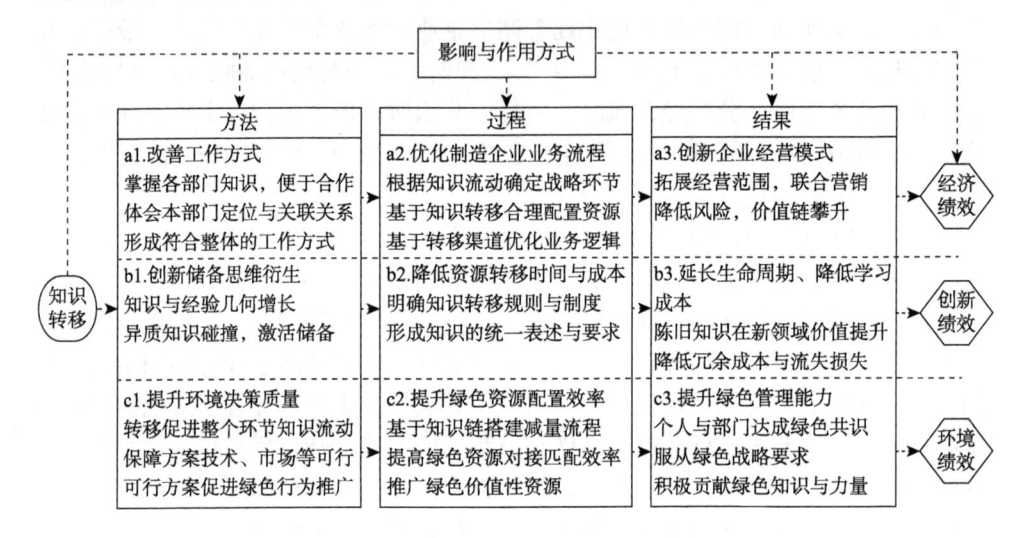

方法	过程	结果	
a1.改善工作方式 掌握各部门知识，便于合作 体会本部门定位与关联关系 形成符合整体的工作方式	a2.优化制造企业业务流程 根据知识流动确定战略环节 基于知识转移合理配置资源 基于转移渠道优化业务逻辑	a3.创新企业经营模式 拓展经营范围，联合营销 降低风险，价值链攀升	经济绩效
b1.创新储备思维衍生 知识与经验几何增长 异质知识碰撞，激活储备	b2.降低资源转移时间与成本 明确知识转移规则与制度 形成知识的统一表述与要求	b3.延长生命周期、降低学习成本 陈旧知识在新领域价值提升 降低冗余成本与流失损失	创新绩效
c1.提升环境决策质量 转移促进整个环节知识流动 保障方案技术、市场等可行 可行方案促进绿色行为推广	c2.提升绿色资源配置效率 基于知识链搭建减量流程 提高绿色资源对接匹配效率 推广绿色价值性资源	c3.提升绿色管理能力 个人与部门达成绿色共识 服从绿色战略要求 积极贡献绿色知识与力量	环境绩效

知识转移

图 2-2　知识转移对制造企业网络可持续发展绩效的影响与作用方式

3. 知识整合对制造企业网络可持续发展绩效的影响与作用方式

创新战略导向的制造企业网络通过知识整合提升网络可持续发展绩效。

（1）知识整合通过减少冲突、有效应对变动和提高市场服务能力，改善制造企业网络经济绩效。

首先，跨部门知识整合能促进企业网络内部信息分享，减少知识流动障碍，减少目标与执行间及应对变动、做出调整时各部门对接与合作间的冲突及矛盾，协调各部门活动达到共同目标。对知识管理进行统一规划，有利于发现企业网络知识短板、知识空白点与技术未来发展趋势等，从而及时采取应对措施，减少预判及准备不足产生的管理冲突。其次，制造企业网络知识整合完善了知识图谱，使员工个人能力更加全面，复合型知识结构人才能够在企业网络发生业务变动或战略调整时，及时应用自身的多元知识投入新工作领域、满足新工作要求，应对企业网络外部变动。最后，良好的知识整合能力可保证制造企业网络在提供定制产品与服务、满足客户个性化需求时，能够有效整合新知识、形成新方案，通过产品与服务储备库建设，引领行业前沿创新，并不断丰富服务内容、拓展服务功能，提升客户满意度。综上所述，本书提出理论假设2-7：知识整合对制造企业网络经济绩效产生直接正向影响。

（2）知识整合通过改善创新方式、形成创新效应与强化知识联结、系统优化服务组合等改善制造企业网络创新绩效。

首先，知识整合可促进制造企业网络内部知识重组，改善原有企业网络创意生成模式与研发方式，颠覆传统规制，提升制造企业网络创新绩效。同时，知识整合使低于进化门限活性的知识，在整合过程中实现激发进化，通过不同门类知识整合，实现知识体系的突破创新。其次，知识整合可促进现有知识存量通过相互激发、评价、修正，形成具备新功能的知识模块，引发各部门开展知识创新，从而产生创新效应；知识整合可进一步强化知识间的联系，提升知识重组与再配置的灵活性，为未来企业网络跨部门、跨组织边界的知识转移、交互、联结与创新提供有效保障。最后，知识整合可帮助制造企业网络精准掌握客户需求，从多个方面系统表述客户需求，科学定位最优方案供给者组合，并在服务过程中进一步整合客户、资源供应商信息与知识，实现制造企业网络组合供给服务业务与方式的系统创新与优化。综上所述，本书提出理论假设2-8：知识整合对制造企业网络创新绩效产生直接正向影响。

（3）知识整合通过形成绿色共同体、内外协同调整、延展生态产业链改善制造企业网络环境绩效。

首先，知识整合促使制造企业网络可以对原材料购买、生产、消费、废物回收再利用等整个环节进行统一生态设计。在战略框架统领下，各环节知识可进行有效融合与互补，形成绿色合作网络，通过活动、组织结构、工作与行为对接方式的调整与共融，形成基于知识整合的绿色共同体。其次，知识整合不仅能够保障制造企业网络各部门围绕绿色环境战略目标进行统一安排与调度，还能保证制造企业网络与外部环境协调统一，根据外部生态技术、环保要求等的变动，及时调整所有主体、供应链环节的行为与活动，保证系统实现环境最优化。最后，知识整合可以帮助制造企业网络延展业务环节，通过前后产业链知识与业务拓展，保证企业网络各环节绿色资源有序供给与对接，实现资源的有效利用，同时向零排放目标努力。综上所述，本书提出理论假设2-9：知识整合对制造企业网络环境绩效产生直接正向影响。

知识整合对制造企业网络可持续发展绩效的影响与作用方式如图2-3所示。

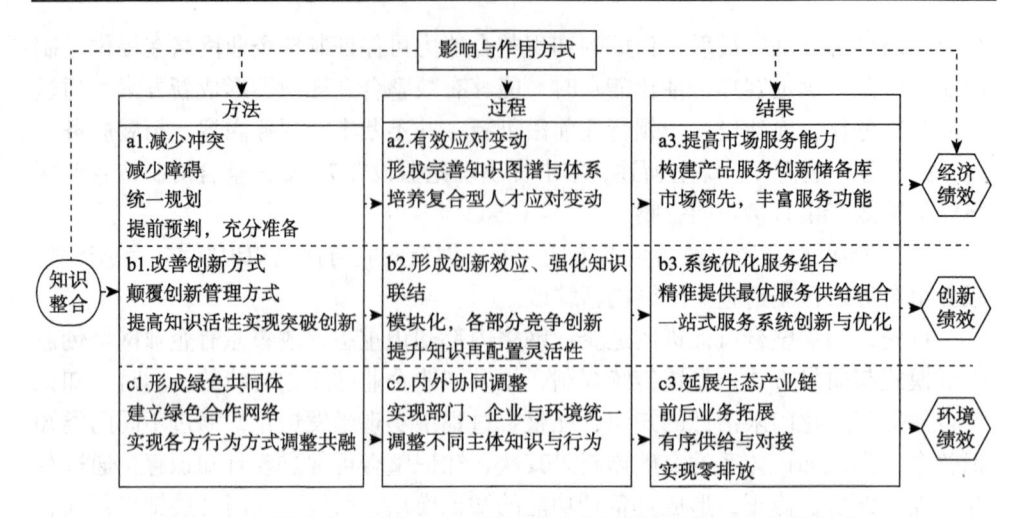

```
                    影响与作用方式
        ┌─────────────┬─────────────┬─────────────┐
        │   方法       │   过程       │   结果       │
        ├─────────────┼─────────────┼─────────────┤
        │ a1.减少冲突  │ a2.有效应对变动│ a3.提高市场服务能力│    经济
        │ 减少障碍     │ 形成完善知识图谱与体系│ 构建产品服务创新储备库│ 绩效
        │ 统一规划     │ 培养复合型人才应对变动│ 市场领先，丰富服务功能│
        │ 提前预判，充分准备│          │              │
   知识  ├─────────────┼─────────────┼─────────────┤
   整合  │ b1.改善创新方式│ b2.形成创新效应、强化知识│ b3.系统优化服务组合│ 创新
        │ 颠覆创新管理方式│ 联结         │ 精准提供最优服务供给组合│ 绩效
        │ 提高知识活性实现突破创新│ 模块化，各部分竞争创新│ 一站式服务系统创新与优化│
        │              │ 提升知识再配置灵活性│           │
        ├─────────────┼─────────────┼─────────────┤
        │ c1.形成绿色共同体│ c2.内外协同调整│ c3.延展生态产业链│ 环境
        │ 建立绿色合作网络│ 实现部门、企业与环境统一│ 前后业务拓展│ 绩效
        │ 实现各方行为方式调整共融│ 调整不同主体知识与行为│ 有序供给与对接│
        │              │              │ 实现零排放   │
        └─────────────┴─────────────┴─────────────┘
```

图 2-3　知识整合对制造企业网络可持续发展绩效的影响与作用方式

2.1.3　制造企业网络知识管理与可持续发展绩效的测度

1. 制造企业网络可持续发展绩效的测度

重点通过制造企业网络经济、创新与环境方面的综合发展情况，反映制造企业可持续发展的能力。制造企业网络的经济绩效主要通过当前与未来两维度反映，通过制造企业网络销售收入、工业增加值、利润率等反映当前规模、价值创造与盈利能力，这三方面的增长率反映制造企业网络的发展势态。制造企业网络创新绩效主要通过投入与产出两维度反映，投入重点考察 R&D 经费占企业网络销售收入的比重情况、研发人员数量等；产出重点考察专利申请量与授权量、新产品数量及新产品销售收入等，创新绩效体现创新热情、质量、创新效率与创新市场价值。环境绩效主要从投入、利用与收益三方面反映，通过制造企业网络绿色材料、污染治理投入、环保制度与监控力度等反映投入情况；通过人均废弃物排放量的减少及单位产品能源消耗等考察资源利用效率；通过制造企业网络产品回收使用率、客户对其绿色形象的认可度、绿色环保产品与服务创造的营业收入等反映制造企业网络从事绿色环保行为产生的收益情况。

2. 制造企业网络知识管理的测度

从制造企业知识获取、知识转移与知识整合三个方面单独设计各自测度指标。

（1）知识获取重点考察获取对象、获取行为、获取内容三方面。首先，为保证知识获取全面性，制造企业网络应与多元主体进行知识联系；通过制造企业网络是否与供应商、分销商、客户、合作伙伴、行业协会、中介机构、高校与科研院所、政府部门等建立长期、稳定知识获取渠道来考察知识来源主体的完备性。其次，企业网络应采取有效措施获取知识，通过制造企业网络是否引入有效的知识获取软件、工具、平台与激励措施等考察获取行为有效性。最后，为使获取的知识为制造企业网络经营决策所用，需要涵盖有助于战略决策的各方面知识；通过制造企业网络是否能够及时获得企业网络所需的技术、开发、流程、管理、市场、政策、服务及制度知识等，反映其获得知识内容的丰富性与快捷性。

（2）知识转移重点考察转移者、转移环境、接受者三方面。首先，通过转移者的转移意愿、提供建议与知识频度、转移知识质量与属性等，反映制造企业网络内部知识转移者情况；其次，制造企业网络是否制定有效的知识转移制度、是否保障了转移过程的通畅性、是否组织多种形式的知识转移活动、是否开展知识转移学习等，反映企业网络知识转移环境；最后，接受者是否能在遇到问题时及时得到转移知识、对转移知识的满意度及在后续的工作中应用情况等，反映制造企业网络接受者对转移知识的吸收与利用情况。

（3）关于知识整合的评价，重在考察整合行为与效果两方面。在参考 Kogut 和 Zander 知识整合评价量表基础上，通过员工是否能够经常共同参加企业网络规划与制度讨论、是否共同合作完成任务等反映知识整合行为；通过各部门能否有效协同、员工在遇到问题时能否得到及时帮助、员工能否将外部及不同领域新知识技术有效应用以解决制造企业网络实际问题等反映知识整合效果。

2.1.4　知识管理对创新战略导向制造企业网络可持续发展影响的确定

（1）测度指标。根据上述测度分析，设计企业网络打分调查表，如表 2-1 所示。根据表 2-1 的题项，创新战略导向制造企业网络研发、销售、生产及管理部门等相关人员根据企业网络实际情况进行打分，获得企业网络在知识管理与可持续发展绩效上的得分。从华为、中兴等企业网络中选择相关人员进行指标符合程度打分，共回收有效问卷 172 份。采用利克特打分法：7——企业网络现实与描述情况非常符合；5——比较符合；3——部分符合；1——不符合，2、4、6 介于上述状态之间。

表 2-1　制造企业网络知识管理与可持续发展绩效打分表

知识管理	指标描述	可持续发展绩效	指标描述
知识获取（X_1）	来源完备：制造企业网络与供应商、分销商、客户等多类型主体建立长期稳定的获取渠道（X_{11}） 行为有效：制造企业网络引入有效的知识获取软件、工具、平台与激励措施（X_{12}） 内容丰富：制造企业网络能够及时获得所需的技术、开发、流程、管理知识等（X_{13}）	经济绩效（Y_1）	当前状态：制造企业网络销售收入、工业增加值、利润率明显高于行业中同类企业网络（Y_{11}） 未来发展：制造企业网络具有较高的销售收入、工业增加值、利润增长率（Y_{12}）

知识管理	指标描述	可持续发展绩效	指标描述
知识转移 (X_2)	转移者：制造企业网络相关主体与员工转移意愿强烈、经常提供建议、转移知识质量高（X_{21}） 转移环境：制定有效知识转移制度、组织多种形式转移活动、开展知识转移学习等（X_{22}） 接受者：遇到问题时及时得到转移知识、对转移知识满意程度高、后续工作中能应用新知识（X_{23}）	创新绩效 (Y_2)	创新投入：制造企业网络的R&D经费占企业网络销售收入比重及研发人员数量明显高于行业中同类企业网络（Y_{21}） 创新产出：制造企业网络专利申请量与授权量、新产品数量及新产品销售收入等明显优于行业同类企业网络（Y_{22}）
知识整合 (X_3)	整合行为：企业网络员工经常共同参加企业网络规划与制度讨论、共同合作完成任务（X_{31}） 整合效果：各部门能有效协同、员工在遇到问题时可以得到及时帮助、员工能将外部及不同领域新知识技术有效整合应用（X_{32}）	环境绩效 (Y_3)	环保投入：绿色原材料采用、污染治理、环保制度与监控力度优于行业同类企业网络（Y_{31}） 资源利用：人均废弃物排放量及单位产品能源消耗低于同类企业网络（Y_{32}） 绿色收益：产品回收使用率、拥有良好绿色形象、绿色产品服务收入高于同类企业网络（Y_{33}）

（2）信度检验。利用SPSS软件，分别对制造企业网络可持续发展绩效的七个观测变量及知识管理的八个观测变量进行信度检验，获得观测变量在X组与Y组三因子上的载荷（旋转后，采用具有Kaiser标准化的正交旋转法），具体见表2-2，这与构建的模型吻合。

表2-2 制造企业网络知识管理与可持续发展绩效观测变量的旋转载荷矩阵

变量	制造企业网络知识管理的载荷			变量	制造企业网络可持续发展绩效的载荷		
	1	2	3		1	2	3
X_{11}	0.702	0.060	0.116	Y_{11}	0.202	0.818	0.194
X_{12}	0.790	0.219	0.112	Y_{12}	0.077	0.889	0.041
X_{13}	0.744	0.062	0.169	Y_{21}	0.099	−0.017	0.879
X_{21}	0.142	0.666	0.045	Y_{22}	0.033	0.263	0.804
X_{22}	0.280	0.733	−0.087	Y_{31}	0.876	0.149	0.026
X_{23}	−0.088	0.834	0.176	Y_{32}	0.891	0.056	0.062
X_{31}	0.074	0.054	0.915	Y_{33}	0.804	0.135	0.094
X_{32}	0.450	0.076	0.734				

X组：制造企业网络知识管理总量表克龙巴赫α系数（Cronbach's α coefficient）为0.733，可接受。制造企业网络知识获取分量表Cronbach's α值为0.666，知识转移Cronbach's α值为0.627，知识整合Cronbach's α值为0.689，表明模型具有较好的信度，观测变量能够很好地区分制造企业网络知识获取、转移及整合。

Y 组：制造企业网络可持续发展绩效总量表 Cronbach's α 值为 0.728，可接受。制造企业网络经济绩效 Cronbach's α 值为 0.692，创新绩效 Cronbach's α 值为 0.627，环境绩效 Cronbach's α 值为 0.828，表明模型具有较好的信度，观测变量能够很好地区分制造企业网络可持续发展绩效。

（3）计算结果。根据主成分分析中每个指标的方差贡献率确定不同指标权重，结合其得分，可得制造企业网络知识管理 X_1、X_2、X_3 得分及制造企业网络可持续发展绩效 Y_1、Y_2、Y_3 得分，采用结构方程分析方法，在满足拟合指数各项要求时卡方与自由度之比（CMIN/DF）为 0.041，均方根残差（root mean square residual，RMSR）为 0.004，拟合优度指标（goodness of fit index，GFI）为 1，调整后的拟合优度指标（adjusted goodness of fit index，AGFI）为 0.998，赋范拟合指数（normed fit index，NFI）为 1，比较拟合指标（comparative fit index，CFI）为 1，近似均方根误差（root mean square error of approximation，RMSEA）为 0.000，得到其作用关系，如表 2-3 所示。

表 2-3 制造企业网络知识管理与可持续发展绩效作用关系

作用关系	估计值 回归系数	估计值 标准化回归系数	标准误差	临界比率	显著性 概率值
$Y_2 \leftarrow X_2$	0.266	0.261	0.075	3.551	0.000
$Y_2 \leftarrow X_3$	0.189	0.208	0.067	2.826	0.005
$Y_1 \leftarrow X_3$	0.605	0.677	0.050	12.036	0.000
$Y_3 \leftarrow X_3$	0.287	0.272	0.072	3.973	0.000
$Y_3 \leftarrow X_1$	0.219	0.180	0.084	2.599	0.009
$Y_3 \leftarrow X_2$	0.345	0.291	0.081	4.255	0.000

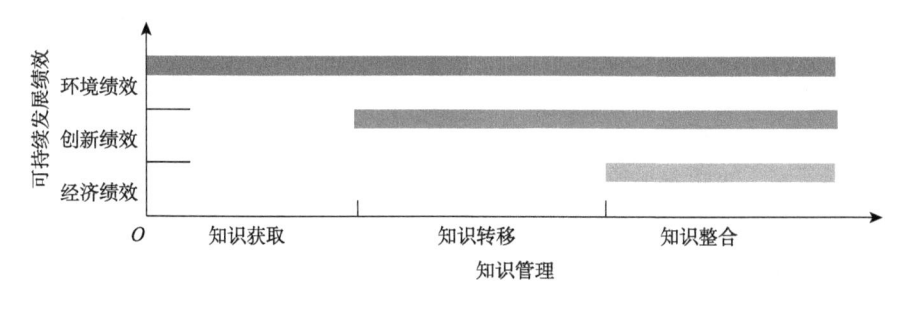

知识管理活动对制造企业网络可持续发展绩效的影响具体如图 2-4 所示。

图 2-4 知识管理活动对制造企业网络可持续发展绩效的影响

（4）结果分析。根据表 2-3 结果可知，知识获取与转移两类活动无法对制造企业网络经济绩效产生直接影响，假设 2-1 与假设 2-4 不成立。制造企业网络需及时将新知识与现有知识有机融合并在各环节有效应用、充分形成知识重塑与组合能力,才能促进制造企业网络经济绩效提升。知识获取与转移是制造企业网络知识管理的基础,通过开展知识管理来提高制造企业网络经济绩效并不能收到立竿见影的效果,知识获取与转移距离经济价值实现仍有一定距离。因此,制造企业网络应根据自身经济收益情况,确定开展知识管理时机,盲目推进可能造成企业网络资金链紧张,影响企业网络正常经营;开展知识管理活动需要长期投资,企业网络要形成战略发展观念,当企业网络从简单知识获取、转移深入到知识整合阶段时,知识管理对经济的促进作用将逐步凸显。

知识转移与整合对制造企业网络创新能力提升具有直接影响,但单纯的知识获取对创新绩效作用不显著,假设 2-2 不成立。我国制造企业网络已发展到一定阶段,创新能力增强,单纯知识获取与引进无法显著提升创新绩效,知识吸收与整合成为能力提升的关键。现阶段知识转移对我国制造企业网络创新绩效的影响高于知识整合,该结论与李柏洲等的研究结论知识整合对知识生成的影响系数高于知识转移不一致[40],其研究对象为产学研合作,认为企业网络与高校之间知识转移与适应新环境应用会影响双方知识重构,而高校基于企业网络的研发及企业网络基于高校知识、技术学习形成的新知识体系,便于双方的理解、交流与沟通,从而使双方产生与形成更多的有效知识。

本书研究结果与部分学者研究结论知识转移对技术创新具有显著影响一致,主要原因在于我国很多制造企业网络的技术创新能力还没有达到行业领域知识规划、引领、规则制定与主导整合阶段,因此我国制造企业网络应摒弃通过购买技术、设备提升自我创新能力的做法,通过技术合作、联合开发、知识对话、人才团队与专家引入及内部学习、外部交流等方式促进知识转移,从而提升制造企业网络对外部知识的学习、吸收、改进与创新能力,优化企业网络创新绩效。在部分领域创新达到领先水平时,通过规划、主导形成全球知识与资源整合能力,进行探索式攻关与创新突破,实现我国制造企业网络创新能力的显著提升。

知识获取、转移与整合对制造企业网络环境绩效提升都具有显著影响。当前研究从单一环节视角出发证明了知识管理不同环节都对环境绩效产生影响,这与研究结论一致。我国对生态、绿色与环境关注时间较短,缺少有效的绿色创新方法、污染控制与治理方面的知识。因此,外部绿色知识的直接获取能够显著改善我国制造企业网络现有环境绩效。知识转移与整合则进一步影响绿色设计、生产制造能力等,对我国制造企业网络长远环境绩效改善产生积极作用。少数学者研究了知识管理不同环节对环境绩效的影响程度,袁建中和林庆玮对我国台湾地区高科技产业开展研究,结果表明对绿色绩效影响最为显著的为知识转移,其次是知识整合与创新,最后是知识撷取[41],这与研究结果"知识转移、知识整合、知识获取对制造企业网络环境绩效影响递减"一致。但也有学者认为知识整合对环境绩效影响最为重要,其研究将知识整合分解为纵向结网能力、知识交流能力和技术融合能力。本书研究技术转移包含横向、纵向知识交流与沟通及学习能力,因此其研究的知识整合很大部分与本书研究知识转移匹配。当前,我国制造企业网络对外部先进企业网络环境保护、绿色技术知识的消化吸收更为重要,在能力提升后,知识整合才能通过环境管理、生态规划、绿色技术研发发挥引领作用。综上所述,我国制造企业网络需首先通过供应链、知识学习等获得国际相关绿色标准、工艺、环境治理知识等,不断提升企业网络环境认知、提升员工绿色知识水平,鼓励员工将绿色知识与各环节工作活动融合,在短期内实现环境绩效的改善。其次,未来可进一步整合绿色知识,形成特有的绿色知识体系,引领绿色创新。

总之,知识管理对提升我国制造企业网络可持续发展绩效具有积极作用,但知识管理活动介入与影响不同绩效的阶段不同;在知识获取环节产生影响的是环境绩效,体现了当前我国制造企业网络绿色技术、工艺、管理知识缺乏的现状;在知识转移环节开始产生影响的是创新绩效,表明我国制造企业网络具有一定创新能力;在知识整合环节才起到直接促进作用的是经济绩效,体现了知识管理经济价值实现的滞后性[42]。总体而言,可以通过知识管理促进制造企业网络可持续发展。

2.2 灵活性对创新战略导向制造企业网络知识演进的影响

知识获取、转移与整合活动能够提升创新战略导向制造企业网络的可持续发展绩效,因此企业网络应当积极促进知识演进,进而提升制造企业网络经济、创新与环境绩效。如何促进创新战略导向制造企业网络知识演进,当前学者多从资源共享、开放交流、R&D 投入或研发人员培养等方面提出策略与建议,但是从制造企业网络灵活性特征开展研究的并不多,因而影响对创新战略导向制造企业网络知识管理的支持效果。

(1)制造企业网络灵活性。灵活性是为了适应需求、市场、竞争、政策等多方变动而在企业网络流程、关系及结构等方面形成的调整柔性,是制造企业网络能够有效预测、引领、洞察与应对外部变动的保障。制造企业网络灵活性重点包含以下三方面。

第一,制造企业网络业务流程影响其整体运营效果,流程决定应对外部变动时不同环节衔接与调整的可行空间。流程灵活体现为企业网络可根据服务需求及时确定任务涉及的流程环节，快速进行流程拆分组合；当单环节发生变动时，其他关联流程能够进行及时调整，从而实现有效衔接、匹配与融合。流程灵活使制造企业网络满足个性化服务的要求与可变空间显著拓展。

第二，技术更新速度加快，单个制造企业掌握的有限资源与能力无法有效应对环境变化，竞争从单个企业转向了企业合作关系网络。制造企业网络关系灵活性体现为企业网络成员能够与众多伙伴建立联结关系，能够根据需要在关系链中进行有效的资源传递与整合。

第三，只有企业网络具备有机的组织结构，才能与环境有效匹配。结构灵活性体现为制造企业网络组织边界模糊化，各部门对企业网络整体战略、不同部门协同关系、发展定位与优势资源等都具有深刻的了解，在处理服务化任务时能通力合作，不会因边界限制影响部门资源整合。

（2）知识演进。知识演进研究主要借鉴生物进化理论，Birkinshaw等在其1998年的研究中从学术角度出发，提出知识演进实质是已确立的思想和习惯与观察领域产生矛盾并最终消除和适应的过程。企业网络在外部环境发生变动、技术与商业模式出现重大变革或企业网络出现重要战略调整时，就需要对原有知识体系进行摒弃、选择、修正、创新，从而形成围绕企业网络新战略方向的知识体系。

在研究知识演进过程中，学者发现知识基因是知识进化的最基本单元，知识进化的过程实质上就是知识基因嫁接、组合、杂交的过程，知识基因的结合和重构形成新的业务与经营范围。可见，原有知识基因与制造企业网络在服务领域内获取、学习、积累形成的新知识基因需要在综合作用下进行重塑，从而帮助制造企业网络形成新的服务业务与能力。这一过程主要通过三种方式实现。一是知识遗传。为解决服务问题需要对原有知识进行补充，即在不改变原有知识特征基础上，通过横向与纵向知识联结解决服务问题。这一过程是一个原有知识与新知识联合形成更加完整的服务知识图谱与体系的过程。二是知识适应。原有知识在制造企业网络服务化过程中，为适合新任务要求进行适当修正与调整，进行渐进式改变，从而适应新业务与新环境的要求。三是知识变异。原有知识在与服务知识融合时，受业务、环境等变化的影响，产生知识变异，形成与原有知识基因截然不同的知识属性，从而使制造企业网络更好地提供服务，适应个性化需求。例如，制造企业网络从有形产品输出转向无形服务时，服务知识与原有营销知识发生碰撞，改变了传统的营销理念与方法，从使用到体验、从一次性到持续性、从点业务到全面业务整合，营销知识体系实现重构，形成了一套基于无形产品的销售理念与方法。

知识演进的三种具体方式具体如图2-5所示[43]。

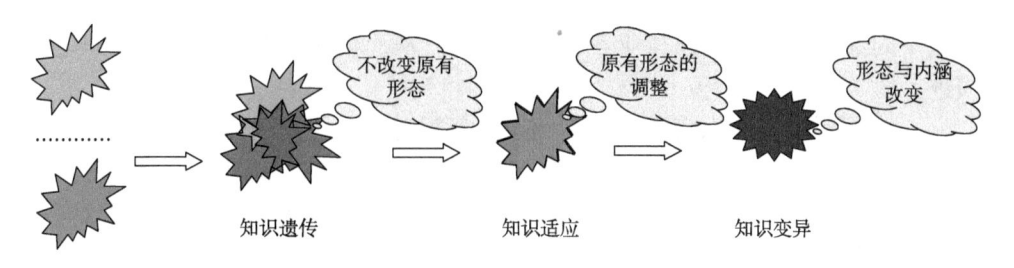

图 2-5 知识演进的三种方式

在知识演进基础上，制造企业网络会逐渐形成新的惯例与知识体系，例如，跨边界获取服务资源和重新配置资源的惯例集与服务知识，这将提升企业网络市场开拓能力、服务管理能力等，进而从各方面推进制造企业网络服务化转型。

2.2.1 制造企业网络灵活性与知识演进作用关系分析

（1）灵活性与知识遗传。制造企业网络流程灵活意味着不同流程涉及的成员企业人员可随时、便利地开展知识交流，通过流程知识溢出，促进不同环节知识的推广与扩散，便于不同环节知识基于流程形成更加丰富的知识对接组合方式，实现广泛遗传。关系灵活意味着制造企业网络在开展外部合作时矛盾冲突发生概率低，知识遗传障碍少；意味着制造企业网络成员具有较高的信任度，较高的知识双向流动意愿与倾向，利于促进知识遗传演进；另外，通过制造工具兼容性拓展，可使制造企业网络提高与合作伙伴间对接的灵活性，这不仅节约资源，促进知识共享，也可降低交互成本，提升制造企业网络知识遗传时效性与准确性。组织结构影响部门知识可介入的程度与可流动的范围，灵活的组织结构有利于新知识跨越部门边界与原有知识互补，形成完整知识的图谱。可见，制造企业网络灵活性可通过流程知识溢出、知识兼容、原有知识扩展等影响知识流动范围、准确性与遗传速度等，从而极大地促进制造企业网络知识遗传演进。

（2）灵活性与知识适应。有学者提出知识具有带动作用，当不同领域、流程的知识灵活流动时，一个领域内的知识生态位发生改变，与之相邻位势的知识领域也会产生知识进化需求，刺激知识协同进化，提高匹配知识的适应性。有学者通过研究制造企业与网络合作成员关系，提出知识跨情景趋同与适应，通过长期灵活交流促进各方知识的相互调整与适应，实现各方知识的同向演进，提升联合服务有效性。另外，灵活的组织结构有利于提高知识的活性，对低于进化门限活性的知识，通过适宜的知识进化活动，如跨部门合作、跨领域交流等，可实现其跨界适应与拓展应用。可见，流程、关系与结构灵活性可促进知识特征调整以适应不同部门、不同流程与业务领域的要求，从而促进制造企业网络知识适应演进。

（3）灵活性与知识变异。灵活的流程偏移与衍生可促进知识流动，使知识在某些环节进行突破，形成优势与创新，促进制造企业网络知识产生变异性应用，推进知识边界扩展，衍生出其他环节可用的新知识体系。可见，灵活的流程有利于促进知识通过融合、突破与延展产生变异与创新。另外，灵活的制造企业网络关系可促进成员间开展长期、深入的合作，有利于产生知识变异与创新；客户、外部研发资源灵活介入制造企业网络创意生成环节、研发设计环节等，可提高创意新颖性、实现知识突破。部分学者认为组织边界模糊化，有利于提升制造企业网络成员的多元任务完成能力，从而产生跨企业边界、跨领域的突破性创新成果。可见，灵活性可通过制造企业网络流程偏移与衍生、合作主体间互动学习、研发资源灵活介入及完成多元任务能力提升等形成知识创新，促进跨界创新与知识变异演进。

制造企业网络灵活性对知识演进的影响与作用如图 2-6 所示。

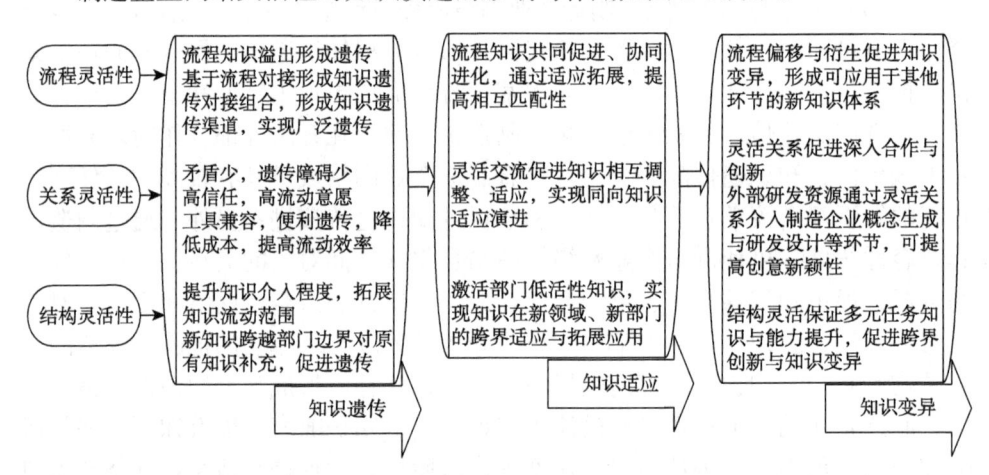

图 2-6　制造企业网络灵活性对知识演进的影响与作用

2.2.2　制造企业网络灵活性与知识演进作用关系的确定

制造企业网络主要通过内部任务标准与模块化、冲突与兼容及组织界面情况反映其流程、关系与结构灵活性。流程灵活性主要通过任务拆分性、组合性、应对性及匹配方法工具先进性等体现；关系灵活性主要通过沟通处理能力、软硬件兼容情况及关系控制能力反映；结构灵活性主要通过部门自主性、部门合作性、调整与适应性及信息化便利性等体现。制造企业网络主要通过知识嫁接与匹配、知识修正与动态调整、知识创新与重组情况反映其遗传、适应与变异效果。知识遗传主要通过知识稳定性、传递性、普适性来体现；知识适应性主要通过知识更新、预见、修正与应用情况反映；知识创新则重点通过知识先进性、重塑性、竞争性及知识创新速度等反映。在确定上述主要方向基础上，设计具体问题，如表2-4所示。

表2-4 制造企业网络灵活性、知识演进调查题项与具体问题

内容	主要题项	具体问题
灵活性	流程灵活性	任务可通过模块化设计、并行化分解、标准化对接等，实现流程分散化处理（拆分性） 能够根据产品与服务的多元不同要求进行机动流程组合（组合性） 各项服务任务安排可修正性高，可较为容易根据需求任务调整流程安排与要求（应对性） 具有良好流程对接、匹配与组合的算法、控制工具与管理经验（工具先进性）
	关系灵活性	能及时掌握利益相关者关系动态，少有冲突发生，可有效沟通解决问题（沟通处理能力） 企业网络在文化、理念与工作方式等方面具有包容性，可与不同主体开展有效合作（软件兼容） 制造企业网络信息、工具与服务设备具有良好兼容性，端口拓展灵活（硬件兼容） 具有广泛社会关系网络，处于信息控制中心较近位置（关系控制能力）
	结构灵活性	各部门具有充分自主决策权，可根据任务调整内部工作并做好部门协调（部门自主性） 部门结构与功能模块化，能够根据任务要求实现跨部门的灵活组合（部门合作性） 制造企业网络管理体系可根据任务与环境变化进行及时跨部门整体调整（调整与适应性） 不同部门及企业网络与利益相关者间可利用信息网络技术联合完成任务（信息化便利性）
知识演进	知识遗传	掌握的知识具有稳定性与体系性，在一定期限内需要进一步传承（稳定性） 制造企业网络的知识具有有效嫁接与匹配特性，容易进行知识转移（知识传递性） 知识载体具有很好的传播与嫁接能力，能实现快速知识推广（载体传递性） 企业网络知识应用范围较为广泛，通过转移与嫁接，在不同领域仍能发挥作用（普适性）
	知识适应	制造企业网络可根据外部环境变动及时进行知识动态同步更新与升级（更新性） 企业网络具有很强的洞察与探析能力，能够准确掌握变动对知识产生的影响与需求（预见性） 制造企业网络总是能够根据知识新应用领域与用途，进行高效的转换与修正（修正性） 新修正知识能够适应新服务内容、领域与方法要求，修正效果良好（应用性）
	知识变异	企业网络总是能够整合现有知识基础及外部知识，提供更加新颖、领先的产品与服务（先进性） 企业网络知识吸收能力强，可通过学习不断重塑知识架构，形成新知识体系（重塑性） 总是能整合不同领域知识，领先竞争对手推出新服务、拓展新市场（竞争性） 跨部门知识质化变异时间间隔短，原有知识总是快速被企业网络新知识替代（快速性）

根据表2-4的具体问题，对制造企业网络研发、销售、生产、管理等多部门相关人员进行问卷调查，根据其所在制造企业网络的实际情况进行打分，当指标

描述情况高度符合企业网络实际情况时，指标得分为 7；当指标描述情况比较符合、不太符合、很不符合企业网络实际情况，得分分别为 5、3、1，其他数值介于上述描述状态之间。问卷发放形式主要包含利用邮件发放网络链接、面对面发放（企业访谈、国际会议等）、企业内部滚雪球调查方式（由企业单个人员负责向同事发放、同事进一步帮助采集）等。从华为、中兴等企业网络选择相关人员进行指标符合程度打分共收回问卷 191 份，回收率为 76.4%；剔除各项目打分基本相同或部分漏项的问卷，共采集有效问卷 172 份，问卷有效回收率为 68.8%，满足问卷回收要求。

采用简单加权平均方法，得到制造业灵活性、知识演进与服务化的最终得分情况，采用结构方程方法进行模拟检验，在通过拟合优度检验后（CMIN/DF 为 1.215，RMSR 为 0.043，GFI 为 0.992，AGFI 为 0.944，NFI 为 0.986，CFI 为 0.997，RMSEA 为 0.035），可以得到其作用关系，如表2-5所示。

表2-5 制造企业网络灵活性、知识演进的作用关系

作用关系	估计值回归系数	估计值标准化回归系数	标准误差	临界比率	显著性概率值
知识遗传←流程灵活性	0.162	0.175	0.063	2.589	0.010
知识适应←流程灵活性	0.238	0.265	0.058	4.081	0.000
知识遗传←结构灵活性	0.200	0.203	0.068	2.938	0.003
知识适应←结构灵活性	0.337	0.353	0.063	5.378	0.000
知识变异←结构灵活性	0.228	0.238	0.068	3.334	0.000
知识遗传←关系灵活性	0.369	0.343	0.074	4.981	0.000
知识适应←关系灵活性	0.193	0.186	0.068	2.837	0.005
知识变异←关系灵活性	0.318	0.304	0.074	4.263	0.000

通过上述分析，可得出制造企业网络灵活性影响知识演进，具体如下。

（1）应重点利用关系灵活性促进知识遗传，通过软硬件环境优化便利员工与员工、企业、网络合作成员间的知识交互，促进知识流动与普及。虽然有学者研究结果表明网络结构是影响知识传播的最重要因素，但是其网络结构并没有体现组织灵活性，而是用网络联结密度体现结构，并强调成员交流、沟通关系，因此关系灵活性更加影响知识传播与遗传。通过不同人员、部门与企业关系的柔性调整，便利知识跨界传播成为促进知识遗传的重要手段。

（2）应重点利用结构灵活性促进知识适应，制造企业网络需打破部门边界，鼓励不同部门全面掌握企业知识，遇到问题时及时进行调整，促进各部门知识

改进与拓展，加速企业网络知识适应进程。该结论与李小聪和王惠研究结果不一致，其研究认为组织结构对知识转移适应没有显著影响[44]。事实上，其研究仅证明了组织科层结构对知识转移的负向影响不成立，但是并没有涉及组织灵活柔性对知识适应的影响。关于知识适应与转移影响因素的重要性问题，Lin等认为知识转移最大障碍包含组织结构障碍，而交流与沟通关系灵活可以部分弥补组织僵化带来的负面影响，但为了最大限度促进知识转移，组织结构灵活是最为重要的顶层要求[45]。可见，制造企业网络应当从组织灵活性设计出发，促进知识适应演进。

（3）应重点利用关系灵活性促进知识变异，通过深入交流与合作，多领域、多环节知识融合，产生异质知识创新。该观点与陈晓静和芮明杰研究结论"组织结构对隐性知识创新影响最大"[46]不一致。一方面，本书将知识遗传、适应与变异进行区分，但文献[46]中知识创新包含知识传播与知识吸收，将其作为知识创新的一部分；另一方面在影响因素中没有涉及流程灵活性，因而无法对三者做出有效对比。更多学者认为创新依靠理念交流与知识共享，而良好、灵活的关系是开展知识共享、实现知识变异的最重要影响因素。

（4）流程灵活性对知识遗传与适应产生直接正向影响，但是对知识变异产生正向影响的假设没有通过。该结论与杨丰强和芮明杰的研究不一致，他们认为应当对知识创新进行分工深化，通过任务分工模块化与模块对接标准化促进知识创新与变异[47]。流程灵活性主要依靠任务的分解、流程模块化与标准化对接来实现，但是任务模块化使内部知识黑箱化，无法为知识学习提供更加有效的支撑；标准化除去了差异性知识，虽然便利了相互对接与学习，但是无法帮助制造企业网络培养更多复合型人才，无法对流程内复杂技术与工艺进行深入解剖与学习，因此影响突破性创新与知识变异。可见，制造企业网络流程模块化拆分主要促进知识遗传与适应，提高企业网络运作效率。为不影响制造企业网络的集成创新与知识变异，在员工标准化、模块化工作基础上，还需要积极开展不同模块的组合学习，加强模块联结环节管理，提高不同模块知识共享与整合；在开展标准化运作的基础上需要积极鼓励创新，当某一环节出现知识创新时，应积极推动其他配套环节标准化要求的改进，以实现局部带动整体的全面进步与发展。另外，研发、生产、市场运作等不同部门可针对工作内容与性质选择合理的标准化内容与事项，避免流程灵活影响知识变异与创新效果。

总之，关系灵活性成为促进制造企业网络知识演进的最重要因素，制造企业网络需要提升网络灵活性，加强外部知识资源获取、转移与整合利用，促进网络可持续发展[48]。

2.3 创新战略导向制造企业网络知识管理方法设计

鉴于网络关系及知识管理对创新战略导向制造企业网络可持续发展的重要影响，我们需要结合这两方面设计合理的管理方法，促进网络可持续发展。三一重工股份有限公司（以下简称三一重工）通过组建知识产权战略平台，积极获取国内外相关技术资讯与专利知识，并对知识进行分类与组合，开展面向研发高管、知识产权人员及研发人员的三级培训，确保获取的知识有效吸收与转移；利用平台组织企业研发、营销、商务、服务等部门开展技术攻关与知识创新，最终形成独特的产品与优势。有效的知识管理为三一重工寻找和确定国际产品研发空白点、缩短研发周期等提供了支撑，保证了企业的国际竞争地位。另外，惠普在企业内多部门设立知识管理论坛，积极挖掘与采集员工经验与技能知识，实现内部知识获取，并将汇集的知识与解决问题的方法共享，通过问题、答案标准库建设，方便不同领域人员解决各方面问题。有效的知识管理减少了人员流失对企业产生的负面影响，促进了复合型人才培养，提升了惠普问题解决速度与研发人员创新效率。科学的知识管理方法可帮助制造企业提升运行效率、获得更高的国际地位与竞争优势。然而，也有公司在开展知识管理中却经历了从"知识加密保护影响新员工学习""建立知识管理平台促进知识共享""高访问量转向少人问津"的尴尬过程。可见，缺乏有效知识管理方法指导不仅会影响知识管理对企业发展的促进作用，甚至会造成企业成本增加与管理冲突。因此，探索一套有效的知识管理方法，为创新战略导向制造企业网络提供科学的理论与方法支持至关重要。

2.3.1 基于互惠与联结设计制造企业网络知识管理方法的理论依据

制造企业网络成员互惠与联结通过提升网络灵活性影响知识获取、转移与整合，进而影响制造企业网络知识管理方法。

1. 互惠对知识获取的影响

互惠主要通过促进资源流动、提升网络开放性两方面影响知识获取。首先，制造企业网络现有成员中拥有知识资源的互惠程度越高，双方进行其他知识与资源交互的积极性就越强，各种资源在互惠知识的牵动与指引下，将进行配套知识流动。互惠程度越高，带动的辅助知识与资源流动就越多，资源流动驱动力就越大，就越能促进周边系列知识的获取。其次，互惠减少了资源的重复与竞争，避免了同质知识的排斥，降低了成员的竞争与戒备，通过不同领域、不同层级知识的相互吸引，提升了网络成员知识开放度。在开放互惠性知识交互基础上，各方合作意识加强、知识边界模糊化，网络企业成员间知识藩篱进一步放开，可极大地促进制造企业网络成员开展后续知识获取。

2. 联结对知识获取的影响

联结主要通过降低机会主义行为、强化隐性知识、降低冲突三方面影响知识获取。首先，制造企业网络与外部企业的联结情况影响相互间信任程度、契约执行力度、监控有效性等。有效联结便于制造企业网络对成员各方知识投入、学习情况等进行动态跟踪与掌控，并根据对方行为及时调整自身知识投入情况。为实现持续的知识合作，减少有效监控下的背叛损失，有效联结可使成员各方的机会主义行为大大降低，从而通过动态博弈实现各方知识有效投入与获取。其次，隐性知识受到各方防御措施及自身难以模仿的特征的影响，获取相对困难。网络成员联结情况影响成员间知识接触与合作深度，有效的网络成员联结可促进知识学习，使彼此更加熟悉对方隐性知识及知识转换条件、知识交互语言及方式等，从而有利于各方洞悉与获取彼此所需的隐性知识。最后，联结影响各方文化、关系与任务冲突情况，有效的网络成员联结不仅可以提升各方文化包容度、及时发现与妥善解决合作问题、提高各方任务匹配性、减少各方发生冲突可能性，还能够进一步影响各方知识交互及合作积极性与主动性，形成良好的协作氛围，便利知识交互与获取。

3. 互惠对知识转移的影响

成员互惠通过增强合作意愿、增加转移价值、衍生同伴压力及缩短权力距离等促进知识转移。首先，互惠性强意味着学习边际效益高，投入同样时间与精力，学习的知识对企业网络竞争力提升、弥补短缺与不足的作用更为明显。高互惠性意味各方学习边际收益高、合作意愿强、知识转移效率高。其次，互惠程度影响企业网络知识转移价值，对企业网络而言，越是能够给企业网络带来收益与长远竞争优势的知识，越有学习价值。因此，企业网络成员会投入更多资金完善相应制度，开展有组织、有规律的互惠知识转移活动。可见，互惠通过增加转移价值引起制造企业网络重视，从而提升转移效果。再次，成员互惠建立在实力相当基础上，成员能力差距过大将影响知识学习与吸收效果。网络成员为保持良好的合作关系，在相互学习后需同步提升，当互惠合作伙伴实现成长与发展后，制造企业网络成员自身就会产生同伴压力，因此互惠实力对等要求无形衍生出同伴成长压力，促进了制造企业间相互学习与发展，提升了各自知识学习与吸收能力，保证了知识转移效率。最后,成员互惠促进了企业网络间扁平式知识交流,各方积极、主动地建立多维度互惠知识交流与沟通渠道,网络权力距离被缩短。在网络内部多方互惠联结关系的形成弥补了权力中心形成的正式渠道联结不足问题,促进了知识在网络中的传播与交互。扁平化学习组织、平台与氛围的形成促进了制造企业网络的知识转移。

4. 联结对知识转移的影响

联结通过一致与共识、学习与模仿、信任与承诺三方面影响制造企业网络知识转移。首先,联结影响制造企业网络成员对网络制度要求、规范、未来发展战略导向、自我定位等认识的科学性与准确性。通过有效的交流与合作,各方在制造理念、服务思维与方式、发展战略方向、价值观等方面形成一致共识,从而保障各方对彼此管理及工作知识的理解、消化、吸收与应用,促进知识转移。其次,有效联结有利于制造企业网络成员进行彼此学习与模仿、对异质性知识产生更深层次的理解,使知识学习行为更加默契,进而提高知识转移效率与应用范畴。最后,有效联结利于在制造企业网络成员间形成稳定的心理契约,当异质知识出现转移机会与需求时,各方可基于信任与承诺进行及时的知识交互与学习,随时拓展学习边界,提升知识学习与转移效果,优化制造企业网络对新技术、新产品、新需求、新市场的反应能力。可见,联结能够通过影响成员信任与承诺,降低知识交易成本、促进知识学习与转移。

5. 互惠对知识整合的影响

互惠通过减少知识创新专用投资、增加外溢知识整合范围等促进知识整合。首先,制造企业网络成员资源互惠程度高则创新所用工具、仪器设备等重复性低,各方为创新投入的专用资金投入就少;知识互惠性高,需要从网络成员外部获得的缺口知识与人才就少,同时制造企业网络进行知识调整、修正、改进与对接的成本也因互惠而降低,制造企业网络承担的资本投入风险减少。可见,互惠通过提高资源可用性,影响制造企业网络专用投资,影响企业网络资金投入风险,从而影响企业网络知识整合意愿与效果。其次,互惠通过制造企业网络可整合外溢知识范围,影响知识创新效果。互惠提高了制造企业网络成员知识整合动力,各方以互惠知识为节点开展知识合作与交流,逐步向更广泛的领域推进,探索可交互知识,甚至发展到核心技术与知识学习。通过企业网络学习知识广度与深度延伸,提升了制造企业网络成员知识整合与创新可能性。另外,在互惠知识引领下,制造企业充分接触到网络成员的供应链关系、合作关系、客户关系等,通过更多知识源整合,拓展了知识整合广度、深度与交互主体范围,从而增加了组合多样性。

6. 联结对知识整合的影响

突破与渐进创新对制造企业网络发展而言十分重要，制造企业通过调整网络联结关系，促进社会化与标准化发展，进一步促进知识创新。首先，有效联结促进了制造企业网络内部学习团队的产生，团队成员之间的学习与交流提升了部门知识活性。闲置、低活性的知识通过团队成员这一载体，进行跨部门流动与交互，使低于进化门限活性的知识在网络成员社会化隐性知识学习与转移过程中实现激发进化，使适合转移的知识也不断加速调整与变异，通过不同门类、不同领域与不同属性知识的整合，实现知识体系的突破创新；其次，有效联结可保证制造企业网络制订统一发展规划且成员能够按照规划统一任务内容、工作形式、知识学习与提升方向等，实现任务与知识传递的规范化、标准化与模块化，从而促进制造企业网络知识体系加速调整与组合，提升创新效率。由于不同的成员负责不同的知识模块，模块组合创新速度增加，知识渐进创新效果显著提升，但单模块知识丰富性与投入规模不足影响知识整合、突破创新效果提升速度。

2.3.2　基于成员关系的制造企业网络知识管理方法设计

基于互惠和联结网络成员关系对知识管理的影响，以下将从知识获取、知识转移、知识整合角度设计有关管理方法。

1. 基于互惠的知识获取管理

首先，对制造企业网络知识进行分解，根据知识所属技术领域、知识成熟度、知识所属流程与环节等，对制造企业网络知识进行系统梳理，构建制造企业网络知识库，根据知识库中知识地图的缺失点、拓展方向等，明晰互惠知识属性，便利互惠知识确定与采集。完善知识地图建设有利于互惠知识进行快速搜集与获取。其次，在对知识进行拆分基础上，提供有效的知识打包与整合推荐，根据知识关联性、知识深入程度、知识需求对接关系等，提供有效的知识推荐策略，便利制造企业网络获取互惠知识的同时，可使制造企业网络得到相关打包知识与推荐知识，拓展知识开放边界，为知识获取提供有效决策依据。最后，根据知识对企业网络竞争力的重要程度，确定知识核心性与开放等级，同时明确网络成员伙伴互惠与紧密程度等，实现成员与知识等级的有效匹配，促进有条件的知识开放，在保证成员各方利益基础上，实现同等级知识的有效获取与流动。

2. 基于联结的知识获取管理

首先，提升网络成员知识地图的透明度，完善知识表述，对成员各方知识交互进行管控，对在交互过程中存在明显欺瞒与失信行为的成员进行网络内外信誉公示，提高知识获取科学性同时，增加知识交互过程机会主义行为成本，提升知识交互与获取成功性。其次，增加网络成员技术攻关合作，通过创新概念研讨、方案论证与选择、研发与攻关、检测与测试生产等环节的全面合作与跟踪，实现多环节知识与管理理念的融合，促进对彼此知识及知识获取规则的理解与掌握。最后，网络合作过程中，进一步明晰各方知识优劣势、知识合作中的责权利及各方对不同知识的需求与获取偏好等，据此确定各方任务分工，降低各方任务分配冲突。在任务实施过程中，及时提供各方进度、难点等动态信息，对产生的问题进行及时交流，保证各方任务对接的通畅性与有效性。

3. 基于互惠的知识转移管理

首先，制造企业网络应当以互惠知识转移为契机，对成功案例进行编撰、宣传与分享，通过互惠知识转移示范效应，鼓励制造企业网络成员开展多类型、多层次知识转移，提升转移动力与意愿。其次，制造企业网络需提升对知识转移的重视程度，对其进行有效组织、监控、调整，并将转移知识积极投入使用，提升转移知识的利用效率，通过系列知识转移制度，提高知识转移价值增值空间，促进转移活动有序与持续开展。再次，在制造企业网络内部进行信息共享，成员因能力提升、领域拓展等对知识、技能产生新要求的，应当及时披露，以通过成员知识需求与技能提升压力促进网络知识更新、知识学习、知识演进与相互的知识转移。最后，需要在制造企业网络内建立多边产品与服务知识合作机制、成员交流信息网络平台，促进信息的扁平与自由流动。

4. 基于联结的知识转移管理

首先，鼓励制造企业网络成员参与网络发展战略与规划制定工作，使成员掌握责权利分配情况、资源交互规则、知识转移条件与要求等。在决策与合作过程中，通过各方信息、知识、观点与理念等多方面交换、研讨等形成统一认识，确保各方行为围绕战略方向展开。其次，在合作过程中建立学习型团队，通过开展多层面、持续、深入的项目合作与交流，促进成员在文化、工作方式、风险偏好等问题处理经验与管理方法方面进行相互学习与模仿，从而促进相关知识的转移。最后，按照一定的心理契约，兑现各种奖惩政策。当出现知识转移机会时，成员围绕契约框架进行及时转移与对接，避免错失市场机遇，事后则需要根据心理契约进行及时补偿与奖惩，深化知识转移心理契约，通过承诺促进非正式与临时突发知识转移等。

5. 基于互惠的知识整合管理

首先，定期对制造企业网络进行信息、知识等资源盘点，明确知识、工具等相关资源的冗余、短缺情况。在更新成员时，根据资源盘点情况进行调整，确保成员资源互惠性，减少资源竞争、冗余与浪费。围绕特定技术合作选择资源互补、任务与资源匹配性高的成员组合，减少专用资产投入。组建有效专家组，对成员资源盘点、成员调整、任务与资源对接匹配等进行有效论证，提升匹配科学性，降低创新风险。通过知识创新俱乐部、沙龙等活动，利用网络成员社会关系，吸引与制造企业网络知识相关联的高校、科研院所及上下游企业等进入制造企业网络或与网络开展知识创新合作，从而吸纳更加广泛的外溢知识；建立制造企业网络知识云平台，利用制造企业网络影响力，集合制造企业相关领域知识供给者与需求者，不断提升平台影响力，依托知识供给者与需求者多方力量，实现知识创新、技术攻关，不断积累合作经验，提升网络知识创新能力。

6. 基于联结的知识整合管理

鼓励跨部门、跨领域合作，增加网络成员个人知识学习与交互机会，通过知识研讨等活动集聚具有共同领域或知识兴趣的个人，建立兴趣小组，围绕感兴趣的知识主题形成非正式个体合作氛围，通过自发、主动知识学习与利用，产生创新成果；出台各种知识创新政策，鼓励成员利用工作、业余时间开展知识学习与创新，通过经费支持、政策引导等，激发成员创新自主性。出台闲置知识开发利用计划，鼓励感兴趣人员自发组建知识开发利用小组，通过竞争与评选等激发员工知识创新。为个体社会化联结提供场地、管理指导与资金等多种支持，促进隐性知识整合、利用与创新。另外，加强对制造企业网络知识的模块化开发，为显性知识共享、学习与流动提供便利。采用标准化语言对知识进行编写与存储，并采用统一的知识采集工具，便利知识整合与创新。加强对网络成员的知识培训，通过联结合作，推动标准化知识模块与工具的应用与推广，提升知识创新效率。

7. 基于成员关系的知识管理模型

综合上述分析，可以得到基于成员关系的制造企业网络知识管理模型[49]，具体如图2-7所示。

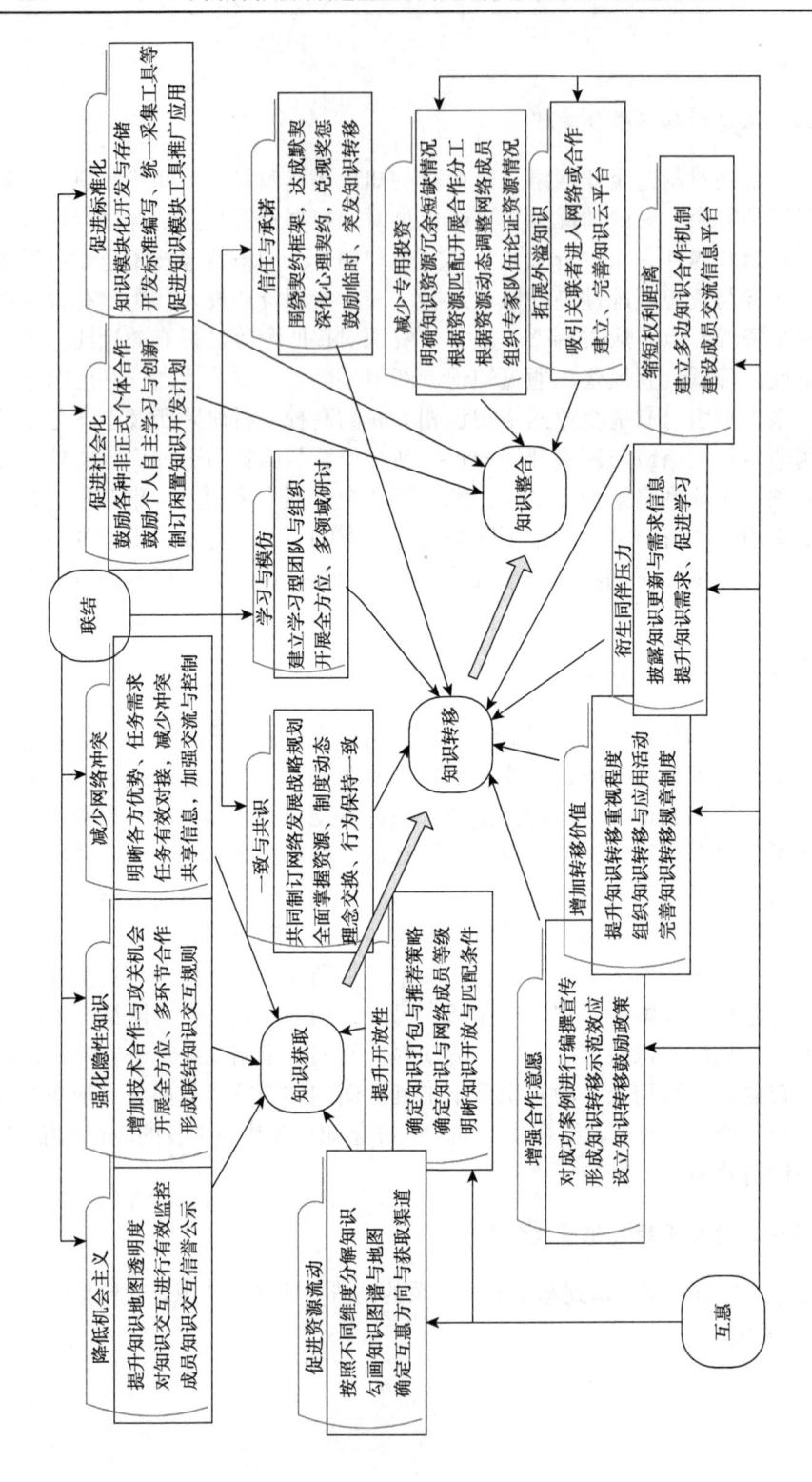

图2-7 基于成员关系的制造企业网络知识管理模型

2.4 创新战略导向制造企业网络可持续发展路径设计

2.4.1 选择与确定技术互惠伙伴

为利用网络关系的互惠维度提升制造企业网络创新绩效,首先,应明确制造企业网络创新发展技术需求,识别自身核心技术优势,明确制造企业网络技术互惠空间;其次,借助技术创新资源互惠共享平台,发布创新技术需求信息,探寻技术互惠伙伴,建立技术互惠备选对象集;再次,构建技术互惠伙伴选择指标体系,判定备选对象与制造企业网络成员间的技术互惠程度,确定建立技术互惠关系的优先序;最后,确定技术互惠伙伴,签订技术互惠协议,建立技术互惠关系,进行技术交叉许可,突破技术创新壁垒,提升制造企业网络可持续发展绩效。

1. 确定核心技术互惠交换空间

首先,明确进行技术互惠的核心技术优势。制造企业网络核心业务领域向产品领域延伸,因此探寻创新回报最高的核心业务领域中最适合拓展与建立竞争优势的核心产品,集合研发部门梳理研发该产品所涉及的专利技术,依据核心技术优势的不可复制性与难以模仿性,明确制造企业网络可提供的核心技术优势。其次,诊断技术劣势,明确制造企业网络进行产品创新的技术需求点。集合所有部门梳理贯穿制造企业网络的所有技术资源,分析网络创新环境与产品需求变化趋势,明晰制造企业网络产品创新目标,确定新产品研发的技术需求。最后,制定技术互惠目标,探寻更多的技术互惠盈利点。综合分析制造企业网络核心技术优势与产品创新技术需求,确定核心技术互惠交换空间,并制定技术互惠目标,确定创新绩效提升目标。

2. 建立技术互惠备选对象集

首先,提取制造企业网络可提供的核心技术优势与所需技术资源的关键词,将所需技术资源信息以关键词的形式输入自建或外部的技术创新资源互惠共享平台中,发布技术互惠需求信息,或根据关键词搜索与探寻行业内符合技术互惠条件的备选技术互惠企业;其次,对备选技术互惠企业进行粗筛。深入调查与分析备选技术互惠企业情况,剔除信誉度低、创新发展潜力低及企业决策者创新支持度低的备选技术互惠企业,确定技术互惠备选对象集。

3. 判定技术互惠程度

构建技术互惠伙伴选择与判定指标体系，具体如表 2-6 所示。综合使用层次分析法（analytic hierarchy process，AHP）与模糊综合评价法，结合表 2-6 对各备选技术互惠企业进行评价打分，判定各备选技术互惠对象与制造企业网络间的技术互惠程度，明确备选技术互惠伙伴得分优先序。

表 2-6 技术互惠伙伴选择与判定指标体系

目标	指标	子指标	判定依据与标准
技术互惠程度 A	创新技术资源与能力匹配度 B_1	R&D 技术及配套设施等在彼此现有产品创新改进过程中的匹配度 C_{11}	根据创新技术优势与需求的描述关键词，判定双方拥有的创新技术及配套研发设备能否直接为彼此产品创新改进所用
		R&D 技术及配套设施等在彼此新产品研发方面的匹配度 C_{12}	根据技术需求变化趋势，判定互惠双方拥有的核心技术及配套研发设备能否直接为彼此新产品研发所用
		双方内部高级 R&D 人员所掌握的隐性创新经验对彼此产品研发的影响度 C_{13}	判断双方内部高级 R&D 人员所掌握的隐性创新能力与经验能否满足彼此技术研发的隐性需求
		创新产品市场资源的互补匹配程度 C_{14}	根据各方所占产品创新市场地位，判定双方拥有的创新产品市场资源能否完美匹配
		创新技术资源融合对彼此创新运营的影响程度 C_{15}	判定互惠双方核心技术的融合能否对彼此产品创新形象产生正向影响
	创新兼容度 B_2	企业创新文化、创新战略与技术研发创新目标等方面的相似度 C_{21}	判定技术互惠合作的风险大小，判断技术互惠合作关系是否稳定、可持续
		技术创新沟通的顺畅度 C_{22}	判定对方提供技术是否及时或回报反馈是否迅速，能否满足企业技术互惠资源需求
		权利运用、所用工具及工作方式的一致性 C_{23}	判断进行技术互惠合作、实施技术交叉许可的过程是否顺畅

参考表 2-6 技术互惠伙伴选择指标体系，判定备选技术互惠伙伴与制造企业网络间技术互惠程度，具体步骤如下。

（1）构建递阶层次结构模型。按照 AHP 将技术互惠伙伴评价指标排列为 A—B—C 三层递阶结构；其中最高层为系统的总目标层，即备选技术互惠伙伴与制造企业网络间的技术互惠程度；中间层为准则层，表示影响技术互惠程度的两个主要因素，即创新技术资源与能力匹配度与创新兼容度；最低层为子准则层，即准则层的细分。

（2）确定指标权重。建立层次分析模型后，以数字 1~9 作为比较标度，根据 AHP 原理，聘请专家对表 2-6 中同一层技术互惠指标元素做两两比较判断，构建判断矩阵。验证判断矩阵的一致性，从而确定符合一致性检验标准时各指标的权重，计算求得准则层权重集 $W=\{W_1,W_2\}$，与各子准则层要素权重集 $W_1=\{w_{11},w_{12},w_{13},w_{14},w_{15}\}$ 和 $W_2=\{w_{21},w_{22},w_{23}\}$。

（3）设定评语集。采用利克特七分制打分法，将评估企业网络间技术互惠程度的评语划分为 m 个级别，则可得评语集 V_m。此处设专家组将评语分为四个等级，则评语集为 $V=\{v_1(优秀),v_2(良好),v_3(合格),v_4(较差)\}=\{7,5,3,1\}$。等级的标度及其含义见表2-7。

表2-7 比较标度

标度	含义
1	表示两个元素同样重要
3	表示前一个元素比后一个元素稍微重要
5	表示前一个元素明显比后一个元素重要
7	表示前一个元素与后一个元素相比，前一个元素非常重要
9	表示前一个元素与后一个元素相比，前一个元素极端重要
2，4，6，8	表示重要性介于上述标度之间
倒数	若元素 y_j 和 y_i 重要性之比为 a_{ij}，则 y_i 和 y_j 重要性之比为 $1/a_{ij}$

（4）构建模糊评判矩阵。从因素 $B_i(i=1,2,\cdots,m)$ 入手，对层次结构模型中与因素 $B_i(i=1,2,\cdots,m)$ 有隶属关系的因素 $C_{ij}(i=1,2,\cdots,m;j=1,2,\cdots,n)$ 进行单因素评判。记与因素 B_i 有隶属关系的元素中 C_j 指标对评判集 $V_j(j=1,2,\cdots,n)$ 的隶属度为 r_{ij}，则 r_{ij} 表示 B_i 分组下第 i 个指标 C_{ij} 在第 j 个评语 v_j 上的频率分布。也就是说，对某备选技术互惠企业进行第 i 项技术互惠指标考核时，给予该企业第 j 个技术互惠评价等级的专家数与专家总数之比为隶属度为 r_{ij}。

$$r_{ij}=\frac{第i个指标选择第j个评价等级的专家数}{总专家数}(i=1,2\cdots,m;j=1,2\cdots,n) \quad (2-1)$$

由此，可得到 B_i 分组下第 j 个指标 C_{ij} 的单因素评判集 $r_i=(r_{i1},r_{i2},\cdots,r_{in})$，进而可构造出一个模糊评判矩阵 $R_i(i=1,2,\cdots,m)$，即每一个被评价对象确定了从 $B_i(i=1,2,\cdots,m)$ 到 V_m 的模糊关系，则模糊评判矩阵如式（2-2）所示。

$$R_i=\begin{bmatrix} r_{11} & r_{12} & \cdots & r_{1m} \\ r_{21} & r_{22} & \cdots & r_{2m} \\ \vdots & \vdots & & \vdots \\ r_{n1} & r_{n2} & \cdots & r_{nm} \end{bmatrix} \quad (2-2)$$

（5）进行模糊综合评判。首先，进行分层模糊综合评价。确定技术互惠选择评价体系中各层指标的权重后，需要根据技术互惠伙伴选择与评价指标体系的层级特点，将下层指标的取值复合成上层指标的取值，并以此逐层向上递阶，得出量化评级结果。这种计算方法就是我们经常用到的合成算法。

根据构建的模糊评判矩阵 R_i 与计算求得的权重集 W_i 计算一级模糊综合评价向量 B_i。

$$B_i = W_i \times R_i = (w_{i1}, w_{i2}, \cdots, w_{in}) \begin{bmatrix} r_{11} & r_{12} & \cdots & r_{1m} \\ r_{21} & r_{22} & \cdots & r_{2m} \\ \vdots & \vdots & & \vdots \\ r_{n1} & r_{n2} & \cdots & r_{nm} \end{bmatrix} = (b_{i1}, b_{i2}, \cdots, b_{im}) \quad (2\text{-}3)$$

其次,进行高层次模糊综合评价。利用分层次模糊综合评价的结果,由式(2-4)可以得到二层模糊综合评价的隶属度矩阵 R。

$$R = \begin{bmatrix} B_1 \\ B_2 \\ \vdots \\ B_n \end{bmatrix} = \begin{bmatrix} b_{11} & b_{12} & \cdots & b_{1m} \\ b_{21} & b_{22} & \cdots & b_{2m} \\ \vdots & \vdots & & \vdots \\ b_{n1} & b_{n2} & \cdots & b_{nm} \end{bmatrix} \quad (2\text{-}4)$$

基于此,可以得到二级模糊综合评价向量 B,计算公式如式(2-5)所示。

$$B = W \times R = (W_1, W_2, \cdots, W_n) \begin{bmatrix} b_{11} & b_{12} & \cdots & b_{1m} \\ b_{21} & b_{22} & \cdots & b_{2m} \\ \vdots & \vdots & & \vdots \\ b_{n1} & b_{n2} & \cdots & b_{nm} \end{bmatrix} = (b_1, b_2, \cdots, b_m) \quad (2\text{-}5)$$

最后,计算技术互惠程度总得分。将所得技术互惠模糊综合评价向量 B 与评语集 V 相乘,即可得到该备选技术互惠伙伴与制造企业网络间技术互惠程度总得分,计算公式如下:

$$D = VB^{\mathrm{T}} \quad (2\text{-}6)$$

同理,可确定各备选技术互惠伙伴的技术互惠程度总得分。

4. 技术互惠伙伴的确定

首先,按照得分由高到低对技术互惠伙伴进行整体排序,确定技术互惠程度得分优先序;其次,根据技术互惠程度得分优先序,借助技术创新资源互惠共享平台,依次与各候选技术互惠伙伴的相关管理人员进行沟通,了解彼此核心技术知识产权的具体信息;最后,确定技术互惠伙伴具体名单,制造企业网络依次与各技术互惠伙伴签订技术互惠协议,确立企业间互惠合作的网络关系,约定技术互惠协议起止时间及变更与解除条件,保证制造企业网络与技术互惠伙伴进行有效的技术互惠,实施技术交叉许可,突破创新技术壁垒,有效提升互惠双方的创新绩效。

2.4.2 增加技术联结强度

为了利用成员关系的联结维度来提升制造企业网络绩效，制造企业网络应在确立与外部技术互惠伙伴建立技术互惠关系后，以组织者的身份，组织各网络关系主体共同构建以制造企业网络为中心的技术创新联盟，加强网络关系主体间技术沟通互动，增强企业间技术联结强度，利用企业间技术资源的深入交流与探讨，帮助制造企业网络提升创新绩效水平。

（1）明确网络企业间技术联结强度的影响因素。技术创新联盟成员有制造企业网络成员中高度相关的企业及外部选拔的合作伙伴共同构成，联盟成员间技术沟通互动水平与各企业的技术投入与共享意愿紧密相关。企业技术投入与共享意愿主要受再开发价值与负面价值两个因素的影响：开发价值是技术创新资源共享活动为网络产品二次研发与技术改造带来的附加价值；负面价值是任一技术联盟成员实施机会主义行为对其技术联结伙伴造成的负面影响。因此，企业网络成员间技术联结强度的影响因素为再开发价值与负面价值。

（2）明确增强技术联结强度的入手点。构建技术联结强度影响因素的组合矩阵，由于再开发价值与负面价值在数值上均存在"高"与"低"两种情况，所以可构建技术联结强度影响因素的组合矩阵，如图 2-8 所示。由图 2-8 可知，为增强技术创新联盟成员间技术联结强度，需实现再开发价值最大化与负面价值最小化。

再开发价值	象限Ⅲ 技术投入意愿高 共享技术资源意愿高	象限Ⅳ 技术投入意愿不明确 共享技术资源意愿不明确
高		
低	象限Ⅰ 技术投入意愿不明确 共享技术资源意愿不明确	象限Ⅱ 技术投入意愿低 共享技术资源意愿低
	低	高
	负面价值	

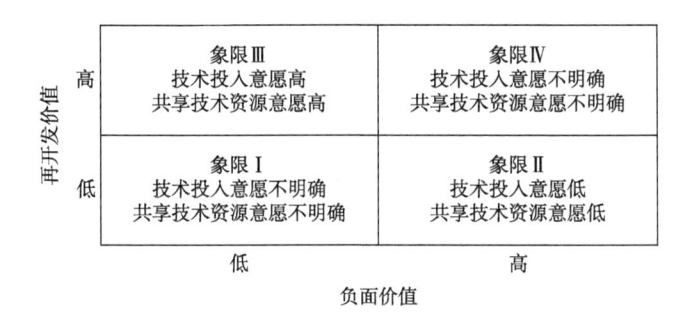

图 2-8 再开发价值与负面价值组合矩阵

（3）实现再开发价值最大化与负面价值最小化。为实现再开发价值最大化与负面价值最小化，以实现技术创新联盟成员间技术联结强度的增强，应采取以下措施。第一，明确技术联结双方共享的核心技术资源的显隐性；第二，若联结双方传递的是显性技术资源，则通过共同构建创新资源共享平台，降低技术联结成本，帮助技术联结双方快速共享显性创新资源，实现再开发价值最大化，加强双方的技术投入与联结意愿；第三，若联结双方传递的是隐性技术资源，则通过共同确定经验交流主题，采用定期会晤、项目小组、举办经验交流会等方式，促进联结双方技术经验共享，实现再开发价值最大化，提高联结双方的技术经验共享意愿，增加技术联结强度；第四，为降低技术联结的负面价值，联结双方可通过实时监督彼此技术共享行为活动与共同制定机会主义行为惩罚措施等方式，消除双方对技术投入风险的顾虑，加强双方技术投入意愿，增强企业网络成员间技术联结强度，利用企业间技术资源投入与技术信息的深入交流探讨，帮助制造企业网络提升创新绩效水平。

2.4.3 拓展技术联结广度

为了利用网络关系的联结维度来提升制造企业网络的创新绩效，应不断建立新的技术联结关系，拓展制造企业网络成员技术联结范围，扩大现有网络规模。制造企业网络可通过技术研发任务模块化的方式，不断与外部研发组织、科研院所等建立新的技术联结关系，拓展制造企业网络技术联结广度。技术研发任务模块化分为技术研发任务模块分解、研发子模块标准化及模块集成与系统调试三个步骤。

（1）技术研发任务模块分解。按产品功能研发所需的技术类别将制造企业网络产品研发任务分解为多个子模块，确保各个研发任务子模块独立完整。借助创新资源信息共享平台发布技术研发子模块任务信息，求助可独立完成任一子模块研发任务的外部组织，帮助制造企业网络分担产品研发任务，明确制造企业网络技术联结的可拓展范围。

（2）研发任务子模块标准化。为实现技术研发子模块间的有效对接，对研发子模块进行标准化处理，即运用同样的技术理念、语言标准、制度约束与激励措施，统一技术研发子模块运作方式，并对模块间接口进行标准化处理，提高制造企业网络与外部网络成员技术联结的便利性。

（3）模块集成与系统调试。将标准化后的研发任务子模块进行对接与集成，协调子模块间运作，测试与完善新产品功能，确保产品功能完善，完成新产品研发任务。

产品研发任务被拆分得越细，研发任务子模块数量越多，可独立承担子模块研发任务的组织数量越多，则与制造企业网络建立技术联结的网络成员越多，可有效拓展制造企业网络技术联结范围，帮助制造企业网络快速获取创新技术优质资源，大幅度提升制造企业网络创新绩效，具体流程图如图2-9所示。

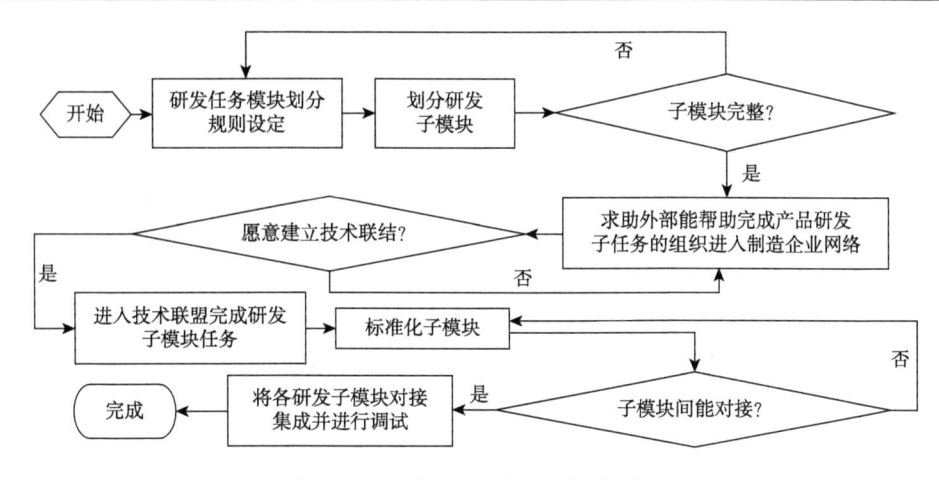

图 2-9 技术研发任务模块化流程图

2.4.4 增强技术联结关系的动态稳定性

随着制造企业网络不断发展，为避免技术联结各方关系锁定，应运用科学方法合理调整技术联盟结构，可利用"断键重连"的方式，维持联盟成员企业间技术联结关系的动态稳定性。首先，建立马尔可夫链模型，预测技术联盟达到稳定状态时的理想结构分布比例；其次，为达到理想的联盟结构比例分布目标，管理技术联结关系，动态调整技术联盟结构，使之不断逼近理想状态下的联盟结构比例分布，具体步骤如下。

1. 状态划分和初始状态确定

按照成员企业对资源贡献度从高到低的顺序，对技术创新联盟进行 k 层结构划分，则对应的马尔可夫状态集为 $I=\{1,2,\cdots,K\}$。按照制造企业网络产品更新换代的时间顺序，将技术创新联盟的演化过程划分为多个时段，则对应的马尔可夫链时间参数为 $t=0,1,2,\cdots,\psi$。

假设 t 时间段内技术创新联盟第 $i(i\in I)$ 层上有 $n_i(t)$ 个技术联结伙伴，此时联盟内技术联结伙伴总数为 $N(t)=\sum_{i=1}^{k}n_i(t)$。记 $a_i(t)$ 表示 t 时间段末处于联盟第 i 层的技术联结伙伴数量与联盟成员总数之比，$a(t)\geqslant 0$ 且 $\sum_{i=1}^{k}a_i(t)=1$，则 $a_i(t)$ 的计算公式为

$$a_i(t)=n_i(t)/N(t), i\in I \qquad (2\text{-}7)$$

此时，技术创新联盟内不同层级上成员比例分布$a(t)$的计算公式如式（2-8）所示。

$$a(t)=\left(a_1(t),a_2(t),\cdots,a_k(t)\right) \quad (2\text{-}8)$$

初始状态是指将研究选取的时间参数起点记为$t=0$，则技术创新联盟结构的初始状态为$a(0)=\left(a_1(0),a_2(0),\cdots,a_k(0)\right)$。

2. 设定技术创新联盟成员转移概率矩阵

由技术创新联盟结构的层次性与动态性可知，技术创新联盟结构变化的主要原因为联盟与外界环境之间产生资源流动，即技术联结伙伴进入或退出联盟；创新资源贡献度的变化导致联盟成员位置改变，即技术联结伙伴在联盟内部不同层级间发生转移。

假设技术联结伙伴进入或退出联盟及发生层间转移等活动均在每个时段末一次完成，令$e_i(t)$表示t时段末进入技术创新联盟第i层的技术联结伙伴数量与迁入企业总数量$E(t)$之比，则迁入联盟各层的企业比例分布$e(t)$计算公式如式（2-9）所示。

$$e(t)=\left(e_1(t),e_2(t),\cdots,e_k(t)\right) \quad (2\text{-}9)$$

那么，t时段进入联盟第i层的技术联结伙伴数量为$e_i(t)E(t)$，其中$e_i(t)\geq 0$。

同理，令$m_i(t)$表示t时段末迁出联盟第i层的成员数量与该层原有企业数量之比，从而可以确定从技术创新联盟各层迁出的企业总体比例分布情况$m(t)$，计算公式为

$$m(t)=\left(m_1(t),m_2(t),\cdots,m_k(t)\right) \quad (2\text{-}10)$$

那么，t时段末，迁出联盟的技术联结成员总量$M(t)$计算公式如式（2-11）所示。

$$M(t)=n(t)m^{\mathrm{T}}(t) \quad (2\text{-}11)$$

从而可以确定t时段末从联盟状态i迁出的技术联结成员数量为$m_i(t)M(t)$。

与此同时，令q_{ij}表示联盟成员从联盟第i层到第j层的转移概率，其中$i,j=1,2,\cdots,k$，则制造企业网络技术创新联盟内不同结构状态上成员转移矩阵Q的计算公式如式（2-12）所示。

$$Q=\left(q_{ij}\right)_{k\times k}=\begin{pmatrix} q_{11} & q_{12} & \cdots & q_{1k} \\ q_{21} & q_{22} & \cdots & q_{2k} \\ \vdots & \vdots & & \vdots \\ q_{k1} & q_{k2} & \cdots & q_{kk} \end{pmatrix} \quad (2\text{-}12)$$

式（2-12）中仅考虑技术联结伙伴在联盟内不同层次之间的转移，并未将企业迁入或迁出技术创新联盟的情况作为一种转移状态计入矩阵 Q，因此，矩阵 Q 不是一个行和为 1 的转移矩阵，q_{ij}，$m_i(t)$，$e_i(t)$ 需满足以下条件：

$$\begin{cases} q_{ij}, m_i(t) \geq 0 \\ \sum_{j=1}^{k} q_{ij} + m_i(t) = 1 (i,j = 1,2,\cdots,k) \\ e_i(t) \geq 0 \text{ 且 } \sum_{i=1}^{k} e_i(t) = 1 \end{cases} \quad (2\text{-}13)$$

若考虑技术联结伙伴迁入与迁出联盟的行为，则技术创新联盟成员转移矩阵的计算公式如下：

$$P = Q + m^{\mathrm{T}}(t)e(t) = \begin{pmatrix} q_{11} + m_1(t)e_1(t) & \cdots & q_{1k} + m_1(t)e_k(t) \\ \vdots & & \vdots \\ q_{k1} + m_k(t)e_1(t) & \cdots & q_{kk} + m_k(t)e_k(t) \end{pmatrix} = \begin{pmatrix} p_{11} & \cdots & p_{1k} \\ \vdots & & \vdots \\ p_{k1} & \cdots & p_{kk} \end{pmatrix}$$

$(2\text{-}14)$

根据式（2-13）与式（2-14）可知，技术创新联盟成员转移矩阵 P 的行和为 $\sum_{j=1}^{k} p_{ij} = \sum_{j=1}^{k}(q_{ij} + m_i(t)e_j(t)) = \sum_{j=1}^{k} q_{ij} + m_i(t)\sum_{j=1}^{k} e_j(t)$，根据式（2-13）$\sum_{i=1}^{k} e_i(t) = 1$ 与 $\sum_{j=1}^{k} q_{ij} + m_i(t) = 1$ 可知，矩阵 P 的行和 $\sum_{j=1}^{k} p_{ij} = 1$。因此，技术创新联盟成员转移矩阵 P 为随机转移矩阵。

3. 制造企业网络技术创新联盟稳定状态预测

随着制造企业网络的不断发展，其产品功能不断地成熟与完善，其组建的技术创新联盟规模也逐步趋于动态稳定，即联盟内成员数量基本不变。此时，联盟内处于不同结构状态上的成员比例分布会对技术创新联盟稳定性产生巨大影响，可通过联盟结构衡量联盟的稳定性。因此，可应用马尔可夫链模型研究联盟结构变化对技术创新联盟稳定性的影响，预测技术创新联盟达到稳定状态时，联盟内部各层次结构状态上技术联结成员的分布情况。

首先，明确 $t+1$ 时段末技术创新联盟各层上技术联结伙伴数量分布。假设技术联结成员从技术创新联盟迁入/迁出与在联盟层间转移行为都在联盟发展过程中每个离散时段段末一次完成，则可由 t 时段末迁入联盟的技术联结伙伴总数 $E(t)$ 及迁出联盟的技术联结伙伴总数 $M(t)$，得到 $t+1$ 时段末技术创新联盟内部成员总数量，计算公式如下：

$$N(t+1) = N(t) + E(t) - M(t) \qquad (2\text{-}15)$$

由 t 时段末处于技术创新联盟内不同层次状态上的成员数量分布 $n(t)$、进入联盟各层的技术联结伙伴比例分布 $e(t)$ 与联盟内部成员在不同层次状态之间的转移矩阵 Q，可得到 $t+1$ 时段末的技术创新联盟内各层上技术联结伙伴数量分布，计算公式如下：

$$n(t+1) = n(t)Q + E(t)e(t) \qquad (2\text{-}16)$$

其次，选取两相邻时段 $(t, t+1)$，观察技术创新联盟结构比例分布 $a(t)$ 的变化情况。由于技术创新联盟内企业层间转移行为并不影响联盟成员总数，联盟的规模（成员总数量）仅与迁入/迁出联盟的技术联结伙伴数量有关。因此，可确定两相邻时段 $(t, t+1)$ 技术创新联盟规模（即联盟内成员总数）的变化情况，计算公式如下：

$$\Delta N = N(t+1) - N(t) = E(t) - M(t) \qquad (2\text{-}17)$$

由式（2-17）可推导出 t 时段末进入技术创新联盟的技术联结伙伴数量的计算公式：

$$E(t) = \Delta N + M(t) = \Delta N + n(t)m^{\mathrm{T}}(t) \qquad (2\text{-}18)$$

结合式（2-17）与式（2-18），可得到 $t+1$ 时段末技术创新联盟各层上成员分布比例的计算公式，如式（2-19）所示。

$$n(t+1) = n(t)(Q + m^{\mathrm{T}}(t)e(t)) + \Delta N e(t) \qquad (2\text{-}19)$$

根据式（2-14）可知 $P = Q + m^{\mathrm{T}}(t)e(t)$，那么式（2-19）可进一步化为

$$n(t+1) = n(t)P + \Delta N e(t) \qquad (2\text{-}20)$$

若用 a 表示技术创新联盟内企业数量的平均增长百分比，则 t 到 $t+1$ 时段联盟内技术联结伙伴的增长量为 $\Delta N = aN(t)$，$t+1$ 时段末联盟内成员总数量的计算公式如下：

$$N(t+1) = (1+a)N(t) \qquad (2\text{-}21)$$

又由于 t 时段末技术创新联盟内各层成员分布比例为 $a(t) = n(t)/N(t)$，综合式（2-19）～式（2-21），可得到 $t+1$ 时段末技术创新联盟结构比例分布 $a(t+1)$ 的递推关系式为

$$a(t+1) = \frac{n(t+1)}{N(t+1)} = \frac{n(t)P + \Delta N \times e(t)}{(1+a)N(t)} = \frac{a(t) \times P + e(t)a}{1+a} \qquad (2\text{-}22)$$

最后，预测技术创新联盟稳定状态。为保证联盟成员的利益，在技术产品功能趋于成熟之时，管理者希望技术创新联盟内企业数量一定，即进入与退出联盟的技术联结伙伴数量大致相等，即联盟整体规模基本不变，则有 ΔN 或 $a = 0$。此时，联盟各层上技术联结成员比例分布可用 $a(t+1) = a(t)P$ 表示，这与马尔可夫链的基本方程一致。结合 $P = Q + m^{\mathrm{T}}(t)e(t)$，可知 $t+1$ 时段末的技术创新联盟各层成

员比例分布 $a(t+1)$ 的递推公式如下：

$$a(t+1) = a(t)P = a(t)[Q + m^{\mathrm{T}}(t)e(t)] \quad (2\text{-}23)$$

在给定联盟内部转移矩阵 Q 的情况下，式（2-23）可转化为如下形式：

$$e(t) = \frac{a(t+1) - a(t)Q}{a(t)m^{\mathrm{T}}(t)} \quad (2\text{-}24)$$

由于式（2-24）中满足 $e_i(t) \geqslant \mathbf{0}$，其中 $\mathbf{0}$ 为一个零向量，且有 $a(t)m^{\mathrm{T}}(t) > 0$，所以可通过联盟结构分布比例 $a(t)$ 和内部转移矩阵 Q 确定技术创新联盟是否达到稳定状态。当技术创新联盟内部转移矩阵 Q 已知时，当且仅当满足式（2-25）的条件时，技术创新联盟存在稳定状态。

$$a(t+1) - a(t)Q \geqslant 0 \quad (2\text{-}25)$$

而在实际应用中，技术创新联盟发展到一定程度时，其稳定状态的结构分布比例不再随时间参数 $t = 1, 2, \cdots, \psi$ 的变化而变化，也就是说，技术创新联盟达到稳定状态需满足如下条件：

$$\begin{cases} a(t) = a(0)[Q + m^{\mathrm{T}}(t)e(t)]^t = a(0)P^t \\ a(t+1) = a(t) \end{cases} \quad (2\text{-}26)$$

技术创新联盟存在稳定状态时有 $a(t+1) = a(t) = a$，则称 $a = (a_1, a_2, \cdots, a_k)$ 为技术创新联盟达到理想稳定状态时的结构分布比例。因此，技术创新联盟存在稳定状态时约束条件可简化为

$$a \geqslant aQ \quad (2\text{-}27)$$

4. 技术创新联盟稳定性的动态控制

在实际应用中，技术创新联盟结构比例分布 a 很难达到稳定状态，为促使技术创新联盟近似达到预测的稳定结构，可通过求解技术联结伙伴迁入比例 $e(t)$ 对其进行系统控制。因此，可采用逐步法使技术创新联盟结构尽快达到或无限靠近预测目标。

令 $D(a(t+1), a(t)) = \sum_{i=1}^{k}(a_i(t+1) - a_i(t))^2$ 表示稳定状态下联盟结构比例分布 $a(t+1)$ 与 $a(t)$ 之间的距离，那么技术创新联盟稳定结构最优解 a^* 的逐步迭代模型如下。

$$\min D(a(t), a) \\ \text{s.t.} \begin{cases} a(t) = a(t-1)[Q + m^{\mathrm{T}}(t)e(t)]^t \\ e_i(t) \geqslant 0, \sum_{i=1}^{k} e_i(t) = 1 \end{cases} \quad (2\text{-}28)$$

其中，$t = 0, 1, 2, \cdots, \psi$。若上述模型从 $t = 1$ 开始计算，由给定 Q 和 $a(0)$ 求得 $e(1)$ 与

$a(1)$。再令 $t=2$，求得 $e(2)$ 和 $a(2)$，以此类推，直至求得的 $a(\psi)$ 与技术创新联盟稳定状态下结构比例分布 a 相同或接近，即 $D(a(t+1),a(t))$ 近似于零，则记 $a(\psi)$ 为技术创新联盟结构比例分布的满意解 a^*。因此，通过合理调整迁入比例 $e(t)$，控制联盟达到稳定状态，可以获得技术创新联盟稳定性控制的最短路径，动态管理网络企业间技术联结关系，对技术创新联盟结构进行有限次数的动态管理与调整，使技术创新联盟结构逼近动态稳定状态，实现技术创新联盟动态稳定性目标，提升制造企业网络创新绩效。

2.4.5 案例分析

A企业成立于1994年，注册资金1.19亿元。A企业本着"精干主业，全面发展"的原则，不断进行产业结构调整，形成了以中小型汽轮机设计、制造为主，以太阳能电池生产、医疗、物业管理和房地产开发为辅的多元化发展格局。主要经营300MW（含300MW）以下汽轮机的设计与制造；500MW以下汽轮机组的改造及大修业务；同时经营冶金、石化等行业所需的定、变高转速的工业汽轮机组的设计与制造业务等。A企业拥有现代化的大型机械加工基地、科学的生产管理体系和ISO9001-2008质量管理体系，一直为广大用户生产制造汽轮机主机和辅机产品，同时也是设计、制造各种不同类型电站设备的专业企业。企业成立至今，始终坚持"崇德立世，尚学自强，酬勤精业，创新图进"的企业精神和"开拓创新，诚信共赢"的市场理念，积极服务社会，服务用户。本着"经济、安全、清洁"的设计理念，企业在汽轮机设计、制造上具有显著优势，生产制造了各种类型的汽轮机组，完成了国内外诸多机组的改造及大修任务。但目前，A企业所在行业已进入了新的发展阶段，为了更好地在市场中立足，A企业将自身发展目标定位为"维持现有优势的基础上，不断优化定型产品，继续努力创新开发余热机组、地热机组等节能环保新产品"。在技术创新方面，A企业主要依靠企业内部研发人员进行产品的自主创新，A企业仅与中国船舶重工集团公司七〇三研究所等少数几家外部网络组织建立技术互惠制造企业网络关系。为了提升制造企业网络绩效，现有A制造企业网络对内部情况进行了系统梳理。

首先，A企业网络集合各部门专业人员对企业产品业务进行了细致梳理，发现该企业网络最适销对路、获利最高、最让消费者满意的主要为HYCA产品、MSU产品和WNX产品三种核心产品。在对技术研发人员在研发这三种核心产品时所涉及的技术进行记录整合后发现这三种核心产品涉及两种独创专利技术，因此这两种核心技术是A企业网络可进行技术互惠的资源。同时，通过对客户需求分析得知开发余热机组、地热机组等节能新产品需突破两种技术的壁垒。

其次，A 企业网络借助政府构建的对外技术创新资源共享平台，将自身能提供给技术互惠伙伴的核心技术资源和需要技术互惠伙伴提供的核心技术资源一并录入到技术创新资源共享平台中，提供搜索关键词并进行了技术互惠伙伴收益预置。该平台根据关键词匹配为其寻找到 20 家外部研发组织，在 A 企业网络派审查小组对这 20 家组织进行初步审查后，将不符合基本条件的 9 家外部组织排除。

相关人员组成 10 人专家评价小组对经过初筛后的 11 个备选技术互惠对象进行技术互惠程度评价打分，具体步骤如下。

（1）利用层次分析法确定技术互惠指标权重。首先，按照 AHP 的要求，将表 2-6 中上述技术互惠程度选择评价指标排列为 $A—B—C$ 三层递阶结构；其次，由 A 企业网络指派来自内部各部门人员组成 10 人专家评审小组，依次将表 2-6 中各层指标进行两两相互对比，可得到 $A—B$，$B—C$ 判断矩阵，结果如表 2-8、表 2-9 与表 2-10 所示；最后，计算符合一致性检验的情况下各指标的权重。

表 2-8　$A—B$ 判断矩阵

A	B_1	B_2
B_1	1	2
B_2	1/2	1

表 2-9　$B_1—C$ 判断矩阵

B_1	C_{11}	C_{12}	C_{13}	C_{14}	C_{15}
C_{11}	1	1/3	4	8	2
C_{12}	3	1	5	7	2
C_{13}	1/4	1/5	1	5	1/3
C_{14}	1/8	1/7	1/5	1	1/7
C_{15}	1/2	1/2	3	1	1

表 2-10　$B_2—C$ 判断矩阵

B_2	C_{21}	C_{22}	C_{23}
C_{21}	1	5	7
C_{22}	1/5	1	3
C_{23}	1/7	1/3	1

结合 AHP，可计算得到技术互惠评价指标总排序权重，如表 2-11 所示。

表 2-11　技术互惠评价指标总排序权重

第一层次指标		第二层次指标		总排序权重
指标名称	本层次权重	指标名称	本层次权重	
资源能力互补水平	0.6667	创新技术在改进中的直接利用度	0.2624	0.1749
		创新技术在产品研发中的结合度	0.4138	0.2759
		隐性研发经验的需要程度	0.0917	0.0611
		创新产品市场的互补水平	0.0336	0.0224
		创新资源结合的整体贡献度	0.1985	0.1324
兼容性	0.3333	企业文化战略目标的相容程度	0.7235	0.2411
		技术研发沟通顺畅程度	0.1932	0.0644
		组织结构、工作方式的一致性	0.0833	0.0278

（2）设定技术互惠评语集。将技术互惠程度的评价等级分为优秀、良好、合格与较差四个评价等级，从而确定技术互惠程度的评语集为 $V = \{v_1(优秀), v_2(良好), v_3(合格), v_4(较差)\} = \{7, 5, 3, 1\}$，依此进行技术互惠程度打分。

（3）构建模糊评判矩阵。以备选技术互惠伙伴 A 为例，依此对各备选技术互惠伙伴进行模糊综合评价。其中，专家组对备选技术互惠伙伴 A 进行模糊综合评价，评分处理情况如表 2-12 所示。

表 2-12　对备选技术互惠伙伴 A 的评分处理情况

一级指标	二级指标	专家人数/人				专家人数/专家总人数			
		优秀	良好	合格	较差	优秀	良好	合格	较差
资源能力互补水平	创新技术在改进中的直接利用度	6	2	1	1	0.6	0.2	0.1	0.1
	创新技术在产品研发中的结合度	7	3	0	0	0.7	0.3	0	0
	隐性研发经验的需要程度	4	3	2	1	0.4	0.3	0.2	0.1
	创新产品市场的互补水平	5	2	3	0	0.5	0.2	0.3	0
	创新资源结合的整体贡献度	6	3	1	0	0.6	0.3	0.1	0
兼容性	企业文化战略目标的相容程度	6	3	1	0	0.6	0.3	0.1	0
	技术研发沟通顺畅程度	5	3	2	0	0.5	0.3	0.2	0
	组织结构、工作方式的一致性	4	5	1	0	0.4	0.5	0.1	0

将表 2-12 中的比值作为所需要的隶属度 r_{nm}，则可构建模糊评判矩阵 $R_i (i = 1, 2)$。

$$R_1 = \begin{bmatrix} 0.6 & 0.2 & 0.1 & 0.1 \\ 0.7 & 0.3 & 0 & 0 \\ 0.4 & 0.3 & 0.2 & 0.1 \\ 0.5 & 0.2 & 0.3 & 0 \\ 0.6 & 0.3 & 0.1 & 0 \end{bmatrix}$$

$$R_2 = \begin{bmatrix} 0.6 & 0.3 & 0.1 & 0 \\ 0.5 & 0.3 & 0.2 & 0 \\ 0.4 & 0.5 & 0.1 & 0 \end{bmatrix}$$

（4）进行模糊综合评判。首先，进行分层综合评价。对计算得到的模糊评判矩阵 R_i 与计算得到的权重集 W_i 进行模糊综合运算，计算技术互惠模糊评价向量 $B_i(i=1,2)$，如下所示。

$$B_1 = W_1 \times R_1 = (0.6197, 0.2704, 0.0745, 0.0354)$$
$$B_2 = W_2 \times R_2 = (0.5640, 0.3167, 0.1193, 0)$$

其次，进行高层次模糊综合评价。利用分层次综合评价的结果，由式（2-4）可以得到二层模糊综合评价隶属度矩阵 R。

$$R = \begin{bmatrix} B_1 \\ B_2 \end{bmatrix} = \begin{bmatrix} 0.6197 & 0.2704 & 0.0745 & 0.0354 \\ 0.5640 & 0.3167 & 0.1193 & 0 \end{bmatrix}$$

基于此，模糊综合评价向量 B 的计算结果如下所示。

$$B = WR = (0.6011, 0.2858, 0.0894, 0.0236)$$

（5）计算技术互惠程度总得分。将所得模糊综合评价向量 B 与评语集 V 相乘，即可得到该备选技术互惠伙伴与制造企业网络间的技术互惠程度总得分。因此，备选技术互惠伙伴 A 与 A 企业网络间的技术互惠程度的最终得分为

$$D = VB^\mathrm{T} = (7,5,3,1) \begin{bmatrix} 0.6011 \\ 0.2858 \\ 0.0894 \\ 0.0236 \end{bmatrix} = 5.9285$$

综上所述，可以很直观地看到备选技术互惠对象 A 与 A 企业网络的技术创新互惠程度总得分为 5.9285 分。

同理，可分别计算出其他 10 个备选技术互惠伙伴与 A 企业网络的技术创新互惠程度的得分情况，$D_b = 5.8174$，$D_c = 5.9634$，$D_d = 5.1680$，$D_e = 5.3043$，$D_f = 5.9803$，$D_g = 6.2356$，$D_h = 5.4838$，$D_i = 5.0907$，$D_j = 5.7919$，$D_k = 6.3459$。因此，根据统计分析结果，A 企业网络建立技术互惠关系的优先序为伙伴 $K > G > F > C > A > B > J > H > E > D > I$。

最后，技术互惠伙伴的确定。A 企业网络按技术互惠程度得分从高到低的顺

序对技术互惠伙伴进行整体排序，先后与以上 11 个备选技术互惠伙伴建立技术互惠关系。为有效规避技术交叉许可的合作风险，依次针对各技术互惠伙伴的资源需求，签订技术交叉许可协议，以此作为 A 企业网络与技术互惠伙伴彼此间监督控制的方法与手段。自此，A 企业网络与各技术互惠伙伴确立技术互惠关系，进入结盟程序，许可技术交叉使用，促进创新绩效共赢。

1. 增强技术联结强度

为提升制造企业网络和结盟伙伴企业间技术联结强度，第一，明确 A 制造企业网络与技术互惠伙伴 A、B、E、H、G、I、K 之间互惠共享的是彼此的显性核心技术资源，明确 A 制造企业网络与技术互惠伙伴 C、D、F、J 之间互惠共享的是彼此的隐性核心技术经验；第二，A 制造企业网络通过共同构建创新资源共享平台，降低与技术互惠伙伴 A、B、E、H、G、I、K 之间的技术联结成本，帮助 A 制造企业网络与技术互惠伙伴 A、B、E、H、G、I、K 之间快速共享显性创新技术资源，实现再开发价值最大化，加强双方的技术投入与联结意愿；第三，A 制造企业网络通过与技术互惠伙伴 C、D、F、J 共同确定经验交流主题，采用定期会晤、项目小组、举办经验交流会等方式，促进 A 制造企业网络与技术互惠伙伴 C、D、F、J 之间技术经验共享，实现再开发价值最大化，提高联结双方的技术经验共享意愿，增加技术联结强度；第四，为降低技术联结的负面价值，A 企业网络通过实时监督与 11 个技术互惠伙伴之间的技术资源共享行为活动，通过共同制定机会主义行为惩罚措施等方式，消除联结双方对技术投入风险的顾虑，加强联结双方技术投入意愿，增强企业间技术联结强度，利用企业间技术资源投入与技术信息的深入交流探讨，帮助 A 制造企业网络提升创新绩效水平。

2. 拓展技术联结广度

首先，A 企业网络按产品功能研发所需的技术类别将产品研发任务分解为多个子模块，所有研发任务子模块均独立完整。A 企业网络借助创新资源信息共享平台发布技术研发子模块任务信息，求助可独立完成任一子模块研发任务的外部组织，帮助 A 企业网络分担产品研发任务；其次，A 企业网络对研发子模块进行标准化处理，即运用同样的技术理念、语言标准、制度约束与激励措施，统一技术研发子模块运作方式，并对模块间接口进行标准化处理，提高 A 企业网络与外部网络成员技术联结的便利性，因此与 A 企业网络建立技术联结的网络成员不断增多，有效拓展 A 企业网络的技术联结范围；最后，由 A 企业网络研发人员将标准化后的研发任务子模块进行对接与集成，实现技术研发子模块间的有效对接，由 A 企业网络研发人员协调子模块间运作，测试与完善新产品功能，确保新产品功能完善，完成新产品研发任务，亦可帮助 A 企业网络通过与各个研发组织进行技术联结，快速获取到其所需的创新技术优质资源，有效提升 A 企业网络的创新绩效。

总之，A 企业可以成立专门调查管理小组，调查 A 企业网络技术人才、专利成果、知识产权和现有技术设施存量、分布、指标、性能等信息。参照《关于加强国家科技计划知识产权管理工作的规定》，加强对 A 企业网络技术专利与知识产权的检索与查新，尤其应当着重对输入技术互惠创新平台内的专利信息进行分析，明确 A 企业网络特有的知识产权与所需的技术知识产权要求。遵照《中华人民共和国促进科技成果转化法》和科学技术部《关于加强与科技有关的知识产权保护和管理工作的若干意见》等有关规定，对优势知识产权进行维护管理，建立知识产权年报或检查制度，并在技术互惠合同中明确约定技术互惠各方享有的权利与义务，并将各方达成共识的知识产权纠纷解决方式列入合同，保障基于网络关系的 A 企业网络创新绩效提升路径有效实施。同时，为保障技术创新资源互惠共享平台建设工作有序进行，应由政府牵头，建立 A 企业网络与外部技术互惠伙伴的创新共享平台，充分利用计算机网络技术与信息管理技术，将技术互惠伙伴的招标、评审、评估、计划编制、跟踪管理全过程实现网络化管理；提高技术创新资源互惠共享平台的信息传输速度，增强技术创新资源互惠共享平台的综合服务功能，根据 A 企业网络不同阶段技术创新发展需求，为 A 企业网络搜索与匹配外部技术互惠伙伴，确定技术互惠对象匹配方案，并通过邮件等多种渠道形式及时通知 A 企业网络，为 A 企业网络提供知识产权技术互惠可行性分析报告，保障 A 企业网络创新绩效提升。

2.5 创新战略导向制造企业网络可持续发展策略

2.5.1 可持续发展支撑要素

创新战略导向制造企业网络可持续发展主要包含两方面内容：创新资源和创新活动。企业网络通过在各发展阶段积累创新资源并开展创新活动，不断为发展添加跃迁动力，实现可持续发展。

创新资源是制造企业网络进行技术创新时必不可少的有形或无形的各种要素，这些要素是保持竞争优势的重要资源，包括人力资源、技术资源、信息资源和关系资源等。创新资源不同于其他生产资源，自身具备多种特性。首先，创新资源不像其他物质资源在一次使用后就被消耗，它依靠的是存储在专家人才和数据库中无形的知识、技术和方法，这类资源不仅可以被企业反复使用，而且在被使用的过程中可以进行增值，逐渐完善。其次，创新资源具备自我创造性。一方面它以制造企业网络发展所需的各种形式发挥价值。例如，凭借攻关获得的关键技术，既可以在生产中实现产品升级获得竞争优势，又可以在行业发展中制定行业标准，建立壁垒优势，在供应链合作上占据价值链顶端。另一方面智力资本可以进行自我完善与衍生，除如上文所述的在使用过程中可以逐步完善外，知识产权、技术专利等创新产出又可以作为创新资源，通过深化研究衍生出众多分支。最后，创新资源的可共享性意味着它不是一个部门或一家公司所专有专用的，其他部门或企业网络成员可以通过交流学习共同获取这一重要资源并快速复制发挥作用。这一特性可以加强企业内外部的联系，形成创新共同体，发挥 1+1>2 的效果。因此，通过迅速获取所需创新资源、优化配置加以合理利用，制造企业网络可持续发展能力将获得有效提高。

创新活动包括制造企业网络为谋求发展以各类创新资源为基础开展或参加的生产经营活动。总的来说，制造企业网络的创新活动可以从内外两方面区分。企业网络内的创新活动包括创新投入、研发设计、创新资源共享等；企业网络外的创新活动主要有创新成果产权化、商业化，参与技术标准制定、行业前沿探索、联盟等。相比增加企业网络创新资源的势能，创新活动主要的作用是通过更加有效的资源配置发挥企业网络优势，以资源存量转化的方式为可持续发展添加动能。

2.5.2 可持续发展实现策略

创新战略导向制造企业的可持续发展是以企业不同阶段的经济条件和发展需求为基础，以创新资源利用率最大化为目标，通过创新资源的获取、整合，创新活动的转化、增值，实现网络的可持续发展。通过在创新资源和创新活动上吸收能量、积累势能，促使制造企业网络向更高的可持续发展水平跃迁，其基本框架如图 2-10 所示。

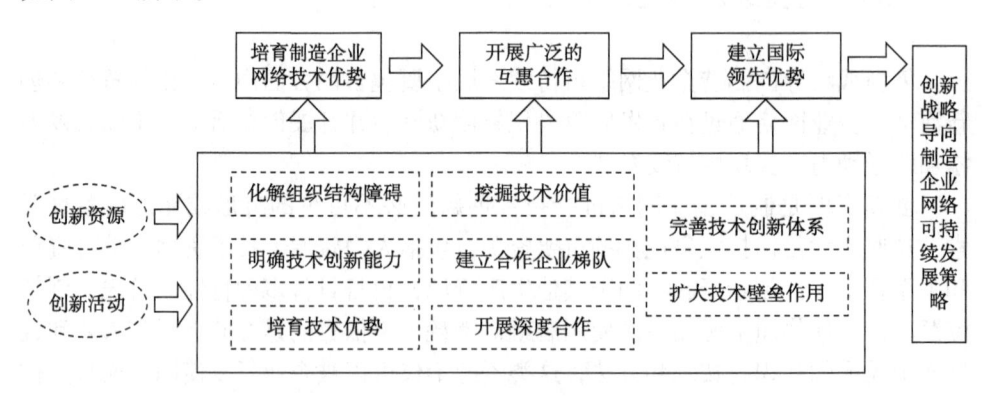

图 2-10 创新战略导向制造企业网络可持续发展框架图

1. 培育制造企业网络技术优势

需要通过化解技术创新网络组织结构性障碍、明确技术创新能力及重点培育技术优势三方面重点培育制造企业网络的技术优势。

（1）化解技术创新的网络组织结构性障碍。网络组织结构和管理方法在发展过程中存在滞后性，致使成员内部具有大量隐性知识未能充分利用。因此，可以建立虚拟化的知识管理组织结构，将成员企业中每位员工的一手信息和个人的历史经验直接归类到企业网络中以弥补组织结构性强的缺陷。通过建立线上线下一体化的企业网络知识管理系统，线上构建知识管理信息平台，将员工个人的工作日志、经验交流成果及各部门或各项目的技术、流程、制度等知识文档化、信息化；线下创建论坛、圆桌会、座谈会等知识交流场景，对每次的交流进行记录并上传到线上系统，完善知识存储。线上平台通过从线下场景不断补充、更新知识；线下工作可以从线上直接获取历史案例和解决方案。通过循环流动方式可以更加高效地满足实时创新需求，企业知识在外显化和共享流动的过程中积累再生。

（2）明确企业网络技术创新能力。借助知识管理系统，制造企业网络更加清晰地认知自身及成员各类技术、专利、人才、现有市场和开拓领域的分布及比例，通过这些细化数据对技术创新能力有了全面的认识，对比网络发展需求，可以确定其所具有的相对优势和创新鸿沟。此时，有必要针对制造企业网络明显短板通过外部获取的方式进行弥补，避免由于短板效应限制网络发挥相对优势及可持续发展。短板的弥补可以利用已具备的技术优势，通过专利交叉授权，获得所需创新资源；可以将所具备的非技术的资金资产或关系资源，进行置换，换取所需创新资源；还可以通过联盟、合作及吸纳更多网络成员的方式，完善企业网络技术创新能力。

（3）重点培育网络技术优势。制造企业网络通过梳理自身知识资源分布情况后，确定技术基础优势，还要考虑区域范围内的技术创新资源分配情况，避开与强势企业开展竞争，选择自身成长空间较大的领域或市场培育相对技术优势。坚持不平衡发展原则，可以舍弃或外包不相关业务，以自身知识资源为基础，以获取稀缺资源为抓手，将提升技术创新能力放在创新战略导向制造企业网络发展的核心位置，整合人才、资金、研发设备等资源，成立专一化团队，投入到关键技术、领先技术的攻关中。在这过程中，制造企业网络要为创新产出成果积极申请产权保护，加强网络与成员的知识产权管理，增加创新存量，并转化为开展更高水平创新活动的可用资源，实现技术创新拓展应用与市场价值回收。

2. 开展广泛的互惠合作

明确制造企业网络自身优势后，需要鼓励成员围绕优势技术开展广泛合作。

（1）制造企业网络技术价值挖掘。对网络内部技术资源进行深度研究，挖掘资源深层价值及潜在价值，组建专属部门从设计、研发、生产、销售等环节进行调研，归总现阶段所拥有的技术资源，细分其应用场景及未来可延伸方向。这包括扩大研究成果推广及部门间、企业成员间的成熟技术移植再生可行性研究、在研技术的应用拓展和潜在领域、技术的市场探索。在这过程中加大对技术创新资金投入、积极引进前沿技术人才、建立人才储备智库平台，提高发明专利、研发人员占比，及时将细化的研究成果转化为专利等受保护的知识产权。

（2）建立优势合作企业梯队。将现有创新成果或资源作为连接点，放宽企业体量的对等匹配要求，无论是等位势或有位势差的企业，都可以纳入制造企业网络技术创新合作备选库中，以整合全球创新资源。对备选库中的企业进行精细筛选，从合作方向、技术创新目标相似度、技术创新互补程度、合作成果影响力、目标市场等维度对备选企业进行评价，建立合作优先次序，形成研发层、应用层、战略层合作梯队，打造短期、中长期、长期企业发展部署计划。

（3）开展深度合作。与确定具有双向意向的企业积极沟通，签订合作协议，以区域、国内、国际顶级研发水平为目标，提高双边开放水平、专利交叉许可，组建联合实验室，打破技术壁垒，共享创新资源，形成优势联合的创新共同体，扩大成果应用与推广，在新领域提升研发效率及行业影响力。

3. 建立国际领先优势

技术创新能力的不断赶超与提前布局将制造企业网络提升到了国际一流水平，为了与国际其他制造企业网络同台竞技，需要率先建立领先优势、形成发展动力。

（1）完善技术创新体系。面对企业网络体量增大所带来的产品线跨度大、地理范围广、发展预判难及流程环节不连贯的问题，制造企业网络要积极应对，建立起以新产品、新技术开发并实现产业化为主要内容的多层面、全方位、开放式技术创新体系，主要包括创新组织系统和创新决策系统等。创新组织系统要明确企业网络的总体战略定位、组建人才团队、完善平台功能、设计成员构成与运行架构等。创新决策系统要求前期进行市场调查，获取需求信息，为新技术、新产品的研发提供市场支持；中期依靠多级研发中心完成技术创新，本部级研发中心负责3～5年共性技术研究，围绕核心技术进行前沿性拓展，孵化未来新兴技术产业，事业部级研发中心及部门进行个性技术研究，全方位体现在各个产品线共同推进，在相关领域提前布局；发展过程中，不断广泛吸纳创新人才，积极与全球高校、机构开展技术合作；在后期，制定产业化战略延续研发创新的价值链，开拓新市场，为新一轮的技术创新提供发展空间。

（2）扩大技术壁垒影响力。长期积累形成的巨大的技术资源是企业得以长远发展的核心资产，因此需要对专利池进行系统完整的管理，通过联盟、科研、政府机构等各类组织用专利技术推动技术标准制定，并使其纳入国际标准，依靠领先技术构建技术壁垒。建立技术标准能够有助于企业网络进行新市场的开拓，为企业网络赢得持续领先的技术优势，保持企业网络竞争力与生命力。

2.6 本章小结

本章在确定知识管理核心的基础上，通过文献理论分析与案例实践分析相结合的方式，从方法、过程和结果三个方面分别论证了知识获取、知识转移、知识整合对创新战略导向制造企业网络经济、创新与环境绩效的影响，在信度检验基础上，采用结构方程方法验证了其相互作用关系。结果表明知识管理对提升我国制造企业网络综合绩效具有积极作用，但知识管理活动介入与影响不同绩效的阶段不同；在知识获取环节产生影响的是环境绩效，体现了当前我国制造企业网络绿色技术、工艺、管理知识缺乏的现状；在知识转移环节开始产生影响的是创新绩效，表明我国制造企业网络具有一定创新能力；在知识整合环节才起到直接促进作用的是经济绩效，体现了知识管理经济价值实现的滞后性。总体而言，可以通过知识管理促进制造企业网络可持续发展。

为了更好开展企业网络知识管理工作，本章进一步在分析流程、关系与结构灵活性对制造企业知识遗传、适应与变异产生影响的基础上，从制造企业网络任务标准化与模块化、冲突与兼容及组织界面情况反映其灵活性；通过知识嫁接、匹配，知识修正与动态调整，知识创新与重组情况反映制造企业知识遗传、适应与变异效果；采用结构方程方法，验证其作用关系。研究证明制造企业可通过知识演进提升服务化水平，并需重点利用关系灵活性促进知识遗传与变异，利用结构灵活性促进知识适应。

为利用关系灵活性有效优化网络知识管理，本章分析了互惠、联结对知识获取、转移与整合的影响。根据理论分析，本书提出基于互惠的促进资源流动、提升网络开放性、增强合作意愿、增加转移价值、衍生同伴压力、缩短权力距离、减少专用投资、拓展外溢知识等知识管理方法；本书提出基于联结的降低机会主义、强化隐性知识、减少冲突、形成共识与心理契约、学习模仿、促进社会化与标准化的知识管理方法。综上所述，本书设计了基于网络关系的知识管理模型，可为制造企业网络优化成员关系、有效开展知识管理提供决策参考。

  在此基础上，提出了创新战略导向制造企业网络的可持续发展路径与策略。首先，应明确制造企业网络创新发展技术需求，识别核心技术优势，明确制造企业网络技术互惠空间；其次，借助技术创新资源互惠共享平台，发布创新技术需求信息，探寻技术互惠伙伴，建立技术互惠备选对象集；再次，构建技术互惠伙伴选择指标体系，判定备选对象与制造企业网络间的技术互惠程度，确定建立技术互惠关系的优先序；最后，确定技术互惠伙伴，签订技术互惠协议，建立技术互惠关系，进行技术交叉许可，突破技术创新壁垒，提升制造企业网络绩效。

第 3 章　灵活战略导向制造企业网络可持续发展路径研究及设计

面向客户与市场的服务化转型是灵活战略导向制造企业网络可持续发展的战略选择。本章在揭示制造企业网络服务化需求、行为与绩效关系、灵活性与服务化转型关系基础上，设计了制造企业网络服务化转型模型及灵活战略导向制造企业网络的可持续发展路径与策略。

3.1　制造企业网络服务化需求、行为与绩效关系研究

3.1.1　制造企业网络服务化内涵

Vandermerwe 和 Rada 首次提出服务化概念，认为服务化转型就是制造企业由产品提供者向"产品+服务包"提供者转变。Smith 等对服务化概念做了进一步完善，从事产品制造的企业把企业的核心主题定位为服务，服务不仅是对制造产品性能进行完善，而是贯穿于产品设计、研发、生产、运营、管理等一系列生产过程，从而使服务化为企业提供更高的商业价值。世界各国都不断鼓励制造企业向服务化转型，美国将其称为基于服务的制造，澳大利亚将其称为服务增强型制造，日本将其称为服务导向型制造，英国将其称为产品服务系统，这些概念是基于服务在制造业中所扮演角色的变化而衍生的，整体而言服务化对制造企业的重要性不断提升。我国学者认为制造企业服务化是服务化与传统制造业相结合、企业业务模式从有形向无形转化的过程，是适应国际制造和服务相融合趋势的先进制造模式，是以更好地满足顾客需求为导向，将价值链由以制造为中心向以服务为中心转变的动态过程。

制造企业网络服务化主要体现为多个制造企业及相关主体组建的网络，从原材料、设备等有形资源大规模投入与组合转向知识、信息、人力、专利、标准等无形资源专业化投入与整合，从围绕有形产品的产品和服务产出转向围绕提供制

造服务的工具（包含信息网络设备、控制系统与设计软件等）与服务产出，从产品交易一次获利转向通过服务获得持续收益，从有形资源的获取与高效使用转向无形资源的灵活整合，从产品主导业务转向服务主导业务，对成员的选择从有形资源互补转向围绕服务化的资源与能力链构建。可见，制造企业网络服务化转型过程是企业网络成员选择模式、投入模式、产出模式、获利模式、运营模式、业务模式的系统转变过程，整个制造企业网络通过全方位的改变与调整才能成功地完成服务化转型，而这一过程的实现依赖于整个网络灵活性的提升，因此服务化更加适合灵活战略导向制造企业网络可持续发展。

3.1.2　制造企业网络服务化需求动力

Szalavetz 将制造业服务化驱动因素分为内部和外部两个方面[50]。Alix 和 Zacharewicz 指出过去客户期望制造企业网络能为他们提供一个实物产品及一些基本的附加服务。现在客户期望得到一个更加全面的、系统的解决方案[51]。Gebauer 和 Friedli 认为通过服务获得竞争优势通常具有持久性、不可见性、劳动力依赖性等特点[52]，Marceau 和 Martinez 也认为制造企业网络将特定产品生产和客户服务组合会获得很难超越的竞争优势[53]。因此，在国际竞争日益复杂下，为了满足客户需求、获得竞争优势，制造企业网络服务化转型势在必行。

3.1.3　制造企业网络服务化行为

程巧莲和田也壮认为制造企业网络服务功能的实现应建立在服务功能内生和外生两方面[54]。杜维和周超认为制造企业网络开展服务化一定会经历挫折和失败，学习相关经验有助于服务化实现[55]。Belal 等指出制造企业网络应当通过分享成员企业彼此间的资源与知识来提高整体的服务能力，并应通过将顾客的体验、需求、知识与企业间的共享资源联系在一起，建立一个顾客参与并且能够根据顾客的期望提供有效解决方案的制造企业网络[56]。冯晓玲和丁琦指出制造业网络应通过嵌入高级生产者服务来实现制造业服务化转型升级[57]。总之，制造企业网络需要通过内部管理、学习等提升网络成员内部服务能力，通过外部知识共享或外部伙伴、客户引入与合作等促进服务化转型。

3.1.4　制造企业网络服务化绩效结果

Lu 等认为通过服务管理可提升经营效率和优化企业性能[58]，也有学者的研究发现，服务化有助于制造企业网络在产品中不断创新、增加与之前存在重要差异的服务，从而促进人力资源开发及增强客户联系；另外，服务化主导的竞争范式有助于拉近顾客距离、增加顾客忠诚度。可见，制造企业网络服务化可以通过内部人力资源、客户关系管理、经营效率等方面的优化，外部客户忠诚度、市场差异性等方面的改进，帮助企业网络形成难以模仿的竞争优势，制造企业网络服务化已经成为我国制造企业网络实现可持续发展的战略选择。

当前学者对制造企业服务化需求动力、行为与绩效结果进行了单项研究，但是并没有将其有效组合纳入统一框架，无法为制造企业网络服务化转型提供系统的理论支撑。因此，需要在进一步明晰三部分内容基础上，采用科学的方法进一步构建理论框架，探悉三者间的作用关系。

3.1.5　研究方法

1967 年，美国学者格拉泽（Glaser）和施特劳斯（Strauss）提出扎根理论。扎根理论将实证和理论、抽象与具体紧密结合，提供了整套从原始资料归纳到理论构建的方法和步骤。本书借助扎根理论方法，通过对国内外学者原始文献资料进行开放式编码、主轴式编码、选择式编码来构建制造企业服务化转型理论框架。扎根理论原始资料收集方法有多种，包括访谈记录，资料、论文、评论、报告、企业公告、言论、企业内部资料（报纸、画册）收集与整理，调研报告及政府政策文件整合、质证等。首先，本书以"制造企业服务化+因素""制造企业服务化+行为""制造企业服务化+绩效结果"等为关键词搜集了国内外学者关于制造企业服务化的相关文献。对搜索到的资料进行筛选、整合、质证，确保资料数据能真实反映制造企业服务化转型情况。其次，对理论所需资料进行补充。最后，通过开放式、主轴式及选择式编码进行数据研究分析。为保证本书研究信度和效度，编码过程严格遵守扎根理论范畴归纳和模型构建的步骤，对学者观点进行概念化和范畴化，对存在争议的初始概念和范畴，进行修改或删除，避免主观意见对编码结果造成影响，提高研究的客观性。

3.1.6　开放式编码

根据开放式编码的步骤，重新分析和整合资料。编码时为了避免编码受到主观影响，尽量使用原作者的语言作为标签的初始概念，一共得到 39 条初始概念。因为初始概念的层次相对较低且数量较多，并存在相互交叉部分，因此需要进一步进行分解、剖析和提炼将相关联且重复的聚集在一起，以实现服务化概念的范畴化。经过多次的整理分析，最终从资料中抽象出14个副范畴，通过开放式编码得到若干范畴及初始概念如表3-1所示。

表 3-1 开放式编码得到若干范畴及初始概念

范畴	初始概念
增加利润	产品的收益和利润空间越来越小，服务的价值来源潜力不断显现
稳定利润	服务业务的平均边际收益高于产品的平均边际收益，服务业务的收益更稳定
增加销售	附在产品上的服务可以吸引客户，增加产品的销售
高端转移压力	市场竞争力中心向产业链的高价值服务端转移是制造企业服务化的动力因素
企业转型压力	国外企业进入和国内企业增加，使企业转型压力剧增，其中服务化是最优选择
产业竞争压力	产业竞争强度越大，越能促进制造企业服务化转型
难模仿优势	竞争优势获取不仅在于成本领先和差别化，还要通过服务化保持企业的难模仿性
差异化优势	企业提供服务使产品在市场上获得差异化的优势
产品竞争优势	制造产业市场竞争压力越来越大，企业服务化提升产品竞争优势更加明显
无形属性优势	产品无形属性在制造业竞争中作用也越来越大
弥补质量劣势	服务化属于相对劳动密集型产业，服务化成为我国弥补产品质量劣势的竞争手段
竞争战略延伸	制造企业为了获得竞争优势，向研发、营销等服务环节延伸，实施服务化
客户成本考虑	客户注重产品"总体拥有成本"，品质与价格相差无几时，会选择服务好的产品
客户使用需求	企业产品越来越专业化，客户要求企业对供应的产品及其使用过程更为了解
客户环保需求	客户环保意识、产品回收再利用、新型环保材料使用等要求相关服务能力提升
客户服务需求	客户的需求不再是产品本身，而是更加关注产品相伴随的服务
政府引导	政府部门需在规划、宣传与制造业发展战略部署中体现对制造业服务化发展的重视与引导
政策支持	国家认识到服化创新和转型对产业结构调整的重要作用，纷纷出台相应政策
政府干预	制造服务化趋势分析中变化最大的是中国，其部分原因是来自中国政府的干预
国际竞争	欧美制造企业转向以提供解决方案为主的经营模式，对传统企业产生巨大压力
国际环境	制造业发达的国家大力发展附加值更高的前端产品的研发
服务化经济	服务化占据世界经济主导，衡量一个国家现代化程度，服务化经济是重要标志
经济全球化	全球化使企业突破地域限制，全区位优势重新布局加速制造企业服务化步伐
技术	技术是服务化重要基础和工具，推动服务化顺利进行
资金	经济收益能推动制造企业服务化进程，在完善服务方面起到正向作用
管理水平	管理水平越高越利于企业对服务产品的研发投入，利于实现企业整体服务化的提升
管理认知	企业领导组织、参加有关服务化的讲座、论坛、交流会，促进企业服务化提升

续表

范畴	初始概念
激励管理	鼓励支持基层员工进行服务化创新，对服务化创新的员工进行奖励
加强合作	通过增强与上下游企业信任和承诺关系，建立长期稳定合作，加快服务化进程
企业合作	加强相关企业间合作，建立企业间专利的联盟，可更好地满足客户需求服务
促进专利增长	为服务客户而研发的服务创新产品专利数逐年增加
生态改善	通过服务化实现零部件回收、再制造成本降低，提升资源环境的可持续性
提升客户满意度	服务化能更深层次洞悉顾客需求，提升顾客整体满意度，促使顾客重复性购买
获得客户认可	服务的提升使客户对产品的了解进一步加深，增加顾客的忠诚度
影响购买决策	销售压力越来越大，服务化能更好地影响顾客购买决策
增加市场占有率	更好的服务促进更多产品的销售，增加产品的市场占有率
增加市场份额	服务化实施较早的企业市场份额越来越大，发展越来越好
优化网络关系	服务化使企业与供应商，企业与客户形成良好的关系网络
优化客户关系	服务化使企业与客户之间的关系网越来越密切

3.1.7 主轴式编码

按主轴式编码步骤，在开放式编码的基础上更好地发展主范畴，通过主轴式编码发现开放式编码得到不同的范畴之间确实存在一定内在联系。根据开放式编码得到不同范畴之间的相互关系，归纳总结出三个主范畴。各主范畴对应开放式编码的范畴如表 3-2 所示。

表 3-2 主轴式编码形成的主范畴

主范畴	副范畴	关系内涵
服务化需求	实现财务目标	为了能够持续、稳定地获得高额利润，制造企业网络需要服务化转型
	应对竞争压力	为了应对制造企业网络向高价值端转移压力、企业网络转型与产业竞争压力，制造企业网络需要服务化转型
	形成战略优势	为了使制造企业网络获得难以模仿优势、差异化优势、产品竞争优势、无形属性优势，并弥补产品质量劣势，延伸竞争领域，企业网络需要服务化转型
	满足客户需求	为了更好地满足客户成本需求（同样价格获得更好服务）、使用需求（了解使用策略与问题解决方法等）、环保需求（废弃物品处置需求等）、产品相关服务需求等，制造企业网络需要服务化转型
	响应政策号召	为了满足政府规划、政策、引导等方面的要求与号召，获得相应的支持，制造企业网络需要服务化转型
	适应全球环境	在国际制造业网络服务化升级及全球服务经济、一体化经济背景下，制造企业网络服务化转型成为必然趋势

续表

主范畴	副范畴	关系内涵
服务化行为	加强技术开发	通过不断的技术与服务创新，实现制造企业网络服务化转型
	提供资金保障	准备充分的资金保障，抵抗可能出现的财务风险，促进服务化转型
	优化企业网络管理	通过高层重视、推进服务化转型理念、方法交流与推广，提升服务化管理能力，并对企业网络服务化转型中做出贡献者提供有效激励，促进制造企业网络服务化转型
	加强企业网络合作	通过加强企业网络与其供应商、其他合作企业、高校、科研院所的合作，不断提升网络服务能力，促进制造企业网络服务化转型
服务化结果	提升创新能力	服务化能够提升制造企业网络创新能力，在服务领域等产生更多的专利
	改善生态绩效	服务化能够根据客户绿色生态消费理念，不断优化制造企业网络工艺，改善企业网络的生态绩效
	保持拓展客户	服务化能够通过提升客户满意度、影响客户购买决策、提升客户忠诚度等实现企业网络锁定、保持客户的目的，从而促进制造企业网络市场份额的增长
	优化网络关系	服务化开展能够实现制造企业网络成员间、供应商、客户、合作伙伴等关系的优化

3.1.8 选择式编码及模型假设提出

按照选择式编码步骤，分析主范畴间联系，并将其关系结构表现出来，发展成为一个新理论框架。根据已经形成的规范思维逻辑结构，需求影响行为，行为影响结果，结果对需求与行为产生反馈作用，本书提出制造企业网络服务化转型选择式编码关系结构假设如表 3-3 所示。

表 3-3 制造企业网络服务化转型选择式编码关系结构

假设	典型关系结构	关系结构内涵
3-1	服务化需求→服务化行为	制造企业网络服务化需求强烈程度影响其服务化转型行为与活动的开展
3-2	服务化行为→服务化结果	服务化行为与活动的开展影响制造企业网络服务化转型的最终绩效结果
3-3	服务化结果→服务化需求	服务化结果会对制造企业网络是否继续推行服务化转型产生反馈影响
3-4	服务化结果→服务化行为	服务化结果会对制造企业网络服务化转型行为与活动开展产生直接影响

本书确定了制造企业网络服务化的三个主范畴，并以此典型关系结构为基础，构建出一个制造企业网络服务化的理论构架，称为制造企业网络服务化需求、行为、结果作用模型，如图 3-1 所示。

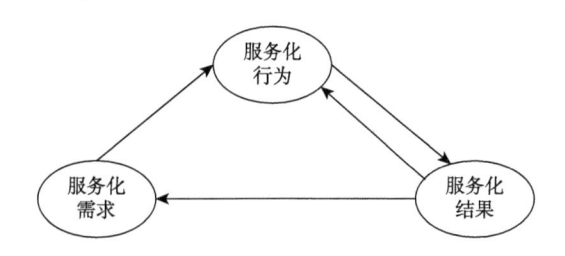

图 3-1 制造企业网络服务化需求、行为、结果作用模型

在图 3-1 所示的模型中,服务化需求主要包含内部自生需求与外部派生需求两部分,其中制造企业网络希望通过服务化主动实现财务目标改善、吸纳更多稳定成员、形成战略竞争优势及更好地满足客户需求是制造企业网络自身推动服务化的内生需求;而应对外部竞争压力、响应外部政策号召、适应外部国际环境等,是因为外部变动而派生的转型需求。在内外双重动力作用下,制造企业网络将会加大转型资源投入力度,推进服务化进程。因此,提出假设 3-1:服务化需求直接正向影响服务化行为。

制造企业网络推进服务化行为主要通过内外两方面获得支持。制造企业网络内部通过技术开发、资金支持与组织管理等为其服务化转型提供有效的支持,以确保转型活动顺利开展。外部主要通过与相关企业、高校、科研院所的有效合作、互动与交流等,为转型提供必要外部资源支持。内外资源的整合,有利于新技术与产品的产生,有利于在资源间形成废弃物循环对接,有利于通过国际合作开拓国际或新领域市场,有利于自身影响力提升而吸引更多网络合作伙伴,从而促进服务化转型结果的改善。因此,提出假设 3-2:服务化行为直接正向影响服务化结果。

制造企业网络服务化有助于企业网络在创新绩效、生态绩效、市场绩效、关系管理绩效等方面取得进步,有利于通过技术突破获得高额利润,实现财务目标;有利于在产品、技术、管理、服务等方面形成难以模仿的优势,实现企业网络优势战略目标;有利于企业网络优化供应商、客户关系,为客户及时提供满足其需求的产品与服务,实现制造企业网络的客户服务目标。同时,在内部需求满足的同时,有利于其形成应对、响应与适应外部变动的能力,满足外部派生需求。因此,提出假设 3-3:服务化结果直接正向影响服务化需求。

制造企业网络服务化在创新绩效方面取得成绩,可通过专利交叉许可或吸引更多研发合作伙伴等为技术与服务创新提供更多技术资源,支持其转型活动;另外,创新与经济绩效的提升有利于获得垄断利润,可为服务化转型提供必要的资金支持;关系管理绩效的优化有利于从合作伙伴获得管理经验,同时从客户获得的各种建议对制造企业网络组织管理活动及对外合作也将起到积极影响。因此,提出假设 3-4:服务化结果直接影响服务化行为。

3.1.9 关系确定

为了验证上述作用模型理论假设是否符合制造企业网络服务化转型的现实情况，本书设计了调查问卷，主要题项见表3-4（7——企业网络现实与描述情况非常符合；5——比较符合；3——部分符合；1——不符合，2、4、6介于上述状态之间）。

表 3-4 制造企业网络服务化需求、行为与结果判定指标与标准

序号	指标	判定标准（企业网络实际情况与下列描述的符合程度）
1	实现财务目标 X_1	企业网络力求不断提升服务化收入占总收入的比重，并实现利润的持续增长
2	应对竞争压力 X_2	企业网络将服务化作为应对当前市场竞争的关键手段
3	形成战略优势 X_3	企业网络希望形成与众不同的服务化能力，以突显自身的竞争优势
4	满足客户需求 X_4	企业网络希望通过服务化了解、掌握客户需求，并满足客户需求
5	响应政策号召 X_5	企业网络希望通过制造企业网络服务化转型获得相关政策支持
6	适应全球环境 X_6	企业网络希望能够和全球其他优秀企业网络一样在价值链高端从事服务业务
7	加强技术开发 X_7	企业网络重视并全力支持技术研发与服务化创新
8	提供资金保障 X_8	企业网络为服务化转型提供充裕的资金保障
9	优化企业网络管理 X_9	为企业网络服务化转型不断优化宣传、交流、学习、激励等各项管理活动
10	加强企业网络合作 X_{10}	企业网络为促进服务化转型加强与其他企业、供应商、客户间的合作
11	提升创新能力 X_{11}	服务化转型的实施提升了制造企业网络的技术与服务创新能力
12	改善生态绩效 X_{12}	服务化转型的实施促进了制造企业网络绿色工艺技术、环保材料、废弃物回收的应用
13	保持拓展客户 X_{13}	服务化转型使企业网络原客户保留率增加，并吸引了众多新客户，市场占有率增加
14	优化网络关系 X_{14}	服务化转型使企业网络与其他伙伴之间的互动、交流与学习更加频繁与顺畅

对华为、北京小米科技有限责任公司（以下简称小米）、上汽集团等相关制造与制造服务领域相关人员发放问卷，共采集有效问卷172份，问卷有效回收率为68.8%。受到样本数量的限制，对主范畴指标降维，服务化需求动力提取两个主成分，通过旋转因子分析得到公因子1：X_1（0.705）、X_3（0.802）、X_4（0.721）；公因子2：X_2（0.677）、X_5（0.730）、X_6（0.687）；根据提取公因子特征，公因子1为内部因素，公因子2为外部因素。服务化行为为一个主成分，包含 X_7（0.649）、X_8（0.745）、X_9（0.678）、X_{10}（0.626）；服务化结果提取1个主成分，包含 X_{11}（0.610）、X_{12}（0.655）、X_{13}（0.936）、X_{14}（0.842）。根据各部分指标的方差贡献率进行加权计算从而达到降维目的。采用结构方程方法，应用Amose17.0进行数据计算，当

模型通过拟合优度检验与显著性检验时，得到以下标准化作用关系（图 3-2）。

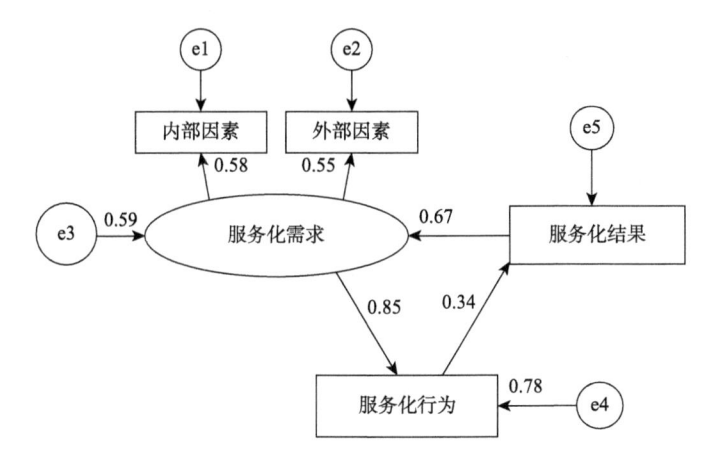

图 3-2 服务化需求、行为与结果作用关系

由图 3-2 可知，假设 3-1～假设 3-3 成立，但假设 3-4：服务化结果直接影响服务化行为不成立，服务化结果主要通过影响制造企业网络服务化需求进一步影响服务化行为决策，这也证实了外部结果通过影响主观意愿进一步影响、支配行为的论断。除了理论假设外，还可以得出以下启示。

（1）制造企业网络服务化的主观意愿及外部对制造企业网络服务化产生的压力与刺激对其服务化转型需求动力同样产生直接影响。因此，为了促进制造企业网络服务化转型，除了提升制造企业网络的服务化转型意识、客户服务意识、利润高端化意识外，政府部门也可以通过规范制造企业服务化竞争，鼓励企业拓展国际业务参与国际竞争，采取科技计划支撑、平台、科技金融与政策引导等手段刺激制造企业网络产生服务化转型需求。

（2）制造企业网络服务化转型需求动力直接影响服务化行为，需求对行为的影响较高，影响系数达到 0.85。一般情况下，充分的转型期望与意愿会引起制造企业网络付出实际行动。因此，只有通过内外部因素共同作用来充分调动制造企业网络服务化转型需求动力，才能够促使其实际开展服务化转型活动。

（3）制造企业网络采取必要的服务化行为有利于服务化结果的实现，但是影响系数当前为 0.34，影响力较小的原因主要有：一是开展服务化行为受到外部环境、市场与政策变动等方面的影响，服务化行为未必带来同样的绩效结果；二是服务化行为需要推进到一定程度，在量变引起质变的条件下，绩效才得以充分显现，有些企业推行服务化活动力度不足或涉及范围过小，绩效结果不明显；三是服务化行为产生绩效结果可能存在延迟作用，有些企业推行服务化时间较短，未能充分显示其对绩效结果的推进作用。可见，受到外部扰动、质变要求、结果延迟等因素影响，当前服务化行为对服务化结果的影响较小。

（4）服务化结果影响服务化需求动力，影响系数为 0.67。可见，制造企业网络的服务化结果将影响其未来服务化转型动力。因此，单个制造企业在推进服务化过程中，应当谨慎论证、稳步推进，保证服务化进程的持续。另外，为了鼓励更多制造企业加入制造企业网络推进服务化转型，避免行为受挫，我国政府管理部门应当对服务化转型制造企业提供必要的科技经费、技术服务与管理决策咨询、科技金融支持，完善服务化转型的政策与资源交互平台，从整体上保障制造业转型大方向下的服务化绩效成果，鼓励更多制造企业网络推进服务化进程[59]。

3.2 灵活性与制造企业网络服务化的匹配

在分析灵活性对知识演进作用时选取流程、关系与结构灵活性三个维度进行分析，因为知识是无形的，生产流程对其缺乏影响，但是在服务化过程中，不仅需要开展技术开发与创新，还需要对生产过程进行控制，以更好地通过产品满足客户的需求与服务，因此在分析过程中加入生产灵活性，以更加全面地反映灵活性与制造企业网络服务化之间的匹配关系。

制造企业网络的存储灵活性指可以根据现实需求量及时增加或减少生产，在保证存储成本可控的前提下，能够有效调配资源，适应新任务需求，体现的是可处理总量的灵活性；运输灵活性指有能力改变运输量和运输时间，体现的是处理需求的灵活程度；操作灵活性主要指可以处理与加工不同材料、开展不同工序加工等的灵活性。这些生产类的灵活性主要与大批量产品制造相关，重点提升的是满足客户订单规模变动与材质要求变动的服务能力。

按照满足客户目标的性质（提供产品本身、提供产品使用服务、提供结果），制造企业服务化可以分为产品导向服务（product-oriented service）、用户导向服务（user-oriented service）和结果导向服务（result-oriented service）三种形式；按照制造企业网络服务化在价值链上延伸的方向划分，服务化可以分为前向服务化（概念与设计服务）与后向服务化（产品使用与控制服务等）；也有学者根据对服务模式与阶段的前期研究，最终将服务模式分为三类，即产品延伸服务（面向产品）、整体性解决方案（面向方案）、功能性服务（面向应用）。不同学者从不同视角对服务化的模式、类型等进行了分类研究，整体上从制造企业网络自身服务化情况（规模、深度、战略方向等）和服务化特征（服务目标、服务内容、服务功能与对象等）进行了研究，这些研究成果为后续制造企业网络服务化类型研究提供了有效参考。学者在关注服务化分类的同时，也对不同类型服务化下的重要影响因素等进行了分析与研究,但是对灵活性影响服务化的研究很少,尤其是灵活性对不同服务化类型绩效的影响研究更是少见。因此,从灵活性角度为制造企业网络服务化水平提升提供一套科学的参考依据与方法支持,具有重要的现实意义。

制造企业网络服务化过程需要不断提升网络的灵活性,企业网络灵活性提升是实现制造企业网络服务化的关键与核心。制造企业网络服务化类型不同其灵活性要求重点应当有所不同,但是当前缺少对两者匹配关系的研究,无法为企业网络通过提升自身灵活性、推进制造企业网络服务化进程提供有效决策支持。因此,在分析制造企业网络服务化类型与灵活性类型基础上,设计两者的评价标准,并采用回归分析方法确定不同制造企业网络服务化类型下对网络灵活性的匹配要求。

3.2.1 制造企业网络服务化类型

制造企业网络服务化可以分为四种类型:基于产品的服务化、基于功能实现的服务化、基于业务流程的服务化、基于概念的系统服务化。制造企业网络四种服务化的内涵与具体特征如下所示。

(1)基于产品的服务化。罗建强等认为制造企业网络可通过特定方式,依托实体产品的制造过程,孕育催生出与实体产品绑定在一起的新服务[60],这种服务更多体现为基于产品的服务化。具体而言,制造企业网络在生产加工与制造当前产品的基础上,围绕产品提供售前、交易、使用与回收的相关服务。在企业网络产品销售前提供产品比较咨询服务、提供产品定制与试租用/使用服务等,方便潜在客户了解产品、更加全面地掌握产品信息。在交易过程中提供融资、保险、物流运输等服务,保障交易顺利达成,同时也为制造企业网络开辟新的服务收益渠道。产品使用过程中为客户提供多种维修、技术咨询服务等,获得长期服务收益的同时,提升客户的忠诚度。使用过程提供服务可以通过销售产品实现或通过直接出售"产品+服务"的方式实现,或通过直接出售服务的方式实现。例如,汽车生产制造商可以联合网络成员,通过销售汽车后,提供有关的维修与保养业务获得服务收益;也可通过销售时提供若干年的服务协议而获得;也可通过提供按照汽车行驶里程收费的方式,将产品使用与维护费用及成本通过行驶里程服务收费获得补偿,这种服务仍然依赖于产品,制造企业网络的本质仍然是提供产品及与产品相关的服务。最后,在回收过程中提供有关服务,如以旧换新服务、废弃物处理与再利用服务等,可以减少产品产生的污染,可以通过零部件回收利用等减少企业成本,也能为锁定客户购买新产品提供有效支持。

(2) 基于功能实现的服务化。李靖华等认为制造企业网络会提供一种实物产品，实物产品不转移，但可直接提供给顾客相关的服务，从而实现产品的效用价值[61]。该种类型下，制造企业网络提供的主要是服务，而不是产品，产品仅是提供服务过程中需要的基础设备与支撑条件而已。越来越多的制造企业网络意识到许多时候客户需要的仅是实现产品的某个功能，客户自身未必需要产品本身。例如，制造企业排放的污水需要处理以达到环保要求，企业需要在电力系统无法正常运作的情况下提供可靠的电力储备以维持企业基本的需求等，这些情况下企业自身并不愿意购买污水处理设备或电力发电设备，它更希望通过设备实现一种功能，因而企业并不需要成立有关的部门、组织专门的人员在购买设备后负责所有的维护与管理业务等。因此，这种情况下客户希望制造企业网络能够提供一种服务满足其功能需求。污水设备生产企业与电力发电设备生产企业需要改变传统的以提供产品为依托的服务方式，转换为提供一种服务来满足企业的某种功能需求，而产品仅是实现提供某种服务的手段与保障。制造企业网络需要在生产加工设备及开展设备维护的基础上，组织人员学会设备的最优使用方法，学会针对不同企业的情况进行设备布局（如根据污水处理难易程度与污水类型、电力稳定性与需求等多个方面，确定设备布局与人员配备等）。因此，专业化的服务队伍建设与服务能力提升成为该类服务化制造企业网络面临的关键问题。

(3) 基于业务流程的服务化。制造企业网络在提供专业化服务过程中，服务能力不断提升，积累了许多服务经验，主要业务更加无形化，越来越脱离了有形产品生产与制造业务。制造企业网络利用自身的产品与专业化的队伍提供服务，开展培训业务、客户代管业务、客户流程与管理优化咨询业务、客户实时控制业务等，利用IT技术、云计算技术等，为众多客户提供更加广阔的服务。基于业务流程服务化的重点是在实现核心技术突破的基础上，实现多元化领域服务应用，实现技术纵深化与服务业务多元化应用，加快拓展服务广度及应用范围。此时，制造企业网络的服务收益主要依靠产品与技术研发及使用、管理经验等，为客户的组织结构、人员队伍、流程优化等提供多方面的有效监管、控制与咨询，提升客户对自有产品或相关产品的利用能力。维斯塔斯风力技术集团在从风力发电设备生产制造商逐步过渡到提供风力发电电力服务商基础上，进一步发展成为风力发电系统控制与时时服务供应商，通过风向的实时监测，为风力发电企业提供设备使用、维护与管理方案等，为客户最大限度利用风力设备、提高风力发电量提供有效决策支持。该服务化类型需要企业网络提供各种个性化的服务，不仅是自身产品相关的服务，而是相关产品的各种服务，因此企业网络资源调配与成员任务分派、组合的组织能力与客户交流沟通能力、信息处理与加工工具和方法运用能力及外部合作能力等成为企业网络实现基于业务流程服务化的核心与关键。

（4）基于概念的系统服务化。提供该类型服务的制造企业网络不仅需要保持良好的制造能力，并能够根据客户的初始概念，利用自身的设计能力、研发能力、工程化能力与服务能力，为客户提供系统的解决方案，并且是基于概念原型的系统解决方案。该类制造企业网络通常拥有处于行业领先地位的成员，成员强强联合以保证制造企业网络能够将客户新奇的想法与先进的理念形成可行的设计方案，并通过研发、实验与模拟等形成产品，并为客户提供测试服务，提供给企业希望的稳定产品或产品相关的服务。大型飞机制造商网络，需要通过反复沟通，明确客户对飞机各种性能的需求，设计多种方案，供客户选择，并需要将客户的要求通过图纸等转化为产品及与产品相关的服务。作为硬件制造商行业领头羊的IBM，现已转型为为客户提供成套问题解决方案的服务商。因此，提供该类型的服务不仅要求企业网络具有提供现有产品及产品相关服务的能力，还需要有产品前端的设计、开发与工程化能力，当然产品使用监测能力、控制与管理服务能力等对提供系统服务制造企业网络来说也是必不可少的。

3.2.2　制造企业网络的灵活性类型与假设提出

制造企业网络服务化过程需要不断提升自身的灵活性，这一点得到多数研究学者的认可，也在制造企业网络实践管理中得到验证。为了能够更好地实现企业网络的服务化，制造企业网络需要通过改善成员企业不同方面的灵活性来实现，重点将其分为生产灵活性、关系灵活性、结构灵活性及流程灵活性。四种灵活性的表现与要求不同，具体如下所示。

（1）生产灵活性。为了实现制造企业网络服务化发展，成员企业需要根据客户的要求提供产品定制服务，按照客户要求的期限交付产品，能够将回收的产品有效处理与再次利用，能够根据每次服务任务不同功能的要求调整产品的规格与型号以提供对应的产品或服务。因此，制造企业网络需要在原材料加工处理与采用方面更加灵活，需要在生产计划上更加灵活，以及在资源获取与调配、仓储与运输等方面更加灵活。另外，生产灵活性主要是围绕成员企业内部产品生产或功能实现采用更加灵活的方式组织生产，从而满足客户对产品服务或功能实现的各项需求。该种情况下，制造企业网络重点围绕外部的不确定性，调整内部的生产加工作业方式，提高自身对外部需求变动的适应能力，为客户提供更加灵活、多样的产品与服务。由此可见，制造企业网络生产灵活性对基于产品的服务化与对基于功能实现的服务化更加重要。

假设 3-5：制造企业网络生产灵活性对基于产品的服务化具有显著直接的正向影响。

假设3-6：制造企业网络生产灵活性对基于功能实现的服务化具有显著直接正向影响。

（2）关系灵活性。制造企业网络服务化过程不仅要提升自身根据客户产品与服务要求调整内部成员生产灵活性的能力，还需要进一步提升企业网络成员的关系灵活性，因为为了给客户提供满意的服务，制造企业网络就需要与客户产生更多的交互，及时准确地了解客户的真实需求，在产生问题时能够通过有效沟通，避免歧义、解决问题；需要能够及时掌握客户的产品使用情况、客户运营管理情况等，根据掌握的信息科学、准确地提出产品或功能实现方案；同时，制造企业内部跨成员、跨部门工作人员也需要通过交流、讨论等，对客户问题进行集中探讨，论证各种产品与功能实现方案的优劣。因此，关系灵活性，要求制造企业网络具有信息设备兼容灵活性、端口拓展灵活性、交流沟通机制灵活性、问题处理灵活性等。另外，提供服务的过程可能需要与多个相关企业合作，集成各方的优势，解决客户功能服务需求问题，因此要求企业在合作网络关系维系、更新等方面要有灵活的处理方法，保障制造企业网络与其他合作企业可以整合资源与能力优势，为客户提供有效的功能服务。关系灵活性主要是围绕企业网络内外关系采用更为灵活的沟通、交流与处理方式，从而科学地判定客户需求、准确地掌握客户使用信息，通过整合供应链网络资源，及时为客户提供满意、可靠的产品及功能服务。由此可见，制造企业网络关系灵活性对基于产品的服务化与基于功能的服务化更加重要。

假设3-7：制造企业网络关系灵活性对基于产品的服务化具有显著直接正向影响。

假设3-8：制造企业网络关系灵活性对基于功能的服务化具有显著直接正向影响。

（3）结构灵活性。制造企业网络服务化需要不断地调整自身的组织结构，成员的进出、部门的增减、成员责权利及部门权责的调整、部门的整合、企业组织内外边界的模糊化等都要求制造企业网络具有灵活的结构特征。首先，企业网络组织结构灵活性要求网络具有良好的成员管理与团队建设经验，能够及时根据任务调整而组建新的团队，并保证团队企业成员能有效进入角色，通过角色描述而非具体职责划定保障团队运作的灵活性；其次，要求企业网络结构与功能模块化，能够根据不同任务要求，实现不同成员企业的灵活组装与结合，保障成员企业相关部门的功能在对接与整合后，可以根据不同客户的各种需求提供对应的服务；最后，企业网络边界模糊化，意味着组织结构通过与外部资源的连接、外部主体的合作等，变得更加动态化与不确定化。企业网络根据不同任务的要求选择不同的组织成员包含成员企业内部的有关部门、有关团队及外部有关合作企业进行有机整合，因此企业网络更加倾向于基于特定任务的临时性组织构建与管理，通过有效统筹保证现有组织与人员的合理布局与调配,保证服务任务目标的顺利实施。结构灵活性主要是制造企业网络为了实现特定的差异化服务任务,及时灵活地调整现有运行的组织结构与人员安置结构、子网络运行结构等,保障任务活动顺利实施。例如,在企业网络当前业务拓展中形成新的部门、赋予新的工作内容、由新旧企业成员组建新任务组等;根据客户特殊的原型概念委托要求或不同部门运营流程组建团队、进行监管等。由此可见,制造企业网络结构灵活性对基于流程和概念的系统服务化具有重要影响。因为,特定概念的服务系统优化管理,更加倾向于特定任务的管理,流程服务化更加强调团队的模块化,而通过企业网络组织结构优化与团队建设,可以解决相关问题。

假设3-9:制造企业网络结构灵活性对基于业务流程的服务化具有显著直接正向影响。

假设3-10:制造企业网络结构灵活性对基于概念系统的服务化具有显著直接正向影响。

(4)流程灵活性。制造企业网络为了提升自身服务能力,需要实现企业网络运营过程的灵活性,主要包含任务完成过程的灵活、资源与人员流动的灵活及完成任务运作方式的灵活三个方面。首先,制造企业网络任务通过模块化设计、并行化分解、标准化对接等,实现任务完成过程的灵活,不同的任务分解为不同的单元,根据任务之间连接顺序,保障不同任务单元按照流程优化与简化要求实现有效整合,例如,为客户提供流程优化服务,可能需要不同环节的任务衔接为系列的流程活动,将产品生产与产品使用等有效组合,从系统视角审视流程的合理性与优化的可能性。其次,流程的灵活性体现为各种资源与人员可以在不同的任务组之间自由、灵活、无障碍的流动,流程灵活性的核心在于分解及整合,因此提升各种资源集成能力、对接与匹配能力,提高工程工具的通用性、人员操作与信息使用的便利性对保障制造企业网络流程灵活性具有重要作用。最后,任务运作方式也需要不断创新,需要采用更加灵活多样的方式完成相关任务,不仅包含技术、工艺的不同,还包含外包、合作等完成形式的创新。制造企业网络提供基于概念的系统化服务,需要不同流程环节的任务分解、对接与整合,对企业网络流程灵活性要求极高。制造企业网络流程灵活性主要是围绕系列具有前后关联关系的任务活动进行灵活分解、对接、组合的过程。由此可见,制造企业网络流程灵活性对基于业务流程的服务化与基于概念的系统服务化更加重要,因为它们体现为一条链式活动的组合,只有通过各种活动的有机组合才能实现流程优化或系统服务。

假设3-11:制造企业网络流程灵活性对基于业务流程的服务化具有显著直接正向影响。

假设 3-12：制造企业网络流程灵活性对基于概念的系统服务化具有显著直接正向影响。

3.2.3 制造企业网络服务化类型与灵活性匹配关系验证

（1）关系假设。根据上述分析，可以得到企业网络服务化类型与特征，以及灵活性类型与特征，具体如表 3-5 所示。

表 3-5 制造企业网络服务化类型及特征与灵活性类型及特征

服务化类型	特征	灵活性类型	特征
基于产品的服务化	围绕产品提供售前、交易、使用与回收相关服务，此时产品生产对制造企业网络而言仍然具有重要作用	生产灵活性	围绕外部不确定性，调整内部的生产加工作业方式，提高自身对外部需求变动的适应能力，为客户提供更加灵活、多样的产品与服务
基于功能实现的服务化	制造企业网络主要提供功能实现服务，产品仅是提供服务过程中需要的基础设备与支撑条件，但产品仍然具有一定作用	关系灵活性	围绕企业内外关系采用更为灵活的沟通、交流与处理方式，从而科学地判定客户需求，准确掌握客户使用信息，为客户提供满意与可靠的管理服务
基于业务流程的服务化	通过为客户提供流程监管与业务优化咨询服务等获得收益，主要业务无形化	结构灵活性	为了实现流程优化与特定差异化任务，而及时灵活地调整现有运行组织结构与人员安置结构，组织边界模糊化
基于概念的系统服务化	能够根据客户初始概念，利用自身设计、研发、工程化与后续管理服务能力，为其提供系统解决方案	流程灵活性	围绕系列具有前后关联关系的任务活动进行灵活的分解、对接与组合，倾向于一条链式活动的管理需求

（2）为了验证 3.2.2 节提出的八个假设，首先需要确定制造企业网络服务化类型与灵活性类型的判定指标，根据表 3-5 的描述，制造企业研发人员、销售人员、生产人员、管理部门相关人员等根据制造企业网络的实际情况进行打分，获得企业网络在服务化与灵活性类型上的得分。从上汽集团、一汽集团、华为、联想、中兴、哈尔滨量具刃具集团有限责任公司等企业选择相关人员进行指标符合程度打分，共收回有效问卷 172 份。采用利克特打分法，当指标描述情况高度符合企业网络实际情况时，指标得分为 5；当指标描述情况比较符合、基本符合、不太符合、很不符合企业网络实际情况，得分分别为 4、3、2、1。

（3）信度检验。利用 SPSS 软件，分别对制造企业网络服务化类型的 14 个观测变量及灵活性类型的 14 个观测变量进行信度检验，获得观测变量在 A 组与 B 组四个因子上的载荷（旋转后，采用具有 Kaiser 标准化的正交旋转法），具体如表 3-6 和表 3-7 所示，结果与本书构建的模型吻合。

表 3-6　制造企业网络指标符合程度打分表

服务化类型	指标描述	灵活性类型	指标描述
基于产品的服务化（A_1）	产品生产与销售具有重要作用，提供的服务主要围绕产品展开（A_{11}） 制造企业网络在产品交易过程中提供融资、保险、物流运输等服务（A_{12}） 产品使用过程中为客户提供多种维修、技术咨询服务等（A_{13}） 在回收过程中提供以旧换新服务、废弃物处理与再利用服务等（A_{14}）	生产灵活性（B_1）	制造企业网络拥有丰富的资源、原材料获取渠道，能够应对临时增减的生产任务需要（B_{11}） 制造企业网络生产计划具有很大调整空间，能够通过弹性的生产、仓储等满足客户订单要求（B_{12}） 加工处理方式灵活，能够对回收产品、其他环节产生的废弃材料进行有效处理（B_{13}） 制造企业网络生产加工零件标准化、零件组装模块化，能够实现规模化与定制化的有效结合（B_{14}）
基于功能实现的服务化（A_2）	制造企业网络将自身的产品作为提供服务所需的基础设备与支撑条件（A_{21}） 制造企业网络通过满足客户需要的产品功能服务获得收益，服务收益占据了企业网络收益的大部分（A_{22}） 制造企业网络在产品设备维修基础上，组织人员学会设备最优使用方法（A_{23}） 制造企业网络具有专业化服务队伍（A_{24}）	关系灵活性（B_2）	制造企业网络能够及时与准确地了解客户的真实需求，产生问题时能通过有效沟通解决问题（B_{21}） 制造企业网络能及时掌握产品使用与客户运营管理情况，并根据掌握的信息提供功能化服务（B_{22}） 制造企业网络内部工作人员能及时开展深入交流、讨论等，对客户问题进行集中探讨与论证（B_{23}） 制造企业网络信息设备兼容、端口拓展灵活，能够与相关企业网络有效开展合作（B_{24}）
基于业务流程的服务化（A_3）	制造企业网络主要提供无形服务，无形服务收入占企业网络收益的绝大部分（A_{31}） 制造企业网络有很强服务能力，积累丰富服务经验，提供各种相关服务（A_{32}） 制造企业网络的自动化、信息化程度高，能够为客户开展时时服务（A_{33}）	结构灵活性（B_3）	有良好团队建设经验，能及时根据任务调整组建新团队，并保证成员有效进入角色（B_{31}） 制造企业网络部门结构与功能模块化，能够根据不同任务要求，实现不同部门的灵活结合（B_{32}） 制造企业网络能够根据不同任务与流程要求选择不同的组织成员（合作成员）（B_{33}）
基于概念的系统服务化（A_4）	制造企业网络具有从概念原型到产品化的完备服务化链条（A_{41}） 制造企业网络具有良好的设计、研发、工程化与检测、控制和管理服务能力，能为客户提供系统解决方案（A_{42}） 制造企业网络处于行业领先地位，具有丰富的社会网络关系（A_{43}）	流程灵活性（B_4）	制造企业网络任务可通过模块化设计、并行化分解、标准化对接等，实现工作过程分散化处理（B_{41}） 制造企业网络各种资源与人员可在不同任务组间自由、灵活、无障碍流动，能实现有效对接（B_{42}） 企业网络采用灵活多样方式完成相关任务，并能通过沟通与交流，实现有效连接（B_{43}）

表 3-7　制造企业网络服务化类型与灵活性类型观测变量的旋转载荷矩阵

变量	服务化类型的载荷				变量	灵活性类型的载荷			
	1	2	3	4		1	2	3	4
A_{11}	0.783	−0.103	−0.079	0.201	B_{11}	0.682	−0.040	−0.029	0.102
A_{12}	0.726	0.331	0.027	−0.032	B_{12}	0.793	0.249	0.045	−0.075
A_{13}	0.736	0.312	0.124	0.055	B_{13}	0.699	−0.128	0.240	0.214
A_{14}	0.765	0.065	0.255	0.037	B_{14}	0.598	0.089	−0.010	0.305
A_{21}	0.254	0.547	0.169	0.215	B_{21}	0.136	−0.039	0.184	0.673

续表

变量	服务化类型的载荷				变量	灵活性类型的载荷			
	1	2	3	4		1	2	3	4
A_{22}	0.415	0.575	0.107	0.125	B_{22}	0.421	0.206	0.132	0.611
A_{23}	−0.071	0.749	−0.135	−0.126	B_{23}	0.269	0.471	0.063	0.514
A_{24}	0.155	0.735	0.136	0.012	B_{24}	0.029	0.190	0.009	0.706
A_{31}	0.185	0.190	0.808	0.008	B_{31}	−0.053	0.750	−0.012	0.251
A_{32}	0.052	0.054	0.806	0.049	B_{32}	−0.056	0.697	0.145	0.146
A_{33}	0.020	−0.069	0.790	0.194	B_{33}	0.208	0.768	0.031	−0.074
A_{41}	−0.024	0.007	0.117	0.825	B_{41}	0.005	−0.017	0.841	−0.075
A_{42}	0.185	−0.138	0.216	0.773	B_{42}	0.039	0.110	0.735	0.207
A_{43}	0.116	0.437	−0.108	0.717	B_{43}	0.108	0.089	0.729	0.142

通过计算获得变量的信度如下所示。

A 组：制造企业网络基于产品的服务化 Cronbach's α 值为 0.790，基于功能实现的服务化 Cronbach's α 值为 0.651，基于业务流程的服务化 Cronbach's α 值为 0.759，基于概念的系统服务化 Cronbach's α 值为 0.708，表明模型具有较好的信度（Cronbach's α 值在[0.5, 0.6)时，信度可接受，在[0.6, 0.7)时信度尚佳，在[0.7, 0.8)时信度佳，在[0.8, 0.9)时信度甚佳，在[0.9, 1)时信度理想）观测变量能够很好地区分制造企业网络的不同服务类型。

B 组：制造企业网络生产灵活性 Cronbach's α 值为 0.693，关系灵活性 Cronbach's α 值为 0.681，结构灵活性 Cronbach's α 值为 0.652，流程灵活性 Cronbach's α 值为 0.689，表明模型具有较好的信度，观测变量能够较好地区分制造企业网络灵活性的类型。

（4）为了得到制造企业网络在不同服务类型、不同灵活性方面的综合得分，采用信息熵的方法确定各个描述指标的权重。具体步骤如下所示。

归一化——对制造企业网络不同服务类型、不同灵活性类型的数据分别进行归一化处理，具体计算方法如下：

$$a_{ij} = \frac{x_{ij}}{\max x_j} \tag{3-1}$$

其中，i 表示类型；j 表示对应类型下的指标数；$\max x_j$ 表示矩阵 X 第 j 列的最大值。

计算熵值——利用各个指标的数据可以得到每个指标的熵值，其中第 j 个指标的熵值为

$$H_j = -\frac{1}{\ln n} \sum_{i=1}^{n} a_{ij} \ln a_{ij} \quad (3\text{-}2)$$

其中，i 表示类型；j 表示对应类型下的指标数量。

计算指标的权重——根据式（3-2），可以利用各个指标的熵值得到其对应的权重。

$$W_j = \frac{1-H_j}{n - \sum_{j=1}^{m} H_j} \quad (3\text{-}3)$$

根据上述熵值计算方法，可以得到各个指标在不同服务类型与不同灵活性类型方面的具体权重得分，具体如表 3-8 所示。

表 3-8　基于信息熵的指标权重得分

A_{11}	A_{12}	A_{13}	A_{14}	A_{21}	A_{22}	A_{23}	A_{24}	A_{31}	A_{32}	A_{33}	A_{41}	A_{42}	A_{43}
0.271	0.227	0.242	0.260	0.247	0.246	0.254	0.253	0.351	0.296	0.353	0.308	0.307	0.385
B_{11}	B_{12}	B_{13}	B_{14}	B_{21}	B_{22}	B_{23}	B_{24}	B_{31}	B_{32}	B_{33}	B_{41}	B_{42}	B_{43}
0.241	0.245	0.241	0.273	0.223	0.253	0.256	0.268	0.301	0.348	0.351	0.305	0.332	0.363

根据各个指标的权重，可以得到 172 组 A_1、A_2、A_3、A_4 及 B_1、B_2、B_3、B_4 的具体数据，将服务类型作为因变量，将不同灵活性作为自变量，进行回归分析，具体结果如表 3-9～表 3-12 所示。

表 3-9　基于产品的服务化回归分析结果

模型	非标准化系数		标准系数	t 值	显著性
	回归系数	标准误差			
（常量）	0.319	0.386		0.825	0.410
生产灵活性	0.345	0.075	0.321	4.598	0.000
关系灵活性	0.314	0.083	0.291	3.803	0.000
结构灵活性	0.045	0.079	0.039	0.573	0.567
流程灵活性	0.199	0.072	0.175	2.740	0.007

表 3-10　基于功能实现的服务化回归分析结果

模型	非标准化系数		标准系数	t 值	显著性
	回归系数	标准误差			
（常量）	0.697	0.351		1.986	0.049
生产灵活性	0.188	0.068	0.188	2.754	0.007
关系灵活性	0.464	0.075	0.461	6.167	0.000

续表

模型	非标准化系数		标准系数	t值	显著性
	回归系数	标准误差			
结构灵活性	0.166	0.072	0.153	2.327	0.021
流程灵活性	−0.067	0.066	−0.064	−1.018	0.310

表 3-11 基于业务流程的服务化回归分析结果

模型	非标准化系数		标准系数	t值	显著性
	回归系数	标准误差			
（常量）	1.185	0.423		2.799	0.006
生产灵活性	0.335	0.082	0.321	4.075	0.000
关系灵活性	−0.018	0.091	−0.017	−0.195	0.846
结构灵活性	0.165	0.086	0.145	1.917	0.057
流程灵活性	0.213	0.079	0.193	2.676	0.008

表 3-12 基于概念的系统服务化回归分析结果

模型	非标准化系数		标准系数	t值	显著性
	回归系数	标准误差			
（常量）	0.979	0.349		2.802	0.006
生产灵活性	−0.032	0.068	−0.035	−0.473	0.636
关系灵活性	0.134	0.075	0.144	1.793	0.075
结构灵活性	0.364	0.071	0.360	5.117	0.000
流程灵活性	0.269	0.066	0.275	4.097	0.000

根据表 3-9 回归分析结果可知生产灵活性、关系灵活性对产品服务化具有显著正向影响，假设 3-5 与假设 3-7 成立；另外，流程灵活性对产品服务化也有 0.199 的影响作用。流程包含设计、制造与分销等多个环节的活动，而涉及生产制造环节流程灵活性的提升，将有助于基于产品的服务化效果提升。根据表 3-10 可知，生产灵活性与关系灵活性对功能服务化具有显著正向影响，假设 3-6 与假设 3-8 成立。另外，结构灵活性对基于功能的服务化具有 0.166 的影响。结构灵活性对吸纳客户进入组织边界、对服务人员掌握各种服务内容、对从企业网络分离专门的服务队伍具有积极影响，因此制造企业网络结构灵活性促进了服务团队的产生、提升了企业网络对客户提供功能服务的能力，有助于企业网络从基于产品的服务化转向基于功能的服务化。根据表 3-11 可知，生产灵活性与流程灵活性对制造企

业网络基于业务流程的服务化具有显著影响，假设 3-11 成立，但是假设 3-9 不成立。主要原因在于本书基于流程的服务化中，企业网络自动化、信息化程度及为客户开展时时服务大多都集中在生产加工领域，因此生产灵活性中的资源丰富度、标准化与模块化及流程灵活性中的任务模块对接等都对其产生了积极影响。然而结构灵活性更多强调人员与部门的边界调整，当前制造企业网络基于流程的服务化中更多的业务倾向于与产品相关的生产加工环节服务及数据、任务优化，而非设计、咨询等其他环节流程组合灵活，因此结构灵活性对其缺乏显著的正向影响。最后，根据表 3-12 可知，结构灵活性与流程灵活性对制造企业网络基于概念的服务化具有积极正向影响，假设 3-10 与假设 3-12 成立。结构与流程灵活性保障了制造企业网络从概念形成到售后服务整个环节不同服务资源、人才、团队、任务等的有效流动与整合，因此对基于概念的服务化具有重要影响。

本书分析结果中部分与前人研究结论一致。一是，有学者认为对于提供基于概念的系统集成服务而言，制造企业网络的模块化战略必不可少，只有符合设计、加工、服务等各个环节的模块化要求，才能在概念设计阶段就提供大型、复杂的产品与服务[62]，该观点与本书流程灵活性影响基于概念的系统服务化结果一致。二是，Harvey 等认为生产灵活性可以为用户提供个性化产品，且帮助用户实现个性化服务功能，因为资源、材料等方面的灵活性，保障了制造企业网络可以依据客户个性化需求提供不同产品与功能服务，因此生产灵活性有利于提升制造企业网络基于产品与功能的服务化水平[63]，这与本书结论一致。三是，有学者认为企业网络关系灵活性，有利于改善制造企业网络与客户之间的关系，加深制造企业网络对客户产品功能、外在调整及使用指导等服务需求的了解，以提供有效的产品服务，因此关系灵活性促进基于产品服务能力的提升。

本书分析结果部分与前人研究结论存在差异。一是格罗鲁斯认为为了提高基于概念的系统专业服务能力，制造企业网络应当与供应商、分销商、终端用户及最终消费者等建立灵活的合作关系，从中挖掘服务信息，实现服务价值内生[64]。本书中关系灵活性对基于概念的服务化作用与贡献并不明显，主要在于一方面制造企业网络一般在具有基于产品和功能服务能力后才进一步拓展为基于概念的服务化，此时关系灵活性已经具备，因此对基于概念服务化的影响程度不大；另一方面，基于概念的服务化不仅需要通过关系灵活性获得资源，更为重要的是整合资源、利用资源、提供系统服务，结构灵活性与流程灵活性更加有利于资源的整合与利用，因此对基于概念的系统服务化影响更明显。二是，有学者提出从生产型制造向服务型制造成功转型背后的支持要素源于组织资源配置的变革与供应链结构的调整与重组，组织结构优化更加侧重于服务制造中基于产品和功能的服务化，然而本书结论中结构灵活性对基于流程与概念的服务化更加重要。主要原因在于本书结构灵活性更加体现为不同部门、不同人员之间的交流、知识共享，能更容易地进行流程、系统任务的模块化与集成,对资源配置便利性强调不多,因此得出结论结构灵活性利于基于业务流程与概念的服务化[65]。

总之,不同制造企业网络开展服务化时,应当根据自身的特点和战略目标要求,通过改善不同灵活性保障目标有效实现。本书证明不同的灵活性调整对企业网络不同的服务化类型贡献与作用不同,本书可为制造企业网络服务化的有效实现提供有效的理论指导与决策参考。当前我国多数制造企业网络处于产品服务能力提升阶段,该阶段下关系灵活性对其影响最为显著,因此应当设计基于关系灵活的制造企业网络可持续发展路径与策略。

3.3 制造企业网络服务化初期战略转型模型设计

战略主要是组织活动中不同要素在相对特殊的条件下形成的"共同构造"。战略转型并不只是企业网络竞争战略类型的转变,还包括组成企业网络战略的其他要素。企业网络战略的转型实质上就是将那些能够组成战略特征的生产要素进行"重新构造"。有学者认为战略转型是通过"内容"和"过程"两方面多因素表现出来的,因此为了有效实现企业网络战略转型就应当明确转型过程中战略调整的内容,以达到科学引导的效果。然而,哪些要素构成了制造企业网络战略特征,制造企业网络服务化战略转型需要调整哪些关键要素及如何调整,这方面还少有研究。因此,本书在分析战略转型构成要素基础上,构建了制造企业网络服务化初期的战略转型模型,以更加有效地为制造企业网络服务化转型提供方法参考与决策支持。

3.3.1 战略转型的构成要素

Hansen 和 Ferlie 认为资源在企业网络战略转型中十分重要,企业的不同资源禀赋将对战略转型差异性产生影响[66],不同的资源特征及资源不同作用关系将决定企业网络战略特征与转型效果。

第一,Felício 等通过研究认为企业经理人员和高级管理人员的战略思维能力及战略行动能力,对企业战略转型具有突出影响[67]。高珊珊也指出企业战略转型过程要充分考虑人力资源等因素[68]。

第二,Droge 等认为具有一定知识积累水平的企业可更加有效地将新兴知识整合于其战略发展和实施中[69],知识储备对战略转型具有重要影响。杨建君和徐国军等指出通过知识共享可减少信息传递和理解偏差的交易成本,有利于企业网络内部对战略转型目标达成共识,并为之付出努力从而实现转型目标[70]。因此,转型中需要充分考虑知识资源的影响。

第三，张风华认为信息技术对企业网络战略结构调整具有重要影响[71]，马蕾也通过研究提出每一个传统企业在战略转型过程中都应该充分将信息资源、互联网思维融合到企业转型升级中[72]。

第四，企业网络战略转型不只包含静态要素，还包含动态要素，如企业网络认知过程和战略制定决策程序等。因此，转型应实现动静结合，如兼顾组织结构的同时，调整管理、组织方式等，将组织管理纳入战略转型的重点考虑范畴。

第五，有学者认为战略转型是对企业网络层次和部门业务层次战略的全面调整，而日常资源管理只改变了企业网络为实现各类战略目标而实施的具体战术或措施，因此在资源转型的基础上需要对企业网络层面的价值观、理念与文化等进行转型调整。Engert 等特别指出除了应当考虑资源等因素外，企业网络价值主张与文化因素对所有的产品、市场、服务及消费者都产生了较大影响，是企业网络战略转型中不可忽视的重要因素[73]。

通过上述分析可知，人力资源、知识资源、信息资源、组织资源及企业网络价值主张是战略转型中五个重要的要素，在对其进行设计调整时需要注意：战略转型需要具有层次性，应当在企业网络整体层面的价值主张统领下，确定常规层面的资源调整与转型问题；各要素应当相互协调、相互促进，不仅要考虑各自的调整问题，还需要考虑各自与其他要素间的作用、整合与协同问题。

3.3.2 制造企业网络服务化战略转型的要素体系

在确定战略转型构成要素基础上，采用扎根理论思想，围绕上述转型要素并结合制造企业网络服务化战略转型特征，可得到主轴式编码形成的主范畴、副范畴、关系内涵，最终的制造企业网络服务化战略转型构成要素体系如表 3-13 所示。

表 3-13 制造企业网络服务化战略转型要素体系

主范畴	副范畴	关系内涵
价值主张	价值来源	获得收益的重点环节的调整：研发、生产制造、销售、服务或回收环节等
	商业模式	线上或线下销售方式、产品渠道组合等方面的调整
	竞争力提升方式	选择从创新、柔性、效率、成本等不同方面提升竞争力优势
人力资源	团队化建设	制造企业网络员工团队化、专业化建设将直接提升企业网络服务化质量
	复合型人才培养	跨学科人才引进、复合型员工培养可为服务化转型提供有效保障
	人际关系拓展	员工与客户、内部员工间网络关系的拓展将促进服务化转型战略实施
知识资源	知识结构与储备	合理的知识结构和充分的知识储备是企业网络服务化转型的充分保障
	知识流程与活动	有效的知识获取、共享、应用和创新可以保持制造企业网络持久竞争力，利于企业网络制定前瞻战略，并有效开展服务化战略调整

续表

主范畴	副范畴	关系内涵
信息资源	平台与基础设施	信息平台便利企业网络员工就服务化转型问题开展讨论与交流，便于为客户提供更加有效的个性化服务
	数据与信息处理	跨部门与领域的信息资源共享及处理分析将提高企业网络服务需求反应速度
组织资源	制度与组织结构	良好的组织结构及跨越组织边界合作，有效的激励制度等利于服务化转型
	管理控制方法	基于服务化转型战略对制造企业网络人力资源、资金、技术等基础资源进行优化配置，做好客户关系、伙伴关系管理，有效解决转型过程的矛盾冲突

3.3.3 制造企业网络服务化战略转型模型架构的确定

波特认为决定一个国家某种产业竞争力的要素应包括四种：生产要素（包括人力资源、知识资源、资本资源、基础设施等）、需求条件（主要是指市场需求）、相关产业和支持产业的表现及企业网络的战略。波特认为要素间具有双向作用，形成钻石体系，决定产业发展。制造企业网络服务化不仅需要四类资源之间相互促进、相互影响，还需要四种资源在统一的战略框架下相互统一、相互配合，形成有机的服务化系统，因此应当通过人力资源、信息资源、知识资源、组织资源影响制造企业网络的价值主张进而促进制造企业网络服务化实现。根据上述分析可得到制造企业网络服务化战略转型模型架构，具体如图 3-3 所示。

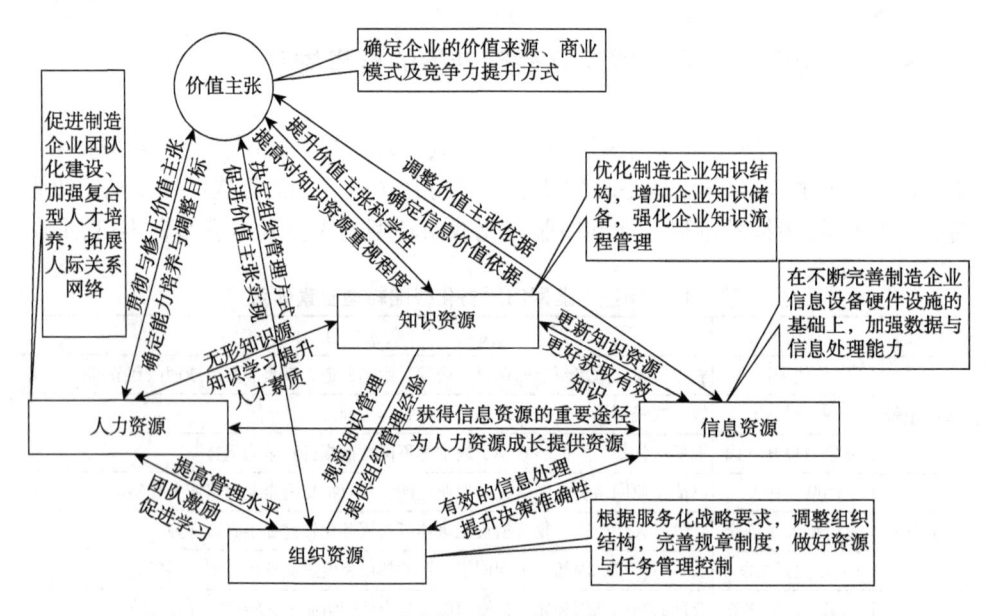

图 3-3 制造企业网络服务化战略转型的模型架构

制造企业网络在转型过程中应当按照图 3-3 所示进行价值主张与四要素调整

并不断完善要素协同作用关系，以保障转型战略有效实施。

第一，制造企业网络应科学确定其主要价值来源环节、商业模式及竞争力提升方式等，从而形成特有的价值主张。企业网络可充分利用信息资源，发挥知识储备优势，科学确定客观、前瞻的价值主张，并通过人力资源与组织管理等将价值主张有效吸收、贯彻与落实。在价值主张中突出对知识、信息资源的重视、明确其利用方式，并确定期望的组织管理形式及人力资源能力培养要求等，引导各要素围绕战略方向不断提升质量、增强要素协同性。

第二，制造企业网络需要通过人力资源的团队化建设、复合型人才培养及人际关系网络拓展等提升人力资源质量、加速服务化转型。企业网络可利用信息资源及知识经验学习、有效的团队激励与管理等加速人力资源发展，进一步可通过人力资源优化知识结构、形成更多知识产权、丰富知识资源，并通过人力资源质量提升，提高信息采集、加工与决策、组织、管理水平等，实现人力资源与其他资源的良性互动。

第三，制造企业网络需要通过丰富知识储备、优化知识结构及加强知识流程管理等提升企业网络知识资源水平与服务化能力。企业网络可强化对信息资源的吸收、整合、分析与系统化阐释能力，从而形成更加稳定、系统的知识储备；可通过人力资源交流等，促进知识流动、传播及新知识创新与生成；可通过学习型组织建设等加快知识更新与调整步伐，进一步利用知识资源提升人力资源学习效果、信息处理质量及企业网络决策管理科学性，实现知识资源与其他资源的有效匹配。

第四，制造企业网络需要通过信息处理平台、工具等硬件设施建设及信息处理能力优化等，提升制造企业网络信息资源管理水平。制造企业网络可通过信息处理知识、软件及工具的学习等提升信息采集与处理效率，可通过人力资源素质提升优化信息分析与决策能力，通过组织管理能力提升促进不同部门、不同渠道信息共享与整合，提高信息供给质量。进一步可利用信息资源为知识资源转化提供有效来源，为人力资源提供学习素材、为组织管理提供便捷的工具与方法等。

第五，制造企业网络需要通过制度、组织结构及组织管理方式等方面的优化提升组织管理能力。企业网络可通过有效的信息供给、高素质管理人员培养及组织管理知识与方法的学习等不断提升组织资源质量，并利用组织资源进一步提升人力资源学习动力、知识共享意愿与信息捕捉、整合、对接效率等，实现组织资源与其他资源的有效互动。

总之，制造企业网络服务化调整进程不同，模型构架的具体内涵就不同，价值主张与对应的资源特征与活动将随之改变。我国多数制造企业网络仍处于生产加工环节，处于向服务化转型的初期阶段，因此应当重点对处于转型初期的制造企业网络进行服务化战略转型模型设计。

3.3.4 制造企业网络服务化初期战略转型模型构建

1. 价值主张——产品附带服务的挖掘与增值

初步进入服务化转型阶段的制造企业网络，应当采取渐进的方式推进，围绕制造企业网络的主导产品与业务挖掘并开展可能的增值服务，寻找服务化增值点，准确确定服务化发展方向。

（1）确定产品当前的主要功能，对功能进行拆分，形成多个细分功能，分析产品功能可能出现的服务拓展领域，构建制造企业网络产品相关服务矩阵图。以手机行业为例，从概念生成、方案设计、技术攻关、新产品原型研发、小试与中试、产业化、标准化、产品回收利用等全价值链增值环节进行逐项服务挖掘。概念生成阶段包含手机外观设计（边框、滑盖等）、手机功能拓展（医疗、运动、健身、学习等）、手机安全性设计（防爆、防震、防水等）等。手机制造商在该环节可能推广的服务内容可包含外观设计服务、医疗及健身运动与学习软件开发、手机设计工具与软件开发、安全性检测服务等。

（2）在形成制造企业网络主导产品服务化矩阵图基础上，需要进一步分析制造企业网络内部资源优势与供给情况，确定制造企业网络在提供各种服务功能方面的可能性。首先，制造企业网络需要在该方面具有一定管理与运营经验，与竞争对手相比具有良好绩效表现，例如，手机安全性显著优于对方时企业网络才可能拓展安全性检测与指导咨询服务等，以帮助更多企业解决该方面问题；其次，企业网络在该方面应具有充足的资源供给或有效的资源获取、整合能力，制造企业网络在满足自身功能需要外，可通过自身资源高效利用或外部资源整合等形成对外服务能力。

（3）在明确制造企业网络自身资源优势与供给情况基础上，企业网络需进一步论证相关服务化业务可能产生的收益、风险情况等。收益不仅要考虑当前经济与财务增长情况，还需综合考虑企业网络外部竞争对手的业务转型情况、制造企业网络客户需求转型情况、企业网络长期收益与战略贡献情况等。不同的服务供给内容、商业模式与竞争优势对制造企业网络的市场形象、口碑、客户忠诚度、未来市场开拓、客户利用率等的影响不同，制造企业网络需要做好充分、科学的收益与风险论证，从而形成制造企业网络服务化项目可行矩阵图。

（4）利用资源供给与项目收益论证，在所有服务项目中筛选可行服务项目后，制造企业网络还需进一步确定服务化项目实施的优先序。首先，确定各服务项目间的逻辑关系，有些服务项目属于后置项目需要在部分前置服务项目推出后才能开展，如经验积累要求、服务层级要求等；其次，需要根据项目资源消耗、收益增值情况、见效时间、对市场与竞争优势产生的影响等综合确定服务化项目开展的优先序。在综合判定基础上，将优先序标注到服务化项目可行矩阵图中，五星级为优先开展，四星级为后备开展项目，以此类推确定后续可能的服务化项目与服务化方式。

（5）对于暂时没有开展的服务化项目，制造企业网络可通过后续资源筹备、人才培养等方式，为可能的服务化内容积累资源、经验与口碑，为后续服务化项目开展与推广提供更加充分的准备；另外，矩阵图谱需要定期更新，可行的服务化项目及优先序可能因为外部环境的变动、制造企业网络自身条件的转变而发生改变，因此企业网络需要定期、及时地做出服务化重新评估，以进一步挖掘与确定制造企业网络产品的附带服务与增值点、确定服务供给方式与竞争优势所在。

总之，通过服务化项目矩阵、可行矩阵、优先序标注等，明确制造企业网络服务化价值源——拟开展的优先项目，明确商业模式与竞争优势——不同运作与收益方式、资源需求与供给模式及与竞争者的区别与特色等，从而形成服务化初期的战略转型价值主张。

2. 人力资源调整——跨部门人员服务合作

制造企业网络服务化初期应当逐步打破企业网络部门边界限制，鼓励跨部门人员开展服务化合作。

首先，应当成立制造企业网络服务化功能拓展分析小组，具体应当包含：技术研发部门人员确定制造企业网络能够提供的技术支持与服务可行性；财务部门人员根据制造企业网络当前财务情况判定服务化项目资金投入与产出对企业网络产生的短期资金流动与长期收益影响等；市场部门人员确定服务化项目的市场需求规模、竞争优势与未来竞争情况等；企划部门人员分析服务化项目是否与制造企业网络未来发展战略规划一致及为实现战略目标做出的贡献情况；客户关系管理部门人员确定当前或未来客户对服务化项目需求的紧迫程度与具体个性化要求等；制造企业网络的管理人员从战略视角、风险视角、竞争优势培养视角等分析制造企业网络服务化项目开展对企业网络带来的长远影响，有效确定企业网络服务化可行域，形成完善、客观的可行矩阵图。

其次，除论证服务化项目拓展可行性外，制造企业网络跨部门人员合作还体现为共同的服务化思维拓展，将各自部门涉及服务化内容的行为、理念及工作方式等与其他部门共享，从而在研发领域形成围绕市场服务的开发理念，在企划部门形成服务化转型的清晰规划与行为部署，在市场领域形成基于服务战略与高技术标准要求的服务化营销理念，在客户管理部门形成搜集、挖掘与整理客户服务化需求的意识与科学方法。从而，保障制造企业网络各部门形成统一的服务化理念与工作方式，实现所有部门围绕企业网络服务化转型的有效协作与衔接。

最后，各部门需要对企业网络服务化所需人员进行培训与工作方式改进，整个培训方案与过程也需要跨部门的合作，以保障企业网络服务化实现过程中的有效人力资源供给。根据服务化项目所处价值环节，确定重点培训对象，如设计环节衍生的服务化项目就重点选择设计部门人员进行服务化培训。在此基础上，需要进一步从相关领域选择匹配人员开展协同培训以满足服务化项目整体要求，如技术服务化需要人力资源能够准确掌握客户需求，能够将客户需求准确提炼，形成个性化的服务方案，需要让客户充分理解服务方案，需要在技术服务中保障不侵犯涉密技术服务等制度要求，因此在对设计人员进行客户沟通能力培训的基础上，也需要从客户服务部门选择与客户接触紧密的人员，对其进行服务设计理念、服务法律制度等方面的培训，以保障人员能力互通、互补的同时各有侧重。

通过跨部门人员合作，建立稳定服务化团队或临时服务化讨论小组，在服务化合作与供给中不断提升人员综合素质、形成复合型人才，加强各部门人员合作，丰富人力资源关系网络，提升服务合作默契度，减少服务冲突。

3. 知识资源调整——服务化知识的有效搜集与利用

制造企业网络处于服务化转型初期阶段时，对知识资源的管理重点放在搜集与获取知识以构建丰富的企业网络自有服务化知识库及有效利用外部服务知识资源提升自身服务能力两个方面。

首先，制造企业网络虽然在产品方面积累了许多经验，但产品与服务供给需要掌握的知识不同，对于初步进入服务化领域的制造企业网络而言，需要将外部与服务化相关的理念与方法等知识资源整合形成具有企业网络特色与操作意义的服务方法体系等供内部相关人员学习，以改善内部服务能力。同时，企业网络需要及时总结与分享不同人员在服务化过程中积累的经验与解决问题的方法及失败的服务教训等，将个人服务经验纳入企业网络知识库，通过个人知识共享、推广与利用提升企业网络整体人员的服务质量与问题处理效率。另外，制造企业网络服务化面向市场与客户需求，因此应加强对客户知识的利用。

其次，不断完善知识管理流程与活动。制造企业网络需围绕服务化转型开展跨部门人员讨论与合作，需对外部服务知识进行学习，需对服务经验进行及时共享，因此有必要建立内部服务化学习组织与学习平台。通过服务化工作日志记录、知识共享习惯培养等，形成良好的服务化知识学习氛围与方法；通过开发知识采集、整理与挖掘工具，完善制造企业网络服务化知识库、知识地图等，为制造企业网络服务化提供有效的案例支持，从而快速形成解决方案；通过开通服务化知识资源交流讨论模块，探索服务化内容、创新服务方法，为服务化转型新知识的培养与生成提供支撑。

4. 信息资源调整——信息采集与处理软硬实力的提升

制造企业网络需要通过信息处理能力的提升与信息设备的完善两个方面，推进服务化转型进程。

首先，制造企业网络服务化面对的是客户，客户的服务需求、在接受服务中的服务体验、对提供服务的满意度及客户接受同类服务的方式和感受等，可以为制造企业网络服务化内容、方式、方法改进提供有效的决策参考，因此服务化转型应当首先加强对市场、客户信息的采集与利用。在确定企业网络服务化可行域时，制造企业网络还需要对商业情报信息、市场需求信息、竞争对手服务信息等进行全面梳理，内部企业需要对各部门人力、资金等有关资源利用情况及企业运行管理制度与方法等进行全面统计。制造企业网络只有全面掌握以上各方面、各领域数据与信息后，才能形成准确、及时、有效的信息供给。另外，制造企业网络构建可行服务矩阵时，需要整合多种信息，因此应当提升论证人员专业数据与资料辨识与综合分析处理能力，采用创意生成软件、工具与方法等，挖掘完整的服务化内容、确定科学的可行服务域。

其次，发展信息技术以突破制造企业网络服务地域限制，为企业网络服务化提供更多服务内容与可行空间。通过信息网络技术提高制造企业网络知名度与影响力，拓展服务用户数量，并进一步挖掘新服务内容，例如，利用IT远程控制技术等为客户提供远程关键技术检测、控制及管理服务等。提升信息技术平台与相关技术工具的兼容性，提高企业网络与其他企业联合提供服务的可能性。在现有合作网络关系中初步搭建资源集成系统，该平台在转型初期阶段主要提供有关产品、服务化的相关信息及合作者服务化优势、自身服务化内容及未来服务化趋向等，侧重为现有服务化提供便利与保障，为未来服务化项目开展提供合作机会等。

5. 组织资源调整——综合服务能力提升

在制造企业网络服务化战略转型初期，企业网络在为服务化转型做好综合保障的同时，应当重点突出、集中精力形成优势服务方向，同时保证所有服务环节的有效对接，为系统服务方案供给奠定基础。

首先，优化组织结构，调整组织边界，促进不同部门的合作。在论证、选择与确定服务化优先开展项目后，应当组建制造企业网络服务化推进小组，引入制造企业网络高层管理人员，保障服务化项目的有效推进。完善各种规章制度，制定有效的服务化激励措施，促进服务化项目的规范化、深入化发展。

其次，加强组织管理，将优先确定与开展的服务化项目作为整个企业网络的战略任务，提供及时、可靠的资金与人力保障等；加强当前产品网络的服务化合作，整合供应商、分销商资源等，提升企业网络综合服务能力。

最后，在某一环节服务化不断深入发展的同时，强化不同环节服务化理念的一致性，通过不同环节服务化项目信息、知识共享，了解相关环节服务化进展与方法，不断进行动态改进与调整，提高各个环节服务化项目的匹配性与关联性，在不同服务化项目中实现优势捆绑，以从单个环节服务供给向更加完善、全面的系统服务供给转型。

6. 制造企业网络服务化初期战略转型模型设计

为了实现制造企业网络服务化转型初期战略目标，制造企业网络价值主张、人力资源、知识资源、信息资源与组织资源等五方面需要相互配合、共同促进，形成服务化能力不断拓展、丰富、提升的稳定状态，具体作用模型如图 3-4 所示。

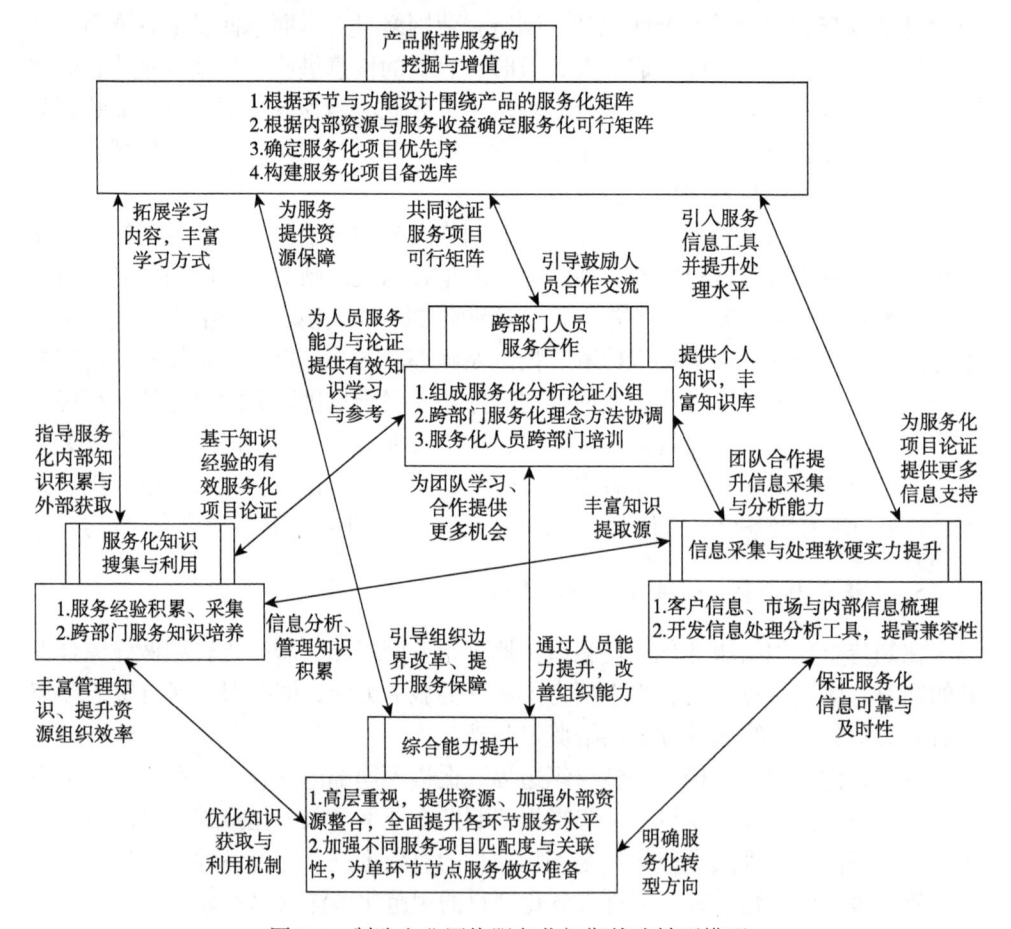

图 3-4 制造企业网络服务化初期战略转型模型

3.4 制造企业网络服务化的全过程管理模型设计

3.4.1 制造企业网络服务化质量与特征要素

1. 制造企业网络服务化质量内涵

服务化理论表明高质量的服务化才能提升企业网络绩效，而高质量的服务化则要求服务化与制造企业网络战略、关键构形特征一致与匹配。因此，服务化质量具有过程与结果统一的特征，具体体现为系统性、效率性、科学性及功能性。

（1）系统性。服务化质量体现为服务化转型涉及的战略构形特征要素得到全面发展与转型，各要素综合作用方式实现优化与变革。

（2）效率性。制造企业网络服务化转型在有限时间内取得最大进展，能够有效集中制造企业网络资源，采用最优化的服务化转型路径。

（3）科学性。企业网络采用的服务化管理方式、方法与制造企业网络当前所处阶段匹配，符合战略构形特征要素状态要求。

（4）功能性。按照服务化转型规划的时间要求，在阶段性时间内，制造企业网络服务化对制造企业可持续发展绩效（品牌识别度、创新意识与能力、持续发展、竞争力、经济绩效等）提升与改善的贡献作用显著超出规划预期要求。

可见，制造企业网络服务化质量提升要求制造企业网络能够有效识别服务化所处阶段，判定该阶段的质量管理预期目标，根据战略构形特征要素明晰质量管理重点与方式。

2. 质量特征要素识别

质量屋是一种确定顾客需求和产品、服务性能间联系的图示方法，后经学者改进将其应用到不同领域。例如，有人对该方法进行改进，将其应用于服务业经济质量分析，也有人用该方法分析了项目协同效率等。综合质量屋的评价思想，本书构建了关键特征要素（关键情景变量）与服务化质量关系的质量屋，确定了服务化质量管理要点，揭示了特征要素与服务化质量的关联关系、特征要素成为制造企业网络竞争优势的可行性，并给出行动计划总体思路，具体如图 3-5 所示。

特征要素	服务化质量			竞争分析
	服务定位[13]	质量提升方式[14]	绩效贡献[15]	
人才与团队	团队结构与学历水平影响企业介入服务化程度[16] 团队合作与交互影响服务化内容与方式[17] 员工社会网络关系影响制造企业服务供给效率[18]			企业网络员工服务能力、团队建设与社会网络关系成为领悟服务化精神、推进服务化进程、争取客户、提供差异化服务、提升服务化质量的动力源[26] 企业网络知识与信息处理、分析与利用能力，决定服务化决策、方案设计科学性与执行有效性，影响服务质量[27, 28] 组织结构与流程管理是价值理念的体现，工作与运营方式能够有效区分服务化特征，提升服务质量[29]
知识与知识产权	拥有知识显隐特征、服务积累决定服务化质量[19] 知识获取、转移、共享与整合优势影响服务化绩效[20] 知识产权虚拟化、电子签名影响服务化提供方式[21]			
信息设备与数据	信息处理决定服务效率、服务整合范围及满足服务需求的及时性[22] 信息处理决定外部变动感知力及服务供给针对性、有效性，可降低服务成本，提高服务响应速度和质量[23]			
组织结构与流程	组织结构决定服务供给边界与应对变动灵活性[24] 组织流程决定联合服务效率及供给标准体验与质量[25]			
	行动计划：企业网络应当首先明晰服务化不同阶段要素特征，进一步围绕阶段质量目标要求对特征要素进行有效管理，从定位、过程与贡献方面提升企业网络服务化质量			

图 3-5　制造企业网络服务化与战略构形特征要素的质量屋

由图 3-5 可知，制造企业网络服务化质量可以通过服务定位、质量提升方式与绩效贡献三个尺度进行衡量。服务定位体现制造企业网络服务化中是否充分考虑了特征要素状态，是否保持了两者的一致性与匹配性；质量提升方式可以体现制造企业网络是否采用了最佳、最有效的方式与路径实现服务化的快速与有序推进；绩效贡献体现了服务化对制造企业网络经济、创新等绩效的贡献情况，反映了服务化转型功能实现状态。四类特征要素在影响制造企业网络服务化定位（及时、领先、差异、虚拟服务等）、服务化质量提升方式（自我提升、外部整合）、绩效贡献（创新、经济财务、可持续发展等）基础上，受到服务化进程影响，需逐步调整与优化，实现自我发展。之所以能够成为特征要素是因为这四类要素通过影响制造企业网络服务化决策、方案设计、方案实施与运营等决定了服务化质量与竞争优势。有鉴于此，为了提升服务化质量，制造企业网络应对四类要素进行重点管理，根据要素状态特征，选择合理的服务化管理内容与方法。

3.4.2　制造企业网络服务化阶段及管理内容

结合现有文献研究成果，遵循拓展、升级与创新的逻辑发展思路，并根据四类特征要素的状态，可以将制造企业网络服务化划分为三个阶段，产品服务功能拓展阶段、服务能力持续提升阶段及服务集成与创新阶段，不同阶段服务化管理内容质量体现、特征要素状态不同，具体如表 3-14 所示。

表 3-14 制造企业网络服务化不同阶段的特征要素状态、质量体现与管理内容

项目	产品服务功能拓展	服务能力持续提升	服务集成与创新
人才与团队	技术人员形成服务能力，围绕服务项目论证，形成跨部门合作，在服务供给过程中形成团队	在形成既定服务团队基础上，人员服务能力提升，可围绕服务任务进行临时组合	人员具有多元复合技能，能够与外部网络成员高效合作，能处理复杂多变的网络合作问题
知识与知识产权	围绕服务化方向初步搭建与形成企业网络自有服务知识库，积累一定服务化经验，并通过外部学习提升服务化知识水平	形成完善自有服务知识库，并按照服务合作内容与等级条件等，吸纳知识，同时向供应商、合作者、客户等开放知识库	显隐服务知识丰富，能通过虚拟知识产权，有效对接、利用与融合多知识成果，可快速转化与重构知识体系
信息设备与数据	内部信息化不断完善；能够积极利用信息平台开展客户技术咨询与处理服务业务	与外部建立信息平台，能围绕服务业务与涉及主体开展服务信息共享、传递、交流与控制	建立多接口兼容信息平台，利用大数据、云计算等智能分析技术，整合信息，创新服务
组织结构与流程	提供同类服务项目与内容的部门敞开边界、联合共享资源，企业网络为其提供充分资源保障	涉及部门没有明显边界障碍，服务需求处理与服务资源供给质量不断提升、合作更加有效	没有明显组织边界，有很强影响力及资源整合力，能引领并及时整合服务需求与资源供给
服务化质量体现	能够科学确定制造企业网络服务化推进方向与内容；形成一定量的服务化资源；能够通过提升产品服务促进产品销售、提升产品与企业网络形象与口碑	服务化四要素不断优化、匹配效果良好，合作服务能力提升；服务化制度、管理方法完善，服务化产生显著经济绩效；服务化成为能够区分制造企业网络竞争优势的主要贡献力量	能够获取外部高质量服务化资源，并与自身资源有效融合；形成依托信息技术服务能力，服务收益成为主要经济来源；领先实现服务化，提供一站式服务，成为先进的服务供应商
服务化管理内容	围绕制造企业网络主导产品与业务，挖掘可能的增值服务；寻找可行的服务化增值点，准确确定服务化转型方向；围绕服务方向整合内部资源，提供良好产品服务，形成知识等资源储备	不断提升服务化质量与特色；服务化体系绑定更多服务业务、服务需求者与供给者，服务内容不断优化；强化服务化要素匹配管理；开展外部服务合作，实现链式服务化	开拓多领域合作或将现有服务拓展应用到不同领域，形成横向快速多领域服务能力；围绕服务优势形成上下链服务有机匹配，提供一站式服务；形成网络交叉服务能力，对服务进行有机匹配、智能整合，提供多方位、系统解决方案

表 3-14 给出不同服务化特征要素的阶段状态，制造企业网络在不同要素状态下的服务化质量体现与管理内容不同。因此，应当根据制造企业网络服务化所处阶段确定管理方法，以有效提升服务化质量。

3.4.3 制造企业网络产品服务功能拓展阶段服务化管理

1. 案例分析

陕西鼓风机（集团）有限公司（以下简称陕鼓）在明确自身定位从"传统制造企业"向"服务型制造企业——全方位提供动力设备系统问题解决方案商和系统服务商"转变后，开始组建制造企业网络、开展初期的产品服务功能拓展转型工作。

首先，陕鼓组织企业供应链伙伴、内部多部门及外部专家等进行服务化论证，明确了服务化方向。其次，对服务化发展缺乏促进作用或产生资源、人力配置掣肘的项目、流程进行删减，抛弃了设备维修、铸造、铆焊等低附加值且对服务化无助力的业务。构建服务化清单，明确提供完整服务化内容所需的短缺项目、流程与能力，确定服务化内部流程再造优化方案，通过企业网络相继组建了产品服务中心、自动化中心、气体事业部、污水处理事业部等部门，对企业网络业务与结构进行了全面整合，提升网络管理、风险管理等能力，不断开拓新市场和领域，形成了冶金、石化、电力、城建、环保等多领域服务能力。最后，利用在线监测、远程检测、故障诊断系统，通过互联网传输为用户提供24小时在线技术支持和故障诊断的服务，创新服务方式。陕鼓不断积累服务经验，形成技术、专家库，根据传输数据进行准确判定与科学服务，成功保证了产品服务功能拓展阶段的服务化质量，为后续服务化发展奠定了基础。

2. 服务化管理

该阶段重点完成服务化可行性论证，科学确定服务化方向与行为，并不断积累服务化资源。

（1）服务化人才培养与基于服务化论证的团队组建。打破企业网络中成员与部门边界限制，鼓励跨企业与跨部门人员开展服务化项目论证与合作，提高各方参与度的同时，使各成员与相关部门对服务项目的推广与开展达成共识。服务化功能拓展分析小组综合考虑当前产品技术优势、产品服务需求量、产品服务供给能力、企业网络未来发展战略、服务风险等，确定企业网络服务化可行域，形成完善的服务化可行矩阵图。围绕论证内容、服务方案设计等开展团队学习，改善服务化涉及人员工作方式，初步围绕服务化论证学习形成服务化团队。

（2）服务化知识库建设与服务知识产权获取。首先，组织服务化人员利用各种专业数据、资料，采用创意生成软件与方法，根据掌握技术与知识情况，挖掘服务化内容，确定可行服务项目矩阵；其次，鼓励服务化团队利用信息技术与网络平台，从内部员工及外部合作者、供应商、客户、潜在服务需求者等获取有关服务化改进与完善的信息、知识与技能，建设与完善自身的服务知识库与知识地图，帮助制造企业网络人员进行服务化知识学习与能力提升。有效开发、保护与利用形成的服务化知识成果，为后续服务化推进提供支撑。

（3）服务项目论证信息采集与信息化建设。利用外部区域及行业政策信息、内部知识储备及客户产品服务需求信息等，论证服务化项目可行域；获取各种服务信息，完善制造企业网络服务化方式与内容；通过信息平台建设开设线上服务，围绕主导产品与业务拓展制造企业网络服务地域半径，丰富服务化供给方式，如远程控制、实时监测及在线咨询与问答服务等；完善信息交流平台，为内部服务知识学习、服务信息共享提供支持。

（4）跨部门资源整合与服务化资源保障。围绕制造企业网络服务化定位，确定服务化项目优势、优先序，建立服务化项目匹配与关联关系，未来实现服务化项目单点联结，形成服务链，提升服务化质量。围绕服务化项目提供充足资源保障，不断突破组织部门边界，提升服务供给灵活性与可靠性，为服务化营造良好氛围，建立良好服务化开端。

3.4.4 制造企业网络服务能力持续提升阶段服务化管理

1. 案例分析

三一重工在推行服务化完成管家服务模式后转向专业化服务阶段，不断提升服务化水平，进入服务能力持续提升阶段。

三一重工培养了近万名优秀的工程师，形成了专业化服务团队，与相关企业组建制造企业网络，在全球拥有近200家销售分公司、2000多个服务中心。团队实行跟踪服务制度，保证每半年对国内用户进行走访，掌握客户需求，并引入企业控制中心（enterprises control center，ECC）、客户服务管理（custom service management，CSM）、全球客户门户（global customer portal，GCP）、智能设备管理（intelligent equipment management，IEM）、物流执行系统（logistics execution system，LES）等服务智能化信息系统，实现为单个用户提供个性化定制式服务。另外，实行服务标准化，建立了6S[①]的标准化服务中心，拓展了融资、二手机交易、旧件回购、工程信息咨询与整体施工方案设计、设备翻新与改造等多项专业服务内容，实现了服务的一致化、多元化与系统一站式供给。为了保障全球2000多个服务中心的有效运行，企业网络大力发展信息平台，通过对接灵活化，实现服务中心与客户的有效承接。在供应商培训活动中不断提升供应链行为标准与反应柔性，不断实现服务的专业化、高标准化，保证了该阶段的服务化质量。

2. 服务化管理

该阶段重点在于服务规模化、团队化、专业化，不断向外整合资源，推出服务，增强自身影响力，提升服务能力与拓展服务范围。

（1）专业服务团队培养与临时组建。针对不同服务化内容成立专业化服务团队，通过客户服务需求、服务感知反馈，寻找与开拓提供优质专业化服务的方法，提升团队服务能力；不同服务化项目采取内部竞争方式择优选用，提高服务方案

---

① 6S即整理（seiri）、整顿（seiton）、清扫（seiso）、清洁（seiketsu）、素养（shitsuke）、安全（security）。

有效性。打破专业服务团队的组织边界,面对新服务任务,根据服务能力需求选拔人员组合新团队,有效开展服务合作与任务对接,通过组建灵活的团队进一步完善服务标准化、模块化建设,提升团队成员学习与适应能力,以更好满足动态市场与客户个性化服务需求。

（2）服务化知识整合与输出。整合服务经验与失败案例,通过知识重构形成特有、规范、标准的知识体系,不断将企业网络特色服务知识与经验传递给联合服务供给者,优化客户服务体验与感知,为形成特色服务竞争优势提供支持。不断提升配套服务能力,帮助服务链上下游服务合作者掌握服务标准与服务行为要点,开展多元服务,提升服务经济绩效。将部分服务理念、方法等非核心知识,通过共享形式对外输出与开放,在服务业务范围内形成主导优势,树立良好服务化形象。

（3）信息加工与接口兼容性。根据外部信息快速形成服务决策方案,调整服务方式与内容,实现要素状态与服务化方式的一致匹配。规范制造企业网络与利益相关者信息接口,将服务资源模块化并采用共同接受的标准信息表述方式,方便资源在制造企业网络与利益相关者间进行有效流动、集成与分配;明确不同服务人员在子模块下的服务能力、优势与特点,在专业化团队、团队成员、服务化项目间形成有效、快速、动态地匹配;积极鼓励利益相关者与专业化团队参与服务化发展讨论、方案设计等,维持信息服务系统的活跃性。

（4）制造企业网络影响力与反应处理能力。将传统合作链、固定任务分工等进行调整,实现合作伙伴动态更新与定期淘汰,选择具有较高灵活性的合作伙伴,提高知识与信息资源的利用效率,丰富资源利用与对接方式,保障合作伙伴与资源的组合柔性,提升服务多样性与可靠性。提高服务化专业团队对市场服务需求变动的预判能力,根据内部特征要素状态积极开展服务主导设计,引导客户服务需求,从而提升制造企业网络在服务领域的优势地位。

3.4.5 制造企业网络服务集成与创新阶段服务化管理

1. 案例分析

根据海尔对自身的定位,其经历了五个发展阶段,目前处于网络化战略阶段。

该阶段海尔比以往任何时候都更加看重客户参与、大数据与网络平台,海尔企业网络认为该阶段就是将企业打造成一个大服务网络平台,积极推进前端的用户交互,掌握每个个体用户的独特需求,将客户从消费者、购买者转化为服务需求与业务设计者;同时加强后台互联工厂交互建设,吸引更多的企业加入服务供给行列,通过团队建设、专业技能提升、网络智能化运作等,快速与准确地选择、确定联合服务供给商,供给商不再是提供的价格最低者,而是并联起来能最有效地满足用户需求者。整体而言,通过众创定制(面向所有公众征集产品与服务需求方案)、个性化定制(通过互联工厂标准化、模块化建设,根据客户需求进行按需组合供给),海尔企业网络与服务需求端建立了有效互动关系。同时,利用其强大的品牌影响力,在后端的互联工厂取得发展突破。目前,在郑州、佛山、合肥等已经实现了可响应全球用户的快速智能化工厂互联交互。最后,利用有效的数据分析技术、智能技术等,实现了行业需求、技术升级的提前预判,保证了产品、服务的实时互联与数据动态更新,保证了该阶段的服务化质量与未来持续发展。

2. 服务化管理

该阶段重点在于利用网络技术、自身对服务供给与需求的识别及管理能力等,实现服务供给与需求的科学、快速与精准匹配,保证服务过程高效、有序进行。

(1)关系管理团队建设。制造企业网络在多领域整合不同外部资源以提供系统服务方案。因此,需要组建关系管理团队,保证制造企业网络提供服务的完整性与及时性。关系管理团队需明晰企业网络未来业务内容、发展趋势、网络成员合作接口兼容性等,不断提升成员业务水平和组合服务能力;团队需通过数据分析定位最优服务供给成员企业、确定最优责权利分配方案等,为供给资源有效获取、良好成员关系管理提供决策依据;团队需对网络关系进行动态跟踪与提前预警,及时确定与培养替代资源与服务供给者,保证服务供给可靠性。

(2)知识集成与创新利用。企业网络需要制定知识采集与对接标准、设计不同兼容与转换工具,将网络成员各方知识通过兼容口或转换工具形成服务体系下标准资源格式,方便存储、提取及日后的对接应用。建立良好服务知识分类制度,确定不同提取关键词,构建有效知识地图,科学注明知识所在位置、知识产权所属情况、利用情况等,提升服务资源利用科学性与有效性。对网络成员知识进行再升级、重构与创新,通过不同领域知识整合,形成新服务知识,为客户提供有效创新服务供给方案。

(3)基于云技术利用外部信息。搭建面向外部的信息服务平台,充分利用云技术、大数据等现代分析工具与技术,吸纳更多云端资源,提升制造企业网络外部服务资源获取质量。提高信息存储空间容量、信息处理速度,形成庞大的资源存储池和开放的信息对接系统。加强冲突信息采集与估算,提升信息跟踪与动态管理能力,鼓励更多成员与资源加盟服务平台,通过强有力的位势吸引制造服务供给与需求。通过智能分析技术,使网络更具科学任务分配、组合及需求判定能力,从而通过可重复的智能流程实现服务匹配、满足客户需求。

(4)制造企业网络整合、对接与控制管理。制造企业网络应培养并行处理多服务、多资源、多主体能力,对不同资源进行分类仓储、检索与调用,有效判定不同服务任务并行与串行关系，提高资源分配科学性。结合不同主体合作关系、合作经验，优先满足具有前期合作基础且合作效果良好的成员的服务组合供给，提升服务供给者合作满意度；提升网络成员、资源与客户吸纳与拓展能力。鼓励服务需求者享受信息与资源的同时，帮助制造企业网络加强服务品牌传递，开拓新服务内容，激发更多服务需求；不断拓展现有服务链，利用互联网搭建制造企业网络合作服务供给平台，吸纳不同领域具有制造服务资源的企业加入服务网络，实现系统方案的有效供给。编写服务案例，提取服务信息供服务供给者参考，充分利用客户反馈，加强对服务供给者管理；形成有效资源识别制度，对采集资源进行有效编码与利用。加强智能匹配技术和面向客户服务信息的采集技术探索，通过对客户服务关键词的有效提取，确保相关服务与资源可准确匹配与对接。制定合作网络资源动态更新机制，对提供服务参与者进行动态考核，根据其资源质量、满足需求情况、提供服务满意度等，确定加入服务网络的规则、要求及更新制度，保障资源供给有效性及服务质量，提升制造企业网络服务竞争优势。同时通过社会闲散制造资源利用等，提高资源周转率，提升制造企业网络社会绩效[74]。

3.4.6 制造企业网络不同服务化阶段管理任务比较

根据上述分析，不同服务化阶段，制造企业网络对特征要素的管理方式与任务应当不同，从而更加有效地提升制造企业网络服务化质量，具体如表 3-15 所示。

表 3-15 制造企业网络服务化不同阶段管理任务比较

特征要素	产品服务功能拓展	服务能力持续提升	服务集成与创新
人才与团队	服务化可行矩阵论证，团队组建，员工个人服务能力提升	专业化服务团队培养，跨团队组合与临时、灵活的服务供给	关系管理团队建设，网络成员冲突与协同能力提升
知识与知识产权	自有服务化知识库建设与服务知识获取、积累	面向企业网络利益相关者的服务化知识整合与知识指导、输出	面向外部的知识检索、集成；虚拟知识产权管理与服务创新
信息设备与数据	服务项目论证信息采集与员工学习平台、信息实施建设	信息设备、工具、记录标准化及利益相关者信息接口兼容化	基于云技术的客户信息利用，大数据分析、匹配与处理
组织结构与流程	围绕服务化项目的内部跨部门资源整合与服务化资源保障	提升网络地位，提高对利益相关者与客户的影响与问题处理能力	开放边界，提升资源、主体、服务供求整合和对接控制能力

制造企业网络需根据四类管理要素状态判定自身服务化所处阶段；不同阶段服务化质量表现不同、服务化管理任务与方式也不同。在做好四要素管理基础上，还需综合考虑不同要素相互作用关系以共同推进制造企业网络服务化质量提升，具体如图 3-6 所示。

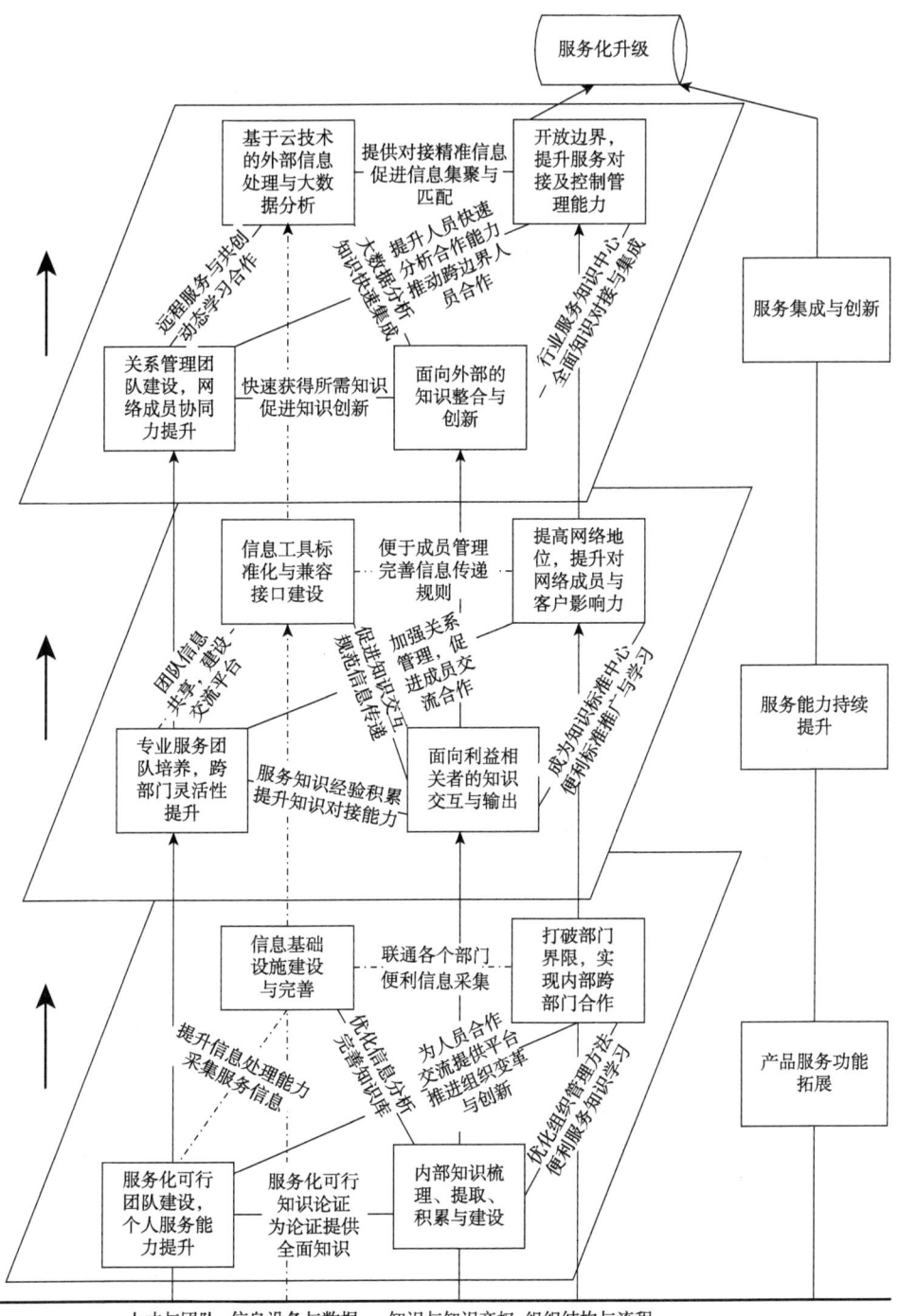

第 3 章 灵活战略导向制造企业网络可持续发展路径研究及设计

图 3-6 制造企业网络服务化综合管理模型

3.5 灵活战略导向制造企业网络可持续发展路径

3.5.1 选择与确定市场服务合作互惠伙伴

为利用成员关系的互惠维度提升制造企业网络的市场绩效，首先，应审视自身市场资源，明晰市场资源优势与需求，确定市场合作互惠范围；其次，探寻并筛选符合构建市场联盟条件的市场合作互惠伙伴；再次，构建市场合作互惠伙伴选择评价指标体系，对候选市场合作互惠伙伴进行量化打分，测量企业间市场合作互惠程度；最后，通过协商讨论，确定制造企业网络市场合作互惠伙伴，签订市场合作互惠协议，构建市场联盟。

1. 确定市场合作互惠范围

首先，梳理制造企业网络市场业务，跟踪记录制造企业网络参与的价值链环节，明确现有市场资源，聘请专家检验现有市场资源是否具有竞争力，确定制造企业网络的核心市场资源；其次，针对市场拓展目标，明确产品市场营销发展目标，确定所需的市场资源；最后，综合分析企业网络的市场资源优势与需求，确定市场合作互惠范围。

2. 探寻与筛选市场合作互惠伙伴

首先，借助基于电子商务的市场合作信息互惠共享系统，发布市场合作互惠需求信息，探寻拥有互补市场资源的经销商；其次，深入调查所有备选市场合作互惠伙伴的基本情况，掌握各备选市场合作互惠伙伴当前经营状态与企业信用度等基本情况，筛选出符合市场合作互惠条件的备选市场合作互惠伙伴。

3. 测量市场合作互惠程度

构建市场联盟中市场合作互惠伙伴选择评价指标体系（表3-16）。首先，利用AHP，构建判断矩阵，确定各市场合作互惠评价指标的权重；其次，按照利克特七分制打分法的评分思路，将市场互惠评价等级具体划分为四个等级，构建评语集；最后，利用AHP与模糊综合评价法进行计算，指派专家组对各备选市场合作互惠伙伴进行模糊综合评价，测量各市场合作互惠伙伴与制造企业网络间的市场合作互惠程度。

表 3-16　市场合作互惠伙伴的选择指标体系

目标	指标	子指标	判定依据与标准
市场合作互惠程度 A	市场资源与能力匹配度 B_1	市场需求反应能力在彼此面对市场动态变化时的结合程度 C_{11}	根据双方提供市场营销优势资源与能力描述关键词，判定是否可为彼此应对市场需求变化所用
		经济价值挖掘能力与市场推广能力对彼此市场营销过程的帮助度 C_{12}	判定双方提供经济价值挖掘能力与市场推广能力能否在彼此当前产品营销中结合并得到应用
		双方拥有的客户资源与客户关系管理能力在彼此产品营销过程中的结合度 C_{13}	根据客户资源描述关键词，判断双方提供的客户资源是否可以直接为彼此产品营销所用
		市场占有与控制能力在彼此市场拓展过程中的结合度 C_{14}	判断双方提供市场占有与控制能力能否在彼此市场拓展过程中有效结合
		双方销售网络资源的融合对双方市场经营的影响程度 C_{15}	考察市场资源互惠盈利点，判定各方销售网络覆盖面是否互补，即能否对彼此产品营销产生影响
	市场经济兼容度 B_2	彼此经营理念、经营目标及市场合作动机的兼容度 C_{21}	判断双方进行市场渠道互惠合作的稳定性与可持续性
		市场合作沟通的顺畅度 C_{22}	企业间市场互惠合作的实施是否顺畅
		产品市场营销工作方式一致性 C_{23}	双方在产品营销方式与客户服务方式上是否一致

4. 市场合作互惠伙伴的确定

首先，按照得分由高到低对市场合作互惠伙伴进行整体排序，确定市场合作互惠程度得分优先序；其次，根据市场合作互惠程度得分优先序，借助市场资源互惠共享平台，依次与各候选市场合作互惠伙伴的相关管理人员进行沟通，了解彼此核心市场资源信息；最后，确定市场合作互惠伙伴具体名单，制造企业网络依次与各个市场合作互惠伙伴签订市场合作互惠协议，确立企业间互惠合作的网络关系，约定市场合作互惠双方投入的市场资源范围，确定市场合作互惠目标，明确市场合作互惠协议起止时间与终止条件，据此建立市场合作互惠关系，构建市场联盟，实现企业网络的经济价值，帮助制造企业网络提升市场绩效。

3.5.2　增加市场服务合作联结强度

为利用成员关系的联结维度提升制造企业网络绩效，制造企业网络应在与外部市场合作互惠伙伴建立市场合作互惠关系后，以组织者的身份，组织各网络关系主体共同构建以制造企业网络为中心的市场联盟，加强网络关系主体间市场合作沟通互动，增强市场联盟形成初期内部成员企业间的市场合作联结强度，促进市场合作联结各方合作深入化，利用企业间投入的市场资源，帮助制造企业网络提升绩效水平。

1. 确定市场合作联结强度的影响因素

企业间市场合作联结程度主要受附加客户价值与附加市场价值两个因素的影

响。其中，附加客户价值是在进行市场合作联结、共享市场资源的过程中，联结双方可获得的市场客户需求附加值；附加市场价值是双方企业在进行市场合作联结互动过程中，联结双方可获得的市场形象提升附加值。

2. 构建市场合作联结强度影响因素的组合矩阵

鉴于附加客户价值与附加市场价值在数值上均存在"高"与"低"两种情况，构建如图 3-7 所示的影响因素组合矩阵，明确市场联盟合作深入化的入手点。由图 3-7 可知，为实现市场联盟合作深入化，应实现附加客户价值与附加市场价值最大化。

	低 附加市场价值	高
高 附加客户价值	象限Ⅲ 考虑到高附加客户价值 市场合作联结对象会考虑 增加市场合作联结强度	象限Ⅳ 市场合作联结附加值超高 市场合作联结各方愿主动 增强市场合作联结强度
低	象限Ⅰ 市场合作联结附加值低 市场合作联结强度降低	象限Ⅱ 考虑到高附加市场价值 市场合作联结对象会考虑 增加市场合作联结强度

图 3-7 附加市场价值和附加客户价值组合矩阵

3. 实现附加客户价值与附加市场价值最大化

为实现附加客户价值与附加市场价值最大化以求实现市场合作联结强度的增强，应采取以下措施。首先，对现有市场客户群体进行分类，针对性地调查各类客户群体的产品需求。其次，建立客户信息共享平台，跟踪客户需求变化趋势，快速获取与掌握客户需求。一方面，市场合作联结伙伴通过客户信息共享平台将客户体验反馈给制造企业网络；另一方面，制造企业网络根据市场合作联结伙伴提供的客户需求改进产品功能，促进市场联盟联结各方密切交流，深化市场合作，双方配合共同改进产品营销与服务方式，增加市场合作联结双方的附加客户价值，实现经济价值的提升，有效提升制造企业网络绩效。最后，联结双方共同构建市场环境监测平台，监测市场环境动态变化，借助数据挖掘技术工具，挖掘有利的潜在市场渠道信息，实现附加市场价值最大化，从而增强企业间市场合作联结意愿，促进市场联盟成员合作深入化，提升市场合作联结各方的经济绩效。

3.5.3 拓展市场合作服务联结广度

为利用网络关系的联结广度提升制造企业网络绩效，应不断建立新的市场合作联结关系，拓展制造企业网络市场合作联结范围，扩大现有市场联盟规模，即制造企业网络可通过产品分销区域模块化方法，不断与外部经销商、供应商等建立新的市场合作联结关系，拓展制造企业网络市场合作联结广度。产品分销区域模块化方法的具体步骤如下。

1. 划分产品分销区域子模块

设定产品分销区域模块划分系统规则，将总体产品销售区域分解为若干个独立完整的子模块分销区域，寻求拥有任一子模块分销区域市场渠道资源的经销商帮助，建立新的市场合作联结关系。

2. 产品分销区域子模块标准化

按照各经销商市场资源优势分配分销区域子模块销售任务，标准化处理各分销区域子模块，统一产品销售价格与促销方式，便于市场资源互通，提高企业网络间市场合作联结便利性，扩大制造企业网络市场合作联结范围。

3. 协调产品分销区域子模块运作

解决市场合作范围内产品营销过程中出现的各类问题，帮助制造企业网络快速完成总体分销区域的产品销售任务，实现经济价值的提升，提升制造企业网络绩效，具体流程图如图 3-8 所示。

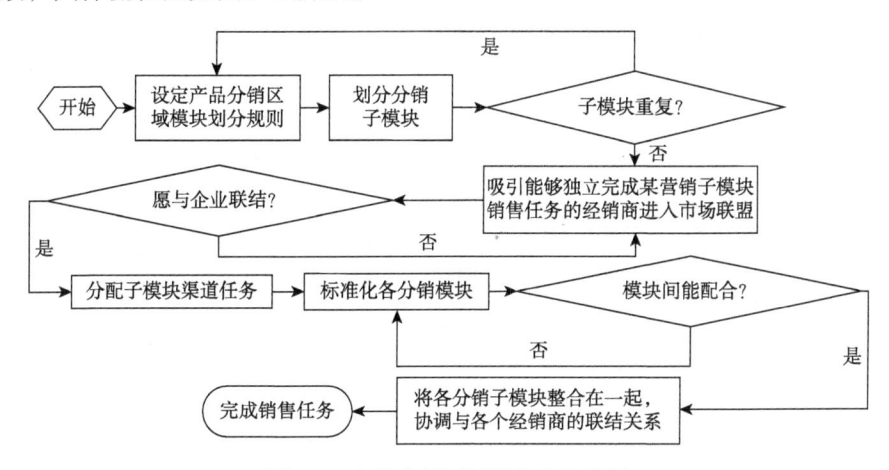

图 3-8 产品分销区域模块化流程图

3.5.4 提升市场服务合作联结关系的动态稳定性

企业间因为对彼此市场资源的依赖性而建立市场合作联结关系，形成市场联盟，但在市场联盟关系存续期间，市场合作联结伙伴可能因为市场资源的需求与利益而发生变动，为市场联盟带来不稳定的隐患。因此，为实现市场联盟动态稳定化发展，应动态管理市场联盟结构，提升成员间市场合作联结关系的动态稳定性。

首先，建立马尔可夫链模型，计算市场联盟结构近似达到稳定状态时，市场联盟内部各层成员的结构比例分布；其次，按照理想的市场联盟结构比例分布目标，动态管理市场联盟成员企业间的市场合作联结关系，动态控制市场联盟内部各层成员数量分布，以求不断逼近市场联盟稳定结构的理想目标。调查统计市场联盟发展过程中各时段末联盟成员的层间转移概率，预测市场联盟结构变动趋势。根据市场联盟不同层级上成员数量变动趋势，人为削减渠道联盟内部层级上冗余成员的数量。即在市场联盟发展过程中，市场环境及客户需求的变化，以及双方企业经营发展目标的改变，造成双方企业市场经济发展目标不一致或企业间实力逐渐拉开，导致市场合作联结伙伴不愿意或无法再为制造企业网络提供市场竞争所需的市场优势资源，或者市场合作联结伙伴的市场资源不再为制造企业网络的产品经营所需时，需要人为断开制造企业网络与其之间的市场合作联结关系。

同时，针对市场联盟内部层级上成员数量不足的情况，需要人为引入符合联盟各层市场资源贡献率要求的经销商，建立新的市场合作联结关系，按照理想的稳定状态下市场联盟内部成员结构比例分布要求，完善市场联盟结构，不断逼近市场联盟的稳定状态。即制造企业网络应适应市场环境的变化不断提升自身实力，并根据企业网络现有的市场资源能力，审慎选择满足相同的经济发展愿景、一致的经营发展战略目标、相近的企业文化、市场资源部分或全部互补等条件的外部网络组织，选择相互信任的市场合作联结方式建立网络关系，进入市场联盟进行市场经济合作。

可见，只有通过不断动态管理制造企业网络与市场联盟成员间的市场合作联结关系，动态控制市场联盟内部各层成员数量，才能使市场联盟结构不断接近理想的稳定状态下的结构分布比例目标，提升企业间市场合作联结关系的动态稳定性，实现市场联盟动态稳定化发展，从而提升制造企业网络绩效。

3.5.5 案例分析

B 企业成立于 1978 年，注册资金 529.911 亿元人民币，总部位于上海。B 企业的主要产品为钢铁，B 企业依靠其创新、技术管理等诸方面综合优势，不断优化产品结构进行换代，提高产品的差异化程度。2017 年年产 2000 万吨左右钢铁，年营业额 366.08 亿美元左右，碳钢、不锈钢、特殊钢三类主要产品远销海内外四十多个国家，产品均获得国际权威机构认可。B 企业在国内钢铁企业中率先提出了"环境经营"的新理念，以技术创新为核心，不断与外界环保企业合作进行环保工艺改进，实施清洁制造，目前已率先通过 ISO 14001 环境认证，是我国绿色领先企业之一。目前，随着新一轮发展战略的推进，B 企业正积极调整现有业务结构，围绕产品更新换代来进行渠道管理以求进一步组建与完善企业网络，实现可持续发展。

在市场服务方面，B 企业网络借助政府资金与政策支持，依托互联网技术手段建设了钢铁交易服务平台。在市场竞争环境下，B 企业网络积极与国内多家经销商合作共同组建了长期市场合作互惠的市场联盟，以资本为纽带入股参与市场合作经营甚至控制区域市场渠道，经过 B 企业十余年的不断发展，通过不断吸收新成员，目前该联盟成员已接近 150 家。但随着 B 企业网络市场联盟成员数量不断增多，联盟结构愈加不稳定，市场联盟多级打理的高成本、低效率问题及市场需求信息双向传递滞后现象逐渐显现，可见 B 企业网络在经济方面所建立的网络关系尤其是市场合作联结关系存在很多隐患，对市场联盟稳定性造成很大影响，急需改善。借助市场联盟成员的市场渠道资源的帮助，B 企业网络顺利承接到 SG、AG 等两个企业项目，通过有效地开展海外业务，经济产出保持国内行业领先地位。但因近年来市场联盟成员数量过多，导致市场联盟结构不稳定，B 企业网络的市场联盟管理时间与资金投入不断增加，经营管理内耗严重，未能完全实现 B 企业网络经济服务价值，因此，提升服务绩效是 B 企业网络当前发展的主要任务。

针对 B 企业网络市场经济方面的网络关系、经济绩效现状及市场联盟发展目标，目前提升 B 企业网络绩效主要需利用网络关系的联结维度，提升 B 企业网络现有市场联盟的稳定性，由此设计基于网络关系的 B 企业网络绩效的提升路径。

1. B 企业网络市场联盟状态划分与初始状态确定

以 B 企业网络的三次主营产品更新换代过程为市场联盟发展的时间序列，调查获取各市场联盟成员在市场联盟发展初始阶段的市场资源贡献率，根据市场资源贡献率的大小划分市场联盟的结构状态。将市场资源贡献率在 60% 以上、拥有良好市场形象的经销商称为实体合作式市场联盟成员，它们处于市场联盟的核心层；将市场资源贡献率在 30%～60% 的经销商称为股权管理式市场联盟成员，它们处于市场联盟的中间层；将市场资源贡献率在 30% 以下，但能成为制造企业营销助推器的经销商称为契约合同制市场联盟成员，它们处于市场联盟的最外层。按市场资源贡献率从大到小的顺序，将市场联盟划分为三层结构，则对应的马尔

可夫链状态集为 $I = \{1, 2, 3\}$。

将 B 企业网络每次主营产品更新换代营销的时间末，记为 B 企业网络市场合作联结成员变动再选择的时机。以 B 企业网络首代主营产品问世为研究起点，记 $t = 0$，则 B 企业网络所在市场联盟的初始状态记为 $a(0) = (a_1(0), a_2(0), a_3(0)) = (1, 0, 0)$。

2. 计算市场联盟成员转移矩阵

B 企业网络主营产品的更新换代具有明显的顺轨效应。B 企业网络的三次主营产品更新换代过程，对应于马尔可夫链时间参数 $t = 0, 1, 2, 3$。统计市场联盟成员在三次主营产品更新换代过程中，在联盟内部不同层次状态之间的转移情况，得到市场联盟成员的内部转移概率统计表，如表 3-17 所示。

表 3-17 市场联盟成员内部转移概率统计表

转移概率	第一次换代	第二次换代	第三次换代	平均数
q_{11}	0.7360	0.9460	0.6880	0.79
q_{12}	0.1769	0.0475	0.2856	0.17
q_{13}	0.0000	0.0000	0.0000	0.00
q_{21}	0.0168	0.0784	0.0294	0.04
q_{22}	0.5828	0.7032	0.5140	0.60
q_{23}	0.0550	0.1848	0.0372	0.09
q_{31}	0.0000	0.0000	0.0000	0.00
q_{32}	0.1669	0.1631	0.2700	0.02
q_{33}	0.3127	0.1328	0.1545	0.02

由表 3-17 求出 3 次转移矩阵的平均数，记为一步转移矩阵，可得到市场联盟内成员转移矩阵 Q。

$$Q = (q_{ij})_{3 \times 3} = \begin{pmatrix} 0.79 & 0.17 & 0 \\ 0.04 & 0.60 & 0.09 \\ 0 & 0.20 & 0.20 \end{pmatrix}$$

3. 市场联盟稳定状态预测

由提升路径可知，市场联盟达到理想稳定状态时，迁入与迁出市场联盟的成员数量近似相等，市场联盟各层上经销商都以一个恰当的比例分布。因此，若市场联盟存在理想的稳定状态，内部成员结构分布比例 $a = (a_1, a_2, a_3)$ 需满足式（3-4）的临界条件。

$$a \geqslant aQ \tag{3-4}$$

将内部转移矩阵 Q 代入，式（3-4）可化为

$$\begin{cases} a_1 \geqslant 0.79a_1 + 0.04a_2 \\ a_2 \geqslant 0.17a_1 + 0.60a_2 + 0.20a_3 \\ a_3 \geqslant 0.09a_2 + 0.20a_3 \end{cases} \tag{3-5}$$

又因为内部各层分布比例之和为 1，即需满足式（3-6）的约束条件。

$$\sum_{i=1}^{3} a_i = 1 \tag{3-6}$$

综合式（3-5）与式（3-6），可以解得 B 企业网络所在的市场联盟存在理想的稳定状态目标时，市场联盟内部结构分布比例 a 需满足如下条件。

$$a \leqslant (0.146, 0.768, 0.086)$$

4. B 企业网络市场联盟稳定性实现控制

因为市场联盟的结构组成影响联盟的稳定性与成员企业的绩效，所以处理好联盟内部各层级比例关系为市场联盟稳定性控制的关键。因此，可采用逐步法使市场联盟无限靠近预测的稳定分布状态。

令 $D(a(t+1), a(t)) = \sum_{i=1}^{k}(a_i(t+1) - a_i(t))^2$ 表示稳定状态的比例分布 $a(t+1)$ 与 $a(t)$ 之间的距离，通过恰当的迁入比例 $e(t)$ 对联盟稳定性进行动态治理，控制 $a(\varphi)$ 与联盟预测的稳定状态结构比例 a 相同或无限接近，即 $D(a(\varphi), a)$ 近似于零，那么，渠道联盟内部结构最优解 a^* 的逐步迭代模型如下所示。

$$\min D(a(t), a)$$
$$\text{s.t.} \begin{cases} a(t) = a(t-1)[Q + m^{\mathrm{T}}(t)e(t)]^t \\ e_i(t) \geqslant 0, \sum_{i=1}^{k} e_i(t) = 1 \end{cases} \tag{3-7}$$

现已知经过三代主营产品更新后，目前 B 企业网络所在渠道联盟中处于核心层的渠道经销商有 128 家，处于中间层的渠道经销商数量为 113 家，处于外围层的渠道经销商有 9 家，当前 B 企业网络所在的渠道联盟内部结构预测比例分布为 $a(3) = (0.5136, 0.4512, 0.0352)$。

实际研究中，渠道联盟的稳定结构比例分布 $a(t)$ 难达到满意解 a^*，为使渠道联盟达到或无限靠近预测的稳定分布状态 $a^* = (0.146, 0.768, 0.086)$，应用 MATLAB 软件对联盟进行迁入、迁出比例的规划求解，试图通过恰当的迁入比例 $e(t)$ 对联盟稳定性进行动态控制，每一步的渠道联盟迁入比例 $e(t)$ 和联盟结构比例 $a(t)$ 如表 3-18 所示。

表 3-18 渠道联盟稳定性控制

t	$e_1(t)$	$e_2(t)$	$e_3(t)$	$a_1(t)$	$a_2(t)$	$a_3(t)$
1	0	1	0	0.7900	0.2100	0
2	0	1	0	0.6325	0.3486	0.0189
3	0	1	0	0.5136	0.4512	0.0352
4	0	1	0	0.4238	0.5286	0.0476
5	0	1	0	0.3560	0.5870	0.0571
6	0	1	0	0.3047	0.6311	0.0642
7	0	1	0	0.2659	0.6644	0.0696
8	0	1	0	0.2367	0.6896	0.0737
9	0	1	0	0.2146	0.7086	0.0768
10	0	1	0	0.1978	0.7230	0.0791
11	0	1	0	0.1852	0.7339	0.0809
12	0	1	0	0.1757	0.7421	0.0822
13	0	1	0	0.1685	0.7483	0.0832
14	0	1	0	0.1630	0.7530	0.0840
15	0	1	0	0.1589	0.7565	0.0846
16	0	1	0	0.1558	0.7592	0.0850
17	0	1	0	0.1534	0.7612	0.0853
18	0	1	0	0.1517	0.7628	0.0856
19	0	1	0	0.1503	0.7639	0.0858
20	0	1	0	0.1493	0.7648	0.0859
21	0	1	0	0.1486	0.7654	0.0860
22	0	1	0	0.1480	0.7659	0.0861
23	0	1	0	0.1475	0.7663	0.0862
24	0	1	0	0.1472	0.7666	0.0862
25	0	1	0	0.1470	0.7668	0.0862
26	0	1	0	0.1468	0.7670	0.0863
27	0	1	0	0.1466	0.7671	0.0863
28	0	1	0	0.1465	0.7672	0.0863
29	0	1	0	0.1464	0.7673	0.0863
30	0	1	0	0.1464	0.7673	0.0863
31	0	1	0	0.1463	0.7674	0.0863

渠道联盟达到稳定状态的路径是一个漫长的过程，需要经过 31 次迭代，才能近似达到 B 企业网络理想的渠道联盟稳定结构目标。虽然在实际应用中很难达到渠道联盟结构的理想比例分布，但 B 企业网络可以按照表 3-18 的渠道联盟迁入比例 $e(t)$ 要求，在 B 企业网络未来每一次主营产品更新换代时间末，均人为地引入符合中间层渠道资源贡献率要求的外部经销商，使渠道联盟内部结构比例分布不断逼近理想结构目标，从而实现渠道联盟动态稳定。

总之，B 企业网络应定期与渠道联盟成员进行沟通交流，及时针对 B 企业网络产品的更新换代情况，共同协商制订新的营销方案。首先，根据不同联盟成员的渠道优势，明确渠道联盟各联结成员的渠道分工，增强 B 企业网络渠道联盟内部成员间渠道联结强度；其次，B 企业网络应定期组织渠道联盟成员共同讨论产品促销与定价等相关事宜，统一渠道经销商营销服务理念、营销方式，协调 B 企业网络产品在不同渠道内的销售进展，提高渠道联盟成员的渠道关联性，保障 B 企业网络有效拓展渠道联结范围，进而保障基于联结的 B 企业网络渠道绩效提升路径有效实现。B 企业网络应联合渠道联盟所有成员共同制定渠道冲突协调机制，共同制定在操作层面上不同渠道成员的责权利，明确规定渠道联盟管理纪律要求、处罚措施。首先，B 企业网络作为渠道联盟组织者在实际操作中要真正深入地介入管理实践，监督与仲裁众渠道联结对象的销售行为，严厉制止渠道成员之间的跨区域销售、低价倾销现象；其次，实行共同监督管理，及时识别渠道联盟中存在的潜在风险，实时监控各渠道成员在渠道联盟内部层间的转移行为，及时补充高渠道贡献度成员，并及时人为断开与低渠道贡献成员间的渠道联结，保持 B 企业网络与各渠道联结对象间渠道联结关系的动态稳定性，最终实现渠道联盟均衡发展。

3.6 灵活战略导向制造企业网络可持续发展策略

3.6.1 可持续发展支撑要素

（1）价值主张。价值主张是企业网络所生产的产品或所能提供的服务能为消费者带来独特的价值，是顾客所能感受到的一系列既得利益的总和。在社会的不同发展阶段，顾客的消费偏好会发生偏移，制造企业网络要对顾客价值取向的发展趋势做出正确的判断，对未来市场竞争趋势能够做出正确的阶段性判断。企业网络挖掘客户深层次的需求，通过针对性的营销宣传自身产品或服务与顾客需求的契合点，或经过营销将价值传递给消费者，证明和展示自己的价值主张，获取市场流量，为客户创造最持久的价值。例如，商品种类匮乏时期，消费者更加关注质量与实用性；快速消耗品丰富起来后，差异化的设计和独特性功能更具溢价能力，因此企业网络要灵活调整自身的价值主张，谋求消费需求覆盖最大化。

（2）战略布局。为了保证价值主张快速地得到贯彻、落实，制造企业网络需要形成有效的战略规划、布局定位、任务安排，确定有效的商业与运营模式，通过服务化的灵活调整、快速执行与贯彻，实现企业网络面对外部变动时的快速适应与调整，从而促进制造企业网络的可持续发展。

3.6.2 可持续发展实现策略

灵活战略导向制造企业网络可持续发展是以挖掘需求、开拓市场为起点，在发展过程中实施信息化、服务化等适应性动态创新，以适应发展的宏观环境和背景，最后整合核心用户社群及合作伙伴，实现价值共创，可持续发展策略框架如图3-9所示。

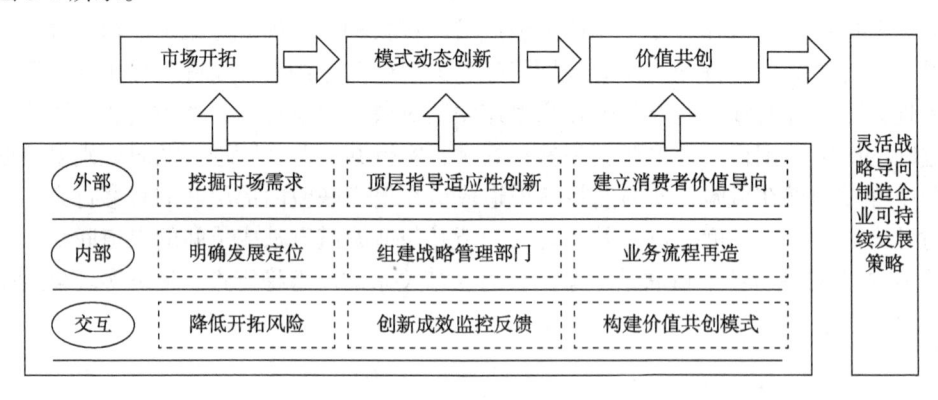

	市场开拓	模式动态创新	价值共创	
外部	挖掘市场需求	顶层指导适应性创新	建立消费者价值导向	灵活战略导向制造企业可持续发展策略
内部	明确发展定位	组建战略管理部门	业务流程再造	
交互	降低开拓风险	创新成效监控反馈	构建价值共创模式	

图3-9 灵活战略导向制造企业网络可持续发展框架图

1. 确定市场开拓战略

灵活战略导向型制造企业网络初入市场时，所具备的优势往往较为单一，多为资源整合能力、具有市场前景判断或需求空间等单一方面，需要确定企业网络战略迅速开拓市场。成功的灵活模式不在于自身的技术研发水平和产品线覆盖能力，而在于完美地满足客户在某一问题上的需求。因此，首先要挖掘市场需求，通过第三方市场调研、设计社会实验、复盘式体验或从已完成的生产项目中寻找与需求相关的蓝海市场并确定其市场份额，加深对行业特征和变化趋势的了解，对消费市场的需求、满足需求成本、收益等进行评价排序，根据与自身具备资源的匹配程度选择性价比较高的消费市场进行布局，通过差异化特点，集中有限的资源为目标客户群提供解决方案，精准地解决需求痛点，以此打造品牌，开拓市场，延展市场链。其次，从产品定位、用户定位及价格定位三个维度明确企业网络发展的定位问题。产品定位要能符合需求挖掘调研结果，满足市场的功能需求；用户定位要精确瞄准占据一定市场份额的客户群，而非具有共性需求的广泛用户，避免激烈竞争；价格定位要考虑行业经济环境发展背景，消费升级与降级反映的不仅是消费能力的高低，更多的则是消费习惯及对产品、服务本身的支付意愿。因此要根据目标消费人群愿意购买的价值、愿意支付的价格及企业网络的价值链细分活动，估计开展业务的盈利能力，以及对未来业务的计划、盈利能力评价，设计与自身盈利能力相匹配的盈利模式，获取企业网络发展的原始积累。最后，由于所专注市场的单一性，选择这条路径会承担更大的风险，因此初期需要在生产制造各环节中选择更直接、快捷的工作方式，采取具有企业网络开拓期特征的全面成本控制提高风险防范能力。在产品设计阶段可以通过参照模仿成功案例提高市场开拓成功率，在产品研发阶段通过拆解、研究、升级的反向研发方式缩短研发周期，以及手工取代自动化，或手工、自动化相结合的弹性生产方式，确保能够以较低的成本和风险实现既定的市场开拓目标。

2. 商业模式动态创新

企业网络采用差异化、专一化、低成本战略度过发展生存期后，要实现可持续发展需要不断地进行战略调整以适应环境的变化或领先于环境，因此，首先在企业网络高层中分离或组建独立的战略管理部门，从行业宏观环境和市场用户微观变化两方面入手，对社会科技水平的提升及发展方向、客户需求结构、行业发展趋势等企业网络发展环境因素持有高度的敏感和重视，通过对企业网络现存可持续发展障碍和外部发展机遇进行分析，对于服务化、网络化的战略转型，制定灵活动态的转型目标和规划方案，出台具体的转型举措。其次，以顶层战略设计规划指导中下层付诸执行。对服务化转型，要提供标准化服务，提高服务环节比重，以互联网技术为基础，以提供高附加值的产品或服务为手段，满足客户新需求，拓宽盈利渠道与方式，提升企业网络盈利能力。智能化转型要以信息技术和网络技术辅助业务开展、以创新结果为导向进行业务重组，降低运营成本，提高制造资源整合效率；建立面向产品生命周期的运行维护体系，提高制造企业网络信息化程度，实现产品设计、研发、制造周期的可视化管理；建立以客户为中心的高效灵活的管控体系，提高客户认可及留存度。最后，对商业模式转型成效进行监控、反馈，根据演变创新的目标和结果之间的比对情况，对组织架构、管理流程、资源配置、绩效考评等方面进行不断地合理优化，弥补体制和制度性缺陷，将企业网络惯性调整在可控范围内。建立前后端、内外部协调联动机制，分层分级逐步推进创新转型规划的实施，为从以生产为中心向以客户为中心的平稳转型提供支撑和保障。

    3. 加强价值共创

    灵活战略导向型制造企业网络通过整合内部资源进行模式创新，在不断拓展市场份额后，需要吸收更多外部能量向更高的可持续发展水平跃迁，以防止同质企业的模仿赶超造成企业网络能量相对衰减。对于此类企业网络而言，关键资源是核心用户社群。企业网络可以通过开放式发展，深度开发用户资源，吸收市场价值，提升自身可持续发展水平。首先，将消费者对产品和服务的需求转化为对企业网络商业模式创新的导向，企业网络建立多层调研、研发、设计、资源调配体系，合作层与客户直接接触，吸收外界能量，中层整合制造资源，内层实现研发生产，从满足主流市场向覆盖长尾市场发展，形成更大的市场占有率。其次，对客户关系管理部门实施业务流程再造，重新规划部门的职责内容和边界，重新定义企业网络和消费者角色，确定消费为价值的主要创造者，企业网络发挥生产协助的作用，满足客户个性化需求，形成新型客户关系。线上构建"企业网络—用户"交互平台，在用户终端直接获取创意想法和反馈，并配备专业设计、研发人员，对信息过滤、筛选、归类等环节给予整合；线下设计保障机制，确保线上可行的反馈或创意雏形能够以项目或产品的形式交于生产制造，用柔性化、大规模定制等方式满足个性化功能需求、服务需求，将满足消费者需求作为企业网络创新与发展的动力；设计激励措施，以社交关系为手段，提高关系紧密度，加强客户的价值感和归属感，最大限度挖掘利用客户资源。最后，对企业网络内部组织结构、生产资源进行拆分重构，构建价值共创模式。企业网络要积极引导消费者需求，将消费者需求控制在与企业网络能力相匹配的范围内，形成切实可行的创新需求后，调配研发力量、生产人员、销售团队等内外多方资源探寻产品改进和服务优化的可能性，获得更大的品牌溢价。

3.7 本章小结

    为了实现灵活战略导向制造企业网络可持续发展，应当改变传统生产制造模式，不断加强外部客户需求调查、提供个性化服务，因此，制造企业网络服务化成为灵活战略导向制造企业网络实现可持续发展的战略选择。本章应用扎根理论，通过文献研究，确定三个主范畴、十四个副范畴。服务化需求主要包含实现财务目标、形成战略优势、满足客户需求（内）及应对竞争压力、响应政策号召、适应全球环境（外）；服务化行为主要包含加强技术开发、提供资金保障、优化企业网络管理与加强企业网络合作等；服务化结果主要包含提升创新能力、改善生态绩效、保持拓展客户、优化网络关系等。应用结构方程方法，验证三者关系，得出结论：主观意愿及外部产生刺激对服务化转型需求同样产生直接影响；只有充分激发服务化转型需求，才能促使其实际开展服务化活动。但受到结果延迟、质变要求及外部扰动影响，服务化行为对绩效影响力不高。服务化结果将影响其未来服务化转型动力。在进一步阐明制造企业网络灵活性类型、服务化类型基础上，提出理论假设，通过问卷设计与数据采集、处理分析等，得出结论：制造企业网络生产灵活性、关系灵活性与流程灵活性对基于产品的服务化具有显著正向影响；生产灵活性、关系灵活性与结构灵活性对基于功能实现的服务化具有显著正向影响；生产灵活性与流程灵活性对基于业务流程的服务化具有显著正向影响；结构灵活性、流程灵活性对基于概念的服务化具有显著正向影响。总之，不同服务化类型制造企业网络应当进行不同的灵活性调整，以有效推进服务化进程。

基于上述分析，在分析战略转型构成要素基础上，构建制造企业网络服务化战略转型要素体系，提出服务化初期战略转型模型架构，从价值主张维度提出构建制造企业网络服务化项目矩阵、可行矩阵，确定项目优先序，以及动态更新的具体流程和方法；从人力资源、知识资源、信息资源、组织资源等维度提出跨部门人员合作、服务化知识的有效搜集与利用、信息采集与处理软硬实力提升及综合服务能力优化等转型管理方法，以及各要素相互促进的制造企业网络服务化初期战略转型模型，为处于服务化转型初期阶段的制造企业网络提供有效的方法借鉴与决策参考。从全过程发展视角考虑，结合质量屋思想，分析制造企业网络服务化与战略特征要素相关关系、要素形成竞争优势的可行性及服务化行动计划。在此基础上，论证了制造企业网络管理核心——人才与团队、知识与知识产权、信息设备与数据、组织结构与流程在产品服务功能拓展、服务能力持续提升及服务集成与创新三阶段的具体要素特征。根据要素特征提出不同服务化阶段的战略目标，进而提出不同服务化阶段下四种战略特征要素的具体管理方法。本书可为制造企业网络确定要素特征与服务化阶段提供决策参考，为确定不同阶段下制造企业网络服务化管理要点与方法提供有效支持。

进一步从选择与确定市场服务伙伴、增加联结强度、拓展联结广度及提升市场服务合作联结关系稳定性出发，本书设计了灵活战略导向制造企业网络可持续发展路径，提出该类企业网络可持续发展的支撑要素和实现策略。

第4章　效率战略导向制造企业网络可持续发展路径研究及设计

4.1　基于任务与资源匹配的效率战略导向网络可持续发展方法

外部环境动态变化、技术变革日新月异，制造企业网络需要通过内部成员之间任务与资源的高效、科学匹配，应对各种变动，提升资源运作效率与任务完成质量。另外，由于制造企业网络成员的资源数量、种类的限制，制造企业网络在重点依托内部成员资源基础上，也需要通过信息技术加强对外部资源的获取与利用，从而保证制造企业网络任务高效、顺利地开展。

信息技术的发展拓展了制造企业网络成员间及外部资源选择空间、范围，为制造企业网络资源高效匹配、提升效率战略导向制造企业网络绩效与可持续发展能力，提供了更加高效的平台与工具，但是冗余资源造成了制造企业网络任务匹配与资源选择的难度，影响了制造企业网络的资源利用效率。首先，制造企业网络的任务需求描述过于宏观，很少有网络成员或外部制造企业能够提供完整的系统服务，因此，造成任务资源供给不足或缺乏匹配项。其次，资源供给企业或网络成员对资源的表述不够规范，制造企业网络在选择任务资源对接成员与企业时，难以凭借其提供的信息描述科学判定制造任务需求与资源的匹配性。最后，资源信息过于繁杂，制造企业网络难以高效地定位与选择最合适的资源供给者。这些问题严重影响了制造企业网络的资源利用效率。

因此，研究制造企业网络成员间及网络与外部企业间"任务需求分解—资源供给表述—任务与资源快速匹配方法"具有重要现实意义。通过任务科学分解，成员提供资源科学表述等，可以提升任务完成效率、成员合作绩效，同时也可为任务环境变动下，制造企业网络应对变动、减少冲突、实现可持续发展提供有效的方法支持。

4.1.1 制造企业网络任务分解

1. 制造企业网络任务分解相关研究

制造企业网络提出的任务需求过于宏观，需要进行拆分，形成资源需求相对集中、分解任务相对独立、任务资源供给相对同步的需求拆分方案以便于匹配资源的搜集与对接。制造企业网络任务分解可采取多种方法，如基于任务关系（约束关系、同步关系、父子关系，其中同步关系包含时间和资源的约束等）的递归分解法，基于企业网络能力的任务分解方法（将任务要求转化为能力需求，以能力需求可行度、任务内聚度作为分解依据，形成一系列可执行的需求集，进行任务分解），基于子任务数量的数据与任务并行分解方法，基于任务匹配工作量完成总用时最短的粒子群优化算法（particle swarm optimization algorithm，PSOA）等。这些研究为制造企业网络任务需求分解提供了有效参考，但是单独考虑任务逻辑关系、任务资源与能力需求、任务数量与粒度大小、任务完成时间会形成不同的分解方案，且不同分解方案下无法综合考虑其他因素，影响任务需求的分解效果。如何在综合考虑制造企业网络资源需求数量与类别、时间、任务相关性基础上，设计更加科学的任务需求分解方法，成为制造企业网络有效获取资源供给、科学实现任务与成员资源或企业资源匹配的重要研究内容。

2. 制造任务分解原则

原则作为实施的行为准则，具有规范性的作用，在进行任务分解时要以下列原则作为实施任务分解的准则，为制造企业网络的后续任务分解的实施奠定一定的基础。

（1）明确任务目标。任务分解时首先明确任务需要达到什么样的目标，任务目标即最高级任务，而后再确定任务范围，确认任务关键部分，设定任务预期要达成的效果。

（2）由上至下进行分解。根据任务的层次结构，由上至下进行逐级划分，按照任务信息的流动过程将整体任务分解为一个个的任务层。随着层级的划分，明确任务的上下关系，降低任务的复杂度，使复杂的任务网络具体化、简单化。各层级具有一定的独立性，上层级任务不需知道下层级任务是如何完成的，只需要从下层级任务获取完成信息并开展本层级任务即可。

（3）由大到小进行分解。根据生产制造任务所包含的信息量大小进行分解，对处于同一层级信息量大的任务进行优先分解，按照任务所含信息量依次递推，直至含有最小信息量的任务分解完成。根据任务所包含的信息量进行分解，在一定程度上能够明确任务的需求，使任务需求细化，任务需求的细化将促使制造企业网络明确任务要求，使任务要求更加简单明了，易于后续工作的开展和项目跟进。

（4）先整体后局部。统揽全局，从整体进行控制，根据制造任务的总目标进行拆分，分解为不同层级的小目标，在总目标的范围内把握分解完成的子任务目标，通过对局部任务的实施把控以有效控制子任务目标，避免分解完成的子任务目标在汇总时与总目标出现偏差，局部目标的最终指向应为整体的总目标。

（5）分解时考虑任务特性。对任务进行分解时，考虑任务自身属性，对需要分解的任务进行初步判断，若任务具有特殊工艺要求不能拆分，应保持该任务的整体性。

（6）下级子任务只能从属于一个上层任务。分解完成的任务与其他任务之间必然存在一定的联系，且产生联系的方面具有多样性。但最后只能确定一个唯一联系，也就是下级子任务只能从属于一个上层任务，具有唯一从属性。下级子任务不能同时交叉从属于两个及以上上层任务。

（7）制造任务分解终止。若制造企业网络任务可进行拆分，但拆分完成后复杂度上升，则停止任务分解。若无此种情况，则将任务分解至不可再分时停止分解。

3. 任务分解考虑因素

对任务分解影响因素进行综合采集，将影响任务分解的众多因素进行简化处理，确定对任务分解结果产生影响的重要因素，具体如下。

（1）信息相关性。任务是一个独立的信息源，每个任务自身拥有一定的信息量，自身所拥有的信息与其他任务之间的信息交流情况能够反映任务间的相关性，而任务间信息交流的频繁程度则能够体现相关性强弱。考虑任务相关性可为任务信息协调交涉提供依据与指南，从而降低信息交涉协调成本；另外，对相关性高的任务进行组合，有利于后续分块制造和产品组装，提升生产效率。

（2）任务需求相似性。完成一个任务需要物质资源、执行者、操作时间等紧密配合，任何一个要素的缺失都会造成任务延误，其中物质资源是完成任务的基础与保障，没有不需要资源的任务，只有缺乏资源而无法有效执行的任务。若两个或两个以上生产任务需要的资源在某种主要方面具有相同或类似的特性，这种特性是资源本身所拥有的，不包括外在环境所附加的属性，即可认为它们的需求资源具有相似性。在需求资源相似的基础上，分析任务是否由同一个执行者执行，任务的操作时间是否相近。三者同时满足的任务优先组合，执行者不一致，但资源需求相似，操作时间相近的任务也可进行组合，形成任务组。

（3）任务时间均衡性。对分解完成的任务进行时间均衡性考虑，增加该方面考虑有利于掌握任务的整体进度，对任务是否能够在预期时间内完成有一个清晰的认识,同时也能及时对超时任务进行调整,避免延误后续生产制造任务的执行时间。一个可交付任务的子任务在执行时间上均有一定的关联性,且生产制造任务都有严格的时间约束。

(4)任务粒度。任务粒度是检验任务分解是否合理的重要因素,任务粒度表示任务之间的聚合程度。任务粒度过小将会造成任务数量增多,任务数量增多造成任务完成时间碎片化,任务层级增加,任务间的信息传递链变长,过长的信息传递链会造成任务信息失真,过小的任务粒度也会增加资源分配冲突的概率;若任务粒度过大,一部分具有高复杂性的任务在粒度合理的范围之内,复杂程度高的任务所需时间多,涉及的资源种类多,在协调和调度上会增加相应的复杂性,影响整体任务的执行。因此,制造企业网络在进行任务分解时,需要考虑任务分解粒度,任务方案的粒度值并不是一个统一的规定值,需要根据所执行任务的实际情况设定。

4. 任务分解的总体思想

由于制造企业网络在成员或外部企业中寻找任务需求供给者时,经常因为任务过于宏观无法找到精准的供给匹配对象、任务过于庞大而无法寻找到具有完成实力的供给者、任务分解不够科学而导致供给者无法进行有效的任务对接与整合,最终影响制造企业网络任务需求的供给效果。因此,制造企业网络需要科学、合理地进行任务分解,确保子任务独立、粒度适中、时间均衡,从而在能力与资源可以满足任务要求的众多供给者中,选择更加精准与科学的匹配对象,保证任务按时对接,减少任务整合时间。

目前任务分解的大致思路有两种:第一种是自上而下的逐级分解,第二种是基于最小任务的自下而上的任务组合。第一种方法按照任务逻辑关系特征、流程/阶段、功能等进行分解,确定任务粒度阈值,当任务过大分解粒度不够时,进一步分解,直到粒度值不断降低越过阈值要求则停止分解。该方法重点研究如何模块化分解,从而保证父辈层的任务按照一定的规则(逻辑独立、任务耗时、空间无约束、降低复杂性)优先分解最必要任务部分,从而提升任务完成效率。该方法在分解过程中判断任务粒度,粒度满足条件立刻终止,减少了分解工作量,但该方法从顶层开始逐步划分,当不同任务分支下的任务存在合并可能性时,却因为从顶层开始分解进入不同轨道,且只能不断进行分解,导致任务无法后续合并与有效重组。例如,不同环节、不同功能下的人力资源需求无法进行整合为统一的人力资源需求,在技术咨询与服务企业获得统一的任务对接。第二种方法是按照任务特征、功能与流程等,将任务分解成最小的任务单元,根据一定的规则进行合并,当合并的任务粒度超过约束条件时,停止组合。该方法重点研究任务如何合并问题(时间均衡、逻辑关系、信息相关、资源相似等),虽然将任务分解成最小任务单元再合并，增加了分解工作量，但是由于形成的任务组合更加符合任务对接特征，保证了后续资源搜集与匹配的效率，因此，有许多研究者及制造企业采用第二类任务组合方法。本书重点研究第二类任务组合方法。

5. 任务分解方法设计

综合考虑以上因素，通过以下步骤进行制造企业网络任务分解，以确保制造企业网络能够有效寻找合适的资源供给者。

（1）将总任务分解成最小的任务单元。首先，特殊任务及涉及明确标准要求的任务不进行分解，其他部分按照任务结构与技术特点进行任务最小化分解，任务结构要求分解的任务满足可分离完成、可后期组合的要求，技术特点是按照任务技术条件、工艺流程等进行分解，分解后要求保证任务技术条件匹配、技术工艺完整，通过逐层分解，直到任务不能再分解为止，为后续组合研究奠定基础。

（2）判定任务逻辑层次关系。根据任务 i 和任务 j 的关系给出判断矩阵，t_{ij} 表示任务 i 是否对任务 j 产生影响，如果存在影响关系则 t_{ij} 取值为 1，否则取值为 0。当完成任务 i 后开始任务 j（顺序关系）、任务 i 无法开始时任务 j 也无法开始（递进关系）、任务 i 执行完成是任务 j 开始的基础条件时，t_{ij} 取值为 1。当任务 i 与任务 j 在完成过程中存在频繁或阶段性深入各种资源的共享、转移、整合等活动（耦合关系）时，$t_{ij} = t_{ji} = 1$。采用解释结构模型方法，首先根据任务 i 和任务 j 的关系得分构建邻接矩阵 A，利用 MATLAB 软件可得到 A 的可达矩阵 P。根据可达矩阵 P 进行计算，假设 t_i 的可达集为 $R(t_i)$，先行集为 $A(t_i)$，当 $R(t_i) = R(t_i) \cap A(t_i)$ 时，得出最上级各任务单元，删掉相关任务；用同样的方法可求得次一级诸任务单元，这样便可把不同层级任务划分出来，得出其作用关系。

（3）基于任务逻辑层次判定任务相关度，并开展任务合并。首先，根据任务之间形成的逻辑关系图，在判定任务之间是否存在逻辑关联的基础上，进一步根据任务所需资源、技术、工艺相似性及任务执行过程中资源、信息交互程度等，判定存在关联任务的相关程度；其次，从最底层任务开始，找到其上一级相关度最高的任务优先合并，其他底层任务按照相关度大小逐个合并，任务集合相关度是合并集合当中存在直接与间接逻辑关系的任务相关度的平均值，如果任务 i 影响任务 t，任务 t 影响任务 j，任务 i 与任务 j 的间接相关度为 $M_{ij} = M_{it} \times M_{tj}$。当底层任务完成合并后继续上一层任务的合并，如果上一层任务已经与底层任务合并，则将其视为一个整体，继续按照相关度的大小向上开展合并，计算新形成任务集合的相关度。伴随任务集合中任务的增加，其相关度不断降低，当低于相关度的阈值时，停止合并。任务集中最上层的子任务，将重新作为最底层任务开始向上合并，如此不断形成新的任务集，最终完成任务合并过程。

（4）按照任务粒度判定分解科学性。任务粒度要求分解的任务集大小适中，任务粒度阈值可根据行业经验进行设定，合并后任务集合的粒度计算过程如下：

① $n = k \times \dfrac{1}{n_s}$，其中，$n$ 为任务粒度，n_s 为任务数量，k 为任务粒度系数，$n > 0$，$k > 0$，$n_s > 0$，k 由任务的内聚程度决定，内聚程度可有效反映任务间的联系紧密程度，$k = \dfrac{\sum\limits_{t \in T} k(t)}{|T|}$，$T$ 为任务分解后有效的任务数，$k(t)$ 为任务内聚系数。

② $k(t) = \lambda(t)\mu(t)$，其中，$\lambda(t)$、$\mu(t)$ 分别为任务关联内聚系数、任务重用内聚系数，计算公式为

$$\lambda(t) = \begin{cases} \sum\limits_{(p,\mathrm{cs}) \in t} \left| \exists (p,\mathrm{cs}),(q,\mathrm{ds}) \in t \,\middle|\, (\{p\} \cup \mathrm{cs}) \cap (\{q\} \cup \mathrm{ds}) \neq \varnothing\ \text{且}\ p \neq q \right| \Big/ (|t| \times |t-1|), & |t| > 1 \\ 0, & |t| \leqslant 1 \end{cases}$$

$$\mu(t) = \begin{cases} \dfrac{\left| \{p \cup \mathrm{cs}\} \cap \{q \cup \mathrm{ds}\} / \exists (p,\mathrm{cs}),(q,\mathrm{ds}) \in t, (p,\mathrm{cs}) \neq (q,\mathrm{ds}) \right|}{\left| (p,\mathrm{cs}) \cup (q,\mathrm{ds}) / \exists (p,\mathrm{cs}), q(\mathrm{ds}) \in t \right|}, & |t| > 1 \\ 0, & |t| \leqslant 1 \end{cases}$$

其中，$|t|$ 为活动约束结构中有效约束子集 t 内的约束控制元数量；p 和 q 为输出活动单元；cs 和 ds 为输入活动单元集；$(\{p\} \cup \{\mathrm{cs}\}) \cap (\{q\} \cup \mathrm{ds}) \neq \varnothing$ 表示某一约束控制元中的所有输入、输出活动与其他约束控制元中的输入、输出活动存在交集。

（5）判定任务分解粒度，在对任务进行适当调整的基础上，还需要对分解任务方案的时间均衡性进行分析。与任务自下而上合并不同，任务分解粒度从任务最上层开始进行时间判断。最上一层任务受到不同子任务影响，各子任务通过不同的通道达到最上一层任务的时间需控制在一定的时间偏差范围内［(总任务时间要求 T − 最上层任务执行时间 t_i) $\times (1 \pm \varepsilon_i)$，其中 ε 是允许的偏差范围］。除去完成次上级（第二层）所需的子任务执行时间 t_{2-i}，第三层任务通过不同渠道到达第二层不同子任务的时间应当为 $\{[T - t_i] \times [1 \pm \varepsilon_i] - t_{2-i}\} \times [1 \pm \varepsilon_{2-i}]$。以此类推，大致获得各层任务的到达时间约束。任务集合中串行任务的执行时间是串联项所有任务执行时间的累计相加，并行任务的执行时间则以并列执行任务中最长完成时间为准，将任务集合时间作为达到任务集合中最高层所采用的路径时间。在将任务集合执行所需时间与对应层次任务达到时间要求进行比较后，调整与确定任务时间安排。

6. 任务分解仿真计算

根据上述设计方法，对制造企业网络提出的任务进行分解、合并、优化与调

整,以形成最终合理的任务分解方案。

(1)按照功能、结构与流程等将网络的制造任务分解为 11 个子任务,进一步确定子任务的逻辑关系。任务间关系的邻接矩阵为 A,利用 MATLAB 软件可得到可达矩阵 P,根据解释结构方程可以进一步得到任务之间的逻辑关系,基于任务逻辑关系,组织专家对任务关联关系进行打分,对专家打分取均值得到存在逻辑关系的任务相关度,具体如图 4-1 所示。

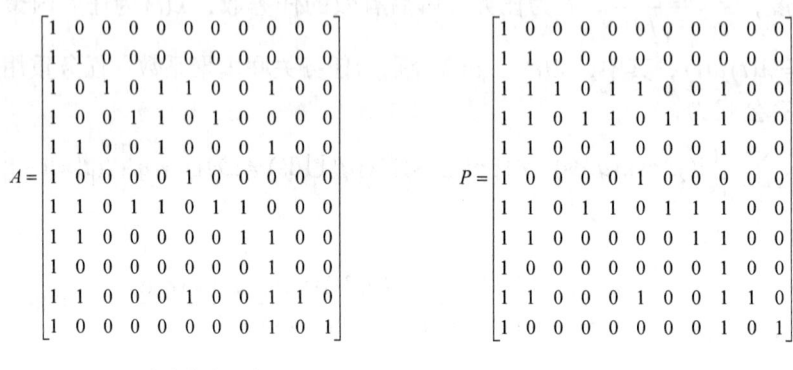

$$A = \begin{bmatrix} 1 & 0 & 0 & 0 & 0 & 0 & 0 & 0 & 0 & 0 & 0 \\ 1 & 1 & 0 & 0 & 0 & 0 & 0 & 0 & 0 & 0 & 0 \\ 1 & 0 & 1 & 0 & 1 & 1 & 0 & 0 & 1 & 0 & 0 \\ 1 & 0 & 0 & 1 & 1 & 0 & 1 & 0 & 0 & 0 & 0 \\ 1 & 1 & 0 & 0 & 1 & 0 & 0 & 0 & 0 & 0 & 0 \\ 1 & 0 & 0 & 0 & 0 & 1 & 0 & 0 & 0 & 0 & 0 \\ 1 & 1 & 0 & 1 & 1 & 0 & 1 & 0 & 0 & 0 & 0 \\ 1 & 1 & 0 & 0 & 0 & 0 & 1 & 1 & 0 & 0 & 0 \\ 1 & 0 & 0 & 0 & 0 & 0 & 0 & 0 & 1 & 0 & 0 \\ 1 & 1 & 0 & 0 & 0 & 1 & 0 & 0 & 1 & 1 & 0 \\ 1 & 0 & 0 & 0 & 0 & 0 & 0 & 1 & 0 & 1 \end{bmatrix} \quad P = \begin{bmatrix} 1 & 0 & 0 & 0 & 0 & 0 & 0 & 0 & 0 & 0 & 0 \\ 1 & 1 & 0 & 0 & 0 & 0 & 0 & 0 & 0 & 0 & 0 \\ 1 & 1 & 1 & 0 & 1 & 1 & 0 & 0 & 1 & 0 & 0 \\ 1 & 1 & 0 & 1 & 1 & 0 & 1 & 1 & 0 & 0 & 0 \\ 1 & 1 & 0 & 0 & 1 & 0 & 0 & 0 & 0 & 0 & 0 \\ 1 & 0 & 0 & 0 & 0 & 1 & 0 & 0 & 0 & 0 & 0 \\ 1 & 1 & 0 & 1 & 1 & 0 & 1 & 1 & 0 & 0 & 0 \\ 1 & 1 & 0 & 0 & 0 & 0 & 0 & 1 & 0 & 0 & 0 \\ 1 & 0 & 0 & 0 & 0 & 0 & 0 & 0 & 1 & 0 & 0 \\ 1 & 1 & 0 & 0 & 0 & 1 & 0 & 0 & 1 & 1 & 0 \\ 1 & 0 & 0 & 0 & 0 & 0 & 0 & 1 & 0 & 1 \end{bmatrix}$$

(a)邻接矩阵　　　　　　　　　　(b)可达矩阵

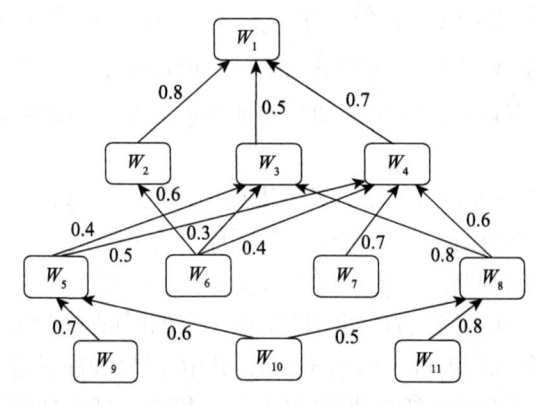

(c)任务逻辑关系与相关度

图 4-1　制造企业网络任务的逻辑关联

(2)任务合并。根据任务相关度及任务合并流程与方法,对子任务开展合并,具体如下。

首先,开展最底层任务合并,底层任务相关度最高为 0.8,优先合并 W_{11}、W_8;另外任务相关性较高的为 W_{10}、W_9、W_5,其组合相关度为 0.65 [(0.7+0.6)/2],可合并。

其次,进入上一层判断。W_{11}、W_8、W_3 任务组合相关度为 0.75 [(0.8+0.8+0.64)/3],

可合并；W_7 与 W_4 具有唯一相关性，系数为 0.7。W_6、W_2 相关度为 0.6。W_5 与 W_4 相关度为 0.5，因 W_5 有前先行集，所以判断 W_{10}、W_9、W_5、W_4 任务组合相关度，结果为 0.49 [（0.7+0.6+0.5+0.35+0.3）/5]，低于 0.6，因此 W_5 先行任务组合停止合并。W_5 与 W_4 相关，因 W_4 与 W_7 已有相关关系，所以考虑 W_7、W_5、W_4 任务组合相关度，结果为 0.6 [（0.7+0.5）/2]，可合并。

最后，计算顶层任务相关度组合。W_6、W_2、W_1 任务组合相关度为 0.63 [（0.6+0.8+0.48）/3]，可合并。W_7、W_5、W_4、W_1 任务组合相关度为 0.55 [（0.7+0.5+0.7+0.49+0.35）/5]，小于 0.6，W_4 先行任务不能进一步与 W_1 开展合并。同理 W_{11}、W_8、W_3、W_1 任务组合相关度为 0.58 [（0.8+0.8+0.5+0.64+0.32+0.4）/6]，也小于 0.6，故 W_3 先行任务不能进一步合并。因此，考虑 W_6、W_2、W_1、W_3、W_4 的相关度，数值为 0.62 [（0.7+0.6+0.8+0.5+0.48）/5]，可合并。最终获得任务分解图，见图 4-2。

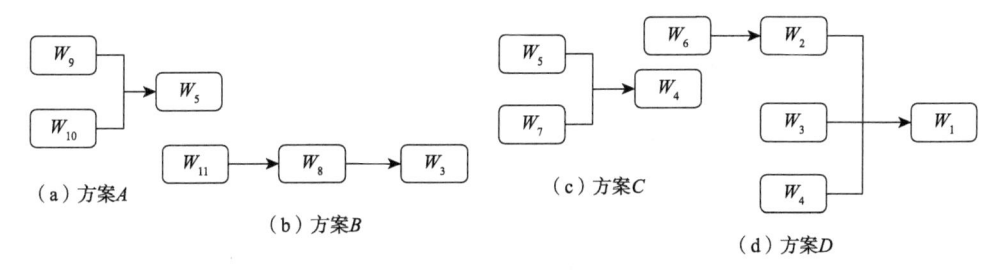

图 4-2 任务初步分解方案

（3）对分解任务进行粒度检验。

$$D_A = \{W_{10}, W_9, W_5\}; O_A = \{(W_5\{W_9, W_{10}\})\}$$
$$D_B = \{W_{11}, W_8, W_3\}; O_B = \{(W_8\{W_{11}\}),(W_3\{W_8\})\}$$
$$D_C = (W_7, W_5, W_4); O_C = \{(W_4\{W_5, W_7\})\}$$
$$D_D = \{W_6, W_4, W_3, W_2, W_1\}; O_D = \{(W_2\{W_6\}),(W_1\{W_4, W_3, W_2\})\}$$

经计算可获得任务关联系数、重用系数等，具体如表 4-1 所示。

表 4-1 分解任务的关联系数与重用系数

任务分解方案序号	关联系数	重用系数	系数相乘
A	0	0	0
B	1/3	1/3	1/9
C	0	0	0
D	1/10	1/5	1/50

根据粒度计算公式得到任务粒度为 0.008。参考任务特征，粒度值应控制在

0.005~0.01，因此符合要求。有些行业领域任务粒度要求在 0.01~0.02，则可降低合并任务组合相关度要求，进一步合并任务，提升任务粒度。

（4）调整与确定任务方案时间安排。根据任务分解方案，得到任务关系图，数字为任务执行所需时间，假设规定每个任务机动时间均为该任务执行时间的 ±10%，则经过调整形成最终任务方案，如图 4-3 所示。

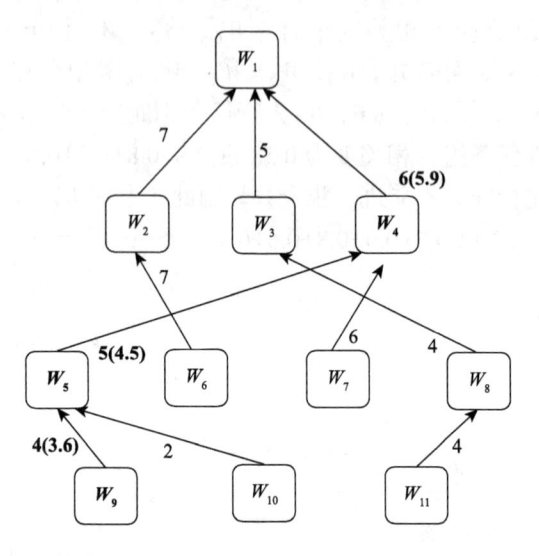

图 4-3 制造企业网络任务分解最终方案（包含时间安排）

任务总时间为 16 个月，W_1 执行时间为 2 个月。因此，W_1 前因任务 W_2、W_3、W_4 必须在第 14 个月结束。到达 W_1 的路径有：①W_2—W_6；②W_3—W_8—W_{11}；③W_4—W_5—W_9/W_{10}；④W_4—W_7。①号路径 W_2 执行时间为 7 个月，则 W_6 可给予的执行时间为 7 个月，满足。②号路径 W_3 执行时间为 5 个月，则 W_8—W_{11} 剩余执行时间为 9 个月，W_8 执行时间为 4 个月，则 W_{11} 可给予的执行时间为 5 个月，满足要求。③号路径 W_5 执行时间为 5 个月，则 W_9/W_{10} 可给予的任务执行时间为 3 个月，W_9 不满足。W_9 可压缩最低任务时间为 3.6 个月，不满足要求，进一步向上压缩，W_5 可压缩为 4.5 个月，则达到 W_4 时间为 8.1 个月，W_4 仍需紧缩 0.1 个月，符合压缩范围，因此仅需调整任务执行时间，不需对任务组合进行调整。W_4 执行时间为 6 个月，W_7 任务可给予执行时间为 8 个月，④号路径满足要求。对调整任务时间（黑色加粗）的方案要重点监控，明确任务需求的时间表述要求。

4.1.2 制造企业网络资源采集与表述

制造企业网络任务与资源的有效匹配依赖任务需求与供给双方资源表述的规

范性、统一性、可靠性与精确性等。因此,双方需要对任务需求与资源供给进行有效描述。一般而言,描述任务需求与资源供给时首先需要列示清楚资源类别。资源分类具有一定的灵活性,较为普遍的分类方法是按照制造资源的自身属性进行分类,也就是将描述上具有一致性的资源归为一类,方便资源使用时能便捷地查询。根据资源适配视角可将资源分为有形资源、企业家资源、无形资源等;根据资源与竞争优势的关系,可将资源分为任务所需关键资源与非关键资源等。

除了资源类别,其他学者从时间要求、供应者要求等方面设计了不同的资源表述维度。总体而言,学者对资源表述的研究比较分散,表述的内容缺乏系统性与完整性,且不同资源的表述通常采用统一口径,缺乏必要区分,影响后续任务与需求供给匹配效果。因此,亟须设计一套完善的制造企业任务需求规则,为后续任务需求供给匹配提供有效的方法支持。

制造企业网络任务的完成依赖各种资源,因此将分解后的任务采用资源需求的形式进行表述。基于资源数据的特点,可通过结构资源描述方法对资源属性、功能等进行表述[75]。基于本体的资源描述模型包含资源的属性、状态、功能、历史信息四个方面[76]。因此,资源功能与自我类型特征是需要表述的基本项。此外,资源特征可以通过流程、调度时间、运输成本、运送距离等进行描述,以提升资源调度效率、保证任务完成时间[77]。有学者认为资源获取前,应利用信号理论来预测资源获取的前景,对资源获取的可能性、风险、可能收益等进行分析与表述[78]。战略、隐性资源的有效选取,依赖制造企业与供应者间信任关系、合作基础、交流强度与频度的描述[79];而显性资源则需要考虑制造企业选择能力及供应商议价能力等。因此,需要对供给渠道及供应者情况进行表述,以选择合适的资源供给者。根据上述分析,将制造企业网络任务需求的资源表述划分为以下六个维度。

(1) 资源实现功能与任务描述 (F)。对分解后的任务需求进行刻画,明晰所需资源未来需要完成的工作任务、实现的功能要求。该方面的描述根据制造企业对任务属性与特征要求的重要性进行选择性表述,任务属性包含任务的质量要求、技术性能要求、成本控制要求、时间进度要求、风险等级要求等方面。

(2) 资源需求类型 (C)。在资源功能与任务描述的基础上,需要对资源自身属性要求进行表述,而首先应当明确任务所需资源的类型。类型采用分级分类编码制度,1级按照人力资源、财力资源、设备资源、技术资源、信息资源、组织资源分成 1~6 类;人力资源按照学历要求、工作年限、能力水平与特征、临时任务与后续长期工作等进行细分;财力资源按照筹集渠道、使用期限、成本、风险要求等进行细分;设备资源按照获取形式(购买、租赁、按次使用等)、所属领域、地区、具体参数与功能等进行细分;技术资源按照技术领域、技术工艺标准(国际标准、国家标准、行业标准、地区标准、企业标准)等级要求、技术风险与成熟程度等进行细分;信息资源按照信息领域、可靠性、成本、信息兼容与一致性要求等进行细分；组织资源按照环节（设计、研发、检测、计划、生产、监控等）、前期组织情况（规模、效果与经验等）、管理质量与资质等进行细分。对不同细分类别进行分别编码，确保制造企业网络任务的资源需求能够找到对应的类型编码。

（3）资源需求紧迫性（E）。在描述任务需求资源类型的基础上，需要对资源需求紧迫性进行详细描述，如接受任务需求后的资源供给时间、按时交付供给资源与方案的能力与概率和方案供给过程对运输距离、交流频度、现场指导等约束条件的特定限制等，确保资源供给者能够依照上述特定限制与要求，在限定时间内尽可能地满足制造企业任务需求。

（4）交易条件（T）。在对资源要求进行表述的基础上，需要进一步给出制造企业网络期望的交易条件，以提升匹配与交易效率。制造企业网络可以从技术、资金等方面给出大致的交易阈值区间，通过区间匹配后再进行交易谈判，在保障交易灵活性与调整空间的基础上，降低交易与谈判成本。

（5）需求匹配执行严格程度（R）。有些任务的资源需求不可调整，有些制造企业网络提出了期望的资源要求，但是当存在其他替代资源时可以放宽选择条件。因此，应当对任务所需资源匹配条件的严苛程度进行表述。高等级匹配——匹配资源需要同制造企业网络任务资源需求描述一致；中等级匹配——资源匹配条件可进行适当调整但实现的功能需要与任务描述一致；低等级匹配——资源描述可调整，且资源能完成的任务功能要求也可进行调整。

（6）资源供给渠道与供给者要求（D）。制造企业网络需要将任务的资源需求特征进行有效表述，还需要制造企业网络对资源来源的要求进行表述，以提升匹配质量。有些资源便于传播，通过简单改进资源兼容性就能够实现标准化对接，且制造企业网络容易选择替换资源与供给渠道，这类资源对资源供给者的战略导向、工作理念、企业文化、资源认知共识、前期交易经验与合作基础、诚信及供给风险等方面要求不高，但是对一些隐性资源情况则不同，制造企业网络需要根据任务资源需求特征选择性地提出其对资源供给者的必要要求条件，增加匹配成功性。

综合上述分析，可形成规范的制造企业网络任务需求资源表述清单与参考标准，具体如表4-2所示。

表 4-2　制造企业网络任务需求资源表述清单与参考标准

表述维度	标准要求
资源实现功能与任务描述（F）	1-质量要求（任务的质量等级、质量标准等） 2-技术性能要求（关键技术指标及具体标准要求） 3-成本控制（完成任务期望的成本控制区间） 4-时间进度（任务开始与结束时间及允许的调整范围） 5-风险等级（按照预定时间、成本，完成预定技术标准的可能概率） 6-其他（资源可能为企业带来的口碑、市场、渠道、技术研发能力、人才等）

续表

表述维度	标准要求
资源需求类型（C）	1-人力资源（学历要求、工作年限、能力水平与特征、临时任务与后续长期工作等） 2-财力资源（筹集渠道、使用期限、使用成本要求、提供可靠性与风险等） 3-设备资源（获取形式、所属领域、地区、具体设备参数与功能等） 4-技术资源（技术领域、技术工艺标准等级要求、技术风险与成熟程度等） 5-信息资源（领域、真实性、成本、信息兼容性与一致性要求等） 6-组织资源（环节、前期组织情况、组织质量与资质要求等）
资源需求紧迫性（E）	1-接受任务到提供资源的时间期限要求 2-按时交付供给资源与方案的概率（要求期限内务必完成任务的可能性） 3-其他时间要求（供给运输耗时、交流频度与时间要求、现场指导时间保证）
交易条件（T）	1-为获得所需资源提供的可能资金区间 2-其他可交易资源与条件（专利交叉许可、联合市场与渠道销售、技术指导）
需求匹配执行严格程度（R）	1-匹配等级（高等级、中等级或低等级匹配要求）
资源供给渠道与供给者要求（D）	1-资源供给者总体匹配情况（战略导向、文化与工作理念、主导业务与市场） 2-资源供给者的资源供给经验（前期交易次数与表现、合作经验等） 3-资源供给者可靠性（是否存在机会主义倾向、诚信、价格调整与泄密风险）

制造企业网络将分解后粒度适中、时间安排相对均衡的任务进行有效的资源需求表述，表述方式按照网络标准要求，资源供给者也按照标准要求逐项填写资源供给描述。假设资源 X_i 的表述集合为 DU_i，则 $DU_i=\{u_1,u_2,u_3,u_4,u_5,u_6\}$，再利用资源匹配规则与方法，在网络成员或外部企业中寻找对应的资源供给表述 $SU_i=\{u_1,u_2,u_3,u_4,u_5,u_6\}$，两者对照实现高效对接匹配推荐。

4.1.3 制造企业网络任务与资源匹配方法设计

资源匹配是根据任务生产所需资源描述按照预设的匹配算法从已有资源中筛选出满足生产任务需求的资源序列，故匹配前提是明确项目的资源需求，资源属性信息的描述涉及资源的存储、发现与匹配，匹配时需注重资源的内部配置，也要注重企业资源与外部环境的匹配。总体而言，制造企业任务与资源匹配时需考虑如下因素：匹配参数要求、目标优先级、资源负载、匹配路径的可靠性、匹配结果的协调性等。有学者在考虑目标优先级、资源负载等因素下，基于改进二进制粒子群优化算法（modified binary particle swarm optimization algorithm，MBPSOA），建立了任务资源匹配优化模型；为了降低任务与资源匹配不合理带来的一系列风险，可根据资源匹配概率矩阵，将任务与资源进行预配置计算，实现任务与资源合理匹配。当前任务与资源供给匹配研究成果比较丰富，但匹配考虑维度缺乏系统性；另外，资源供给方案中通常仅考虑了任务与资源的匹配特征，忽视了资源供给者与制造企业网络、网络成员资源供给者之间的关系[80]，缺乏宏观整体考虑，影响匹配方案选择效果。因此，需要在综合考虑上述因素的基础上，设计更加科学与合理的制造企业网络任务需求与资源供给匹配方法。

（1）初步匹配。对制造企业网络任务需求进行分类。首先，对隶属于高等级匹配要求的资源需要根据资源要求相关表述，寻找匹配一致的企业，并建立对应的企业集合。如果无法找到项目完全对应的企业则按照语义关联度方法，判定资源描述关联程度，选择符合最低匹配度要求的企业建立集合，以确保资源描述一致性，并按照表述关联程度给出企业排序。如果单个资源无法找到匹配程度符合要求的企业，则停止对该类资源供给者的寻找，并将该资源单独提出，为后续网络单独资源采选及新资源搜索、新成员吸纳等提供决策参考。其次，对隶属于中、低等级匹配要求的资源，根据允许调整的空间，同样按照匹配程度进行供给者筛选与排序。具体包含如下几点。

第一，对与资源标准描述相关的相似词进行采集，通过专家咨询、网络资料共现频度计算、需求者与供给者描述对照三种方式，确定资源表述标准的相似词集合。

第二，计算单表述维度的语义相关度，供给与需求表述需要通过字段重叠程度进行测算，由于不同相似词可能表达同样的意思，需要对资源表述内所有相似词进行对照计算，并选择计算结果高的进行取值。语义关联度可采用Jaccard系数开展计算，该系数可用来比较F、C、E、T、R、D六个维度供给与需求表述的匹配程度。不同样本集合语义表述的相似性和差异性可用$J(DU,SU) = \frac{|DU \cap SU|}{|DU \cup SU|}$表示，语义关联度在[0,1]闭区间上，关联度的值越大表示语义关联度越强。

第三，利用$s = w_1 s_1 + w_2 s_2 + w_3 s_3 + w_4 s_4 + w_5 s_5 + w_6 s_6$计算多维度综合表述关联度。$s_i$表示F、C、E、T、R、D六个维度的语义关联度$J$的得分；$w_i$表示制造企业网络任务资源需求方对资源表述六个维度的重视程度，w_i的取值受到两部分因素影响，一是资源表述各方面对任务完成的影响程度，二是制造企业网络获取该资源的难度与可能对未来产生的影响。获取难度大，则资源紧迫性提升，交易条件与供给者要求等相对下降；该资源对制造企业网络未来发展产生积极促进作用时，交易条件与供给者要求也会相对降低。因此，制造企业网络需考虑自身在资源获取中的地位及通过资源匹配可能获得的后续合作机遇、市场拓展空间等，综合确定资源表述维度的重要性。

第四，在满足最低匹配要求的供给者中，按照供给方与需求方的资源表述匹配得分进行排序，建立资源匹配供给集合。

（2）资源合并与剔除。制造企业网络任务资源供给者越多，企业涉及的管理、协调、控制难度越大，需要谈判与处理的冲突问题越多，也就越耗费时间，因此，尽量选择相同的企业满足更多的任务资源供给。隶属高等级匹配要求的资源匹配条件苛刻，满足条件的企业数量少，因此从该类资源供给者开始分析。首先，对满足高等级匹配要求的企业进行合并，评估供给企业的整体资源供给任务粒度与企业供给能力，如果超过企业同一时刻满足任务所需资源的供给能力，则选择匹配度高的资源作为其供给者；其他的资源正常选择供给集合中匹配度高的企业作为资源供给者，当所有高等级匹配要求确定了不同的匹配企业后，寻找与判定这些企业是否能够提供其他相关资源及满足资源表述匹配的程度，按照从高到低的顺序进行资源排序。在粒度与时间许可范围内，按照资源排序进行筛选，以保证供给者提供资源的质量。对高等级匹配要求资源供给者满足的资源进行统计分析，将符合条件的资源剔除掉[81]，具体如图4-4所示。

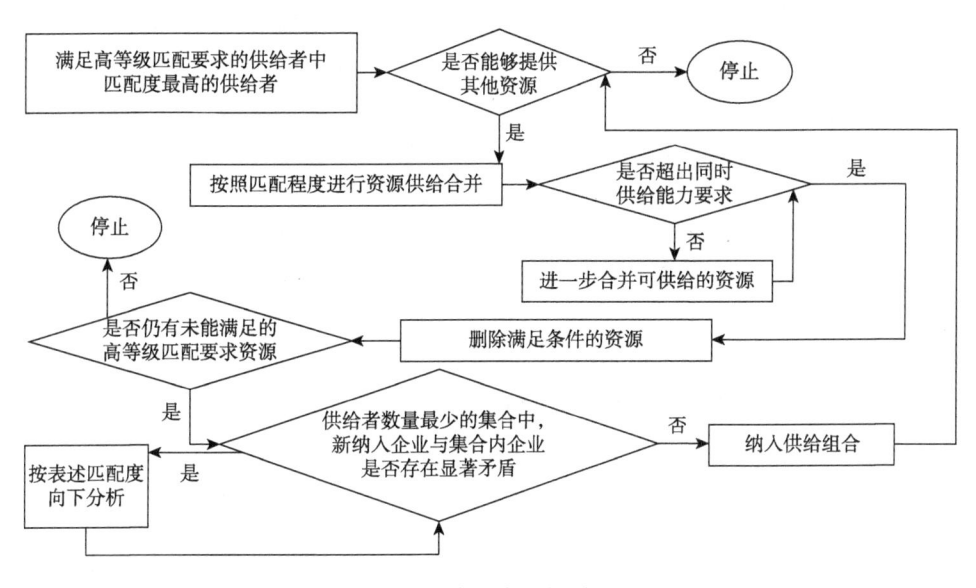

图4-4 资源合并与剔除

（3）剩余资源供需匹配。对于尚未满足中低等级匹配要求的资源，需要进一步在众多满足条件的企业中选择合适的资源供给匹配。首先，子任务拆分后形成不同的需求描述，许多要求是区间属性约束，但是子任务资源与功能如果过多按照上下线的阈值条件进行选择，可能影响整体任务需求满足程度与可行性。因此，需要建立整体约束模型，控制子任务资源供给对象。在总体目标要求及不同资源区间约束条件下，寻找最优任务资源供给组合。具体如下：

$$\max s = \sum_{i=1}^{6} w_i s_i$$

s.t. $s_1 = \sum_{x=1}^{6} f(x) \in [F_{min}, F_{max}]$ （满足资源功能与任务区间总体要求）

$f(x) \in [f_{xmin}, f_{xmax}]$ $(x=1, 2, \cdots, 6)$ （满足资源功能与任务六个项目区间要求）

同理，$s_2 = \sum_{y=1}^{6} f(y) \in [C_{min}, C_{max}]$, $f(y) \in [f_{ymin}, f_{ymax}](y=1, 2, \cdots, 6)$，$\cdots$，$s_6 = \sum_{z=1}^{3} f(z) \in [D_{min}, D_{max}]$, $f(z) \in [f_{zmin}, f_{zmax}](z=1, 2, 3)$，其他维度也同样需要满足单维度区间具体项目条件约束和区间条件控制平衡。

其次，除了不同维度的约束条件之外，还需要考虑资源供给者间的匹配情况。资源供给渠道与供给者匹配情况 D 仅考虑了资源需求与供给两方的匹配程度，并没有考虑存在紧密任务合作或任务耦合对接关系的资源供给者间匹配情况，如果该类资源的供给者间存在冲突、法律纠纷、市场竞争等问题，进而无法有效合作为制造企业任务提供资源供给的，需要在约束中进行列示，关键约束条件下的组合资源供给者描述语义相关性需要高于最低约束值；此时不再考虑供给组合的企业数量问题，由于匹配要求不高、对任务影响不大、重要性不强，制造企业需要开展资源对接的管理成本大大降低，不再约束供给企业数量。按照约束条件，在满足匹配条件的企业集合中寻找供给者组合可行解，并进行匹配推荐，提示不同可行解提供的资源供给者组合在总任务、分任务上的总体表现与匹配程度。为制造企业网络进一步明确选择倾向与谈判技巧提供决策参考，后续制造企业网络可根据推荐目录自行判定与选择合适的可行解进行协商并签订任务合同。

4.2　效率战略导向制造企业网络可持续发展方案设计

效率体现在任务与资源的高效匹配与运营，以及资源的生态化利用等方面。4.1 节对任务需求与资源匹配开展了研究，本节将重点研究资源的生态化循环、节能利用问题。我国通过政策积极引导制造企业网络进行绿色创新，考虑产品节能性，生产绿色低耗能产品；客户绿色环保意识增强，在消费时更加注重产品环保性能。因此，促进制造企业网络生态可持续发展已经成为国家与企业发展的重要战略选择。制造企业网络生态可持续发展是在兼顾环境问题和资源收益的同时，实现从概念设计到产品回收再利用等阶段对环境造成最低影响的目标。强化企业网络可持续发展战略意识，推动企业网络产业优化，提高产品可循环利用性，降低产品使用的环境成本，已成为行业共识。

生态设计战略轮是一种产品生态设计的实现方法，由国外学者 Hemel 等在 1997 年提出，目的在于对产品生产全流程进行"绿化"，考虑产品生产全过程的每个方面，从不同阶段挖掘需要注意的绿色行为，促进可持续发展。Hemel 等率先将生态设计划分为三个层面：产品零部件层面、产品结构层面、产品系统层面。Han 将生态设计划分为零部件材料、生产制造、数字网络存取三部分。后期学者将生态设计战略轮从产品设计应用转向了企业网络发展战略，认为生态设计战略轮在战略中的作用在于其潜在的持续性，可通过审视企业网络现有发展轨迹推演未来发展。伴随着研究的深入，学者对生态设计战略轮的应用更加具体化，朱庆华等将生态设计战略轮理论应用到电信设备制造企业网络中，基于灰数 DEMATEL[①] 方法，通过因果关系检验确定了影响企业网络生态设计的具体因素，为行为方案设计提供了有效参考依据[82]。刘征等提出基于设计目标和原始状态差距对照，选择可改善生态效率要素的管理思想[83]；刘江南等进一步提出从功能性理想度、生态性理想度寻找差距的方法[84]。

这些研究为制造企业网络可持续发展行为清单设计、方案确定等提供了参考，但并没有涉及参考行为标准及方案行为项排序等问题，影响研究成果对制造企业网络可持续发展的指导效果。生态设计战略轮作为指导制造企业网络可持续发展的理论方法，当前主要应用在产品设计过程，且研究多集中于宏观指导视角。如何将零部件、产品与产品系统三层面的设计与可持续发展管理有效结合，如何形成一套完整的且具有操作参考价值的行为指导体系仍需进一步研究。

为实现制造企业网络可持续发展，许多企业网络出台可持续发展战略规划，明确绿色化生产目标与任务重点等，但对如何完成可持续发展目标与任务的具体行为标准与准则研究不多。有学者认为可持续发展需要从概念设计阶段开始贯穿于整个管理流程，从而全面降低产品的环境使用成本。也有学者认为制造企业网络实现可持续发展需要规范生产活动中的行为，重点完善生态系统资源流动、分配。如何整合环节、资源与产品生态设计思想，形成更加全面、综合的制造企业网络可持续发展行为方案具有重要的理论研究价值与现实指导意义。

4.2.1 基于生态设计战略轮的制造企业网络可持续发展行为清单设计

制造企业网络可持续发展行为项（action item）采取三级编码形式，用 $AI(i,j,k)$ 表示行为项具体内容。$i=(x,y,z)$ 表示行为项所处层次分别为产品零部件层面、

---

① DEMATEL：Decision Making Trial and Evaluation Laboratory，决策试验和评价实验室。

产品结构层面和产品系统层面。$j=(1,2,\cdots,5)$表示行为所处阶段分别为价值链的概念生成阶段、设计阶段、生产加工阶段、市场销售阶段、回收利用阶段。$k=(1,2,\cdots,7)$表示行为所属资源类别分别为知识、信息、文化、资金、组织、人员、设备七个方面。AI(i,j,k)是保证第i层、第j阶段、第k类资源的有效行为项,当制造企业网络所有涉及的行为项都满足要求时,制造企业网络可实现可持续发展。

1. 产品零部件层面

零部件层面重点保证效率战略导向制造企业网络零部件设计生态化、检测与回收高效化等。

(1)概念生成阶段。零部件影响未来产品生态水平,因此,在零部件概念生成阶段就应当重视零部件设计构思、掌握零部件绿色技术与标准动态、准备备选生态零部件与材料,并为零部件概念及方案生成提供软件、工具、团队与激励支持等。

(2)设计阶段。设计过程需要选择、集成有效的零部件构思方案,考虑开发可行性问题,基于零部件环境属性、可用资源属性、不同构思优势、匹配与融合性等,需要通过交流平台、论坛、研讨会等多种形式活动,采用科学方法形成最佳零部件设计方案。

(3)生产加工阶段。为保证零部件设计方案有效转化为生态实物零件,需要对零件加工工具、技术方法、流程、材料与资源消耗、检测技术等进行严格把控,采集加工信息、培养环保意识,为零部件生产的持续改进提供支持。

(4)市场销售阶段。零部件除去企业网络产品自用外,还可以支撑相关行业与企业网络发展,实现企业网络收益多元化。因此,应当通过销售渠道积极拓展零部件的配套应用范围、层次、标准;通过整体与分散销售吸引更多渠道与伙伴,并将该阶段作为零部件质量、能耗、使用便利性等信息采集与反馈的重要渠道,为后续零部件完善提供参考。

(5)回收利用阶段。为增加零部件利用效率、减少废弃物污染,应当对零部件进行有效回收利用。建立零部件回收网络体系,完善零部件检测、定价、回收渠道、处理与再利用技术,扩大零部件回收与利用范围、创新回收利用模式、增加网络体系成员与覆盖领域、优化网络体系运行规则等,为零部件回收利用及与其他环节对接提供有效支持。

基于上述分析,本书设计制造企业网络零部件层面五阶段—七资源的可持续发展行为项及标准要求,具体如表4-3所示。

表 4-3 零部件层面行为清单

概念生成阶段	设计阶段	生产加工阶段	市场销售阶段	回收利用阶段
AI$(x,1,1)$——构建生态替代零部件库;掌握综合结构与功能匹配性,掌握生态材料与使用效果的评价方法与技术	AI$(x,2,1)$——将零件环境属性和资源属性,如可制造性、可拆卸性、可回收性等,作为设计与方案选择的技术要求	AI$(x,3,1)$——掌握微加工技术、计算机辅助工程技术、柔性制造、虚拟制造与并行工程技术	AI$(x,4,1)$——整体与分散销售结合技术	AI$(x,5,1)$——零部件整合、无害处理与再利用知识与技术积累
AI$(x,1,2)$——深度参与行业标准制定、修订工作,掌握零部件标准动态	AI$(x,2,2)$——开展专项研究和技术研讨,获得最新零部件技术信息	AI$(x,3,2)$——建立零部件制造能耗基础数据库,为零部件选择与后续比较提供支持,灵活对接、明晰所有零部件规格要求与零部件信息表述	AI$(x,4,2)$——可替换、核心零件绿色标准与质量信息全面披露	AI$(x,5,2)$——零部件回收利用信息平台与研讨群建设
AI$(x,1,3)$——开展各零部件子行业专项研讨系列活动,形成内外融合的可持续发展文化	AI$(x,2,3)$——形成重研发、重技术、重质量、重品牌的文化氛围		AI$(x,4,3)$——培养营销人员形成零部件质量跟踪记录习惯,鼓励客户形成零部件及时检测习惯	AI$(x,5,3)$——培养客户产品回收投递意识和习惯
	AI$(x,2,4)$——设立零部件研发资金,出台激励制度,设计要考虑材料成本,控制零部件总成本	AI$(x,3,3)$——选择零部件材料与加工时,培养注重质量与环境指标及标准的意识	AI$(x,4,4)$——对营销人员的零部件知识学习给予经费支持	AI$(x,5,4)$——零部件检测定价与回收收益估算
AI$(x,1,4)$——提供资金支持零部件构思与材料探索研究		AI$(x,3,4)$——投资改善零部件制造流程	AI$(x,4,5)$——建立一套中高档产品零部件配套供需体系	AI$(x,5,5)$——零部件回收政策与渠道建设及管理,建立从回收、专业化拆解、再制造到高效再利用的垂直一体化网络体系
AI$(x,1,5)$——深入分析研究,制定零部件发展战略规划	AI$(x,2,5)$——开展多形式、有深度、高水平的零部件专业研讨会和论坛	AI$(x,3,5)$——优先选用可再生资源和低能耗与少污染的环境友好型材料	AI$(x,4,6)$——对营销团队进行零部件使用、维护、回收知识与技能的统一培训	AI$(x,5,6)$——零部件回收、采集队伍建设
AI$(x,1,6)$——内部培养与外部引入结合,形成零部件人才团队,加强团队理念交流与合作	AI$(x,2,6)$——引入绿色与可持续理念,实施零部件创新工程,鼓励研发人员自主创新	AI$(x,3,6)$——形成零部件产品质量信用登记制度,提高员工工作责任感	AI$(x,4,7)$——构建零部件国际贸易平台,提升零部件产品配套层次	AI$(x,5,7)$——零部件修复、检测仪器设备建设,废弃物处理及高效加工与综合利用技术装备;副产品深加工机械加工装备
AI$(x,1,7)$——拥有零部件设计软件与新工具	AI$(x,2,7)$——零部件功能、结构、材料交流平台	AI$(x,3,7)$——建设零部件综合平台,完善质量测量工具		

2. 产品结构层面

产品结构层面要求效率战略导向制造企业网络采取模块化产品设计思想,提升流程对接高效性;要求提升客户的产品回收意识,加强产品循环利用等。

(1)概念生成阶段。组建合理的专家团队,论证与优化制造企业网络产品结构;通过跨部门整合、概念激发、矛盾挖掘、需求探索等,利用有效的产品技术工具,综合考虑企业网络产品对接、融合、资源使用与布局等,开展制造企业网络产品概念设计。

(2)产品设计阶段。采用模块化、标准化设计与对接思想,融合多方案产品模块设计优势进行模块组合产品设计,优化设计流程与产品设计方法,实现竞争性产品方案的科学选择与整合。

(3)生产加工阶段。合理拆分任务,制订有效的资源获取与配置计划,提升产品加工柔性与灵活性，促进资源高效利用；通过设备改进、联合采购、品质控制等，促进产品生产成本、效率与质量的综合改善。

（4）市场销售阶段。通过绿色形象宣传、绿色包装与运输、绿色使用指导等，确保产品从制造企业网络有效转移给客户，并通过科学指导与产品维护，延长产品使用寿命、降低产品使用能量消耗；最后采集产品使用信息与数据，为后续产品生态优化提供决策支持与参考。

（5）回收利用阶段。培养客户养成产品维护、更新习惯，通过产品动态监测提供产品更新与维护方案，预测产品回收期，提前设计回收与再利用方案，到期择优选择与开展回收计划，提升产品回收利用效率、收益与价值。

基于上述分析，本书获得制造企业网络产品结构层面五阶段—七资源的可持续发展行为清单，具体如表4-4所示。

表4-4　产品结构层面行为清单

概念生成阶段	设计阶段	生产加工阶段	市场销售阶段	回收利用阶段
AI(y,1,1)——基于产品结构矛盾、客户需求、市场竞争优势形成产品构思	AI(y,2,1)——产品零部件使用寿命检验与匹配知识；产品模块化、标准化设计及延展技术	AI(y,3,1)——掌握产品最佳加工工艺及产品任务、资源调配计划知识	AI(y,4,1)——掌握结构拆分与置换技术，降低消费者服务成本，延长产品的使用寿命	AI(y,5,1)——围绕产品开发新功能、新服务，延长产品寿命，设计采用再利用与再开发计划
AI(y,1,2)——挖掘产品技术矛盾，掌握客户需求，明晰优势，共享有关信息	AI(y,2,2)——不同团队及时共享方案信息，整合优势	AI(y,3,2)——共享产品任务模块加工与进度信息	AI(y,4,2)——掌握客户需求与反馈信息，完善产品设计与服务	AI(y,5,2)——基于客户使用反馈改进产品、回收优化与生命周期延长信息
AI(y,1,3)——鼓励全员提出建议，形成开放合作氛围	AI(y,2,3)——培养研发人员可循环利用、低资源消耗意识及团队竞争合作精神	AI(y,3,3)——培养人员精益加工习惯，提升其质量、成本、品质共识	AI(y,4,3)——以帮助客户最优使用与延长产品使用寿命为己任	AI(y,5,3)——培养客户养成自我拆卸、维护能力，预测与引导产品回收利用
AI(y,1,4)——建议对可持续产品概念提供经费支持并对采纳方案给予奖励	AI(y,2,4)——综合考虑成本收益、可拆卸性、可回收性等选择合理设计方案	AI(y,3,4)——减少资源浪费及产品组合等待时间，控制原材料规模，利用网络、联合方式采购，及时采用新的可替代材料，降低成本	AI(y,4,4)——保证产品价格要反映绿色成本	AI(y,5,4)——根据回收利用计划与产品评估结果确定回收定价与处理方案
AI(y,1,5)——组织产品概念竞赛，组建专家库，抽选合理专家确定产品结构	AI(y,2,5)——出台产品设计团队方案奖励制度；优化产品流程设计管理	AI(y,3,5)——制定科学的产品任务拆分、组合计划，科学配置与调控资源	AI(y,4,5)——提供使用优化咨询服务，最大限度降低服务不确定性	AI(y,5,5)——丰富产品使用形态、范围与领域，更新回收技术，提高回收收益
AI(y,1,6)——集成多主体、多部门、多领域人员进行产品可持续头脑风暴与概念设计	AI(y,2,6)——建设产品生态、交叉、合作设计团队建设	AI(y,3,6)——掌握灵活的生产技能与任务对接	AI(y,4,6)——掌握产品组装、零部件更新时间要求，按时指导、高效满足客户需求	AI(y,5,6)——培养产品相关服务队伍，提高服务队伍产品升级回收能力
AI(y,1,7)——提供概念设计软件，优化概念产品清洁程度，降低资源消耗	AI(y,2,7)——产品设计软件（考核功能、成本、质量、客户使用周期等）、产品设计平台与检测工具购置	AI(y,3,7)——提升设备使用效率和操作科学性	AI(y,4,7)——购置绿色包装	AI(y,5,7)——开发回收检测工具，引入回收开发设备

3. 产品系统层面

从产品系统层面出发，要求制造企业网络能够从全局、整体布局视角，对网络管理理念、工作方式、技术与人才管理等方面贯彻高效与环保生态观。

（1）概念生成阶段。从概念阶段引入企业网络全过程生态环境质量规范管理，设立生态化发展战略目标，完善产品绿色制度体系。组建产品专家组，对制造企业网络产品、业务、流程进行系统梳理与顶层设计，确保资源、中间产品、团队知识与技术的高效匹配、组合与对接应用；基于流程阶段与业务内容等分别设计具体工作与行为的质量标准要求，并明确质量责任人。同时，借助生态处理与系统管理工具，综合考虑不同组织部门、流程阶段、岗位、业务内容及不同产品体系等，开展全面、综合的制造企业网络可持续发展产品系统概念设计，确保不同阶段、内容下产品系统的整体一致性与兼容性等。

（2）产品设计阶段。引入生命周期、环境设计成本等综合分析工具，确保制造企业网络产品体系内的环境成本合理分配，分阶段评估环境影响并据此优化产品体系设计。形成可持续的生态发展理念与文化，鼓励"环境工程师"和"环境会计师"进行产品体系设计团队建设，集成设计工具与技术，明确产品体系标准行为，树立企业网络产品体系生态形象。

（3）生产加工阶段。通过不同产品生产线的标准兼容、任务统一与资源调配、生态与绿色系统监控及评价、不同环节设备匹配升级等，实现制造企业网络整个产品加工体系的任务与物料生态控制，提升资源整体利用效率与产品体系生态环境质量。

（4）市场销售阶段。优化生态营销理念、建立绿色分销渠道，通过绿色产品体系控制，赢得产品质量口碑。通过绿色营销团队建设，稳固客户、拓展客户群，选择绿色供应链与物流配送渠道，利用生态和绿色精选与拓展市场、供货与分销渠道，为企业网络可持续发展提供支持。

（5）回收利用阶段。为制造企业网络产品体系回收利用提供充足的资金支持，通过团队组建、交接信息平台建设及回收合作伙伴关系网络建设等，形成多种产品、零部件回收与多渠道销售匹配供给模式，加速产品回收利用。为产品提供环境评估数据、绿色设计与使用报告、产品绿色使用指南等，为相关制造企业网络的可持续发展产品体系管理提供有效的服务与决策支持。

基于上述分析，本书获得制造企业网络产品系统层面五阶段—七资源的可持续发展行为清单，具体如表4-5所示。

表 4-5 产品系统层面行为清单

概念生成阶段	设计阶段	生产加工阶段	市场销售阶段	回收利用阶段
AI$(z,1,1)$——引入面向产品生命周期设计（product life cycle design，PLCD）技术、产品生命周期管理（product life cycle management，PLCM）技术及绿色数字化设计技术 AI$(z,1,2)$——建立产品生命周期评价数据库，及时更新数据；开发面向环境责任人系统 AI$(z,1,3)$——推行 ISO 9000 质量认证与 ISO 14000 环境认证，在概念阶段体现全过程生态环境质量规范管理 AI$(z,1,4)$——为制造企业网络整体流程、产品全生命周期的绿色规划与改进提供充足资金支持 AI$(z,1,5)$——构建生态化发展战略目标；完善绿色制度体系 AI$(z,1,6)$——成立产品专家组，成员作为产品各生命周期阶段负责人开展规划，形成基于产品生命周期的生态管理意识 AI$(z,1,7)$——资源生态处理设备与系统管理工具	AI$(z,2,1)$——引入生命周期评估、环境设计成本分析技术，基于自有与外供应链资源产品体系设计 AI$(z,2,2)$——掌握产品生态设计信息，制定生态设计策略，确定产品生态形象 AI$(z,2,3)$——树立基于产品生命周期的设计理念，培养方案设计可持续性文化意识 AI$(z,2,4)$——加大绿色研发力度 AI$(z,2,5)$——明确产品体系下标准行为方式 AI$(z,2,6)$——鼓励技术人员掌握前沿制造技术、生态技术及废旧产品再利用技术，组织编辑目录共享，设立"环境工程师"和"环境会计师"岗位，加入设计团队 AI$(z,2,7)$——为特性各异的设计工具提供交互平台与界面，方便实现技术集成	AI$(z,3,1)$——掌握任务并行分解技术，将加工工艺设计开始点前移，减少制造成本与资源损耗 AI$(z,3,2)$——在产品体系中形成技术、质量与环保标准，共享标准信息 AI$(z,3,3)$——培养整体资源、任务生态对接与调整意识 AI$(z,3,4)$——支持节约能源，提升资源利用效率，降低资源处理成本支出 AI$(z,3,5)$——开展清洁生产审计工作，引进绿色制造评价体系 AI$(z,3,6)$——学习国外先进的生产工艺经验，掌握清洁生产知识 AI$(z,3,7)$——环境监测工具，保证产品生命周期环节设备的匹配性	AI$(z,4,1)$——掌握绿色营销技术 AI$(z,4,2)$——掌握渠道信息，选择具有绿色信誉的分销渠道 AI$(z,4,3)$——从产品营销方案设计、渠道选择、客户关系处理、市场开拓等各方面体现生态文化 AI$(z,4,4)$——选择绿色媒体宣传绿色信息，检测产品系统绿色传播效果 AI$(z,4,5)$——优化运输和销售系统，实现生态、持续发展 AI$(z,4,6)$——建立可持续发展与生态意识强的营销队伍 AI$(z,4,7)$——合理设置供应配送中心	AI$(z,5,1)$——掌握绿色统计/报告技术；形成产品链，完善后更新产品库 AI$(z,5,2)$——开发生命周期评价、环境数据管理与分配的信息系统，跟踪产品回收利用与处理情况 AI$(z,5,3)$——树立供应链绿色管理理念，实现联动回收与下游利用；形成绿色及可持续发展价值观 AI$(z,5,4)$——为产品回收、利用开发提供专项资金 AI$(z,5,5)$——设立产品回收利用部门，形成产业化和网络化的回收体系 AI$(z,5,6)$——加强企业网络各个部门和人员协作，共同保证产品回收再利用 AI$(z,5,7)$——绿色回收与利用交易平台建设与传输设施及工具

4.2.2 基于生态战略轮的制造企业网络可持续发展行为方案构建

（1）构建 0-1 对照评分矩阵。按照"三层面—五阶段—七资源"行为内容，梳理与编写企业网络现实状态，对照行为清单，对每个行为项进行打分，如果基本满足行为项要求则得分为 0，与行为项要求存在明显差距或不满足行为项描述标准要求则得分为 1。最后，对 105 项行为项进行得分累计计算，当得分超过 70 分，表示企业网络尚未形成可持续发展能力，清洁、绿色与可循环利用水平较低；得分为 35~70 分表示企业网络处于可持续发展调整与转型期间，具备一定调整基础，仍存在较大的改善空间；当得分低于 35 分时，表明企业网络具有较好的生态性，可持续发展水平较高。

（2）行为项选择。对所有得分为 1 的行为项进行因果逻辑关系分析，对于强逻辑因果关系行为项，需要在前向行为满足要求后再调整与完善后续行为项；对于独立行为项或者弱关联的后续行为项（前向行为虽然没有满足要求，但后续行为可以实施优化，因为前向行为对其影响与关联较弱）可统一列入制造企业网络可持续发展的行为方案。方案行为项较少时，可直接采用专家论证法确定行为项逻辑关系；当涉及行为项较多时，可采用解释结构模型方法，通过前因集与可达集确定行为项作用关系。

（3）行为项排序。行为方案列示了当前全部可以同时开展的行为项，但是在企业网络资金与精力限制下，需要对行为方案各行为项的重要性进行排序，择优进行重要行为项调整与改进。在优先序判定中采用格雷厄姆和金尼的影响危险性判定思想，从行为清单项的影响力、关联性、收益与成本四方面，设计方案行为项优先序判定方法。生态行为项选择优先度计算公式为 $W=(I \times F \times R)/C$，其中，$I$ 代表行为项对其他行为项产生的影响；F 代表行为项与其他行为项关联程度；R 代表行为项能够带来的收益；C 代表完成行为项建设、优化与调整所需的成本，具体评价标准如表 4-6 所示[85]。

表 4-6 行为项的评价标准

评价内容	评价标准
影响力	（1）行为项对企业网络决策与行为产生广泛影响（影响广度） （2）行为项对企业网络决策与行为调整产生很大影响（影响强度） （3）行为项对企业网络决策与行为调整产生持续影响（影响时间） （4）行为项对企业网络部门、团队、员工产生强有力的吸引力（吸引作用） （5）行为项对企业网络后续方案设计起到有效指导作用（参照作用） （6）行为项对重要决策者与企业网络团队决策产生深远影响（决策作用）
关联性	（1）行为项在企业网络后续环节中出现频次（行为关联） （2）行为项在其他行为预测过程中的引用频次（决策关联） （3）行为项与其他行为同时列入相关资源约束规划的频次（资源关联） （4）行为项与其他行为在时间和空间上的交叉性（时空关联） （5）行为项的前因与后果集中涉及的其他方案数量（逻辑关联） （6）行为项与相关行为间的紧密程度（关联程度）
带来收益	（1）行为项利于提升企业网络市场、品牌形象、客户忠诚度（市场形象） （2）行为项利于提升企业网络合作地位和行业认知（行业地位） （3）行为项利于促进企业网络绿色、环保、资源高效利用（生产效率） （4）行为项利于优化企业网络收益，促进资金周转、业务结构调整（运行效率） （5）行为项利于企业网络人力资源引入、培养、保留（人才质量） （6）行为项利于优化产品设计、工艺、加速专利产出、绿色技术升级等（技术升级）

续表

评价内容	评价标准
所需成本	（1）行为项需要大量资金才能完成部署与调整（成本投入） （2）行为项需要多种资源、多个部门长时间执行才能完成调整任务（实施成本） （3）行为项投放资金需要很长时间才能产生收益并实现投资回收（回收周期） （4）行为项需要的工艺、技术十分复杂，技术风险较高（技术风险成本） （5）行为项调整受到外部多项不可控因素影响，沉没成本高（外部风险成本） （6）行为项占用的大量资源，同时期如果用于其他用途将产生更高明显收益（机会成本）

采用9分制对企业网络行为项进行打分，企业网络行为项与所描述行为高度一致为9分，基本一致为7分，部分一致为5分，少数一致为3分，完全不一致为1分，8分、6分、4分、2分表示程度介于其间。行为项的 W 值越大，则排序越靠前，制造企业网络越应当优先调整，以便更加有效地实现可持续发展。

4.2.3 实证研究

C企业网络由两个公司共同出资成立，采用精益生产系统，提供全面汽车行业技术集成解决方案，涵盖采购、物流、制造、销售与售后服务整个业务链环节，专注设计、品质、可靠性、安全性、燃油经济性、推动高效节能技术进步、注重节约资源与减少污染排放。目前C企业网络采购零件多且复杂，国内供应商的供货量占总供货量的85%，实行完全柔性化生产体系，订单计划时刻处于调整状态，产品销售的地级市覆盖率为69.1%，企业网络在可持续发展方面取得了突出成绩，但仍存在一些问题，具体如表4-7所示。

表4-7 C企业网络可持续发展仍需改进之处

三层面	编码	改进之处
零部件层面	AI(x, 1, 1)	产品零部件质量要求比较稳定，缺乏标准改进与升级，缺乏零部件替代备用库建设
	AI(x, 1, 6)	企业网络建立产品对应团队，但是并未对零部件进行归类、梳理，形成核心与辅助零部件对应人才梯队
	AI(x, 3, 2)	零部件品种过于繁杂，尚未建立零件层面的品质、能耗、规格对比与跟踪信息库
	AI(x, 4, 3)	营销主要采集功能信息，零部件数据较少，生产部门较好掌握了功能对应的部件知识，但营销人员并不涉及这些知识
	AI(x, 5, 2)	零部件拆解与再利用重点局限于企业网络内部，未能形成行业开放利用系统，零部件应用空间受限
产品结构层面	AI(y, 2, 2)	不同团队通过竞争形式独立开发方案，缺乏团队信息共享，设计方案集成不同团队优势部分有待加强
	AI(y, 2, 6)	产品设计团队的生态理念需进一步加强，跨团队交流、团队交叉合作、团队与外部联合等仍需加强
	AI(y, 3, 5)	规划性生产计划较好，但面临任务变动，产品组装、等待时间大幅增加，抗变动与资源配置柔性需提升

续表

三层面	编码	改进之处
产品结构层面	AI(y, 5, 4)	产品回收定价较为笼统，产品评估、回收利用计划、回收收益评估等缺乏动态更新与单个产品针对性
产品系统层面	AI(z, 1, 4)	预算对产品体系生态设计、零部件与资源循环利用考虑较少，缺乏绿色生态方案顶层设计经费支持
	AI(z, 1, 6)	团队主要集中于产品层面，对产品体系宏观战略设计团队建设缺乏足够重视，多领域专家融合不足
	AI(z, 2, 3)	产品体系设计过程考虑更多的是盈利、技术因素，对生态、绿色、可持续的重视、渗透与体现仍需提升
	AI(z, 3, 2)	产品体系缺乏统一系统的绿色、可持续标准，需形成一套质量、技术、环保等方面的共享标准体系
	AI(z, 5, 5)	回收需打破企业网络限制，联合多领域、多主体形成网络回收体系，拓展产品与零部件的应用空间与渠道

C 制造企业网络得分为 14 分，低于 35 分，可持续发展表现较好。经团队讨论与分析，确定 AI(z, 3, 2) 和 AI(z, 5, 5) 是需要在零部件与产品层面进行调整后，才能开展的后续行为项。绿色标准体系的建立需要在关键零部件和产品运营各环节形成初步的兼容、可行、高效生态行为标准后，再进行梳理、改进与调整，形成配套的标准体系；另外，网络回收体系需 C 制造企业网络完成零部件、产品回收定价市场化与多用途、多渠道开发后，借助现有回收渠道与合作关系再拓展网络化回收业务，实现多领域零部件与产品回收及多渠道、多方位再循环利用。因此，首次调整行为项不包含 AI(z, 3, 2) 和 AI(z, 5, 5)，其他 12 个行为项则根据表 4-6 的评价标准进行打分，具体得分与排名如表 4-8 所示。

表 4-8　C 制造企业网络 A 可持续发展行为项得分与排序

编码	I	F	R	C	W	排序
AI(x, 1, 1)	5	7	5	1	175.00	2
AI(x, 1, 6)	5	7	5	1	58.33	10
AI(x, 3, 2)	5	7	3	1	105.00	5
AI(x, 4, 3)	3	3	5	1	45.00	11
AI(x, 5, 2)	5	3	5	1	75.00	8
AI(y, 2, 2)	3	5	5	1	75.00	8
AI(y, 2, 6)	7	5	7	3	81.67	7
AI(y, 3, 5)	7	7	7	3	114.33	4
AI(y, 5, 4)	1	3	3	1	9.00	12

续表

编码	考虑因素					排序
	I	F	R	C	W	
AI（z, 1, 4）	7	9	7	5	88.20	6
AI（z, 1, 6）	5	7	7	1	245.00	1
AI（z, 2, 3）	7	9	7	3	147.00	3

首先，C 制造企业网络应当优先选择行为项 AI（z, 1, 6）进行优化，基于产品生命周期阶段，设立负责人，并组织相关负责人成立专家组，提高专家组的产品体系设计生态意识，对企业网络可持续发展进行顶层规划，以有效优化 C 制造企业网络可持续发展状态。其次，应当建立企业网络零部件生态备选库，掌握现有零部件、材料等使用改进方法与替代方案，为企业网络的持续改进提供方法与知识支持。再次，应当通过交流、规划、宣传与制度约束等形成企业网络生态与可持续发展文化，将文化贯穿于不同部门、员工的每个工作细节，进而推动企业网络可持续发展。最后，可根据 C 制造企业网络可持续发展行为方案中行为项组合与具体得分情况逐项进行行为调整与优化[85]。

4.3 基于网络成员互惠的效率战略导向企业网络环境绩效提升方法

我国工业化发展取得了举世瞩目的成就，已成为世界第一制造大国和第一货物贸易国。然而，长期以"高消耗、高污染"为特征的制造业发展模式造成的资源浪费、能源消耗严重、环境恶化等问题，影响了我国经济与制造产业未来的发展。对此，国务院提出《中国制造 2025》，把全面推行绿色制造作为实现制造强国战略的重要内容，计划到 2025 年，重点行业单位工业增加值能耗、物耗及污染物排放达到世界先进水平，并形成一批具有较强国际竞争力的跨国公司和产业集群，这就要求我国制造企业积极改善与提升自身环境绩效。

我国多数制造企业无法将自身产生的废弃物进行完全消化吸收和循环利用，这些多余废弃物可能会作为物料资源满足其他企业的需要，利用互惠联结实现废弃物在企业间的循环利用。我国信息网络技术、物联网与物流业的发展，为企业多余废弃物共享与传递提供了更加可靠的保证，如果能够实现制造企业网络间废弃物快速地互惠交互，将能在更低成本下促进剩余资源的利用，有效提升与改善制造企业网络环境绩效。另外，单一制造企业绿色技术资源不够全面、升级不够及时，难以满足外部环境快速变动要求，所以网络成员通过绿色互补知识共享与绿色技术资源匹配实现环保产品与绿色技术创新。因此，我国制造企业网络除自身使用清洁技术、绿色能源与开展绿色攻关、努力建立物料自我循环系统外，还可以广泛利用外部资源，建立剩余资源互惠交换、绿色优势技术互惠互补等生态共赢关系，以快速改善环境绩效。

当前关于制造企业网络环境绩效的研究多集中在与经济绩效关系方面，或给出环境绩效评价指标与方法，虽然这些研究证明了改善环境绩效对企业网络经济增长的重要作用，引起了学者与产业界对环境绩效的重视，也明确了企业网络环境绩效改善重点方向，但始终没给出具体改进环境绩效的方法与策略，缺少对企业网络操作层面的有效指导。因此，本书在理论分析制造企业网络生态互惠对企业网络环境绩效产生的影响的基础上，系统设计了基于互惠的制造企业网络环境绩效提升方法，为制造企业网络环境绩效提升提供系统的理论参考与有效的方法支持。

4.3.1　互惠对制造企业网络环境绩效的影响分析

1. 互惠对制造企业网络环境绩效提升的重要性

互惠大致可分为双方高度互惠、单方面高度互惠、双方偶尔互惠、单方面偶尔互惠等。制造企业网络与合作企业互惠程度越高，环境绩效提升成本越低。首先，基于互惠的双向物流或共建共享管道，将在多余废弃物处理方面大大降低固定资产投入与运营成本；其次，互惠程度高意味着出现企业网络成员寻租行为的概率低、机会主义行为成本高，因此，制造企业网络可适当减少监管力度、降低监督成本；最后，互惠程度高意味着制造企业网络可选择更少的资源处理与绿色技术合作伙伴、企业网络的冲突，预防及关系管理成本将降低。

另外，互惠程度越高，环境绩效提升越有效。制造企业网络与合作企业互惠程度越高，绿色知识技术通用性越强，沟通合作越便利、越规范，合作过程遇到的误解与矛盾越少，互惠双方生态合作效率越高；互惠程度越高，中间产品涉及物质资源与能量类别越相近，能够直接使用彼此技术的概率越高，环境改善越快速；互惠程度越高则双方对未来期望越高，双方投入的绿色知识与技术越多，开展面向未来的物料、能源等合作越紧密，环境绩效提升将越持续与显著。

由此可见，在制造企业网络利用外部合作关系改善环境绩效时，应选择互惠性高的企业优先开展合作，从而有效改善环境绩效。

2. 互惠对环境绩效的影响与作用方式

为提高资源利用率，降低污染物排放，山东利华益集团股份有限公司（以下简称利华益集团）石化产业将丁辛醇装置生产的正丁醇，经地下管道直接输入东营益胜化工有限公司的生产装置作为其实施醋酸丁酯项目生产的原料，这不仅降低了物流成本，而且将利华益集团石化产业的剩余资源进行了互惠传递，减少了污染排放与治理费用。同时，某发电厂利用利华益集团传输的余热余能等进行重新发电，有效实现了能源的梯级利用，提升了资源利用效率。此外，三菱重工空调在设计、安装与售后服务方面具有很高的环保要求，海尔对新产品研发也坚持低碳环保路线，在绿色环保价值观达成一致的前提下，双方在运作方面形成互惠共赢的合作关系，利用双方专业研发团队，不断将彼此低碳环保技术知识融合，有效提升了双方在节能减排等方面的优势，增强了各自产品的环保质量，为三菱重工和海尔赢得了许多绿色专利。由此可见，制造企业网络可以利用外部互惠关系提升制造企业网络环境绩效，具体如下。

（1）通过剩余资源梯级利用提升环境绩效。首先，制造企业网络与外部生态互惠企业可按照价值增值过程形成类似生态系统"食物链"的相互交叉与渗透的合作关系或组织结构，互惠双方的物质、能量、信息和价值在数量和质量上相互匹配，在流动方位与顺序上相互关联。通过建立生态互惠关系，制造企业间可通过资源使用、信息交流和副产品利用等，降低资源冗余、仓储经济成本，减少重复行动产生的时间与搜索成本，降低废弃物处理方面的投入成本，从而在低成本下实现环境绩效改善。

其次，制造企业网络的互惠关系还体现为能源的梯级利用。根据企业间产品、工艺的用能质量需求进行有效规划设计，通过各种不同层级的链网回路，按照梯级资源能量利用关系进行副产品和废弃物的互惠对接，可以实现制造企业网络废弃物在互惠企业网络间的高速流动和多层次循环利用，实现资源利用最大化。

最后，制造企业间剩余资源对接与能源梯级利用可从多方面实现环境共赢。生产用水、输气管道的共同建设、共同享用，使制造企业网络的剩余资源和能量通过快速点对点运输直接变为互惠企业的生产原料，不仅降低制造企业网络污染治理的时间、精力与费用，同时也为下游生态互惠企业带来帮助并产生收益。能源管道共建降低了互惠企业能源运输设施建设投入，剩余资源与能量梯级利用保证了互惠企业可通过极低的交易价格获得所需生产原料，可靠稳定的资源供给降低了互惠企业能源存储与需求短缺风险，长期合作关系为互惠企业其他资源、剩余物料处理提供了更多交互可能，从而极大改善互惠企业环境绩效。

（2）通过绿色知识与技术传递提升环境绩效。首先，制造企业网络与互惠企业间的知识传递使各方掌握的知识图谱更加全面与完善，从而能够按照梯级循环利用顺序特点进行物质、能量、资源的整体布局优化，促进能源高效交换和合理利用，实现自然资源与能源损耗减量。其次，互惠绿色知识与技术传递，不仅可以帮助企业直接利用彼此的清洁生产技术来优化和整改自身内部工艺流程、促进清洁生产，还可以建立面向绿色生态的技术体系，从工作方式、流程、行为等多个方面进行系统优化与调整，从而实现绿色技术升级。再次，资源梯级利用的前提是掌握废弃物分离再生、无害化处理技术等，生态互惠关系可促进双方在废弃物分类方面达成共识，实现绿色化处理技术共享与协同，促进互惠双方对各阶段工艺流程产生的废弃物进行统一快速分类标示与废弃物分类无害处理，实现能源与物料的标准化、科学化分类与有效吸收、对接和匹配。最后，互惠制造企业间依托计算机网络技术、计量控制技术等信息化手段，可对企业网络间工业废弃物、能量梯级转移的循环利用率、实际排污情况等进行整体监测，使互惠双方在资源梯级利用、绿色知识与技术传递的整体进程中，审视各自生态环境质量，发现新的绿色知识互补点、改进点，调整能源使用方案，实现资源最优利用与互惠双方整体环境绩效的提升。

综上所述，制造企业网络可通过寻找互惠企业，促进资源循环利用或绿色知识、技术传递等，实现环境绩效的全面提升。

4.3.2 基于互惠的制造企业网络环境绩效提升方法

为了能够利用外部互惠关系，更加科学、有效地提升制造企业网络环境绩效，应当做好以下工作：首先，明确制造企业网络可持续发展的绿色资源需求、识别制造企业网络产出的废弃物和副产品，从而确定制造企业网络生态互惠空间；其次，构建、参加或借助废弃物信息共享管理平台，录入与发布需求，搜寻和筛选能够进行生态互惠的伙伴企业；再次，根据制定的生态互惠伙伴选择指标与标准，确定构建生态互惠关系的优先序；最后，制造企业网络与各候选生态互惠企业依次进行沟通协商，签订生态互惠协议，构建生态互惠关系。该方法主要通过"确定生态互惠空间—寻找并确定生态互惠对象集—判断生态互惠程度—签订协议构建生态互惠关系"四步来基于互惠提升制造企业网络环境绩效。

1. 确定生态互惠空间

通过确定剩余资源梯级利用的互惠交换空间及绿色技术知识的互惠交换空间明确生态互惠空间。

（1）确定剩余资源梯级利用的互惠交换空间。首先，认清和把握制造企业网络的代谢过程，明确制造企业网络需要进行物质、能量和信息投入与产出的节点。指派专家组梳理产品从原材料采购、生产加工、储存、运输、销售，到顾客使用、回收等各环节物质、能源消耗信息，并诊断分析产品价值链中废弃物排放情况，包括排放的来源、种类及排放规模、流向或流动方位等，进一步跟踪与判断产生废弃物质和能量可在本企业网络范围内加以回收利用的情况，由此明确制造企业网络能够实现物质、能量和信息互惠交换与利用的可能耦合点。其次，探寻无法被制造企业网络内部转化的剩余物质能量互惠交换可能性。系统地诊断废弃资源中所含有用物质的成分和含量，分析其循环再利用可行性，包括废弃物再利用价值的大小及废弃物再利用方式，并形成多种可行性方案研究报告，明确废弃物互惠交换在技术、经济、环境等方面的潜在风险及进行废弃物互惠交换的可能收益。最后，根据企业网络总体环境绩效目标，明确不同剩余资源梯级利用需要达到的环境目标，如循环利用率目标等；探寻剩余资源互惠交换的生态共赢点，确定每种剩余资源互惠交换的交易价格。将多种具有循环利用可行性的资源进行价格与环境目标标注，便形成了剩余资源梯级利用的互惠交换空间，进而根据这些资源类别与目标寻找可能进行互惠交换的制造企业，具体流程如图4-5所示。

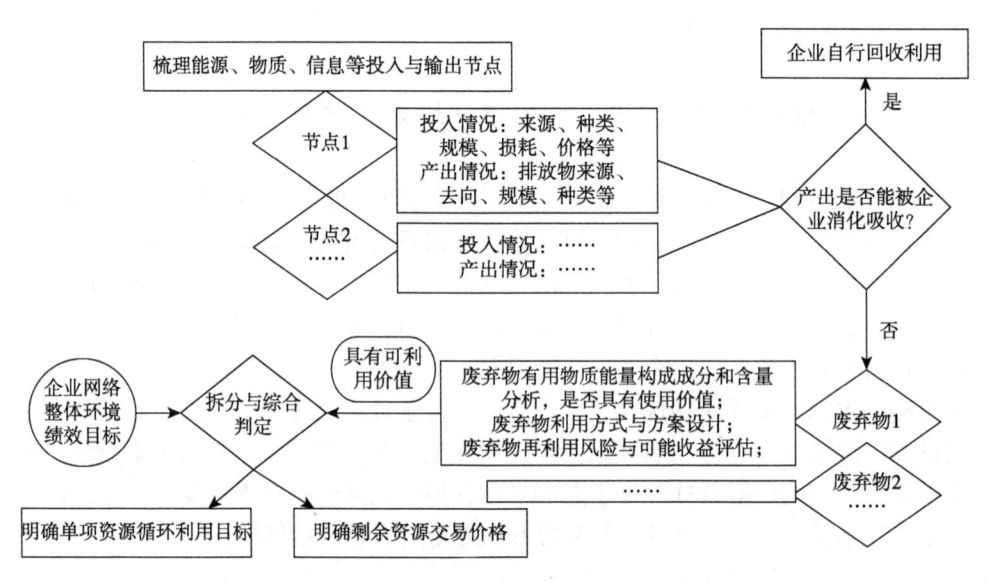

图4-5 制造企业网络确定剩余资源互惠交换流程图

（2）确定绿色技术知识的互惠交换空间。首先，明确自身拥有可进行互惠交换的绿色技术优势。探寻可实现能源节约或环境盈利的核心优势绿色业务，集合不同部门描绘出绿色业务价值链的基本流程，梳理企业网络优势绿色业务所涉及的各类技术，在与竞争对手及行业标准对比后，明确企业网络可提供的优势绿色技术资源与技术可行去向。其次，诊断技术劣势，明确制造企业网络绿色技术知识与资源需求点。识别出高能耗、高排放、低增长的产品业务，并依据当前环境标准，对该类产品业务生产工艺流程进行监测审查，诊断出不符合环境法律法规要求的技术环节，并根据污染排放情况、资源利用效率差距等，确定其寻求清洁生产、污染治理改进工艺的紧迫性与重要性。最后，明确进行绿色知识与资源互惠使用的目标，探寻更多绿色技术资源互惠盈利点。依据环境资源、社会公众低碳环保需求等，结合环境法律法规要求，分析各业务风险与机遇，确定绿色知识与资源互惠要达到的节能减排、绿色创新、绿色营销目标等。由此可见，制造企业网络绿色技术优势、绿色技术需求及技术风险与机遇评估、互惠目标等的系统列示将构成制造企业网络绿色技术知识互惠交换空间的主体内容。

2. 寻找并确定生态互惠备选对象集

首先，将制造企业网络废弃物数量、成分、潜在利用价值等基本信息及能够提供的绿色知识技术、急需的绿色资源等信息，通过自建、参与或借助外部的废弃物信息共享管理平台等将废弃物、剩余资源信息传递出去。提供资源描述的关键词，并根据多种可行处理方案，提出可匹配与对接资源、技术的关键词，通过关键词匹配快速锁定废弃物、绿色知识互惠交换可能的企业，并将信息及时反馈与汇总，以进一步确定备选互惠企业。其次，针对众多具有匹配关键词的制造企业网络进行粗筛，重点通过企业网络环境治理重视程度、环境管理系统规范性、生产与涉及业务过程是否遵守环境法规、是否具有良好的绿色形象和绿色声誉等基本信息，将不符合基本条件的备选对象剔除，从而确定备选对象集。

3. 判定生态互惠程度

制造企业网络要根据具体选择指标，对照备选企业实际情况进行打分，采用综合方法确定备选对象得分。

（1）企业网络剩余资源梯级利用匹配度。首先，由于下游生态互惠对象需要对来自制造企业网络的物质、能量和信息流等进行集成整合，并仿照"食物链"的顺序、依据梯级利用准则进行废弃物能量循环利用，因此在选择时要考虑互惠企业间在物质、能量、资源流动方位上的衔接程度。这不仅包含根据可行方案判定的剩余资源使用去向重叠度及方案技术风险与可能产生的收益情况，还需要重点评价对方进行互惠反馈的可靠性与及时性，即能够及时接受与处理制造企业网络剩余资源，减少制造企业网络仓储、运输与处理成本的情况，能够根据制造企业网络需求及时提供资源与能量，避免因此减产，造成生产损失。由此，根据制造企业网络资源利用与环保目标等，综合判定企业网络间的互惠可能性、可能收益、风险与互惠及时性等问题。其次，如果制造企业网络废弃物类别或所含物质等与生态互惠企业产出的中间产品在品种、类别上匹配度较高,则互惠企业能够吸收利用有关物质的可能性将大大提升,因此,需要根据制造企业网络废弃物成分与含量的相关描述,在确定其大致去向基础上进一步判定互惠企业对接业务对废弃物内不同物质、能源的可接受性与可利用性。再次,为了有效降低交易成本,在满足资源利用目标基础上,需要选择尽可能少的互惠伙伴进行废弃物与资源交换,这就要求制造企业网络考虑互惠企业总体生产规模与其废弃物总体排放规模是否匹配的问题;另外,规模与交易价格具有一定补偿性,当规模较高时,可以适当降低交易价格。因此,需要在综合考虑对方交易规模基础上确定交易价格预期差距情况,确保互惠公平性。最后,为实现废弃物质能量的快速转移、降低贮存成本,还需要考察上下游互惠企业废弃物传输的通道是否顺畅,判定实现工艺联系的作业区域运输距离及未来是否基于长期合作关系建设稳定的转移通道,进而综合判定转移成本与收益。

(2)企业网络绿色知识与技术资源匹配度。首先,制造企业网络在高污染环节缺乏有效的识别、控制与处理技术,急需生态互惠企业在关键环节掌握相关的污染源识别与定位技术、环境无害化处理技术等,因此,在选择互惠企业时首先要考虑双方拥有的绿色处理技术资源是否可以直接在各方企业得到有效应用,使环境绩效得到明显改善。其次,为集中回收处理企业网络产出的废弃物质能量,合理利用剩余资源,互惠企业掌握的技术应当具有对接性,能够经过组合共同处理彼此的物质与能源对接、运输问题,能够通过绿色技术对接解决彼此的污染技术与设备升级问题等,从而为互惠资源传递及共性污染集中解决与处理等提供有效的解决方案,因此,选择时需要考虑互惠企业的技术结合性。再次,为从源头消除废弃物,企业网络必须对产品涉及的各环节生产工艺进行绿色创新改进,实施产品清洁生产。因此,在选择互惠企业时,还需考虑其拥有的清洁生产技术资源与绿色知识等,是否有利于生产工艺升级与产品创新;另外,还需判定面向未来发展的互惠企业所拥有的互惠绿色技术是否具有创新活力,能否产生更多各自生产环节所需或行业所需的绿色产品与环保技术成果,以确定互惠绿色技术创新产生的社会、经济与环境贡献等。最后,为对制造企业网络环境绩效状态进行科学检测与评估,发现绿色技术与知识需求点与改进环节等,需要制造企业网络选择具有互惠环境管理技术的企业开展合作,包含具有双方周边生态环境监测、污染源识别与环境管理匹配技术等,以保证制造企业网络及时发现问题,动态掌握环境绩效,并对照问题科学选择互惠伙伴。

综上所述,可以得到制造企业网络基于剩余资源梯级利用和绿色知识与技术资源匹配度的生态互惠企业选择与判定指标体系,具体如表4-9所示。

表 4-9 生态互惠企业选择与判定指标体系

目标	指标	子指标	判定依据与标准
生态互惠伙伴选择与判定	剩余资源梯级利用匹配度	在物质流、能量流、资源流动方位上的衔接度	根据对接方案，判定对接风险、收益与可行性，以及对方吸纳或提交资源是否及时，能否满足企业资源需求或回报反馈迅速
		中间产品在成分及含量上的耦合度	根据废弃物成分描述，判定行业、业务、材料与能源需求等相似度
		生产规模与制造企业废弃物总体排放规模与交易价格期望的匹配度	根据交易价格及交易规模，判定与制造企业资源对接的相对优势，规模小，交易价格高，或者规模大，适当降低交易价格
		在废弃物传输、运输方面的顺畅程度	根据双方对未来的合作意愿与期望，判定渠道稳定性与可持续性
	绿色知识与技术资源匹配度	拥有技术及配套设施等在双方环保与业务领域的直接应用程度	根据绿色技术优势与绿色技术需求的描述与关键词等，判定双方拥有的废弃物绿色处理技术、环境无害化与污染治理技术及环境治理专业技术人员能力特长、配套污染控制设备等能够直接在对方得到有效应用的可能性
		拥有技术及配套设施等在环境治理与资源利用等方面的可结合程度	根据污染环节、技术需求识别、技术可行去向等，判定双方拥有技术在未来应用领域结合情况，包含技术结合风险、成本及对节能、资源利用等方面产生的作用，判定绿色技术结合可行性
		拥有技术及配套设施等融合产生绿色技术与运营模式等创新的程度	根据绿色技术互惠盈利点，判定各方绿色技术融合产生绿色创新成果、对环保节能目标、绿色形象与口碑的综合影响，确定未来合作产生绿色创新的经济、环保与社会贡献
		双方环境评价与检测技术匹配程度	根据各方污染环节与技术、行业政策法规要求及绿色环保目标等，判定双方所拥有的对企业周边生态环境评价与监测技术及配套生态测量仪器等环保基础设施的匹配情况

采用利克特七分制打分法，请多名专家针对企业网络实际情况及指标判定依据对候选生态互惠伙伴进行考核打分，结合专家对企业不同指标判定情况的熟知程度及不同指标对制造企业网络绿色技术升级与环保目标实现的重要性等，进行加权计算，确定各候选生态互惠伙伴的综合得分与整体排序。

4. 签订协议构建生态互惠关系

首先，制造企业网络需要根据生态互惠关系优先序，利用生态互惠信息共享平台对企业具体信息进行深入了解，并选择合适人员进行沟通和协商，包括互惠对象对废弃物的物理性质、纯度要求，数量及产生周期、废弃物交换价格、运输交换方案要求，以及制造企业网络对绿色生产技术、环境管理经验、绿色环保基础设施需求等。在达成初步共识基础上，双方应就生态互惠期限内需达到的共同生态目标、双方责权利与合作、分配方式等进行协商。按照制造企业网络资源利用与环保目标要求等，确定最终的互惠企业。将达成统一的内容整理后，分别与互惠企业正式签订生态互惠协议。在未来进一步探索多家企业互惠合作的可能性，以实现更多领域的绿色技术整合与资源共享。

其次，遵循生态互惠协议要求，制造企业网络与互惠企业需要对转移资源、废弃物和副产品等进行集中采集与回收，对可再利用物质进行提纯精炼，建设承接运输管道，减少废弃物停留对环境的污染，不断调整各方生产工艺及设备实现废弃物、剩余资源的有效对接及循环利用。与此同时，互惠双方企业的管理部门应对交换后的废弃物尤其是有毒有害物进行跟踪调查、审核和评估，制造企业网络应及时关注废弃物的再利用与处理情况，利用物联网等技术手段加强监督控制以防止废弃物毒害物质存留。在合作过程中，不断探索其他资源、绿色技术互惠可能性，挖掘合作伙伴、拓展合作内容与范围，以实现持续改进与多方共赢[86]。

4.4 效率战略导向制造企业网络可持续发展路径

为利用网络关系的联结维度提升制造企业网络环境绩效，设计RES（reinforcing-extending-stabilization，增强—扩展—稳定）提升路径。首先，增强初建生态链上企业间生态联结强度，加固现有生态链强度；其次，拓展制造企业生态联结范围，延伸现有生态链长度；最后，动态规划管理企业间生态联结关系，完善生态链结构，提高生态链稳定性。RES提升路径通过"加固生态链强度—延伸生态链长度—完善生态链结构"三阶段循环过程，基于联结提升制造企业网络环境绩效。

4.4.1 加固生态链强度

首先，明确生态联结强度的影响因素。生态链上下游企业间的生态联结强度主要受运输成本与不确定风险两方面因素的影响，其中，运输成本是指生态链上下游企业传递废弃物所需的运输费用，不确定风险是指生态联结双方传递废弃物过程中因受到不确定的风险影响而产生的额外费用；其次，鉴于运输成本与风险成本在数值上均存在"高"与"低"两种情况，则可构建如图4-6所示的影响因素组合矩阵，明确加固生态链强度的入手点。由图4-6可知，为加固现有生态链强度，应实现风险成本与运输成本最小化。

为实现风险成本与运输成本最小化，首先，生态联结双方共同建立废弃物运输专用管道、废弃物中转站等废弃物运输平台，降低废弃物运输难度，实现废弃物快速对接，降低运输费用与废弃物堆积的污染风险；其次，生态联结双方共同制订环境标准变动、自然灾害等不确定风险的应对方案，有效规避生态联结风险，从而增加企业间生态联结意愿，加固现有生态链强度，提升生态联结双方的环境绩效。

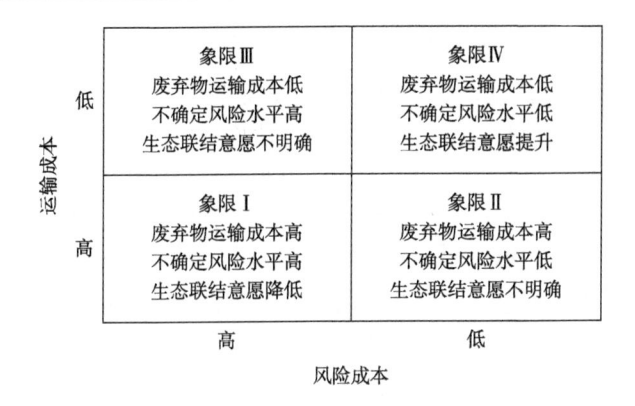

	象限Ⅲ 废弃物运输成本低 不确定风险水平高 生态联结意愿不明确	象限Ⅳ 废弃物运输成本低 不确定风险水平低 生态联结意愿提升
	象限Ⅰ 废弃物运输成本高 不确定风险水平高 生态联结意愿降低	象限Ⅱ 废弃物运输成本高 不确定风险水平低 生态联结意愿不明确

运输成本 低／高　　　　风险成本 高／低

图 4-6　运输成本和风险成本组合矩阵

4.4.2　延伸生态链长度

为扩展制造企业网络生态联结广度，可采用废弃物分类、分工的处理方式。首先，按废弃物组成成分对制造企业网络产出的废弃物进行分类，据此求助可独立吸收与处理某一类废弃物的下游企业，建立新的生态联结关系，延伸生态链长度；其次，根据生态联结伙伴的废弃物需求，实施废弃物梯级传递，实现废弃物的专业化分工处理；最后，全程监督与协调生态链成员的废弃物处理过程，实现废弃物吸收最大化，短时间内快速降低对生态环境的影响，提升生态链成员企业的环境绩效。具体流程图如图 4-7 所示。

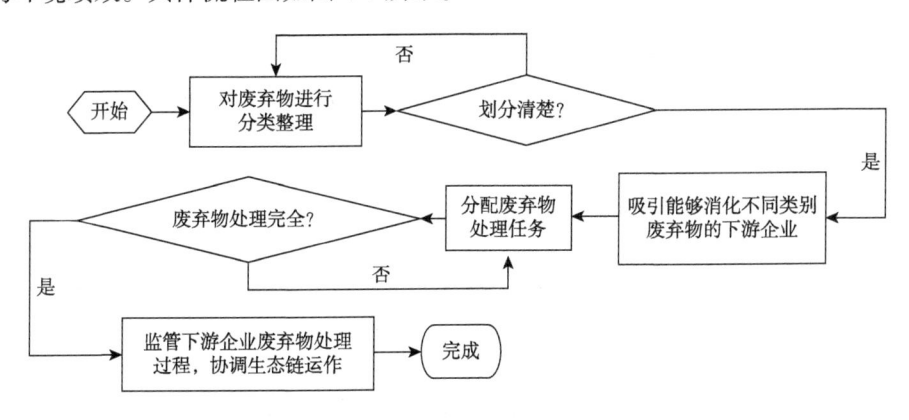

图 4-7　生态链上废弃物分类分工处理流程图

4.4.3　完善生态链结构

生态链上制造企业网络与吸收废弃物的下游企业间的生态联结方式相当于物

理中的串联。假设由 n 个生态链成员串联而成的生态链上,各节点企业的生态稳定性均为 $p(0<p<1)$,则该生态链整体的稳定性为 p^n,可见,串联形式的生态链整体稳定性较低,生态链结构对生态链整体稳定性具有重要影响。若有多家下游企业共同处理制造企业网络产出的某一类废弃物,则生态链该节点处多家下游企业间的生态联结方式相当于物理中的并联,这样既可改变单纯的串联结构为串并联结构,又可实现该类废弃物吸收最大化,从而提升生态链稳定性。因此,为实现提高生态链整体稳定性的目标,可在有效外部支持的前提下,以串并联结构形式为生态链不稳定节点处并联补充多家下游企业,完善生态链结构,共同吸收剩余废弃物,有效提升各生态链联结成员企业环境绩效。具体步骤如下。

（1）明确生态链联结伙伴企业稳定性系数。首先,构建生态链联结伙伴企业稳定性评价指标体系,明晰生态链联结伙伴企业稳定性系数,具体如表 4-10 所示。

表 4-10　生态链联结伙伴企业稳定性评价指标体系

目标	一级指标	二级指标	三级指标
生态链中节点企业的稳定性评价指标体系 A	结构因素 B_1	组织状态 C_{11}	1.组织结构合理性 2.组织结构柔性 3.业务流程柔性
		管理状态 C_{12}	1.管理者生态决策正确性 2.环境战略实施度 3.环境监控、管理水平
	生态互惠因素 B_2	剩余资源梯级利用匹配度 C_{21}	1.物质、能量、资源流动方位的衔接度 2.中间产品成分及含量的需求匹配度 3.生产规模与制造企业网络废弃物总体排放规模的匹配度 4.剩余资源能源传输的顺畅度
		绿色知识与技术资源匹配度 C_{22}	1.环保技术及配套设施的先进性 2.环保技术及配套设施的匹配适用度 3.环保技术人员所占与所需比例水平
	目标因素 B_3	经济效益目标 C_{31}	1.人均工业增加值增长率 2.销售利润率提升度 3.总资产利润率提升度
		环境效益目标 C_{32}	1.单位工业增加值能耗降低度 2.单位工业增加值排放降低度 3.资源能源综合利用率提升度 4.有害废弃物分解处理率提升度 5.在市场中绿色形象提升度

其次，依据 AHP 确定生态链联结伙伴企业稳定性评价指标的权重，求得层指标权重集 $W=\{W_1,W_2,W_3\}$，综合整理后可分别得到权重集 $W_1=\{W_{11},W_{12}\}$、$W_2=\{W_{21},W_{22}\}$、$W_3=\{W_{31},W_{32}\}$，以及 $W_{11}=\{w_{111},w_{112},w_{113}\}$、$W_{12}=\{w_{121},w_{122},w_{123}\}$ 等。

再次，将生态链联结伙伴企业稳定性的评语分为五个等级，评语集为 $V=\{V_1(优秀),V_2(良好),V_3(及格),V_4(一般),V_5(较差)\}=\{1,0.8,0.6,0.4,0.2\}$。

最后，成立 10 人专家组，依照 AHP 与模糊综合评价法的计算过程，对生态链联结伙伴企业进行稳定性模糊综合评价，计算求得生态链联结伙伴企业的稳定性模糊评价向量 B。记 P 为生态链联结伙伴企业的稳定性系数，则生态链联结伙伴企业稳定性系数 P 的计算公式如下：

$$P=VB^{\mathrm{T}} \quad (4\text{-}1)$$

（2）确定完善生态支链结构所需资金。完善生态链结构需要一定的资金支持，假设制造企业网络完善生态链结构可获得的政府资助总额为 C，在生态链第 i 个节点处并联 n 个企业形成串并联结构所需的生态联结成本为 $C_i(n)$，则该节点处并联 n 个企业可获得的政府资助额为 $C_i(n)$。给出生态链各节点处所需资金额取值参考范围，确定完善生态链结构所需资金额 $C_i(n)$ 的具体数值。

（3）确定生态链联结各节点处稳定性系数的取值范围。从当前生态链上稳定性系数最低的节点处入手，依次在不稳定的 m 个节点处并联同类企业，以求共同吸收该节点处剩余废弃物，完善生态链结构。假设在生态链第 $i(i=1,2,\cdots,m)$ 个不稳定节点处并联 n 个企业，已知并联形式下企业间独立且互不干扰，则完善生态链结构过程中，该节点处稳定性系数 $P_i(n)'$ 取值范围的计算公式如下：

$$P_i(n)'=1-(1-P_i)^n \quad (4\text{-}2)$$

由此，可建立生态链各节点处稳定性系数与资金额取值范围参考表，将上述推算得到的各节点处稳定性系数取值范围 $P_i(n)'$，以及完善生态链所需资金额取值范围 $C_i(n)$ 的具体数值填入表中。

（4）确定生态链的最大稳定性。单链串联形式的生态链上各节点企业稳定性系数均处于低水平时，极可能会引起生态链断裂。同时，若只考虑生态链整体稳定性的优化提升，而不对生态链各个不稳定节点处依次进行提升，亦会导致生态链断裂。因此，提升生态链稳定性，不仅需考虑资金约束与生态链整体稳定性最优，而且需实现生态链各节点处稳定性的整体提升。因此，应从提升生态链联结伙伴企业稳定性的视角入手，按生态链联结伙伴企业稳定性系数从低到高的顺序，依次对各个不稳定节点进行企业并联，依次提升各节点处稳定性，加固生态链成员间生态联结强度，进而实现生态链稳定性系数 $P_{链}^*$ 最优。

首先，从生态链稳定性系数最小的节点处入手进行生态链结构完善，计算在现有资金 C 的约束下，在该节点处并联一个同类企业后生态链整体稳定性系数的变化值 $P_{链}^{(1)}$，以及并联后剩余资金额 $S_1 = C - C_i(1)$；其次，同理依次对生态链上稳定性系数较小的节点进行企业并联，以求共同吸收该节点处残留的废弃物，计算并联后生态链整体稳定性系数的变化值 $P_{链}^{(n)}$ 与剩余资金 $S_{(n)}$；最后，当剩余资金额 $S_{(n)} = 0$ 或小于任一节点处进行企业并联所需金额 $C_i(n)$ 时，停止对生态链结构进行补充完善，此时生态链整体稳定性系数值便为在总资金 C 的限制下生态链的最大稳定性 $P_{链}^*$。经过以上操作后，生态链各节点处能够并联的企业数量，即为生态链达到最大稳定性系数 $P_{链}^*$ 时各节点处需要并联的企业数量 x_i^*。

（5）依照各节点处的并联企业数量要求，完善生态链结构。首先，根据各节点处企业并联数量 x_i^* 要求，借助废弃物信息共享平台，为制造企业网络寻找符合废弃物吸收条件的下游企业，指派专家组进行资格初选；其次，综合运用AHP和模糊综合评价法，依据表4-9依次对候选生态链伙伴进行生态互惠评价，按生态互惠得分从高到低与吸收废弃物数量从多到少的顺序进行排序，选择符合企业数量 x_i^* 要求的生态互惠伙伴，依次并联于各个不稳定节点处，完善生态链结构，提升生态链整体稳定性与链上企业环境效益。

4.4.4 案例分析

D企业成立于2005年，地处河北省。D企业利用大型设备优势，联合采用了220项国内外先进技术不断进行产品创新改进，其产品主要定位于高端精品板材。D企业是临海靠港的1000万吨级钢铁企业，其热轧产品有高强钢、管线钢、车轮钢、集装箱板等，冷轧产品有镀锡板、汽车板、家电板、专用板等，为用户提供优质产品和优质服务，产品遍布全国并出口到亚洲其他国家及欧洲，部分高端产品填补了国内空白。D企业在发展的过程中以实现"环境一流"为目标，近年来与周边企业组建制造企业网络，并按照物质循环流动方式构建了工业生态链，取得了不错的环保成效。

未来的发展目标为进一步完善生态产业链，努力将废弃物排放量降到最低。在生态环境方面，D企业网络依据循环经济理念，通过与周边电力、水泥、化工、建材企业的生态互惠和紧密衔接形成生态链以吸收D企业网络的废弃物与余能，逐渐形成钢铁—发电—海水淡化—化工、余热—发电—废渣冶炼—水泥、煤气—化工产品等多条生态支链，目前生态链上企业已达到了25家。但由于生态链初建时间不长，生态链上剩余资源还未能达到最佳的配置和处理状态，其中发电厂处理固体废渣量小于总产出钢铁废渣量,并且发电厂产生的粉煤灰还无法满足冶炼厂的需求。且余热—发电—废渣冶炼—水泥该生态支链属于单链串联形式的生态联结关系,企业间物质依赖度过高,导致现有生态链很不稳定,因此,急需并联补充完善生态链,改善D企业网络所组建的生态链上各企业的生态网络关系,提高生态链的稳定性。D企业网络通过联合周边企业构建生态链向外界提供废弃物进行循环消化吸收的方式,平均获得年收益1.22亿元,有效减少化学需氧量排放和氨氮排放,并有效减少了固体粉尘的排放,周边环境质量得到了很大的改善。但基于"努力发展成为国际先进的绿色环保制造企业网,实现废弃物零排放"的发展目标,还需进一步重点提升D企业网络的环境绩效。

现有生态链结构中,D企业网络—电厂—铝冶炼厂—水泥化工厂这一串联生态支链上各节点处废弃物均未能尽数吸收,该生态支链断裂的可能性极大。为降低生态链断裂风险,实现D企业网络废弃物零排放的生态目标,提高D企业网络环境绩效水平,应从提升D企业网络—电厂—铝冶炼厂—水泥化工厂这一串联生态支链上各个节点处稳定性入手,进而提升该生态支链的整体稳定性。因此,需在"RES"提升路径的指导下,动态控制生态联结关系,完善该生态支链结构,提升生态链稳定性,具体步骤如下。

1. 确定生态链联结伙伴企业稳定性系数

(1)设定评价指标权重。由D企业网络指派来自生态联结伙伴企业的专家,成立10人专家组,根据利克特九分制打分法,结合AHP的运算步骤,计算各级生态稳定性评价指标的权重,结果如表4-11所示。

表4-11 生态链联结伙伴企业稳定性评价指标权重

指标级别	w 归一化处理	CI	RI	CR	λ_{max}	检验
一级	$W=(0.608,0.272,0.120)$	0.038	0.52	0.073	3.076	通过
二级	$W_1=(0.8,0.2)$	0	0	0	2.000	通过
	$W_2=(0.67,0.33)$	0.0250	0	0	2.250	通过
	$W_3=(0.167,0.833)$	0	0	0	2.000	通过
三级	$w_{11}=(0.525,0.334,0.141)$	0.027	0.52	0.052	3.054	通过
	$w_{12}=(0.707,0.201,0.092)$	0.049	0.52	0.093	3.097	通过
	$w_{21}=(0.461,0.136,0.075,0.328)$	0.022	0.89	0.025	4.065	通过
三级	$w_{22}=(0.724,0.193,0.083)$	0.033	0.53	0.065	3.066	通过
	$w_{31}=(0.589,0.252,0.159)$	0.027	0.52	0.052	3.053	通过
	$w_{32}=(0.262,0.414,0.092,0.034,0.198)$	0.079	1.12	0.070	5.314	通过

（2）设定评语集。将生态链联结伙伴企业稳定性评价的评语分为五个等级，则评语集为 $V = \{优秀, 良好, 合格, 一般, 较差\} = \{1, 0.8, 0.6, 0.4, 0.2\}$。

（3）构建模糊评判矩阵。对生态链联结伙伴企业稳定性评价指标层次结构模型中的单因素 $C_{ij}(i=1,2,\cdots,m; j=1,2,\cdots,n)$ 做单因素评判，从因素 $B_i(i=1,2,\cdots,m)$ 入手，与其有隶属关系的元素中 C_{ij} 指标对评判集 $V_j(j=1,2,\cdots,n)$ 的隶属度为 r_{ij}。因此，可得到 B_i 分组下第 j 个因素 C_{ij} 的单因素评判集 $r_i = (r_{i1}, r_{i2}, \cdots, r_{im})$，由此可分别构建出发电、冶炼及化工厂这三家企业的模糊评判矩阵 R_i。

以发电厂为例，请专家组对发电厂进行稳定性评判，则其稳定性指标评分表如表4-12所示。

表4-12 发电厂稳定性评分表

目标	第一层	第二层	第三层	专家人数/个					专家人数/专家总人数				
				优秀	良好	合格	一般	较差	优秀	良好	合格	一般	较差
生态链中节点企业稳定性评价指标体系 A	B_1	C_{11}	1.组织结构合理性	0	1	2	3	4	0	0.1	0.2	0.3	0.4
			2.组织结构柔性	0	1	1	2	6	0	0.1	0.1	0.2	0.6
			3.业务流程柔性	0	1	2	2	5	0	0.1	0.2	0.2	0.5
		C_{12}	1.管理者生态决策正确性	0	1	2	4	3	0	0.1	0.2	0.4	0.3
			2.环境战略实施度	0	1	2	5	2	0	0.1	0.2	0.5	0.2
			3.环境监控、管理水平	0	1	2	3	4	0	0.1	0.2	0.3	0.4
	B_2	C_{21}	1.物质、能量、资源流动方位衔接度	0	2	3	3	2	0	0.2	0.3	0.3	0.2
			2.中间产品成分及含量的需求匹配度	0	1	1	4	4	0	0.1	0.1	0.4	0.4
			3.生产规模与制造企业网络废弃物总体排放规模的匹配度	0	2	2	3	3	0	0.2	0.2	0.3	0.3
			4.剩余资源能源传输的顺畅度	0	2	4	3	1	0	0.2	0.4	0.3	0.1
		C_{22}	1.环保技术及配套设施的先进性	0	1	2	4	3	0	0.1	0.2	0.4	0.3
			2.环保技术及配套设施的匹配适用度	0	2	2	3	3	0	0.2	0.2	0.3	0.3
			3.环保技术人员所占与所需比例水平	0	1	1	4	4	0	0.1	0.1	0.4	0.4

续表

目标	第一层	第二层	第三层	专家人数/个					专家人数/专家总人数				
				优秀	良好	合格	一般	较差	优秀	良好	合格	一般	较差
生态链中节点企业稳定性评价指标体系 A	B_3	C_{31}	1.人均工业增加值增长率	0	2	3	3	2	0	0.2	0.3	0.3	0.2
			2.销售利润率提升度	0	2	4	4	0	0	0.2	0.4	0.4	0
			3.总资产利润率提升度	1	2	4	3	0	0.1	0.2	0.4	0.3	0
		C_{32}	1.单位工业增加值能耗降低度	0	2	2	4	2	0	0.2	0.2	0.4	0.2
			2.单位工业增加值排放降低度	0	2	3	3	2	0	0.2	0.3	0.3	0.2
			3.资源能源综合利用率提升度	0	1	3	4	2	0	0.1	0.3	0.4	0.2
			4.有害废弃物分解处理率提升度	0	1	2	4	3	0	0.1	0.2	0.4	0.3
			5.在市场中绿色形象提升度	0	1	2	5	2	0	0.1	0.2	0.5	0.2

对发电厂进行稳定性模糊综合评价，可得其稳定性模糊判断矩阵结果，如下所示。

$$R_{11} = \begin{bmatrix} 0 & 0.1 & 0.2 & 0.3 & 0.4 \\ 0 & 0.1 & 0.1 & 0.2 & 0.6 \\ 0 & 0.1 & 0.2 & 0.2 & 0.5 \end{bmatrix}$$

$$R_{12} = \begin{bmatrix} 0 & 0.1 & 0.2 & 0.4 & 0.3 \\ 0 & 0.1 & 0.2 & 0.5 & 0.2 \\ 0 & 0.1 & 0.2 & 0.3 & 0.4 \end{bmatrix}$$

$$R_{21} = \begin{bmatrix} 0 & 0.2 & 0.3 & 0.3 & 0.2 \\ 0 & 0.1 & 0.1 & 0.4 & 0.4 \\ 0 & 0.2 & 0.2 & 0.3 & 0.3 \\ 0 & 0.2 & 0.4 & 0.3 & 0.1 \end{bmatrix}$$

$$R_{22} = \begin{bmatrix} 0 & 0.1 & 0.2 & 0.4 & 0.3 \\ 0 & 0.2 & 0.2 & 0.3 & 0.3 \\ 0 & 0.1 & 0.1 & 0.4 & 0.4 \end{bmatrix}$$

$$R_{31} = \begin{bmatrix} 0 & 0.2 & 0.3 & 0.3 & 0.2 \\ 0 & 0.2 & 0.4 & 0.4 & 0 \\ 0.1 & 0.2 & 0.4 & 0.3 & 0 \end{bmatrix}$$

$$R_{32} = \begin{bmatrix} 0 & 0.2 & 0.2 & 0.4 & 0.2 \\ 0 & 0.2 & 0.3 & 0.3 & 0.2 \\ 0 & 0.1 & 0.3 & 0.4 & 0.2 \\ 0 & 0.1 & 0.2 & 0.4 & 0.3 \\ 0 & 0.1 & 0.2 & 0.5 & 0.2 \end{bmatrix}$$

（4）进行稳定性模糊综合评判。根据前面建立的模糊评判矩阵 R_{ij} 与计算出的权重集 W_{ij} 来计算模糊综合评价向量 B_{ij}。

$$B_{11} = W_{11}R_{11} = (0, 0.1, 0.1666, 0.2525, 0.4809)$$
$$B_{12} = W_{12}R_{12} = (0, 0.1, 0.2, 0.4109, 0.2891)$$
$$B_{21} = W_{21}R_{21} = (0, 0.1864, 0.2981, 0.3136, 0.2019)$$
$$B_{22} = W_{22}R_{22} = (0, 0.1193, 0.1917, 0.3807, 0.3083)$$
$$B_{31} = W_{31}R_{31} = (0.0159, 0.2, 0.3411, 0.3252, 0.1178)$$
$$B_{32} = W_{32}R_{32} = (0, 0.1676, 0.2506, 0.3784, 0.2034)$$

同理，继续运算便可以得到发电厂稳定性的模糊综合评价向量 B，具体数值的计算过程如下。

$$B_1 = W_1 R_1 = (0.8, 0.2)\begin{bmatrix} 0 & 0.1 & 0.1666 & 0.2525 & 0.4809 \\ 0 & 0.1 & 0.2 & 0.4109 & 0.2891 \end{bmatrix}$$
$$= (0, 0.1, 0.1733, 0.2842, 0.4425)$$

$$B_2 = W_2 R_2 = (0.67, 0.33)\begin{bmatrix} 0 & 0.1864 & 0.2981 & 0.3136 & 0.2109 \\ 0 & 0.1193 & 0.1917 & 0.3807 & 0.3083 \end{bmatrix}$$
$$= (0, 0.1643, 0.2630, 0.3357, 0.2430)$$

$$B_3 = W_3 R_3 = (0.167, 0.833)\begin{bmatrix} 0.0159 & 0.2 & 0.3411 & 0.3252 & 0.1178 \\ 0 & 0.1676 & 0.2506 & 0.3784 & 0.2034 \end{bmatrix}$$
$$= (0.0026, 0.1730, 0.2657, 0.3695, 0.1891)$$

$$B = WR = (0.608, 0.272, 0.120)\begin{bmatrix} 0 & 0.1 & 0.1733 & 0.2842 & 0.4425 \\ 0 & 0.1643 & 0.2630 & 0.3357 & 0.2430 \\ 0.0026 & 0.1730 & 0.2657 & 0.3695 & 0.1891 \end{bmatrix}$$
$$= (0.0003, 0.1263, 0.2089, 0.3084, 0.3578)$$

（5）将所得稳定性模糊综合评价向量 B 与评语集 V 相乘，则发电厂稳定性系数具体数值的运算过程如下。

$$P_{发电厂} = VB^{\mathrm{T}} = (1, 0.8, 0.6, 0.4, 0.2)\begin{pmatrix} 0.0003 \\ 0.1263 \\ 0.2089 \\ 0.3084 \\ 0.3578 \end{pmatrix} = 0.4216$$

同理，可得到冶炼厂与化工厂稳定性系数的具体数值。

$$P_{冶炼厂} = VB^{\mathrm{T}} = (1, 0.8, 0.6, 0.4, 0.2)\begin{pmatrix} 0 \\ 0.1129 \\ 0.1476 \\ 0.3145 \\ 0.4346 \end{pmatrix} = 0.3916$$

$$P_{化工厂} = VB^{\mathrm{T}} = (1, 0.8, 0.6, 0.4, 0.2)\begin{pmatrix} 0 \\ 0.1020 \\ 0.1608 \\ 0.3002 \\ 0.4370 \end{pmatrix} = 0.3856$$

因此，由以上计算可得到发电厂、冶炼厂与化工厂三家节点企业稳定性系数的具体数值，分别为 $P_{发电厂} = 0.4216$、$P_{冶炼厂} = 0.3916$、$P_{化工厂} = 0.3856$。

2. 确定完善生态支链结构所需资金

已知政府部门资助 D 企业网络 20 亿元以完善其生态链结构，以求改善当地生态环境质量。经统计，在该生态支链上发电厂、冶炼厂与化工厂三个节点处每并联一个下游企业，便可分别获得 3.1 亿元、1.8 亿元与 2.3 亿元的资金支持。如在某一节点处并联多个生态链成员，则资金补助数值可成倍增加。

3. 确定各节点处稳定性系数的取值范围

令 $i=1$ 为发电厂，$i=2$ 为冶炼厂，$i=3$ 为化工厂，若在三个节点处分别并联 n 个企业，则三个节点处稳定性系数变为 $P_{发电厂}' = 1 - (1 - P_{发电厂})^n$，$P_{冶炼厂}' = 1 - (1 - P_{冶炼厂})^n$，$P_{化工厂}' = 1 - (1 - P_{化工厂})^n$，因此，可将 $P_{发电厂}'$、$P_{冶炼厂}'$、$P_{化工厂}'$ 的具体数值填写。

由此，可建立生态链各节点处稳定性系数与资金额取值范围参考表，将上述推算出的各节点处稳定性系数取值范围 $P_i(n)'$，与完善生态链所需资金额取值范围 $C_i(n)$ 的具体数值填入表 4-13 中。

表 4-13　生态链各节点处稳定性系数与资金额取值范围参考表

n	$i=1$ $P_1(n)'$	$C_1(n)$	$i=2$ $P_2(n)'$	$C_2(n)$	$i=3$ $P_3(n)'$	$C_3(n)$
1	0.4216	3.1	0.3916	1.8	0.3856	2.3
2	0.6665	6.2	0.6298	3.6	0.6225	4.6
3	0.8065	9.3	0.7748	5.4	0.7681	6.9
4	0.8881	12.4	0.8630	7.2	0.8575	9.2
5	0.9353	15.5	0.9166	9.0	0.9125	11.5
6	0.9626	18.6	0.9493	10.8	0.9462	13.8

该串联结构生态链支链当前稳定性系数为

$$P_{链} = P_{发电厂} \times P_{冶炼厂} \times P_{化工厂} = 0.4216 \times 0.3916 \times 0.3856 = 0.0637$$

4. 完善生态链结构

单链串联形式的生态链上各节点企业稳定性系数均处于低水平时，极可能会引起整个生态链的断裂。而且，若只考虑生态链整体稳定性的优化提升，而不考虑对生态链各节点稳定性依次进行优化提升，亦会导致生态链条断裂。因此，提升 D 企业网络所在生态链的稳定性，不仅需考虑 20 亿元资金约束与生态链整体稳定性最优，而且需使生态链各节点处稳定性系数均得以提升。因此，应从提升各节点企业稳定性的视角入手，按生态链上各节点企业稳定性系数从低到高的顺序，依次对各个不稳定节点处进行企业并联，依次提升各节点的稳定性，加固生态链成员间生态联结强度，进而实现生态链稳定性的整体最优。具体过程如下。

（1）从稳定系数最小的化工厂节点处入手，筛选出生态互惠程度最高、吸收冶炼厂废弃物数量最多的下游企业，与化工厂进行并联，并联后剩余资金为

$$S_1 = C - C_1(1) - C_2(1) - C_3(2) = 20 - 3.1 - 1.8 - 4.6 = 10.5$$

由于并联后化工厂所在节点处稳定性系数变为 $P_3(2)' = 0.6225$，且该串并联结构生态支链整体稳定性系数为各节点处稳定性系数的乘积，此时该生态支链稳定性系数变为

$$P_{链}^{(1)} = 0.4216 \times 0.3916 \times 0.6225 = 0.103$$

（2）此时，稳定性系数最小的节点变为冶炼厂所在节点。同理，为冶炼厂"并联"一个同类企业共同吸收发电厂废弃物，"并联"后剩余资金额为 $S_2 = 10.5 - 1.8 = 8.7$，稳定性系数变为 $P_{链}^{(2)} = 0.4216 \times 0.6298 \times 0.6225 = 0.1653$。

（3）同理，对此时稳定性系数最小的发电厂进行企业"并联"后，剩余资金为 $S_3 = 8.7 - 3.1 = 5.6$，稳定性系数变为 $P_{链}^{(3)} = 0.6655 \times 0.6298 \times 0.6225 = 0.2609$。

（4）再次循环，为此时稳定性系数最小的化工厂"并联"企业后剩余资金为 $S_4 = 5.6 - 2.3 = 3.3$，稳定性系数变为 $P_{链}^{(4)} = 0.6655 \times 0.6298 \times 0.7681 = 0.3219$。

（5）同理，再为此时稳定性系数最小的冶炼厂"并联"同类企业后剩余资金为 $S_5 = 3.3 - 1.8 = 1.5$，稳定性系数变为 $P_{链}^{(5)} = 0.6655 \times 0.7748 \times 0.7681 = 0.3961$。

（6）截至此时，剩余资金数值为 $S_5 = 1.5$，不足以再为任何一个节点处进行企业"并联"，因此，剩余资金 S_5 可为 D 企业网络自身环境管理所用。

5. 确定生态链能达到的最大稳定性

由于生态链稳定性的提升不仅需要考虑资金约束与稳定性整体最优，还需对生态链各节点稳定性依次进行优化提升。因此，在综合考虑生态链资金约束与提升各节点处稳定性的基础上，可知发电厂、冶炼厂、化工厂三个节点处需要并联的企业数量分别为 $x_1^* = 1$、$x_2^* = 2$、$x_3^* = 2$，由此对 D 企业网络所在生态链结构进行完善，帮助原有链上企业吸收废弃物，完善生态链结构后该生态支链能达到的最大稳定性为 $P_{链}^* = P_{链}^{(5)} = 0.3961$。

总之，D 企业网络已借助政府构建网上废弃物信息管理系统，为对现有生态支链进行并联企业补充，因此，需完善 D 企业网上废弃物信息管理系统的搜索与匹配功能，提高系统针对不同企业废弃物处理信息和所需原材料信息快速搜索，为 D 企业网络快速寻找并确定能够补充的下游生态互惠企业，匹配最适合的生态互惠伙伴，建立生态互惠关系，实现各节点处废弃物吸收最大化，减少废弃物滞留造成的环境污染，促进上下游企业进行绿色循环互惠共生，实现最终生态互惠目标，保障基于互惠的 D 企业环境绩效提升路径有效实现。另外，D 企业网络应联合生态链联结成员共同出资设立专业管理机构，共同集资聘请高水平生态环境管理专家，帮助修订完善生态链发展总体规划，提高 D 企业网络生态联结管理操作的可行性；然后 D 企业网络应联合生态链成员共同出资，配备专业环境管理人员，跟踪调查生态链上下游废弃物传输情况及废弃物循环利用情况，实时监督生态链成员间生态联结有效度，根据废弃物传输情况，及时调整生态链结构，增加或减少生态联结关系数量，使 D 企业网络所在生态链的动态联结管理、环境管理治理工作更为专业化，提高 D 企业网络所在生态联结关系的稳定性，保障基于联结的 D 企业网络环境绩效提升路径有效实现。

4.5 效率战略导向制造企业网络可持续发展策略

4.5.1 可持续发展支撑要素

1. 网络资本

以生产制造为主的制造企业网络为实现高效率发展，必须具有良好网络资本，拥有丰富与庞大的网络成员规模及资源，为其提供配套的、耦合度高的上游原材料，并利用有效的下游经销商网络合作关系快速将产品推向市场。面对产能分布、制造标准与需求在地域和功能上的不匹配，企业网络可以通过改进自身的企业网络结构、生产模式等与外部环境形成节点更多的网络关系，在产能的地理分布上去中心化，使市场分布与资源利用更加合理，同时，包含信任因素的强健网络关系可以提高企业网络间的协同效率，使信息流及产品流的流动更加畅通。

2. 生产运作

生产运作就是将生产要素输入转化为产品或服务输出的过程，即创造产品和提供服务的过程。它是影响效率战略导向型制造企业网络可持续发展水平的直接因素之一，通过对生产工艺、流程进行改进优化，不仅可以从绿色资源选用及排放末端上，还可以从提升生产要素的利用效率上，实现自动化、绿色化，提升制造企业网络和外部环境的双重可持续性。

4.5.2 可持续发展实现策略

效率战略导向制造企业网络可持续发展是以生产制造环节为中心，摒弃原有的产量、份额优先的发展目标，通过不断创新生产方式、改进生产工艺、变革管理方法、完善配套设施等方式，提高生产效率及资源运营能力，其可持续发展策略框架如图 4-8 所示。

1. 构建模块化生产

模块化生产不仅可以将整体制造任务进行拆分，细化再制造环节，克服生产效率不高问题，同时实现与外部生产网络的融合，使生产资源利用更具灵活性。

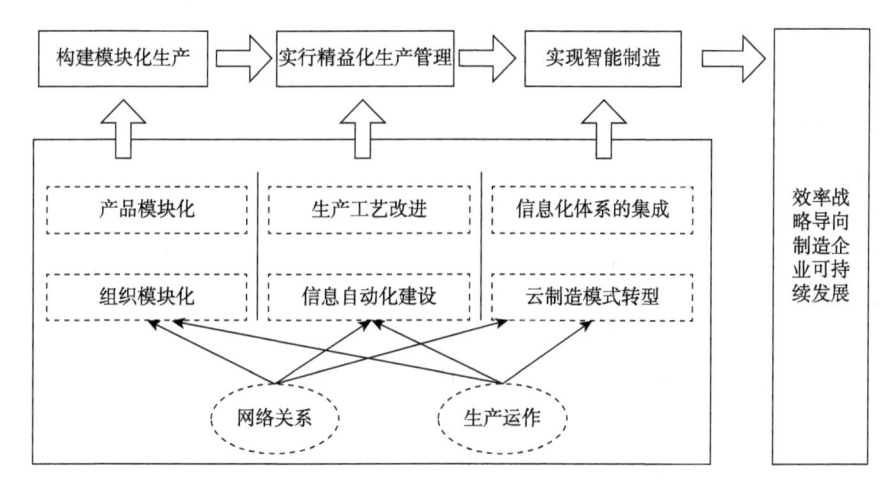

图 4-8 效率战略导向制造企业网络可持续发展框架图

（1）产品模块化。制造企业网络实现模块化生产的前提是产品模块化，因此，要以企业网络核心制造能力为中心，分析原有产品的设计、生产、组合装配等环节，对原有的生产体系进行重组，进行模块化设计，将生产产品拆解为生产产品模块，形成若干标准的满足可重构、可重用、可扩充特性的细分结构。以高度差异化、专一化为标准，对各产品模块的企业网络核心生产能力承载值、利润值进行序化，专注核心生产业务的同时剥离非核心生产业务。此外，各产品模块的设计生产前，要对行业内的制造企业、上游供应商及下游需求市场的现状和趋势做深入调研，扩大合作伙伴储备库，强化供应链柔性，对模块细分程度、功能要求、接口设计、联系规则做一致化处理，符合外部整体生产环境要求，便于通过编码化便利信息交流。

（2）组织模块化。企业网络在生产模块化之后，效率战略导向型制造企业网络要改变现行的"金字塔"式的多层级组织管理形式，建立起平面式的分布网络企业组织结构，即企业网络的生产总部只是整个管理网络中的一个协调中心，负责与客户、项目、外部单位联系，制定订单任务分配、生产计划运作规则和协调整个企业网络的资源配置与成员间的利益关系，具体操作则由作为网络中心节点的各子公司来完成。企业网络中每个部门、环节都成为在一定范围内高度自治的全能制造系统，由一系列标准或非标准的、独立的协作制造单元动态组成，其内部结构是相对稳定的，对外则是标准的、容易集成和组合的，因而，具有高度的自治性和协调性，能够对外界变化保持高度弹性。这样，企业网络中的每一个生产环节能够主动参与和响应市场的变化，而不是被动地接受上级指令，从而大大提高了整个企业网络的决策速度和反应能力。

2. 实行精益化生产管理

精益化生产要从生产工艺的改进出发。在明确产品工艺的目标基础上，首先以目标为指引对生产工艺进行优化，明确每道工序的具体操作过程、工作内容和工作目标后，对工序的存在必要性做出判断，过滤掉不必要的流程，力求简化，提高生产效率。其次，对有必要的工序分析其前序和后序工作，考虑是否可以合并减少工序所需时间。最后，对简化后的各道工序进行重新排序，合理安排每道工序操作内容的衔接、工作地点与物料放置的布局及操作人员与操作难度的匹配，对可实现升效率、降消耗的改进方法，从固定投资、维护保养、可用期、协同效益、环保效益、发展趋势等方面进行评价，计算改进性价比，企业网络选择与短期发展生产需求相匹配的改进措施予以实施，充分实现生产的标准化、规范化。

现代的精益生产依靠网络技术和信息设备对物料资源的使用过程数据进行精准记录和计算，并根据生产计划做出需求安排。因此，需要对制造企业网络进行信息化建设。一方面，针对制造企业网络管理层，建设 ERP 系统，另一方面针对制造生产层，建设物料需求计划（material requirement planning，MRP）系统控制物料的使用、监控生产设备及生产工艺的相关参数，计划层与控制层之间建立制造执行系统（manufacturing execution system，MES）进行衔接。计划层、控制层信息化的实施，要对行业相似企业网络进行市场调研，根据自己企业网络的情况分析实施的必要性及可行性。然后在市场上招商选择适合自己公司的软件供应商，企业网络内部要组建信息化小组来配合软件供应商实施顾问工作，最后对内部员工开展培训，通过利用信息化方法、软件工具对工作分压。在使用过程中及时记录、反馈问题，并拓展客户关系管理（customer relationship management，CRM）为代表的协同商务功能。自动化建设方面，则根据产品的市场需求、市场变化、人工成本，考虑增加半自动化、全自动化及柔性生产线的比例，提升自动化生产效率。

3. 实现智能制造

制造企业网络要将供应链、人力资源、财务管理及生产管理等方面的信息化成果进行集成。在软件的选用上，需要对现有软件进行匹配性和兼容性判定，业务需求与产品功能的吻合度构成匹配性指标，部门软件的接口开放度及与其他软件数据调用便捷性构成兼容性指标，以此作为具体评判标准进行软件置换。在数据的流通上，通过互相连通的网络环境，实现人与人、人与设备、设备与设备的通信与交互，便于管理人员对效率、精度和质量等信息的掌握，使生产数据及时在机械设备、管理部门、外部市场间按需流动、交换。在信息部门的构建上，企业网络需要重构企业网络信息部门的职能和人员，将各个软件使用部门的需求移植到信息部门，信息人员则从需求整合，软硬件设备维护扩展至功能需求、技术实现、使用维护三方面，实现集成一体化。

市场份额稳定且具有较高知名度的制造企业网络应从内部制造资源消耗者的身份转换为云制造资源的运营者，从资源利用向资源服务转型。为此，大型企业网络应该调整资源的配置，以独立或与其他经济组织结盟的方式，构造虚拟制造云管理平台，对制造资源虚拟化，将物理资源转化为应用服务，对物理资源的静态属性、动态属性、行为属性及部属配置信息进行描述。将不同类型的制造资源在描述、封装、部署、管理、通信等方面实现接口规范化和标准化。最终形成设计服务平台、制造服务平台、供应链服务平台、营销服务平台等和众多的企业形成良好合作关系，与合作企业共享制造资源。

4.6 本章小结

本书采用自下而上的任务组合思想，设计了任务合并规则与方法；基于分解后的任务，设计了六维度任务需求的资源表述标准；并将任务按照匹配要求等级进行分类，采取高等级优先的资源合并与删除、中低等级广泛组合的思想设计了资源需求与供给匹配方法。结合生态设计战略轮思想、价值链与资源基础理论，设计"三层面—五阶段—七资源"的制造企业网络可持续发展行为清单。对清单行为项进行三级编码，采用差距判定方法，确定制造企业网络可持续发展行为方案的行为项组合。受企业网络资金、精力及行为逻辑等方面的限制，在确定行为项关系基础上，采用格雷厄姆和金尼的影响危险性判定思想，从行为清单项的影响力、关联性、收益与成本变化四方面，设计方案行为项优先序判定方法，最终形成制造企业网络可持续发展行为方案，并选择典型企业网络开展实证研究。进一步在论证高互惠关系对制造企业网络环境绩效具有重要作用的基础上，揭示制造企业网络生态互惠通过促进资源循环利用和加速绿色知识与技术共享两种方式改善环境绩效。同时，构建了基于互惠的制造企业网络环境绩效提升方法，包含明确生态互惠空间、寻找并确定生态互惠对象集、判断生态互惠程度、签订协议与构建生态互惠关系等。本书研究结论可为制造企业网络利用外部互惠关系改善环境绩效提供理论与方法支持。从加固生态链强度、延伸生态链长度及完善生态链结构三个方面设计效率战略导向制造企业网络可持续发展路径，阐明可持续发展支撑要素并设计具体实现策略。

第5章　制造企业网络可持续发展路径选择

5.1　指标设计原则

（1）科学性原则。设计的指标既要对制造企业网络可持续发展的发展程度现状做出判断，又要为企业网络可持续发展提升路径提供依据。因此，指标的设计应该能科学、合理、准确地体现出企业网络可持续发展的发展状态。

（2）动态性原则。指标体系的设计是根据现在的经济情况及政府政策情况等确定的，未来市场环境不断变化可能导致影响网络可持续发展实施的各种能力的重要性发生变化，网络可持续发展提升的各种指标可能发生调整，因此，应根据具体情况适当调整，从而更有效、更客观地反映制造企业网络可持续发展水平。

（3）系统性原则。评价指标体系应系统地、全面地、综合地考虑各种因素，注重指标层次性与完整性。能够形成全面的有机整体，进行科学的评价，有效地选择、确定制造业网络可持续发展实现路径。

（4）代表性原则。衡量网络可持续发展的指标很多，在兼顾系统性原则上，尽量减少指标数量，选取最具代表性的指标，减少指标采集带来的成本及工作量。

（5）定性与定量相结合的原则。影响制造企业网络可持续发展的指标很多，既要有定性的指标又要有定量的指标，尽可能地以定量指标为主，定性指标可以按照一定的规则进行量化处理。

5.2 制造企业网络可持续发展路径选择指标

5.2.1 制造企业网络可持续发展战略指标

制造企业网络不断提升可持续发展能力,建立独特的竞争优势。在客户量不断增长的情况下,拓展网络业务内容,获得更多的绑定价值。选取资源优先、技术创新与服务主导作为企业网络战略价值主张的衡量指标。企业在人力、资金、知识、信息等资源方面给予优先匹配和支持,尽最大可能支持网络可持续发展,为网络及成员发展提供基础性保障。为解决客户服务需求而产生的价值要优于产品本身产生的价值为企业服务主导价值主张,通过技术创新获得竞争优势为技术创新价值主张,通过资源获取、集成与整合获得竞争优势为资源优先价值主张,通过战略梳理,明确企业网络发展战略方向。因此,主导战略的价值主张可作为企业可持续发展战略的衡量指标,具体如表 5-1 所示。

表 5-1 制造企业网络可持续发展战略衡量指标

服务能力构成	衡量指标	标准
主导战略的价值主张	资源优先	网络资本(资源获取能力)
		生产运营(资源整合与利用能力)
	技术创新	创新活动开展情况
		创新成果拥有情况
	服务主导	商业模式创新
		服务理念与布局安排

确定制造企业网络可持续发展的价值主张后,判定其明确度、执行度、科学与合理程度,从而综合判定制造企业网络在单个价值主张的得分。明确度是制造企业网络各个成员及相关人员对网络竞争优势理解明确,能够清楚解释各自任务与业务的执行方式及对战略发展的贡献与一致性;执行度是在网络不同成员与不同业务中体现与贯彻相关战略导向要求的程度;科学与合理程度是制造企业价值网络战略与网络特色、现实条件及未来发展要求等方面的匹配程度等。每个制造企业网络在三条路径下对应三种价值主张的得分不同。

5.2.2 制造企业网络可持续发展资源指标

（1）制造企业网络的人力资源。为了有效地体现制造企业网络员工专业化的能力，选择经过完整专业化培训的员工在企业中所占的比例作为衡量指标。企业的员工主要分为老员工、刚毕业的大学生、外部引进的高层次人才，这些员工工作能力不同，而且没有统一的、专业化的标准，使工作不能有效地衔接与转换。因此，需要对人力资源进行规划，对所有员工进行统一的、专业化的培训，使制造企业网络能够有效利用资源、高效开展创新，为客户提供解决方案时能形成一个灵活的专业化的可持续发展管理团队，部门之间的成员能够有效地沟通和衔接。因此，这样专业化员工所占比例越大，对制造网络可持续发展越有利。因此，可以用经过完整专业化培训的员工所占的比例来衡量企业员工专业化能力。

具有多部门工作经验背景的复合型人才，在企业网络可持续发展实施过程中有很好的表现。因此，将具有多（两个及两个以上）部门工作经验的员工在所有员工中所占的比例作为企业复合型人才的衡量指标。具有多部门工作经验的员工在网络可持续发展团队形成及工作中是多面手，他们可以随时在两个或两个以上的角色上转换，避免因不可控因素导致某个角色缺失而导致网络可持续发展实施拖延或终止。同时，可以在网络可持续发展团队中起到协调、组织的作用。因此，具有多个部门工作经验的复合型人才在企业中的比例越高越有利于企业网络可持续发展。因此，具有多（两个及两个以上）部门工作经验的员工在所有员工中所占的比例能反映企业复合型人才水平。

另外，还可以用完整的网络可持续发展团队组建速度来体现制造企业网络可持续发展水平。制造企业网络是否能在生产任务出现变动时，第一时间进行资源与任务调整，保证资源利用效率；企业网络是否能够在技术更新日益加速的竞争环境下，整合创意、形成创新方案与产品；企业是否能在第一时间、高效地为客户解决需求，也是衡量企业网络可持续发展水平的重要指标。市场竞争激烈，如果不能第一时间形成竞争优势，就可能失去发展机会。因此，网络可持续发展专业团队组建速度可以成为制造企业网络可持续发展人力资源衡量指标。

（2）制造企业网络的知识资源。为了有效地反映制造企业网络知识资源储备情况，选择制造企业网络授权专利数量作为知识资源规模的衡量指标。首先，知识产权专利是知识资源中最重要的，也是企业能力的最好体现；其次，知识产权储备丰富，除了可以满足自身研发需求外，还可以进行专利许可、转让，不仅能提升企业网络的影响力，而且能获得更多资产收益同时减少专利维护费用，因此，可以用授权专利数量反映制造企业网络知识资源储备情况。知识产权储备增加，可以提升设备与生产工艺水平，提升资源利用效率；可以通过领先技术应用，形成差异化产品与特有功能；可以通过技术合作等渠道经营知识资产，提升网络适应营运灵活性，从而帮助制造企业网络在效率、创新与灵活等方面实现优化与改善，促进制造企业网络可持续发展。

用新增授权专利数量和研发人员规模及水平作为企业网络知识资源的增长率衡量指标。制造企业网络可持续发展需要强有力的技术支撑，新增知识资源是资源利用、技术及商业运营效率提升的基本保障。研发人员在企业网络中的规模可体现企业网络对创新的重视程度，另外，外部高层次研发人员，高水平、复合型人才的引进都能有效提升企业网络知识增长率。因此，可用新增授权专利数量、研发人员规模及水平作为企业网络知识增长率的衡量指标。

知识资源不仅为企业网络研发提供支持，还可以将知识资源向外部输出，这样不仅可以加强企业网络与合作伙伴、客户的合作交流，而且可以为企业网络带来可观的经济收益，同时可减少知识授权专利维护费用，实现共同发展、互利共赢。因此，知识资源服务收入可作为企业网络知识资源输出能力的衡量指标。

（3）制造企业网络的信息资源。信息技术快速发展，企业网络应充分利用信息技术平台为信息搜集、整理、传播服务。将网络可持续发展知识共享、网络可持续发展平台信息浏览量作为制造企业内部网络可持续发展平台建设的有效衡量指标。企业内部各部门人员需要讨论与合作，需要对外部网络资源高效利用，需要对技术创新、商业模式创新等可持续发展知识进行学习，因此，企业网络内部应建立内部网络可持续发展学习平台。通过网络可持续发展日志、知识共享习惯的培养，形成良好的网络可持续发展知识学习氛围；开发信息采集与整理工具，完善制造企业网络可持续发展知识库、知识地图等，以有效开展网络可持续发展知识的学习，为网络可持续发展推广提供有效的成败经验与案例支持，从而快速形成解决方案；开通网络可持续发展知识资源交流讨论模块，探索网络可持续发展内容，提升网络可持续发展质量。因此，网络可持续发展知识共享量、网络可持续发展平台信息浏览量可作为企业内部网络可持续发展平台建设的衡量指标。

制造企业网络需要加强外部资源的利用，因此，应充分发挥网络功能，方便外部资源通过接口与企业生产资源、技术资源与服务资源有效结合，通过信息技术将自身的网络可持续发展内容与业务积极向外拓展，提升网络可持续发展影响力。选取访问量、在线提问量、问题解决率、需求解决速度作为企业网络外部信息获取情况衡量指标。首先，访问量一方面可以直观反映外部网络可持续发展平台建设情况；另一方面可以反映企业知名度，访问量高是对企业网络可持续发展水平的认可。在线提问可以进一步提取有效的可持续发展问题，如果对这些提问能够很好地解答，合作的可能性就更进一步，网络管理将更加高效。同时，需求的解决速度及解决量能够说明网络可持续发展团队专业化水平。因此，访问量、在线提问量、需求解决速度及解决量可以作为企业外部网络可持续发展平台建设的指标。

（4）制造企业网络的组织资源。面对外部环境的变动，企业应该努力提升自身综合能力，形成系统的、完整的网络可持续发展方案。选用企业网络成员与部门间资源整合能力、资源有效协调能力作为企业内部资源整合能力衡量指标。当生产任务产生变动时，企业网络能够有效整合成员资源，调整生产计划，确保任务按时完成；当产生创意后，能够有效组织内外创新资源，将创意转化为创新方案；当客户有需求提出时，企业网络能够在第一时间给出问题的解决方案。总之，制造企业网络能够快速组建网络可持续发展方案实施团队，同时在网络可持续发展团队组建中充分协调团队成员时间安排，做到信息有效沟通，尽量避免团队组建的冲突。因此，企业网络成员与部门间资源整合能力和资源协调能力可以作为衡量企业网络内部资源整合能力指标。

企业网络可持续发展资源还体现在企业间的合作规模，企业间通过优势互补，互惠互利，共同进步。选取企业间资源交流、合作开发项目数、管理人员交流次数作为外部合作的衡量指标。在信息、技术等资源交流上，企业间信息、知识的频繁交流是企业网络技术提升的重要手段，互相取长补短，提升各自研发能力，为网络可持续发展实施做好充分保障。企业间可建立企业联盟，联盟成员共同合作研发进而形成的共同拥有的专利数可作为企业间合作情况的衡量指标；在技术合作上，企业间合作开发项目，发挥彼此专长，优势互补共同合作，因此，企业间合作开发的项目数也可作为合作情况的指标；在管理方面，企业间管理人员互相调研学习，提升各自企业管理能力，更好地协调组织企业资源。因此，企业间资源交流、合作开发项目数、管理人员交流次数可作为企业网络外部资源合作的衡量指标。

综合上述分析，可得到制造企业在网络可持续发展资源方面的衡量指标体系，如表 5-2 所示。

表 5-2 制造企业网络可持续发展资源衡量指标体系

评价指标	能力体现	衡量指标	标准
人力资源	员工专业化	专业化培训员工所占比例	具有完整专业化培训员工所占比例明显高于行业平均水平
	复合型员工	多部门工作经验员工	有两个及两个以上部门工作经验员工比例很高
	可持续发展团队	网络可持续发展团队组建速度	能在规定时间内组成一个完整的网络可持续发展团队

续表

评价指标	能力体现	衡量指标	标准
知识资源	知识资源规模	授权专利数量	企业网络授权专利数量明显高于同类制造企业
	知识资源增长率	新增授权专利数量	授权专利增长率明显高于同类企业
		研发人员规模及水平	研发人员规模及水平明显高于其他同类企业
	知识资源输出能力	知识资源服务收入	供应链上下游企业及合作伙伴知识资源服务收入在企业网络总收入的比重很大
信息资源	内部网络可持续发展平台建设	网络可持续发展信息共享量	参与网络可持续发展日志、知识共享的人在所有员工比例大
		网络可持续发展平台上信息浏览量	参与平台信息浏览的员工数量多
	外部网络可持续发展平台建设	访问量	企业网络可持续发展网站浏览量高
		在线提问量	在线提出问题量很多
		问题解决量	在线提出的问题被解决的数量
		需求解决速度	能够快速解决提出的问题
组织资源	企业网络内部资源整合	企业网络成员与部门间资源整合能力	成员间、部门间资源整合速度迅速
		企业网络成员与部门间资源协调能力	成员间、部门间因资源协调冲突发生次数少
	企业网络外部资源合作	企业间资源交流	企业间信息、技术等资源交流频繁
		合作开发项目数	合作开发项目数比企业自己研发项目多
		管理人员交流次数	管理人员参观调研频率高

以上设计了制造企业网络可持续发展发展战略和网络可持续发展资源指标体系，专家可按照上述相关指标标准对制造企业网络可持续发展实现能力的五个指标进行打分，每个指标得分在[0,1]，得到制造企业网络可持续发展程度的指标得分。

5.3 制造企业网络可持续发展路径选择方法

5.3.1 多属性专家群决策方法

多属性群决策方法是用来解决多个专家对由多个指标组成的多个评价方案进行评价的方法。根据评价将结果进行优劣排序。在群决策的过程中，涉及群专家成员权重和评价指标权重的计算，采用主、客观综合评价赋权方法。首先，各位专家对企业网络的各项指标进行主观评价给出三角模糊评价结果，然后，利用熵权法对专家和指标权重进行客观赋权。

首先，通过计算专家间意见的相似度并对专家评价结果去模糊化，得到专家群体的相似度。其次，用熵权法计算群专家成员和指标的个体权重。根据专家之间的相似度、专家个体权重和指标个体权重，得到专家个体综合权重和评价指标的综合权重。最后，通过专家个体综合权重和评价指标的综合权重得到备选方案的综合权重。

三角模糊数由最小值、最可能值、最大值组成。表示专家评价的模糊状态。

定义 5-1：由最小值 $\underline{a}$、最可能值 a、最大值 $\tilde{a}$ 构成区间数 $(\underline{a}, a, \tilde{a})$，为三角模糊数，其中 $\underline{a}$、a、$\tilde{a}$ 为实数。

5.3.2 企业网络问题描述

主要利用多属性专家群决策方法为制造企业网络可持续发展选择最优的提升路径，具体是由群专家对网络可持续发展实施的三条路径设计评价指标，并针对评价指标进行三角模糊评价，根据得到的评价结果计算各路径的综合权重，从而对其进行优劣排序和最终的决策。

针对制造企业网络可持续发展路径选择问题，本书利用多属性决策方法进行计算，过程如下。

设群决策方案集 $A = \{a_i | i = 1, 2, \cdots, M\}$，专家集 $E = \{e_k | k = 1, 2, \cdots, L\}$，指标集 $C = \{c_j | j = 1, 2, \cdots, N\}$；专家成员权重 $E\pi = \{e\pi_k | k = 1, 2, \cdots, L\}$，指标权重 $CW = \{cw_j | j = 1, 2, \cdots, N\}$，综合权重矩阵 $EW = \{ew_{ij}^k | k = 1, 2, \cdots, L\}$。

设三角模糊数 $\tilde{\tilde{x}}_{ij}^k = (\underline{x}_{ij}^k, x_{ij}^k, \tilde{x}_{ij}^k)$ 表示专家 e_k 在方案指标 c_j 下的评价；u_{ij} 表示方案 a_i 在方案指标 c_j 下的综合评价权重；v_{ij}^k 表示专家 e_k 对方案 a_i 的个体综合评价指标权重。

$$u_{ij} = \sum_{K=1}^{N} ew_k \times \tilde{\tilde{x}}_{ij}^k \tag{5-1}$$

$$v_{ki} = \sum_{J=1}^{N} cw_j \times \tilde{\tilde{x}}_{ij}^k \tag{5-2}$$

其中，$i = 1, 2, \cdots, M$；$j = 1, 2, \cdots, N$；$k = 1, 2, \cdots, L$。

令 Aw_i 为群决策 e 对方案 a_i 的综合评价，根据式（5-1）和式（5-2）可得

$$Aw_i = \sum_{j=1}^{N} cw_j \times u_{ij} = \sum_{j=1}^{n} cw_j \sum_{k=1}^{L} ew_{ij}^k \times \tilde{\tilde{x}}_{ij}^k = \sum_{k=1}^{L} ew_{ij}^k \times v_{ik}, \quad i = 1, 2, \cdots, M \tag{5-3}$$

5.4 专家意见差异下权重设计

5.4.1 相似度计算

利用相似度计算来衡量专家间的意见一致性，避免专家个体意见造成决策失误。专家评价结果的三角模糊数之间相似度计算过程如下。

（1）计算任意两位专家相似度，从而对任意两位专家的一致性进行衡量。

$$S(A,B) = 1 - \frac{|\underline{a}-\underline{b}|+|a-b|+|\tilde{a}-\tilde{b}|}{6} - \frac{D(A,B)}{2} \quad (5\text{-}4)$$

$$D(A,B) = \frac{\sqrt{(x_A-x_B)^2+(y_A-y_B)^2}}{\sqrt{1.25}} \quad (5\text{-}5)$$

$$y_A = \begin{cases} \frac{1}{3}, & \underline{a} \neq \tilde{a} \\ \frac{1}{2}, & \underline{a} = \tilde{a} \end{cases} \quad (5\text{-}6)$$

$$x_A = \frac{2ay_A + (\underline{a}+\tilde{a})(1-y_A)}{2} \quad (5\text{-}7)$$

（2）平均相似度 $\mathrm{AS}_{ij}(e_k)$ 计算，衡量专家与其他专家对同一方案同一指标评价结果的一致性。

$$\mathrm{AS}_{ij}(e_k) = \frac{1}{k-1} \sum_{l=1, l \neq k}^{k} S_{ij}(k,l) \quad (5\text{-}8)$$

（3）相对相似度 $\mathrm{RS}_{ij}(e_k)$ 计算，专家群体一致性下，专家个体权重为

$$\mathrm{RS}_{ij}(e_k) = \frac{\mathrm{AS}_{ij}(e_k)}{\sum_{l=1}^{k} \mathrm{AS}_{ij}(e_l)} = \begin{bmatrix} \mathrm{RS}_{11}^K & \mathrm{RS}_{12}^K & \cdots & \mathrm{RS}_{1j}^K \\ \mathrm{RS}_{21}^K & \mathrm{RS}_{22}^K & \cdots & \mathrm{RS}_{2j}^K \\ \vdots & \vdots & & \vdots \\ \mathrm{RS}_{i1}^K & \mathrm{RS}_{i2}^K & \cdots & \mathrm{RS}_{ij}^K \end{bmatrix} \quad (5\text{-}9)$$

其中，$i=1,2,\cdots,M$；$j=1,2,\cdots,N$；$k=1,2,\cdots,L$。

5.4.2 三角模糊数去模糊化处理

专家对各方案不同评价指标进行评价时，采用三角模糊数表示，而熵权法计

算是建立在非模糊矩阵的基础上的。因此，要进行去模糊化处理。引用最佳去模糊性能：

$$p_{ij}^k = \frac{\left[\left(\tilde{x}_{ij} - \underline{x}_{ij}^k\right) + \left(x_{ij}^k - \underline{x}_{ij}^k\right)\right]}{3} + x_{ij}^k \qquad (5\text{-}10)$$

5.4.3 专家个体权重和指标个体权重计算

去模糊化后得到由确数构成的矩阵 λ_{ij}^k，消除物理量纲对结果的影响，对 λ_{ij}^k 进行处理，得到 $R^k = \left(r_{ij}^k\right)$，并对其进行归一化处理得到 $Z^k = \left(z^k\right)_{M \times N}$。

$$r_{ij}^k = \frac{\lambda_{ij}^k}{\max\left(\lambda_j^k\right)}, \quad i=1,2,\cdots,M \; ; \; j=1,2,\cdots,N \; ; \; k=1,2,\cdots,L \qquad (5\text{-}11)$$

$$z_{ij}^k = \frac{r_{ij}^k}{\sum_{i=1}^{M} r_{ij}^k}, \quad i=1,2,\cdots,M \; ; \; j=1,2,\cdots,N \; ; \; k=1,2,\cdots,L \qquad (5\text{-}12)$$

根据每位专家评价矩阵用熵权法计算指标权重，得到专家对方案的综合评价。设 g_j^k 为专家 e^k 决策矩阵下指标 C_j^k 熵值，则

$$g_j^k = -\frac{1}{\ln M} \sum_{i=1}^{M} z_{ij} \ln z_{ij} , \quad j=1,2,\cdots,N \; ; \; k=1,2,\cdots,L \qquad (5\text{-}13)$$

其中，$z_{ij} = 0$ 时，$g_j^k \in [0,1]$，$\ln M$ 是常数。

指标 $c_j^k \in C$ 差异系数为

$$d_j^k = 1 - g_j^k, \quad j=1,2,\cdots,N \; ; \; k=1,2,\cdots,L \qquad (5\text{-}14)$$

专家个体评价矩阵指标 $c_j^k \in C$ 权重值为

$$\mathrm{cw}_j^k = \frac{d_j^k}{\sum_{j=1}^{N} d_j^k}, \quad k=1,2,\cdots,L \qquad (5\text{-}15)$$

得到各专家指标权重向量为

$$\mathrm{CW}_j^k = \left(\mathrm{cw}_1^k, \mathrm{cw}_2^k, \cdots, \mathrm{cw}_N^k\right), \quad j=1,2,\cdots,N \; ; \; k=1,2,\cdots,L \qquad (5\text{-}16)$$

将各专家对应的权重向量 CW_j^k 与归一化处理的专家群决策矩阵进行合成，得到个体综合评价权重 V_{ki}。

$$V_{ki} = CW_j^k Z^k = \begin{bmatrix} v_{11} & v_{12} & \cdots & v_{1i} \\ v_{21} & v_{22} & \cdots & v_{2i} \\ \vdots & \vdots & & \vdots \\ v_{k1} & v_{k2} & \cdots & v_{ki} \end{bmatrix}, \quad k=1,2,\cdots,L; \quad i=1,2,\cdots,M \quad (5\text{-}17)$$

将各专家决策评价矩阵，利用熵权法计算专家个体权重。

设 g_k 为专家 e_k 的熵值，则熵值 g_k 为

$$g_k = -\frac{1}{\ln M} \sum_{i=1}^{M} v_{ki} \ln v_{ki}, \quad j=1,2,\cdots,N; \quad k=1,2,\cdots,L \quad (5\text{-}18)$$

专家个体权重 $e\pi_k$ 为

$$e\pi_k = \frac{1-g_k}{\sum_{k=1}^{L}(1-g_k)} = \frac{1-g_k}{L-\sum_{k=1}^{L}g_k} \quad (5\text{-}19)$$

专家权重向量为

$$E\pi = [e\pi_1, e\pi_2, \cdots, e\pi_k], \quad k=1,2,\cdots,L \quad (5\text{-}20)$$

5.4.4 专家个体综合权重

综合考虑专家权威性和专家群意见一致性，从两方面进行权重计算：①根据相似度计算各专家意见的一致性；②体现专家权威性，用熵值法计算专家个体的权重。最后，根据专家的权威性及专家群意见的一致性，对二者进行加权，得到专家个体的综合权重 ew_k。

$$ew_{ij}^k = a \times e\pi_k + (1-a) \times RS_{ij}(e_k) = \begin{bmatrix} ew_{11}^k & ew_{12}^k & \cdots & ew_{1j}^k \\ ew_{21}^k & ew_{22}^k & \cdots & ew_{2j}^k \\ \vdots & \vdots & & \vdots \\ ew_{i1}^k & ew_{i2}^k & \cdots & ew_{ij}^k \end{bmatrix} \quad (5\text{-}21)$$

其中，$i=1,2,\cdots,M$；$j=1,2,\cdots,N$；$k=1,2,\cdots,L$；a 为偏好系数，表示专家意见的综合权重偏好，且 $0 \leqslant a \leqslant 1$，$a$ 越小表示专家权重偏向群体意见，a 越大表示最终确定的专家权重越偏向于专家个体的权威。

5.4.5 评价指标综合权重确定

评价指标综合权重 CW_j 是由专家权重 $e\pi_k$ 与熵权法确定的指标权重 xw_j^k 合成的，从而得到评价指标的综合权重 CW_j 为

$$CW_j = E\pi \times CW_j^k = [e\pi_1, e\pi_2, \cdots, e\pi_k] \begin{bmatrix} cw_1^1 & cw_1^2 & \cdots & cw_1^k \\ cw_1^1 & cw_1^1 & \cdots & cw_1^1 \\ \vdots & \vdots & & \vdots \\ cw_1^1 & cw_1^1 & \cdots & cw_1^1 \end{bmatrix} \quad (5\text{-}22)$$

其中，$j=1,2,\cdots,N$；$k=1,2,\cdots,L$。

在计算指标权重时，只考虑了专家的权威性，没有考虑专家群体意见的一致性，因为专家一致性是建立在专家意见相似度基础上，而基于专家群意见计算得专家个体权重，是不同方案下不同指标的专家权重，专家权重未知时，无法将其综合成专家个体权重。因此，本书的综合指标权重是确立在专家个体意见上的。

在考虑专家意见基础上，指标综合权重CW_j为

$$CW_j = [cw_1, cw_2, \cdots, cw_j], \quad j=1,2,\cdots,N \quad (5\text{-}23)$$

5.4.6 综合权重计算

根据式（5-1）得到方案a_i在评价指标c_j下综合评价权重，其中，专家的综合决策矩阵为$EW_k = [ew_1, ew_2, \cdots, ew_L]$是由模糊数构成的，因此，需要去模糊化得到确数评价矩阵，可得

$$u_{ij} \sum_{k=1}^{L} ew_{ij}^k \times \tilde{X}_{ij} = \sum_{k=1}^{L} ew_{ij}^k \times P_{ij} \quad (5\text{-}24)$$

其中，$i=1,2,\cdots,M$；$j=1,2,\cdots,N$；$k=1,2,\cdots,L$。

根据式（5-10）计算得方案的综合权重Aw_i为

$$Aw_i = CW_j \times U_{ij} = [cw_1, cw_2, \cdots, cw_j] \times \begin{bmatrix} u_{11} & u_{12} & \cdots & u_{1j} \\ u_{21} & u_{22} & \cdots & u_{2j} \\ \vdots & \vdots & & \vdots \\ u_{i1} & u_{i2} & \cdots & u_{ij} \end{bmatrix} = [Aw_1, Aw_2, \cdots, Aw_i] \quad (5\text{-}25)$$

其中，$i=1,2,\cdots,M$；$j=1,2,\cdots,N$。

5.5 实证分析

5.5.1 E企业网络情况简介

本书选择E企业网络作为制造企业网络可持续发展提升战略研究案例，对多

属性群决策方法在提升网络可持续发展三条路径选择的应用进行了探索性验证分析。

E企业是一个成长迅速的集产品设计、开发、营销、服务为一体的制造企业。企业成立于1996年，总部位于北京，全国设有办事处，并且在全国范围内有30个产品售后服务站，覆盖全国60余个城市的制造企业网络。各服务站均配有专业的服务人员、服务化信息系统及管理方面的专家。企业网络可持续发展战略致力于供应链各环节伙伴间互相提供全面、完善的网络可持续发展解决方案，促进共同发展。企业网络在追求自身产品质量的同时也追求给供应商、客户提供技术、信息等方面的服务。E企业网络和E企业生产的产品受到用户和同行业的广泛赞誉。目前，E企业网络主要努力方向包括：产品质量的持续提高；为第三方提供专业化制造服务；以客户为中心，以服务为根本，不断壮大与发展。

5.5.2 E企业网络可持续发展实现路径的选择

（1）专家权重的确定。专家按照网络可持续发展实施路径选择指标进行评分，把得到的专家评分进行整理。本书共得到有效专家评分表5份，对其整理结果如表5-3所示。

表5-3 专家模糊评价结果

专家	评价指标	路径1—效率战略导向			路径2—灵活战略导向			路径3—创新战略导向		
专家1	价值主张	0.4	0.5	0.6	0.6	0.7	0.8	0.4	0.5	0.6
	人力资源	0.4	0.5	0.6	0.2	0.3	0.4	0.4	0.5	0.6
	信息资源	0.4	0.5	0.6	0.2	0.3	0.4	0.4	0.5	0.6
	知识资源	0.2	0.3	0.4	0.4	0.5	0.6	0.2	0.3	0.4
	组织资源	0.6	0.7	0.8	0	0.1	0.2	0.4	0.5	0.6
专家2	价值主张	0.4	0.5	0.6	0.6	0.7	0.8	0.2	0.3	0.4
	人力资源	0.8	0.9	1.0	0.4	0.5	0.6	0.4	0.5	0.6
	信息资源	0.4	0.5	0.6	0.2	0.3	0.4	0.4	0.5	0.6
	知识资源	0	0.1	0.2	0.2	0.3	0.4	0.2	0.3	0.4
	组织资源	0.2	0.3	0.4	0.4	0.5	0.6	0.2	0.3	0.4
专家3	价值主张	0.4	0.5	0.6	0.8	0.9	1.0	0.6	0.7	0.8
	人力资源	0.6	0.7	0.8	0.4	0.5	0.6	0.8	0.9	1.0
	信息资源	0.6	0.7	0.8	0.8	0.9	1.0	0.4	0.5	0.6

续表

专家	评价指标	路径1—效率战略导向			路径2—灵活战略导向			路径3—创新战略导向		
专家3	知识资源	0.4	0.5	0.6	0.4	0.5	0.6	0.2	0.3	0.4
	组织资源	0.4	0.5	0.6	0.4	0.5	0.6	0.6	0.7	0.8
专家4	价值主张	0.4	0.5	0.6	0.6	0.7	0.8	0.8	0.9	1.0
	人力资源	0.4	0.5	0.6	0.8	0.9	1.0	0.6	0.7	0.8
	信息资源	0.2	0.3	0.4	0.4	0.5	0.6	0.2	0.3	0.4
	知识资源	0.4	0.5	0.6	0	0.1	0.2	0.4	0.5	0.6
	组织资源	0.2	0.3	0.4	0.2	0.3	0.4	0	0.1	0.2
专家5	价值主张	0.8	0.9	1.0	0.6	0.7	0.8	0.8	0.9	1.0
	人力资源	0.6	0.7	0.8	0.6	0.7	0.8	0.7	0.8	0.9
	信息资源	0.6	0.7	0.8	0.8	0.9	1.0	0.4	0.5	0.6
	知识资源	0.4	0.5	0.6	0.4	0.5	0.6	0.2	0.3	0.4
	组织资源	0.2	0.3	0.4	0.2	0.3	0.4	0.6	0.7	0.8

计算各专家之间的相似度，得到专家组成员$e_k \in E$对不同路径$a_i \in A$和不同指标$c_j \in C$的相似度矩阵。

$$RS(e_1) = \begin{bmatrix} 0.255 & 0.210 & 0.205 \\ 0.218 & 0.173 & 0.199 \\ 0.238 & 0.203 & 0.206 \\ 0.215 & 0.202 & 0.206 \\ 0.191 & 0.185 & 0.219 \end{bmatrix} \quad RS(e_2) = \begin{bmatrix} 0.151 & 0.210 & 0.165 \\ 0.167 & 0.210 & 0.199 \\ 0.158 & 0.203 & 0.206 \\ 0.177 & 0.191 & 0.206 \\ 0.181 & 0.210 & 0.205 \end{bmatrix}$$

$$RS(e_3) = \begin{bmatrix} 0.255 & 0.179 & 0.219 \\ 0.231 & 0.210 & 0.187 \\ 0.224 & 0.189 & 0.206 \\ 0.227 & 0.202 & 0.206 \\ 0.232 & 0.210 & 0.205 \end{bmatrix} \quad RS(e_4) = \begin{bmatrix} 0.165 & 0.179 & 0.205 \\ 0.154 & 0.210 & 0.211 \\ 0.155 & 0.246 & 0.175 \\ 0.155 & 0.213 & 0.175 \\ 0.151 & 0.185 & 0.165 \end{bmatrix}$$

$$RS(e_5) = \begin{bmatrix} 0.175 & 0.221 & 0.205 \\ 0.231 & 0.198 & 0.205 \\ 0.224 & 0.160 & 0.206 \\ 0.227 & 0.191 & 0.206 \\ 0.245 & 0.210 & 0.205 \end{bmatrix}$$

对专家组的评价矩阵去模糊化，得到由确数构成的评价矩阵，再进行归一化处理，整理得到去模糊化及规范化的评价表，如表 5-4 所示。

表 5-4 去模糊化及规范化的评价表

专家	评价指标	路径 1—效率战略导向	路径 2—灵活战略导向	路径 3—创新战略导向
专家 1	价值主张	0.294	0.412	0.294
	人力资源	0.385	0.231	0.385
	信息资源	0.385	0.231	0.385
	知识资源	0.273	0.455	0.273
	组织资源	0.538	0.077	0.385
专家 2	价值主张	0.333	0.467	0.200
	人力资源	0.474	0.263	0.263
	信息资源	0.385	0.231	0.385
	知识资源	0.143	0.429	0.429
	组织资源	0.273	0.455	0.273
专家 3	价值主张	0.238	0.429	0.333
	人力资源	0.333	0.238	0.429
	信息资源	0.333	0.429	0.238
	知识资源	0.385	0.385	0.231
	组织资源	0.294	0.294	0.412
专家 4	价值主张	0.238	0.333	0.429
	人力资源	0.238	0.429	0.333
	信息资源	0.273	0.455	0.273
	知识资源	0.455	0.091	0.455
	组织资源	0.429	0.429	0.143
专家 5	价值主张	0.360	0.280	0.360
	人力资源	0.318	0.318	0.364
	信息资源	0.333	0.429	0.238
	知识资源	0.385	0.385	0.231
	组织资源	0.231	0.231	0.538

经过去模糊化和规范化处理后，利用熵权法，计算得专家组成员权重。

$$E\pi = [0.322, 0.265, 0.253, 0.138, 0.022]$$

（2）专家群体综合评价矩阵。据专家个体 e_k 对于路径 a_i 在不同指标属性 c_j 的综合权重结果与去模糊化并规范化处理的评价矩阵进行加权合成，得专家综合决策矩阵。

$$U_{ij} = \begin{bmatrix} 0.265 & 0.272 & 0.382 \\ 0.312 & 0.278 & 0.315 \\ 0.109 & 0.521 & 0.168 \\ 0.385 & 0.119 & 0.258 \\ 0.285 & 0.455 & 0.206 \end{bmatrix}$$

（3）计算指标权重。根据规范化的专家评价矩阵，计算每一位专家的评价矩阵，得到指标综合评价矩阵 CW_j。

$$CW_j = [0.052, 0.089, 0.201, 0.224, 0.433]$$

（4）各方案的综合权重。

$$Aw_j = CW_j \times U_{ij} = [0.273, 0.367, 0.229]$$

根据计算结果可知，将制造企业网络可持续发展实现路径综合权重进行比较，其权重大小为路径2>路径1>路径3。根据决策的结果，E企业网络应当采用路径2促进其可持续发展。

5.6 本章小结

本章采用科学性、动态性、系统性、代表性、定性与定量相结合等原则，从企业网络发展战略和网络资源两方面设计了制造企业网络可持续发展实现路径的衡量指标，并通过多属性群专家决策法对由多个指标组成的多个评价方案进行评价，根据评价将结果进行优劣排序，为制造企业网络可持续发展实现路径选择提供依据。

第6章　制造企业网络可持续发展支撑策略

6.1　科技服务、金融与制造业发展

由于制造业与生产性服务业间有着紧密的联系，生产性服务业对促进制造企业网络发展、制造产业升级等具有重要作用，而制造网络与产业的发展也为生产性服务业发展催生了更多机遇，因此，学者对二者关系展开研究。

生产性服务业是依托于制造企业，从制造业内部生产服务部门独立发展起来的一种新兴产业。它的产生与发展主要来源于产品生产过程中各服务环节的外部化，与制造业共同承担着产品的整个生产和销售过程，并形成功能互补、高度协作的共生关系。随着近些年的高速发展，生产性服务业由于具有广泛的关联效应，其在经济合作与发展组织（Organisation for Economic Co-operation and Development，OECD）国家中所创造的增加值占 GDP 的比重超过了三分之一。制造业作为我国的支柱产业快速发展，总体规模迅速提升，综合能力不断增强，在国民经济中占据着主体地位，同时是我国生产性服务业得以成长和发展的基础与引擎。但我国经济目前进入中高速增长的新常态，人口红利逐步消失，资源有限、劳动力的高成本和环境的负外部性等问题渐渐凸显，制造业向服务业转型升级迫在眉睫。从发达国家的发展阶段可以看出，发达国家普遍经历了先行发展制造业，而后过渡为以服务业为主的发展过程，因此，借鉴历史经验，用大力发展生产性服务业提供新动力，促进制造业的升级发展，不失为一条捷径。但随着美国等西方发达国家"再工业化"浪潮的掀起，制造业的地位再次受到重视。可见，生产性服务业与制造业相辅相成、互利共生，过度偏移制造业或过度偏移服务业都将影响与制约彼此发展。因此，识别与判定两者当前关系，确定未来两者作用趋势，对采取科学规划与引导手段促进两者互利发展具有重要参考价值。

6.1.1 制造业与生产服务业的关系

曾丽华和王健在中美两国间进行对比研究，发现随着国家总体经济发展水平提高和产业结构升级，生产性服务业自我发展、自我依赖和自我强化的特征越来越明显，制造业的发展对生产性服务业发展的刺激作用逐渐弱化，生产性服务业对制造业的反作用力和制造业自身的基础性建设则成为影响制造业发展的最主要因素[87]。总之，二者间具有产业互动关系，在经济发展的不同阶段，作用关系不同，有学者认为制造业需求会对生产性服务业效率产生非线性促进作用，资本密集型制造业和劳动密集型制造业所对应的阈值又不尽相同[88]；在生产性服务业对制造业发展效率影响研究中，凌永辉等指出生产性服务业中的各个细分行业情况各不相同，其中包含双向互动和单向互动，聚集在金融业的双向互动关系较为显著[89]。两个产业的生存发展关系类似于自然界中的两个物种，对于市场空间、资源有着各自的需求，因此，制造业与生产性服务业又存在着挤出效应、偏利效应与互惠效应。整体而言，两者处于双向/单向作用或作用弱化、反作用、竞争挤出、偏利又或是互惠状态的研究结论与观点不尽一致，尤其缺少不同服务细分行业、不同作用阈值的横向比较与综合研究。

在研究方法的选择上，杜宇玮选用数据包络分析（data envelopment analysis, DEA）方法评价生产性服务业对制造业升级的单方面促进作用，结合生产性服务业的发展规模和水平与本地制造业升级需求的匹配度，测算作用效率[90]。胡晓鹏和李庆科通过测算投入产出表剖析生产性服务业与制造业之间的质化关系，动态比较得出生产性服务业与制造业具有融合性、互动性与协调性三个基本特征的共生关系[91]。庞博慧细化了二者共生关系的研究，将其分为共生行为模式和共生组织模式，其中行为模式分为寄生共生、部分共生、非对称互惠共生和对称互惠共生，组织模式分为点共生、间歇共生、连续共生和整合共生[92]；而在二者共生的量化研究中，徐学军等使用种群密度作为产业发展的代表性因素，通过采用logistic生长模型模拟产业的发展过程，进而探究生产性服务业与制造业种群共生的发展规律[93]。整体而言，这些研究主要侧重模型测算过程，对生产性服务业与制造企业关系建模的理论论证不足，无法有效阐明两者存在竞争或共生关系的理论论证依据，影响研究的科学性。

因此，采用质化与量化分析结合方式，从细分行业、阈值横向比较综合视角，确定两者作用关系具有重要理论研究价值与现实指导意义。

6.1.2 生产性服务业与制造业共生模型构建

1. 模型构建的整体思路

按产量计算，我国已超越美国成为全球最大的产品生产国，但在研发、产业化、产品交付三个环节上依然与发达国家有着不小的差距。首先，我国被称为制造大国，但中高端技术多数依赖国外企业。虽然国家进行战略性高新技术产业建设，但碍于科研创新能力与知识储备不足，很多国内龙头产业依然在研发环节中缺少话语权，创造的绝大部分价值都流入发达国家，仅靠自身的资源优势获取少部分利润，处于价值链低端。其次，制造业产业化过程中金融引导不合理。我国各地争先扶持盈利周期短的制造产业，短时间内投资过度，市场需求消化不足，造成产能过剩。相反，对于具有长期投资收益与发展前景的制造产业，反而出现融资难问题，许多制造企业因为缺乏资金无法进行规模化生产。金融支持不合理，严重制约了我国制造业的优化升级。最后，产品交付环节成本偏高，影响竞争力。我国土地面积辽阔，市场覆盖面极大。分工式的生产方式虽然降低了生产成本，但对运输及仓储能力、效率及成本有了更多要求。尤其在全球经济一体化背景下，进出口业务比重增大，更需要完善、便利、高效、低成本的交通运输网络和强大的资源输送能力来保障产品交付速度与质量。

生产性服务业以制造业为服务对象，以保持工业生产过程的连续性、促进工业技术进步和产业升级、提高运营效率为目标。生产性服务业依附于制造业企业而存在，贯穿于企业生产的上游、中游和下游诸环节，通过优势互补，加快制造业发展。因此，可通过生产性服务业与制造业互惠发展，解决我国制造企业当前面临的科技创新、金融、运输问题。首先，可通过科学研究和技术服务业发展，加快制造业自主研发和知识产权保护进程，增加产品知识、技术含量，提高产业溢价能力；通过产学研一体化科技服务模式弥补制造业技术短板，缩短科技成果转化磨合期，促进我国制造业快速向价值链高端攀升。其次，合理制订金融业发展规划，为制造业提供高质量融资服务，一方面通过金融支持提升制造业规模扩张能力，从而获取规模效益，另一方面依靠资金提升人才吸引力与科技研发能力，加快产业结构升级、实现跨越式发展。

鉴于我国制造企业在研发、产业化环节面临的主要问题，以及科学研究和技术服务业（科技服务业）、金融业两个代表性生产性服务业对解决我国制造企业发展问题的关键、重要作用，本书将对其与制造业的作用关系开展深入研究。

2. 模型构建的理论分析

以下分别分析两个生产性服务业与制造业发展的作用关系，明确其对制造业发展的作用。

（1）科技服务业与制造业。伴随全球经济一体化，通过技术渗透提高制造企业技术创新及更迭效率已经成为制造业研发与价值增值的重要手段。科学研究和技术服务业借助产业间技术流动，为制造企业发展提供有效知识与技术支持，降低制造业研发成本，提高产品质量和生产效率，增强制造业市场竞争力。仅四川一省，自 2012 年以来，实施科技成果转化项目超 1800 个，累计带动实现产值逾 1.3 万亿元。另外，科技服务业提升了制造企业资源利用效率，优化了制造业产业结构，转变了制造业经济增长方式。同时，科技服务业具有延伸属性，它以制造业为核心，向制造业产业上下游扩张，直接或间接延长了制造业价值链，创造了更多机会与价值。

与此同时，制造业为科研成果提供了转化基础和条件，实现了科学研究的社会效益和经济效益。所获得收益用于反哺研究，形成良性循环，促进了科技服务业的持续发展。另外，制造业是科技服务业的潜在市场，制造业发展的现实需求创造了科技服务需求。科技服务业与制造业融合，拓宽了科技研究方向和领域，提升了科技服务范围与能力。例如，制造业研发设计环节的可视化要求加快了增强现实技术的普及应用，生产环节的资源配置优化激发了云制造的产生，可以说制造业每个环节都为科学研究和技术服务业提供了发展与深化空间。

（2）金融业与制造业。中国人民银行、工业和信息化部等五部门联合印发《关于金融支持制造强国建设的指导意见》，强调大力振兴实体经济，持续改进对制造强国建设的金融支持和服务。制造业的规模扩张、结构优化和技术进步离不开金融业的资金支持，智能化发展转型升级需要大量资金保障。首先，金融业发展盘活了制造企业闲置资源，方便了知识、技术、仪器设备等资源与资金融通的转换，为制造业资源对接、匹配搭建了桥梁，为制造企业变革与新业务拓展提供了可靠保障。另外，金融机构针对不同企业特定需求，研发推出创新金融产品、工具与服务，提高了制造业资金获取便利性和业务拓展的风险抵御能力。以 2017 年为例，制造业固定资产投资 193 616 亿元，比上年增长 4.8%，其中金融融资占据大量份额。

鉴于金融危机的主要原因是金融业的发展脱离实体经济，因此，金融业要将依靠、服务、促进实体经济作为发展的出发点和落脚点，不断推动金融创新、改进金融服务、优化金融环境、强化支撑保障能力。制造业的转型升级对金融业产生更多要求，催生金融工具创新。中小企业看重资金获取快捷性，大型制造企业更在乎融资成本，从而形成不同类型与分支的金融衍生产品，满足制造业发展需求。另外，随着新一轮高水平的国际竞争与经济开放，制造企业对跨境金融和离岸金融服务需求不断增加，倒逼金融业向国际化方向发展。此外，随着市场开放深度和广度不断拓展，制造企业进入金融行业参与金融活动，通过构建产融结合的金融平台实现金融服务专业化，丰富金融工具形式，拓展了金融业务发展空间。

3. 量化模型的构建

Lotka-Volterra 模型由两条一阶非线性微分方程组成，经常用来描述生物系统中，捕食者与猎物进行互动时两者族群规模的消长，弥补了 logistic 模型表示单一物种的缺点。制造业和生产性服务业依附在社会、经济环境中，通过物质流、知识流、资金流相互作用形成了具有成长过程的产业生态系统，因此，将生产性服务业与制造业的关系与生态学中的种群关系做类比，可以更好地揭示两者间多种群的量化关系。

Lotka-Volterra 模型可通过联立等式进行构建，其中，X 表示制造业发展规模量，Y 表示某一生产性服务业细分行业发展规模量，r_1 表示制造业自然增长率，r_2 表示生产性服务业细分行业自然增长率，K_1 表示环境所能容纳的制造业最大规模量，K_2 表示环境所能容纳的生产性服务业细分行业最大规模量，θ_1 表示生产性服务业细分行业对制造业的作用系数，θ_2 表示制造业对生产性服务业细分行业的作用系数。假设环境变量不变，即制造业和生产性服务业细分行业发展所需的市场资源、政策待遇不变时，有

$$\frac{dX}{dt} = F_1(X,Y) = r_1 X \left(\frac{K_1 - X + \theta_1 Y}{K_1} \right) \quad (6\text{-}1)$$

$$\frac{dY}{dt} = F_2(X,Y) = r_2 Y \left(\frac{K_2 - Y + \theta_2 X}{K_2} \right) \quad (6\text{-}2)$$

经过替换变形为

$$\frac{dX}{dt} = X(a_1 - b_1 X - c_1 Y) = a_1 X - b_1 X^2 - c_1 XY \quad (6\text{-}3)$$

$$\frac{dY}{dt} = Y(a_2 - b_2 Y - c_2 X) = a_2 Y - b_2 Y^2 - c_2 YX \quad (6\text{-}4)$$

产业间的互动关系可以由式（6-3）中的 c_1、式（6-4）中的 c_2 来确定，具体情况如表 6-1 所示。

表 6-1 产业互动关系类型

符号类型	互动关系	说明
＋ ＋	竞争	双方构成相互竞争关系
＋ －	捕食-被捕食	一方起促进作用，另一方起抑制作用
－ －	共生	双方彼此促进
－ 0	共栖	一方促进，另一方不对对方起任何作用

续表

符号类型	互动关系	说明
＋　0	偏害共生	一方抑制，另一方不对对方其任何作用
0　0	无关系	双方独立，不产生任何互动关系

经过计算可以得出制造业发展增速为零的等值线与 X 轴、Y 轴相交于（a_1/b_1，0）、（0，a_1/c_1），生产性服务业细分行业发展增速为零的等值线与 X 轴、Y 轴相交于（a_2/c_2，0）、（0，a_2/b_2）。当制造业与生产性服务业细分行业为竞争关系时，c_1、c_2、b_1、b_2 大于零，此时可能有以下四种稳定情形存在。

（1）当两条直线在第一象限没有交点，且制造业发展等值线 l_1 位于生产性服务业发展等值线 l_2 上方时，Ⅰ区域的产业发展状态位于两条等值线的左侧，在产业发展增速情况下，状态会向右上方偏移最终进入Ⅱ区域；Ⅱ区域的产业发展状态位于两条等值线之间，在制造业发展增速且生产性服务业减速的情况下，状态会向右下方偏移；Ⅲ区域的产业发展状态位于两条等值线的右侧，制造业及生产性服务业发展减速，导致产业状态向左下方偏移，最终进入Ⅱ区域，因此二者发展最终会在 C 点趋于稳定，此时制造业会完全侵占生产性服务业的发展空间及资源，获得最大发展规模，具体如图 6-1（a）所示。

（2）当制造业发展等值线 l_1 位于生产性服务业发展等值线 l_2 下方时，制造业和生产业服务业发展状态与上种情况正好相反，二者发展状态会在 B 点趋于稳定，此时生产性服务业会完全侵占制造业的发展资源，生产性服务业获得最大发展规模，具体如图 6-1（b）所示。

（3）当制造业与生产性服务业等值线在第一象限相交于点 E，且 l_1 斜率大于 l_2 时，分布在Ⅰ区域的二者状态位于两条等值线左侧，在产业加速发展的影响下，状态向右上方发生偏移，可能会进入Ⅱ、Ⅳ区域及交界点 E；Ⅱ区域位于 l_1 左侧、l_2 右侧，状态点会随着制造业发展减速及生产性服务业发展加速向左上方偏移，最终稳定在 B 点，此时生产性服务业获得最大发展规模；在Ⅳ区域，制造业发展加速，生产性服务业发展减速，状态点向右下方偏移，最终在 C 点趋于稳定，此时制造业获得最大发展规模；Ⅲ区域的状态点位于两条等值线右侧，在二者发展速度的影响下两个行业的发展状态会向左下方进行偏移，最终进入Ⅱ、Ⅳ区域及交界点 E；但 E 点的稳定状态非常脆弱，在实际环境中，任何市场、制度等环境因素的变化都会使其脱离 E 点最终在 B 点或 C 点趋于稳定，具体如图 6-1（c）。

（4）当制造业与生产性服务业等值线在第一象限相较于点 E 且 l_1 斜率小于 l_2 时，Ⅰ区域向右上方偏移，Ⅱ区域向右下方偏移，Ⅲ区域向左下方偏移，Ⅳ区域向左上方偏移，最终两个行业发展状态会在 E 点趋于稳定，具体如图 6-1（d）所示。

(a)竞争情况一

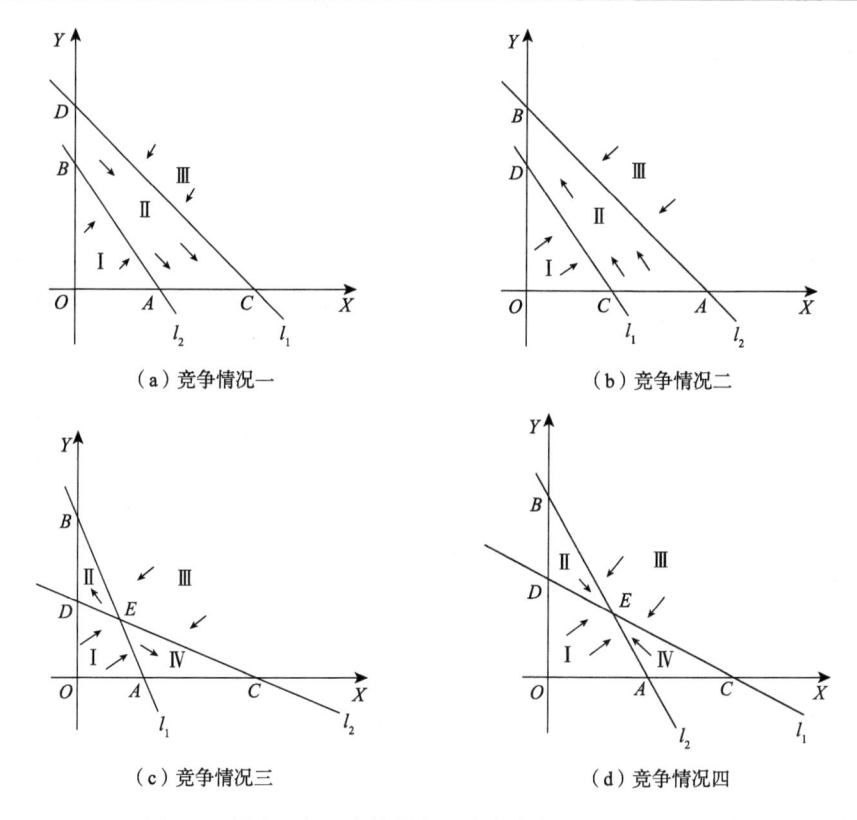

(b)竞争情况二

(c)竞争情况三

(d)竞争情况四

图 6-1 制造业与生产性服务业存在竞争关系下的稳定态

当制造业与生产性服务业为合作共生关系时，c_1、c_2 小于零，最终两者将形成一种稳定状态，具体如图 6-2 所示。

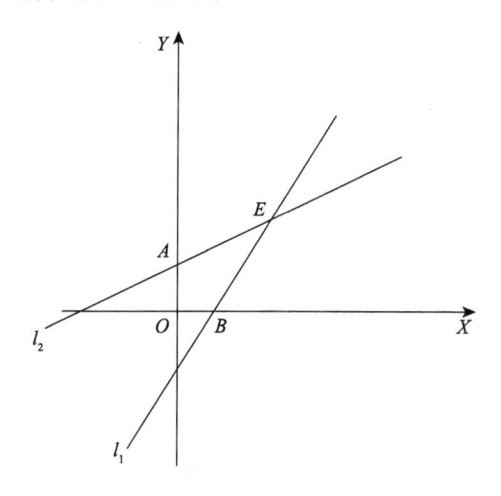

图 6-2 制造业与生产性服务业合作共生下的稳定态

对 Lotka-Volterra 方程进行计算，当 $b_1b_2-c_1c_2>0$ 时，方程会在第一象限有交点，交点为 $[(a_1b_2+c_1a_2)/(b_1b_2-c_1c_2),(a_2b_1+a_1c_2)/(b_1b_2-c_1c_2)]$，即两行业发展状态会在 E 点趋于稳定。

4. 平衡点及稳定性分析

当 $dX/dt=0$ 或 $dY/dt=0$ 时，即制造业和生产性服务业细分行业增加值为 0 时，可以得到模型的 4 个稳定点，分别为原点（0，0），表示制造业和生产性服务业细分行业都会衰退消失；X 轴与 l_1 的交点 $C(a_1/b_1,0)$，表示生产性服务业细分行业会衰退消失，制造业发展稳定；Y 轴与 l_2 交点 $B(0,a_2/b_2)$，表示制造业衰退消失，生产性服务业细分行业发展稳定；此外还有二者呈现互利关系时，l_1l_2 的交点 $E((a_1b_2+c_1a_2)/(b_1b_2-c_1c_2),(a_2b_1+a_1c_2)/(b_1b_2-c_1c_2))$，表示制造业与生产性服务业细分行业会在发展过程中形成互动，最终在 E 点达到平衡。

虽然可以得到以上四个平衡点，但其稳定性不尽相同。本书采用雅可比矩阵的特征值衡量平衡点的稳定性，矩阵为 $A=\begin{bmatrix} f_X & f_Y \\ g_X & g_Y \end{bmatrix}$，其中，$f_X=a_1-2b_1X-c_1Y$ 和 $f_Y=-c_1X$ 分别为 l_1 对 X 和 Y 的一阶偏导，$g_X=-c_2Y$ 和 $g_Y=a_2-2b_2Y-c_2X$ 分别为 l_2 对 X 和 Y 的一阶偏导，当矩阵的特征值均为负值时，平衡点稳定。

6.1.3 实证分析

1. 数据选取说明

本书所用相关数据选自《中国统计年鉴》《中国工业经济统计年鉴》，生产性服务业分类来源于国家统计局。

考虑到统计年鉴中对产业划分、统计口径的调整，本书金融业与运输仓储业选用 1978~2015 年增加值，科技服务业选用 2004~2015 年增加值进行计算。将金融业、运输仓储业 1978 年增加值设为 1，科技服务业 2004 年增加值设为 1，对数据进行标准化处理。

为了检验时间序列的平稳性，消除伪回归，因此，进一步对时间序列进行单位根检验，对存在单位根的序列进行二阶差分，最终保障采用数据全部通过平稳性检验。

2. 模型计算

根据采集数据，选用 EViews 软件的非线性最小二乘法进行参数估计，可以得到较为精准的结果。

（1）制造业与科技服务业的关系参数估计结果如表 6-2 所示。

表 6-2 制造业与科技服务业关系参数估计结果

因变量：制造业 方法：最小二乘法				因变量：科技服务业 方法：最小二乘法			
系数	系数值	t 值	显著性	系数	系数值	t 值	显著性
a_1	1.144 262	26.272 12	0.000 0	a_2	1.027 551	11.276 64	0.000 0
b_1	−0.071 994	−1.959 284	0.085 8	b_2	0.121 118	4.188 853	0.003 0
c_1	0.060 279	3.511 515	0.007 9	c_2	−0.215 679	−3.334 688	0.010 3
误差	0.998 753			误差	0.997 580		

由估计结果可知，a_1 与 a_2 均大于零，说明两产业发展良好且规模持续增长；$a_1>a_2$ 说明制造业发展更加快速。$b_1<0<b_2$ 说明制造业目前的发展状态对自身有一定程度上的自促进作用，而对科技服务业的发展稍有抑制。c_1 大于零且 c_2 小于零，表明科技服务业推动制造业增长，制造业对科技服务业具有遏制作用，两者处于一定的捕食状态。

我国制造业通过各种国际工程建设项目、设备生产项目等实现了量的积累与质的升华，从学习、低端加工，经过多年的努力，转向了自我设计、创新与国际中高端竞争。伴随科技春天的到来、服务业的发展、信息平台技术的推广、知识产权中介的规范化，我国科技服务业实现了高速发展，通过平台对接、技术服务中介我国技术合同成交额 2016 年首次突破 1 万亿元大关。可见，我国制造业与科技服务业并行快速发展，但受到科技成果转化、产业化与市场价值实现滞后性的影响，其自然增长率略低于制造业。制造业发展积累的经验、业务渠道与人力资源等，将对其未来发展起到积极促进作用；但科技服务业却产生了弱自我抑制作用，主要原因在于完成科技追赶、快速升级后，当前处于一个量化积累到质的跨越阶段，该阶段伴随科技服务业发展，我国与国际技术差距变小，学习空间与获益边际收益减少，导致科技服务需求动力不足，抑制了科技服务业进一步发展。

科技服务业促进了制造业发展，《中国制造 2025》提出制造强国战略，融合先进生产技术，强化研发实力是制造业转型升级的关键。近几年，科技融入制造业变得更加全面、深入，通过技术手段有效缩短了产品的研发、生产周期，降低了企业运营成本，提升了产品质量与生产效率。技术服务衍生了多种制造模式，柔性制造、绿色制造等都为制造企业未来发展提供了新方向。另外，制造企业技术突破，开发出更切合消费者需求的个性化、差异化产品，能够在市场上占领先机，拥有更大话语权，创造更多价值与利润空间。但我国制造业的快速扩张与发展，导致业务与技术的快速复制与重复使用，制造业在自身领域积累了丰富技术创新与管理经验,从而影响了制造业对新技术与新业务等相关科技服务的需求,影响了对科技服务业的使用与依赖。尤其制造企业自我科技服务能力提升后,通常不再进行反哺与回馈,无法转化为社会科技服务资源、进一步助力科技服务业发展。

总之,两者当前处于捕食与被捕食关系。制造业业务拓展容易、技术竞争不够激烈的条件下,将影响其开展技术创新、接受技术服务的动力,不利于科技服务业的进一步发展;另外,制造业过度技术保护与垄断,不利于形成技术竞争氛围,无法为科技服务业注入发展活力。因此,需对当前状态进行调整与干预,促进两者关系优化。

(2)制造业与金融业的关系参数估计结果如表 6-3 所示。

表 6-3 制造业与金融业关系参数估计结果

因变量:制造业 方法:最小二乘法				因变量:金融业 方法:最小二乘法			
系数	系数值	t 值	显著性	系数	系数值	t 值	显著性
a_1	1.169 707	69.002 39	0.000 0	a_2	1.011 111	16.147 55	0.000 0
b_1	−0.000 692	−1.957 380	0.058 6	b_2	0.000 409	3.202 947	0.003 0
c_1	0.000 316	5.365 356	0.000 0	c_2	−0.003 464	−3.920 332	0.000 4
误差	0.999 258			误差	0.992 921		

根据估计结果可以看出,a_1 与 a_2 均大于零且 $a_1>a_2$,即制造业与金融业都在快速发展,且制造业的自然增长率大于金融业的自然增长率,制造业的发展势头更加迅猛,我国金融体制仍需进一步放开,为制造业提供更高效的金融服务与资金支持。b_1 小于零、b_2 大于零,但数值较小,说明制造业和金融业自促进或自抑制作用不明显。$c_1>0$,$c_2<0$,说明制造业与金融业呈现捕食与被捕食关系,金融业的发展对制造业有微弱的促进作用,制造业对金融业有着微弱的抑制作用。

参数估计的结果,一定程度上呈现产业发展状态。自 1978 年改革开放以来,我国经济开始飞速发展,金融业以此为契机步入正轨,以市场为基础,将社会资金与资本资源进行整合,通过灵活迅速的融资方式助力制造业发展,为制造业构建完善创新体系及结构优化注入了高于以往规模的力量,降低了人口红利消失所带来的负面影响。

我国制造业除了从传统渠道获取资金支持外,也通过金融工具创新获得了一些新的融资渠道与方式,因此,金融业对制造业有一定的促进作用。但是,相比银行贷款、股票、债券等传统融资占制造业融资总量的 80%之多,金融市场对制造业发展的促进与推动作用受到了限制,因此,金融业对制造业发展具有微弱促进作用。制造业对金融业产生微弱的抑制作用，主要是当前流向制造业的大量金融资本，仍在拓展、使用与建设过程，金融资本支撑了众多海外、国内大型工程项目建设，但是投资运营产生金融收益后，反哺金融业发展的项目占比还不多，因此，当前呈现资金争夺的微弱抑制作用，伴随制造业投资收益增强、回收利润与资金增多，回馈金融领域贡献提升，两者关系将出现一定程度变动。

最后，两者存在一定捕食与被捕食关系，当实体经济发展势头迅猛时，资金转向制造业，资金无法及时反哺金融业时，将抑制金融业发展；当金融利润增加，资金转向金融业时，将导致制造业的空心化，影响制造业发展。但是，制造业脱离金融将限制其后续发展与优化升级，金融脱离制造业将导致泡沫经济，因此，两者相互依赖、相互促进，应对两者目前关系进行优化调整，实现共生共赢与协同发展。

3. 平衡点及稳定性分析

将求得的各参数估计值代入方程中得到各平衡点坐标，通过计算雅可比矩阵的特征值，得出各平衡点及稳定性，具体如表 6-4 所示。

表 6-4 平衡点及稳定性分析

制造业-科技服务业			制造业-金融业		
平衡点	特征值	稳定性	平衡点	特征值	稳定性
$O(0, 0)$	1.144/1.028	不稳定	$O(0, 0)$	1.17/1.011	不稳定
$C(15.89, 0)$	−1.144/−2.40	稳定	$C(1690.33, 0)$	−1.17/−4.84	稳定
$B(0, 8.48)$	0.634/−1.028	不稳定	$B(0, 2472.15)$	0.412/−1.01	不稳定
$E(46.84, −74.93)$	33.33/6.26	不稳定	$E(983.15, −5854.58)$	1.83/1.38	不稳定

由表 6-4 可知，制造业与科技服务业、金融业基于捕食与被捕食关系，将在图 6-1(a) 的平衡点 C 处达到稳定，制造业将完全占有另外两个产业的发展规模。为了避免上述趋势的延续与发展，需要对当前的自然发展状态与规律进行调整与修正，以改善制造业与科技服务业、金融业的关系，实现良性互动与协同发展。

对我国制造业与生产性服务业细分行业——科技服务业、金融业关系进行理论分析，选用生态学种群方法开展研究，构建了 Lotka-Volterra 模型，借助模型对制造业与生产性服务业代表行业发展状态及相互作用关系进行测算，判断二者发展平衡点及稳定性，通过测算结果可得到以下结论。

(1) 目前我国制造业、科技服务业、金融业自然增长率较高，发展速度较快；制造业发展速度高于科技服务业和金融业。制造业发展存在自我促进作用，但科技服务业存在自抑制效应，金融业自我作用不明显。各产业在自我规模扩张与发展的同时，需要不断提升产业质量，避免极速发展后出现高质量突破困难的窘境。科技、金融需要与实体经济有效融合，确定落脚点，避免泡沫膨胀与发展停滞。

（2）制造业对金融业、科技服务业呈现一定挤占作用，若发展环境不变，金融业与科技服务业会呈现发展缓慢态势。因此，需要在全球化发展背景下，加大金融自由度、放宽金融政策，尤其占用大量金融投入的制造业大型项目，需要平衡投资回收期、金融风险等，实现金融对制造业发展支持的同时，从实体经济获利，反哺金融业扩张与发展。金融业需要不断创新工具、融资方式与经营模式，便利制造企业通过金融工具获得资金与运营支持，减少对传统融资渠道的依赖，提升制造业对金融业的需求程度。金融业要突破实体投资低迷状态，实体投资时需综合考虑利润、收益与风险、资金回收的平衡，实现制造业对金融资产增长的贡献，促进两者良性互动。

科技服务业需要不断提升自身专业化服务能力，在制造企业获得一定技术竞争优势的基础上，继续加大对尖端及高级别技术的研发、转化与产业化服务。激发制造企业对科技服务业的需求与支持，通过制造业供给侧改革、产业结构优化、价值链升级等多方引导，促进制造企业不断升级技术，拓展多领域与多地区的科技创新与推广。在形成自我科研能力基础上，制造业需要将研发及服务部门进行剥离，通过提供对外科技服务，为自身创造新的经济增长点同时，推动我国科技服务业繁荣发展[94]。

6.2　优化制造业科技服务平台功能设计

为促进制造企业网络有效实现创新资源获取、成员吸纳、创新成果供给与需求对接等，需要不断提升科技服务水平，通过科技服务业的发展，加速制造企业网络组建与发展，实现我国制造业升级。平台成为科技服务中一种重要的服务工具与方式，而优化其功能设计，是提升其服务能力的关键。

6.2.1　制造企业网络的价值环节

科技服务平台需要根据制造企业网络涉及的价值环节提供更好的科技服务，因此需要首先明确制造企业网络价值环节及科技服务需求。

（1）新概念凝练阶段就是提供、收集各种创新想法，形成多种比较有创意的技术方案，并对各种方案进行评估与可行性论证，选择科学、合理的技术研发项目的的过程。

该阶段需要具有创新意识且创新思维比较活跃的人力资源，通过观点交流与创意激发工具使用等，提出一定数量的新概念、新想法。一般而言，跨界与多学科交叉更容易产生技术创新，所以提供新概念的人力资源不一定局限于特定的专业领域，可采用多领域、多学科方式进行创意征集。另外，创新思维培训与创意激发工具使用等，可以丰富人力资源的创新思路，提高创意的可行性，并通过形成创新人员交流与沟通的标准语言，提升团队合作效率，实现协同创新效应。

另外，收集种类繁多的信息与观点，难以进行有效思维集成，所以应当按照一定的属性与类型，利用信息处理工具等对新概念进行分类处理，确定其创新组别，为新概念集成与方案筛选奠定基础。

新概念整合、研发方案技术适应性与先进性等方面的论证需要多个领域的技术专家与管理专家，因此，可以借助科技服务平台力量组织相关人员进行方案设计、方案评估与选择，确定最终的技术创新方案。

（2）技术研发阶段要将处于形式的技术设计转化为现实的、可应用的技术产品，这一过程首先要对技术研发项目进行任务分解，形成多个并行与串行的任务模块；确定创新体当前可用创新资源情况，包含内部拥有的、可从科技服务平台或其他主体处获得的创新资源，按照任务模块的时间顺序，借助运筹学排队论等相关方法与软件，确定创新资源的配置优先序等，制定技术研发计划。

在做好相关准备工作的基础上，可通过科技服务平台组织专业领域内的知识型与技术型人力资源，结合原有技术储备与研发所需仪器设备等，开展技术创新活动。针对研发过程中出现的技术难点与矛盾问题，可通过科学数据、科技文献及创新工具等获得参考与启发，或通过专业技术咨询服务获得相关建议，也可通过联合开发等方式进行多方攻关；对于辅助性模块可以通过技术委托与外包等开展研究，这样不仅可以集中创新资源完成技术核心模块的研发任务，也利于吸纳外部力量，提升研发效率与质量。

（3）产品形成与功能完善阶段就是将新技术、新工艺等应用于产品开发，形成新的产品试样，并通过反复检测与论证等，完善产品功能的过程。

创新得到的技术一般可以应用于不同产品体系，通常按照原有计划首先应用到与技术开发相匹配的产品中，可以是新产品，也可以是原产品的更新升级。如果是产业共性、通用技术（通常优先获得科技服务平台的支持），没有预定好的配套产品，则一般选择与技术关联性大、性能改善明显、技术应用可行、具有较广阔市场前景的产品进行优先开发与应用。

将技术引入新产品开发过程，原有技术与工艺可能需要新的调整，这时就要重新组织技术研发人员与产品设计人员等进行交流与合作，完成产品工艺文件编制与审查，形成新产品试样。同时，借助多方力量对新产品试样进行工艺验证，通过检测与测试等发现产品功能缺陷，将其功能信息进行及时反馈。经过多轮修正，形成功能相对完善的新产品，为其批量试制奠定基础。

（4）新产品批量试制阶段需要对新产品进行小规模、小批量生产，及时发现生产过程中可能出现的问题，避免进入大规模、标准化生产阶段出现问题而给创新体带来更大的损失。

新产品批量试制阶段需要一定的场地、仪器设备等对产品进行试加工生产，需要对试制人员等进行系统培训，提高其操作技能与问题处理能力。另外，当新产品批量试制出现问题时，通常需要试制人员、技术研发人员、产品设计人员等共同对出现的问题进行探索与分析，或者调整新产品工艺，或者更新试制加工工艺与生产设备等，因此，具有有效沟通能力的技术人员就成为这一阶段所需的重要人力资源。在成功完成新产品批量试制过程后，应当申请新产品批量试制鉴定，确定是否可以进入产业化生产阶段或获得相关部门的经费资助。

（5）新产品产业化阶段是对功能较为完善的新产品进行大规模生产的阶段，该阶段由于配备了大量的人力、物力、财力资源等开展规模化生产，一旦出现生产工艺问题或者产品技术功能问题等，将会对整个生产线造成巨大损失，因此，科技服务平台应当在这一阶段重点辅助创新体，尽量减少技术问题给运营过程带来不必要的损失。

凡事预则立不预则废，所以应当首先制订新产品的标准化生产方案，确定预警机制与紧急事件处理机制等；其次，对于产业化过程中出现的创新资源配置矛盾问题、技术工艺问题等，可向科技服务平台寻求专业技术咨询与服务；再次，可利用生产设备的改进、升级等提升新产品产业化成功概率；最后，在非自有、转移技术与产品的产业化过程中，新产品供给方与需求方之间通常存在技术沟通与对接问题，为此加强供求各方在对接过程中涉及技术问题的培训，对成功实现该类新产品产业化具有重要意义。

另外，这一阶段涉及面广，一个技术问题的修正与调整需要得到研发部门、生产部门、营销部门及财务部门等若干个部门的协作与配合，一般的沟通人员也难以胜任这样的任务，所以组织型、管理型技术人才成为这一阶段所需的重要人力资源类型。

（6）产业技术标准制定与应用过程就是围绕核心专利技术，开发系列必要专利，或者通过交叉许可、联盟等多种方式吸纳外部专利，进而形成专利池，并在实际推广与应用中形成一定规模使用用户群（安装基础），成为约束产业内部相关企业技术行为准则的过程。

首先，系列产品中的核心专利技术、相关专利技术等仅构成了技术标准专利池的一部分，通过科技服务平台内部产业创新平台、行业协会等对专利池构成及核心技术等方面的分析，可进一步确定技术标准制定过程中仍需涉及的技术、专利等。结合科技服务平台提供的合作对象信息等，选择适当的合作伙伴通过交叉技术许可（利用已有专利）、建立联盟进行联合攻关（开发尚缺少的技术或绕过必要专利）等方式构建技术标准的完备专利池。

其次，需要科技服务平台提供政府部门关于技术标准化的相关政策信息，以确定其发展方向与相关细节等，争取得到政府部门的更多认可与支持，加速技术标准制定与应用进程。

再次，技术标准的推行需要一定规模的使用者，即技术标准的安装基础。虽然设计营销推广方案、寻找更多使用者不是科技服务平台的重要任务，但是提高技术标准使用的便捷性、为标准使用者提供技术培训、推广技术标准应用涉及的基本知识、提高技术使用者的技术能力、设计技术标准使用者之间对接与交流的标准语言等相关服务，却是科技服务平台在加快技术标准化进程中应当提供的服务内容。另外，采用适当的检测与控制工具，保障用户原有技术系统在完成技术标准对接后，能够实现有效运行或及时发现问题、解决问题也是该阶段的重要服务任务。

最后，这一阶段不仅涉及企业内各部门的组织与沟通问题，而且涉及企业自身、其他专利拥有企业及技术使用者、政府部门、行业协会等多个主体的信息交互与反馈等问题，仅具有组织能力的人力资源已不能满足该创新阶段的需求，科技服务平台应当提供设计与规划型技术人才，辅助制造企业及企业网络从宏观战略高度制定与推行技术标准。

6.2.2 基于价值环节的科技服务平台功能设计

科技服务平台就是为制造企业及制造企业网络在不同价值环节遇到的科技资源瓶颈问题提供服务与支持的，在不同的创新阶段，科技服务平台提供的创新资源服务种类各有侧重，其具体对应关系如表 6-5 所示。

表 6-5 科技服务平台细分功能确定

价值环节	提供创新资源服务情况					
	人力资源服务	财力资源服务	物力资源服务	信息资源服务	技术资源服务	组织资源服务
新概念凝练	提供思维活跃的各行业人才	新思维培训与创意征集经费	创意激发、汇总与分类工具	创意信息；技术动态信息等	技术可行性论证、评估选择	组织概念整合与方案论证会
技术研发	专业内部知识与技术型人才	技术研发项目经费	研发所需仪器设备与工具等	技术合作与委托外包信息等	科学数据与文献、技术储备	任务模块化与制定研发计划
产品形成及功能完善	检测、技术与产品设计人才	产品工艺论证与改进经费	检测仪器与功能完善设备等	检测结果与多方反馈信息等	技术检测与完善、工艺审查	组织配套产品选择与论证等
新产品批量试制	试制人员与技术沟通人才	试制经费、试制人员培训费	新产品试制场地与设备	鉴定信息与问题沟通信息等	试制技术改进与工艺完善等	矛盾处理、出具试制鉴定等

续表

价值环节	提供创新资源服务情况					
	人力资源服务	财力资源服务	物力资源服务	信息资源服务	技术资源服务	组织资源服务
新产品产业化	组织型、管理型技术人才	技术对接培训费	新产品规模化生产设备	技术修正的多部门沟通信息	技术工艺、标准化生产工艺	产品标准化生产方案制订等
技术标准制定与应用	设计型与规划型技术人才	专利池构建与用户培训经费	标准引入后的检测控制设备	标准制定的政策与专利信息	核心、必要专利分析与研发	标准推行方案与问题处理

以上根据制造企业及企业网络价值环节对创新资源服务的需求情况，确定了科技服务平台应当具备的服务功能情况，科技服务平台可以根据企业网络资源服务需要，完善其功能布局。

6.3 促进科技成果转化与制造业发展

科技成果转化源是科技成果，只有针对制造企业需求进行的科技成果研发，才能更好促进成果转化与企业发展；科技成果需要实现市场化以回收成本、创造经济价值，但是如何通过动机引导与刺激转化为现实行为，激发制造企业及企业网络对科技成果的需求，仍然需要进一步研究。

6.3.1 科技成果转化系统分析

（1）科技成果。我国《现代科技管理辞典》认为科技成果是通过评审与鉴定的创造性结果；我国《科技成果鉴定办法》认为科技成果是能够提升生产力、具有实用价值的成果，并将科技成果列为三类，即科学理论成果、应用技术成果及软科学研究成果，规定基础理论研究成果与软科学研究成果不需要组织鉴定。

首先，从两者的分析与界定可以看出科技成果需要进行筛选，并非所有的研究结果都能成为科技成果，只是判定准则与标准从原有需要进行评审与鉴定转化为更加广泛的评价方法，如市场认可程度等。其次，科技成果从重视创新性逐渐转向实用性，更加强调结果的应用。最后，科技成果应当分类管理，部分类别更加强调实用性，鉴定的重点对象就是这些实用性强的应用技术成果及少数科技计划外的重大应用技术成果。科技成果可以具有不同的表现形式，如论文、专利、电子出版物、电脑软件、专著、研究报告等。科技成果是以这些形式表现出来的具有较高质量的那一部分，但是不同表现形式的成果其适合转化的程度不同，那些更加趋近于实际应用的成果才适合成果转化。

综上所述，科技成果是科研人员研究结果中具有高创新性与实用性的部分成果，成果可以通过政府部门、行业协会等组织审评与鉴定，也可以通过市场接受与推广程度判定。科技成果具有不同的表现形式与类型，主要包含科学成果与技术成果两个部分，科学成果难以有效转化，因此，能够进入转化系统的成果多数是科技成果中的技术成果，科技成果转化实际上更多的是技术成果转化。这与赵志耘和杜红亮提出的应当将科学成果纳入科技成果转化序列观点不同，其从整体性与重要性视角认为科技成果包含科学与技术两个部分，两者共同构成完整的体系，且都具有重要作用[95]。但是，科学研究与技术开发的目标与功能不同，两者不应当都致力于转化与应用，因此，按照创新与实用性结合的原则，科学研究成果难以直接或间接应用，且科学与技术成果转化过程与效果判定存在明显差异，应当进行区别研究，将其统一到科技成果转化研究框架，将影响成果转化管理方法的适用性，也不利于同时实现两种成果的有效转化。

（2）科技成果转化。科技成果转化是对具有实用价值的科技成果所进行的后续试验、开发、应用、推广直至形成新产品、新工艺、新材料，发展新产业等活动。首先，科技成果转化的对象是具有实用价值的部分成果。不同技术成果的表现形式不同、成果成熟度、实用价值与适合转化的程度不同，因此，判定技术成果转化率时，不应当按照当前的统计方法进行整体计算。以工艺等开发为主的技术成果不同于以产品开发为目的的技术成果，应当对技术成果进行分类，根据类别特征确定合适的成果转化率，再进一步判定政府科技成果转化管理效果。其次，科技成果转化主要经过技术工程化（可直接转化产品、工艺、材料形成）、成果产业化与市场价值实现三个环节。多数情况下科技成果无法直接转化，需要进行工程化处理，因此，科技成果转化的一项重要任务就是科技成果的后续工程化开发与技术转化准备。最后，科技成果转化的最终目的是实现与发展新的产业活动，所以科技成果转化过程中不应当忽视对科技成果对接单位的支持，只有良好的技术成果与有效的企业对接环境融合才能保障科技成果的有效转化。因此，已有科技成果工程化的深入开发及科技成果对接单位匹配条件优化成为科技成果转化的两项必备要素，需要政府部门加以重视。

（3）科技成果产业化。科技成果产业化是以行业需求为导向，以实现效益为目标，依托多个组织机构，依靠专业服务和质量管理，将科技成果形成系列化产品和品牌化经营。产业化的核心包含产业化目标——满足需求、创造更多效益与价值；成果产业化的实施主体——多个组织机构，包含制造企业、中介机构及政府部门等，产业化是多主体共同努力的结果；产业化支撑——专业人力资源、资金、技术咨询、质量管理等多种服务支撑，这是产业化得以实现的有效保障；产业化表征——科技成果被多数制造企业经营，形成了不同的产品系列，并具备一定的市场影响力，形成了品牌。科技成果产业化的有效实现，需要产业化实施主体,需要具有服务部门与产业化环境,因此,政府部门应当通过有效的措施激发制造企业开展科技成果产业化活动的主动性,通过政策、环境优化等刺激制造企业开展产业化活动的积极性,并在制造企业产业化行为过程中加以规范与引导,保障产业化目标的顺利实现。

(4)科技成果技术成熟度。技术成熟度是1989年正式提出的一种技术等级评估工具,起初技术成熟度分为七级,1995年美国航空航天局起草并发布《TRL白皮书》,将其改为九个等级。2002年被美国国防部纳入武器采办条例中,并在2005年正式确定为九级。九个等级为:1——基本原理被发现和阐述;2——形成技术概念或应用方案阶段;3——应用分析与实验室研究,关键功能实验室验证阶段;4——实验室原理样机,组件或实验板在实验环境中验证;5——完整的实验室样机,组件或实验板在相关环境中验证;6——模拟环境下的系统演示;7——真实环境下的系统演示;8——定型试验;9——运行与评估。技术成熟度的九个等级中涉及科学与技术知识成果、实验测试、模拟与工程化、产品化等问题,一般认为第五个等级以后的成果具备一定的实践与实用性,适合于进一步开发应用与转化,但产品化之后的市场化与产业化问题在技术成熟度等级中并不涉及。

成果转化是有效融合科技成果与技术成熟度概念,将成果转化作为一个系统工程,从知识原理到市场化、产业化的全过程。在这一过程中,综合技术成熟度等级及科技成果转化产业化后续环节,对过程涉及的阶段进行重新划分,每个阶段涉及主体及主体行为方式具有重大转变。首先,竞争前阶段,重点包含技术成熟度1~4级,该阶段成果主要是知识理论研究成果、技术理论研究成果及处于实验室试验阶段的成果,其实用性、应用价值等尚不明确;其次,工程化阶段,重点包含技术成熟度5级和6级,在模拟环境中进行工程化改善,为其实际环境的应用提供保障;再次,产品化阶段,重点包含技术成熟度7~9级,该阶段成果在实际环境中不断测试、完善,以保障产品的稳定性能;最后,产业化阶段重点包含科技成果形成后的对接与推广,以实现成果的经济与市场价值,促进制造企业竞争力提升。

科技成果、技术成熟度、成果转化三者的对应关系,以及四个阶段的重点任务如表6-6所示。

表6-6 成果转化的四个阶段

成果转化阶段	科技成果	技术成熟度	阶段特征
竞争前阶段		1~4级	知识与技术理论研究、实验测试
工程化阶段	科技成果工程化	5~6级	模拟与工程化开发
产品化阶段	科技成果产品化	7~9级	产品完善、检测与可靠性验证
产业化阶段	科技成果产业化		规模化生产、产品市场化与经济价值实现

6.3.2 科技成果转化四个阶段不同主体行为方式

表 6-6 所示的四个不同阶段，主体作用与行为方式不同，各个主体需要明确自身在不同阶段的重点任务与定位，确定自身的行为方向，以更好地推进成果转化，缩短知识研究到生产应用之间的时间间隔，切实实现知识与技术对经济发展的贡献作用，落实我国创新驱动发展战略，推动制造企业实现创新发展。

（1）竞争前阶段。该阶段主要由高校与基础性研究科研院所起主导研究作用，政府与公共经费起主导支撑作用。该阶段主要从事原理、技术概念、模块实验与分系统试验等。原理与概念阶段，经费主要由政府资助，政府通过对研究人员立项引导及对基础研究室（科学研究室）与实验室联合资助等，鼓励研究室、实验室明确研究方向，从事长期、基础性战略研究，一般领先现有技术 10 年左右，为国家与区域整体技术发展提供理论支撑或方向指导。这部分的政府投入比例应当维持较高水平，芬兰政府投资比重不高造成整体研究短视，缺乏技术储备，不利于国家与区域技术长期发展。大型顶尖制造企业在这部分略有介入，但是介入程度不高，一般通过研究生或者研究室、实验室支持计划等为制造企业人才储备或战略决策提供参考。因为基础研究工作具有外溢性、公益性等特征，符合高校的非竞争特点，因此高校成为研究主力。高校主要通过个人研究支持、组建与完善研究室、实验室，提供良好的研究环境与宽松的研究氛围等，促进基本原理与技术模型的创新与发展。进入技术成熟度 3 级后，工程中心及科技平台开始介入，但主要通过自行申请、承担研发任务及联合高校与科研院所承担研发任务实现技术模块实验，同时也为高校、科研院所等机构提供设备准入与使用便利；高校的研究主体则主要从研究室转向了实验室及实验室之间的联合实验与测试，主要研究人员从基础理论研究人员转向技术开发与实验室实验人员。政府也从单一的科技财政研究经费支持，转向了政府财政与社会公共基金结合方式，部分学会基金进入模块实验与分系统实验阶段，而产业行业基金也从分系统实验阶段逐步开展资金支持。伴随技术成熟度的提升，技术研发经费来源多元化，政府部门也从支持基础研究转向了技术攻关与实验室验证，通过科技支撑项目、实验室支持计划、科技基础条件支持计划等为技术开发与转化提供更加丰富的支持方式。另外，研究开放度逐步提升，从单个研究人员或团队，转向实验室整体，从事开发人员数量与规模增加，在分系统实验阶段，实验室合作得到加强，科技平台也逐步提供实验室联合与合作对接服务等，提升技术开发成功率。

（2）工程化阶段。该阶段成果处于技术成熟度 5 级与 6 级，技术成果处于工程化的模拟环境论证阶段，技术成果在模拟环境下从分系统到系统原型逐步成熟。

工程中心与科技平台在该阶段发挥主导研究与开发作用,在分系统模拟阶段,主要提供模拟环境或整合区域各类模拟环境为高校、科研院所等提供系统模拟服务支持;在系统原型模拟阶段,产业与制造企业行为已经引入,工程中心与科技平台则增加了对其他技术工程中心或工程化项目的基金支持,并适当地在进行自我或联合工程化的基础上推出工程化业务外包;另外也提供制造企业委托项目与接受单位的对接服务,保障技术工程化的顺利推进。政府部门重点支持技术工程化项目研究,并拨款建设技术工程中心及大型模拟环境,例如,我国绵阳具有亚洲最大的航空风洞群,为航空领域发展提供了飞行条件与风洞模拟环境,对促进成果工程化与现实应用产生积极推动作用,因此,大型模拟环境需要以政府出资牵头、行业基金与企业投资参与的形式开展建设。在原型模拟阶段,政府部门也为制造企业与技术工程中心等对接提供各种服务,如信息沟通、资质认证与审核、跟踪管理等,保障产业界与技术工程化活动的有效对接。高校的重要性逐步减弱,但是仍然通过高校技术工程中心等为技术成果工程化提供服务,通过小型模拟室建设、联合工程化及工程化研发人员考核制度建设与完善等,为高校工程人员参与技术工程化提供有力支撑。改制的企业化科研机构,通常也通过承担政府项目或企业委托项目等形式参与技术工程化过程,并为外界提供工程化服务,开放自身的模拟环境,增加企业化科研机构的收入;另外,制造企业从工程中心与人才支持,转向了特定项目的支持,开始正式介入技术发展链。金融机构在该阶段进入到科技成果转化链条,成熟度 5 等级时,通常为企业/科研机构研发活动提供科技保险,成熟度到达 6 等级时,通常通过工程基金或者天使基金等为成果转化提供一定的资金服务与支持。

(3) 产品化阶段。该阶段处于技术成熟度 7~9 级,技术成果处于产品化阶段,系统在实际环境下进行验证,并通过优化、完善与调整正式实际测试,形成正式的产品。该阶段需要在实际环境下进行,因此,研究与开发工作转向制造企业,制造企业成为该阶段的核心与主导力量。制造企业为系统的实际环境验证提供人员、设备、环境,通过制造企业的技术工程中心及配套的激励制度等,鼓励制造企业研发人员等开展系统验证与优化,该阶段有关中介机构通过样品检测服务、成果发布与转让对接服务等为制造企业提供支持,也可通过联合开发,寻找未来获得利润的机会。政府部门重点通过支持产业化项目与税收优惠、产业技术联盟发展、孵化器建设等鼓励制造企业产品化研究,拓展产业合作,培育小型科技型企业等。该阶段高校则主要通过参与制造企业合作、专家咨询或人才培养等间接为制造企业实际环境验证提供支持,我国高校创办的孵化器也有辅助与支持高校教师、学生或小型企业创建,并开展实际环境验证活动的作用与功能。进入技术 8 级及 9 级,制造企业主要任务为完善技术产品功能,通过样品小批量试制,提升产品生产对实际环境的适应性,保障样品生产稳定性,因所需资金增多,因此，筹集资金成为制造企业一项重要任务，制造企业可以通过专利转让与授权获得资金，也可以通过其他渠道实现资金筹集。金融机构主要通过引入风险投资或为制造企业提供银行担保及社会、私人领域资金筹募等为制造企业提供支持。科技平台与中介机构为制造企业技术转让与对接提供服务，部分参与合作的机构可以通过技术转让与许可等获得收益；政府部门主要通过重大成果发布促进成果对接，通过产业技术联盟、孵化器、科技园区等促进制造企业合作与新企业建立，通过税收政策优惠等引导制造企业产品化行为。高校主要通过专家、人才等提供间接服务，并通过孵化器、大学科技园区等为制造企业样品开发与样本小批量试制提供场所与环境支持。

（4）产业化阶段。该阶段在稳定产品基础上进行规模化生产与市场化经营，回收投资成本，实现市场价值。该阶段处于完全竞争性阶段，政府部门主要通过产业技术标准、特色产业基地与集群建设等为制造企业产品产业化提供支持，通过管理制度优化、竞争环境改善及行业政策优化等为制造企业市场化提供服务。中介机构则帮助制造企业进行产品对接、产品推广等服务，并帮助制造企业进行资金筹集，帮助制造企业建立多个合作关系及形成稳定的供应链关系，为制造企业产业化提供支持。制造企业进入产品管理阶段，关注产品稳定性、升级、规模化生产可能性、生产工艺创新与产品推广活动等。高校间接为制造企业提供人才培养、员工培训、团队建设与技术及管理咨询服务等，促进制造企业技术产品的市场化。

在上述分析基础上，对不同主体在成果转化四个阶段中的具体行为方式进行系统归纳于总结，具体如表6-7所示。

表6-7 成果转化四个阶段涉及主体及行为方式

阶段	阶段细分	涉及主体	主体行为方式
竞争前阶段	技术成熟度1～2级	高校	提供技术实验室/理论研究室；培养技术研发人员、鼓励技术理论研究者与技术研发人员的合作
		政府	基础研究项目支持计划；研究室/实验室支持计划；杰出人才支持计划
		顶尖企业	研究生支持计划；研究室/实验室支持计划；技术创意比赛
		科研机构	高校合作申请项目、项目自行申报
	技术成熟度3～4级	高校	培养实验人员、技术研发人员；建设技术实验室，实现实验室联合
		政府	建立学会/行业基金；科技支撑项目与科技基础条件建设支持；实验室或实验室联合支持计划
		顶尖企业	实验室/实验室联合支持计划；实验人员与技术研发人员支持计划
		科研机构	联合技术攻关、自行研发、实验室开放
		中介/平台	专利申请服务、联合科技攻关对接服务、研发与检测设备开放

续表

阶段	阶段细分	涉及主体	主体行为方式
工程化阶段	技术成熟度5~6级	高校	建设高校技术工程中心、联合工程化、小型模拟室建设、考核制度调整
		政府	行业基金、技术工程中心支持计划；大型模拟环境建设；技术工程化项目支撑
		制造企业	工程中心与人才支持计划；企业工程化专家咨询与论证服务；委托技术项目资助；联合工程化
		科研机构	提供工程化服务；模拟环境开放、承担政府工程化项目、接收企业委托的技术工程化项目
		中介/平台	模拟环境集成、专利申请与转让服务、模拟环境建设与开放、工程化攻关合作对接、自行/联合技术工程化攻关、工程化业务外包、工程化投资基金设立、企业委托业务对接
		金融机构	对企业/科研机构研发活动提供科技保险；工程化投资基金设立；天使基金设立
产品化阶段	技术成熟度7~9级	高校	高校孵化器与大学科技园区建设、参与专家咨询、人才培养、企业合作等
		政府	产业技术联盟支持、园区与基地发展支持、产业化项目支持、技术交流平台搭建、税收政策引导、重大成果发布、政府担保等
		制造企业	提供产品开发仪器设备，建设企业技术工程中心，完善企业研发人员奖励制度，开展联合产品攻关与开发，提供研发支出资金、专利转让与授权、产品开发资金筹集
		科研机构	产品化开发、专利转让、产品作价入股
		中介/平台	样品检测服务、稳定性测试与认证、联合产品开发、专家咨询论证、技术转让与对接、技术许可收益等
		金融机构	通过科技成果抵押贷款、天使基金、风险投资、加入科技平台建立联合基金、联合工程中心等提供支持基金、科技担保、科技贷款、资金募集、投资企业技术产品等
产业化阶段	产品推广与市场化实现	高校	员工培训、人才培养、团队建设、技术专家咨询、管理咨询
		政府	管理制度优化、竞争环境优化、特色产业基地与集群、产业技术标准、行业政策优化
		制造企业	产品推广、生产工艺创新与改进、产品升级、生产与运行管理
		科研机构	人员交流与交换、新技术合作、专家咨询、配套服务与支持
		中介/平台	产品对接、资金筹集、产品营销策划、产品推广服务、合作与供应链构建等
		金融机构	银行贷款、风险投资、多种金融产品开发、社会资金筹募、基金债券发行

不同的主体在不同阶段应当发挥自身特有功能与作用，以提升成果成熟度，缩短成果转化时间。总体而言，不同的主体扮演的角色不同、定位不同、行为方式不同，主体之间需要明确各自的分工、相互协同，才能有效促进成果转化。综合不同行为主体的具体措施与行为方式，可以得到不同主体在成果转化四个阶段的主要职能定位，具体如表6-8所示。

表 6-8 不同主体在成果转化四个阶段的职能定位

主体	竞争前阶段	工程化阶段	产品化阶段	产业化阶段
政府	全额资助科学项目研究，引导基础研究与实践结合	发挥科技成果转化承上启下的作用，加强对科技成果工程化的支撑	减少政府直接干预，通过平台、金融政策、补贴引导更多社会资金投入	为产业发展提供公平竞争环境，完善技术转移相关法律制度
中介/平台	为高校人才的科技实践活动提供对接支持	为实验室技术工程化提供有效对接，挖掘更多工程化服务提供者与需求者	提供样品检测等服务，为企业合作、联合产品化提供服务支持	为企业合作、产业联盟建设、供应链发展等提供服务支持
制造企业	加强对高校人才、创新团队与研究室、实验室发展的支持与合作	制造企业应当积极向前介入工程化阶段，提供资金、技术、企业人员、经验与设备支持等	应当建立良好的企业研发人员激励奖励制度，提高对研发创新的重视程度，积极推进产品化工作	做好充分准备与论证工作，维持与完善产品稳定性，实现产品规模化生产与推广
高校	做好基础研究工作的同时，鼓励研究团队与科研人员深入了解制造企业需求	发展工程技术中心，通过多方合作促进技术工程化，改善考核体制	完善孵化器与大学科园服务制度，鼓励教师凭借技术创办与发展企业	为制造企业正常运营提供专家咨询、管理咨询，员工培训与团队建设
科研机构	面向应用的技术基础研究	工程化研究与开发，促进与高校的合作	产品化开发，促进与制造企业的对接合作	为制造企业提供配套服务，促进与制造企业人员的交流与交换
金融机构	不太介入竞争前领域，可能为制造企业研发提供科技担保，但因研究缺乏实用性，金融机构此阶段介入不明显	金融机构应当加强对技术工程化的支持，联合平台、政府、行业协会等为工程化提供资金支持、科技担保等	发挥天使基金、风险投资等融资功能，为产品化提供资金支持	发挥金融机构向公众与私人领域筹集资金的功能，开发更多的金融工具

整体而言，政府在非竞争性领域及市场秩序等方面应当发挥主要引导与规范作用，高校重点在基础研究阶段起主导作用，而中介/平台与改制后的科研机构等应当重点发挥其在技术工程化与产品化阶段的服务、对接、信息共享等功能，活跃区域创新成果转让、对接与工程化、产品化工作，为成果产业化发展提供服务支持。制造企业与金融机构则重点在产品化与产业化阶段发挥重要作用，实现产品的市场化经营，弥补制造企业产业化对资金大量需求产生的缺口。各方需要明确自身定位，在不同的环节发挥主导或辅助作用，相互配合，促进知识、技术的产品化与产业化发展，缩短研发到市场化的时间，促进我国及各个地区制造企业创新能力的提升与价值链的升级[96]。

6.3.3 政府行为介入方式与管理方法

（1）政府部门在科技成果源管理环节的主要介入方式包含科技成果选择、科技成果论证、科技成果立项三个方面。

首先，为了提高科技成果转化率，政府部门立项成果应当符合制造企业技术创新需要或区域产业结构升级、转型及经济发展要求，因此，政府部门应当通过主动设计、技术需求征集及专家论证等方式确定合适的科技项目，以实现"自上而下"与"自下而上"的有效结合。当前政府部门应当加大制造企业科技成果需求调研，拓展调研范围，丰富调研方式，包含对大型制造企业的实地调研、多制造企业与多部门人员的会议意见征集、对单个制造企业个别人员的电话访谈，以及面向所有制造企业技术与管理人员的网络意见征集等，并结合 IT 技术对大规模调研结果进行分析与处理，为政府科技计划管理部门提供有效的决策支持。

其次，为了保障科技立项项目能够产出预期的高质量成果，提高转化成果的成熟度与可靠性，政府部门应当对申请项目进行科学论证。科技成果论证中应当引入更多制造企业专家及技术转让中介机构人员等，减少科学研究专家的比重。另外，不同的科技成果涉及不同领域专家，因此，应当针对每个项目涉及的领域专家及可能产生成果对接兴趣的制造企业专家等，组建不同的评审小组。为了实现项目的差异化论证与管理，IT 网络技术的应用变得十分必要。应当通过网络分派的单独评审及远程视频会议评审等，增加网络评审的灵活性，便于针对不同的项目选择不同地区、不同制造企业与高校的不同专家，从多个层面开展相关论证，提高科技成果转化的可能性。总之，丰富论证专家队伍成员，提高制造企业与中介机构专家比例，探索单个项目差异化论证方式，是提高项目论证科学性的必要手段。

最后，科技成果立项方面应当首先明确不同科技计划项目资助的目标，确定科技项目资助对象。资助的科学研究的项目不在科技成果转化重点考虑范畴，而资助的技术研究与开发的项目，有些偏重于技术图纸，有些偏重于技术工艺、流程或样品等，不同的项目具备的转化条件不同，应当设立不同的转化目标与考核方式。同时，科技成果转化涉及从图纸到样品各个环节的创新，应当保障整个链条的完整性，因此，在科技计划项目立项过程中应当兼顾不同类型项目的比重；另外，应当在符合制造企业需求的技术研发方向上鼓励高校、科研院所及制造企业等开展联合申请与攻关。可见，重新定位科技计划项目资助重点，调整资助技术开发不同阶段项目的比重，明晰不同项目的科技成果转化目标，鼓励多方合作，对提升科技成果立项的系统性与有效性十分必要。

（2）获得有效的科技成果转化源后，为了成功实现科技成果的对接与转化，应当从提升技术成熟度及完善对接制造企业配套条件与管理制度两个方面入手，通过技术与管理的双向努力，保障科技成果的有效转化。

首先，在技术方面，科技成果提交后应当组织专家论证科技成果可转化度，所谓可转化度应当重点从技术成熟性、当前市场接受度、技术应用领域与范畴、技术引入到成功实施的成本与周期等视角考虑，以有效确定科技成果能够被制造企业产业化的可能性。根据各领域专家判定结果提出不同科技成果的后续提升方案，改变当前科技成果登记后多数被束之高阁的现象。已有的科技成果经过多数研发人员努力而获得，具有一定的开发基础，很多成果存在"成败只差一小步"的情况，如果能够充分利用现有科技成果研究基础，进一步加以提升与优化，则很有可能将其转变成可转化的科技成果。因此，鼓励多主体联合对通过论证的项目进行工程化探索与研发是提升成果技术成熟度的重要方式。技术工程化更加偏向于应用层面，应当由制造企业牵头、联合其他同类或配套制造企业等进行技术工程化攻关，提高技术的可转化性。另外，完善我国科技工程中心建设与发展，提高其科技服务能力与水平，政府部门在技术工程化阶段应当探索更多的资金筹集方式，公共基金的多样化建设应当加强，例如，学会基金、行业基金等应当在工程化阶段引入。最后，政府部门应当为技术模拟环境建设提供资金保障，太空环境模拟、风洞模拟等有关技术工程化需要良好的模拟环境与工程化服务队伍，但是这部分工作在我国还不完善。

其次，科技成果转化不仅需要成果具备可转化性，同时也需要成果承接单位具有匹配的技术、人力资源、资金、信息与组织管理能力等。因此，政府部门应当积极联合科技成果持有单位、成果交易中介机构、金融担保机构及有关专家与服务咨询机构等，为科技成果转化承接单位的人力资源培训、技术对接能力培养、组织结构与商业模式调整等提供有效服务保障，改变传统的仅注重科技成果项目研究质量与成熟度提升的管理方法，将成果对接单位的对接条件准备与优化工作作为资助与立项支持对象，以促进科技成果的有效对接。另外，培育更多的科技成果工程化转化主体，如创业研发企业（工程化后出让技术或技术入股）、工程研发中心、科技研发平台等，通过多种方式帮助与扶持一批工程化对接主体建设与发展，提高科技市场的活跃性，促进科技成果的有效工程化对接。

最后，优化科技成果转化工作需要探索更多的成果转化渠道，开发更多的成果转化与交易方式，拓展科技成果的应用领域与范畴。因此，政府科技管理部门应当通过科技计划鼓励更多研究者开展科技成果转化模式与方法研究，向制造企业征集更多可开展科技成果转化的方式等；同时，整合政府科技管理部门工作，将负责科技成果论证、立项、验收或鉴定、成果产业化筛选、成果对接、制造企业科技成果需求调查及科技成果产业化跟踪等不同环节管理工作的业务处室有效整合，从科技成果转化的系统视角，安排与协调各个部门的工作，形成科技管理部门工作联动与协调机制，保障科技成果转化工作的有效开展；在现有的工作模式下，通过引入IT技术、培养网络资源管理能力、开发云服务模式等，探索新的成果对接与转化管理模式；从政府主导方式逐渐向政府引导的多方参与的群体智慧决策模式转变，通过网络技术与相应的激励机制鼓励更多的技术人员、管理人员等参与科技成果领域拓展应用研究，形成新的科技成果转化管理与运作模式。

（3）为了将科技成果有效转化，政府部门应当在制造企业成果转化动机、转化刺激及转为行为三个方面入手进行有效介入，通过信息普及与宣传、优惠政策诱导、产业化过程行为指导，不断引导与激励制造企业开展科技成果产业化活动，提升制造企业科技成果转化主动性、积极性与便利性。

首先，为了产生转化动机，提升制造企业参与科技成果转化的主动性，政府部门应当积极开展成果转化宣传，除了传统的重大科技成果发布会、成果对接会与洽谈会等，应当利用网络平台技术，规范科技成果描述、建立制造企业科技成果发布诚信体系，利用网络开展科技成果供求对接；积极利用高校、科研院所、中介机构力量，对通过政府科技网络平台实现成果对接的项目进行第三方监管，完善网络成果发布真实性考核及后续配套服务，提升制造企业科技成果产业化意愿；另外，加大对科技成果转化成功案例的宣传，通过积极宣传让更多制造企业意识到科技成果转化能够带来的收益，同时让更多制造企业了解科技成果转化的注意事项、成功经验等，保障科技成果转化的顺利实施。最后，应当开通更多的政府与制造企业沟通渠道，定期组织科技成果研究单位、相关制造企业代表等进行谈论与交流等，使企业加深对科技成果内容、进展、技术成熟性、转化前景等方面的了解与掌握，并通过深入交流，了解与引导制造企业创新需求，探索科技成果与制造企业当前运营项目的多种可对接方式，提高企业开展科技成果产业化的主动性。

其次，提供优惠政策激励科技成果产业化行为。传统的优惠政策主要集中在金融、资金等方面，为制造企业提供贴息贷款、担保贷款、直接产业化项目立项资助、税收优惠或税前抵扣等，然而对于如何利用这些资金、如何保障科技成果顺利转化的优惠服务较少。应为制造企业提供免费的科技成果转化培训服务，或根据制造企业提出的科技成果转化面临问题组织专家提供免费咨询与指导服务，这不仅利于激发制造企业科技成果转化意愿，同时也可为科技成果转化提供有效的动力、资金及服务支持，利于降低企业后续资金风险、运营转化风险等。另外，应进一步探索政府部门可为制造企业提供的优惠服务方式，例如，满足企业的人力资源需求，为企业提供行业与政策动态信息等。同时，应当积极开展双向奖励制度，不仅对科技成果需求与转化单位给予奖励，也对科技成果研发单位给予资助，但资助条件应当调整为配合成果对接单位产业化，根据其在产业化过程中为成果对接制造企业提供的技术支持、培训、专业咨询等服务内容确定资助额度与方式等，提高双方在科技成果产业化中合作的积极性。

最后，通过行为指导便利制造企业科技成果产业化。成立专门的部门或小组为制造企业科技成果转化提供支撑或联合区域科技创新平台等共同完成，满足企业从科技成果需求登记、科技成果工程化、科技成果对接到科技成果产业化各个环节的服务需求，采用灵活的机制、集成多方力量为制造企业提供更优质的服务，实现服务受理便捷化、服务响应快速化、服务内容丰富化、服务方式多样化。制造企业在科技成果产业化过程中遇到的有关问题，应当在规定时间内（七天或三天内）尽快予以解决，避免打消制造企业积极性或使企业遭受更多损失。针对成果产业化遇到的问题，组织多方力量提供一整套的系统解决方案。拓展为制造企业提供的产业化服务内容，如专利代理、网络成果展会、科技金融、市场需求与竞争分析、品牌与形象塑造等，简化制造企业专利申请与受理程序，完善制造企业的融资环境，健全成果交易法规与制度等，如完善技术入股的相关法律制度。通过一对一服务模式、组合供给、服务打包、系统解决方案供给等多种服务模式，帮助制造企业解决科技成果产业化中遇到的问题与困难[97]。

对科技成果转化相关环节、政府介入方式与具体管理方法的对应关系进行总结，具体如表 6-9 所示。

表 6-9 科技成果转化、政府介入方式与管理方法

环节	本质问题	政府介入方式	管理方法
科技成果源	科技成果是科研人员研究结果中的部分成果，具有高创新性与实用性；科技成果需要通过一定方式与渠道进行判定；科学成果难以转化，因此科技成果转化多数情况下指的是技术成果的转化	科技成果选择 科技成果论证 科技成果立项	通过主动设计、技术需求征集及专家论证等方式确定合适的科技项目。加大制造企业科技成果需求调研，丰富调研方式，如网络意见征集、会议、实地调研与电话访谈等；科技成果论证引入更多制造企业专家及技术转让中介机构人员等，通过网络评审及远程视频会议等，增加网络评审灵活性，组建不同评审小组，从多个层面开展差异化论证；重新明确不同科技计划项目资助目标，根据转化阶段调整资助比例，确定成果转化标准
科技成果转化	由于科技成果转化对象性质不同，应当分类规定成果转化率；科技成果转化主要经过技术工程化，新产品、工艺、材料形成，成果产业化与市场价值实现三个环节；科技成果工程化及科技成果对接单位匹配条件优化是科技成果转化的两项必备要素	提升技术可对接性与成熟度 完善对接制造企业配套管理制度与方法 拓展与丰富对接渠道与方式	从技术成熟性、当前市场接受度、技术应用领域与范畴、技术引入到成功、实施成本与周期等视角，组织专家论证科技成果可转化度；鼓励多主体联合对已存在的、通过论证的项目进行工程化探索；积极联合科技成果持有单位、成果交易中介机构等，为科技成果转化承接单位的人力资源培训、技术对接能力培养、组织结构与商业模式调整等提供服务；将成果对接单位的对接条件准备与优化工作作为资助与立项支持对象；建设工程研发中心，提高其科技服务能力，建设公共基金，如学会与行业基金对科技成果工程化的支撑作用；加快模拟环境与工程化服务队伍建设；通过科技计划鼓励更多研究者开展科技成果转化模式与方法研究；整合政府科技管理部门工作，从科技成果转化的系统视角，安排与协调各部门工作，形成联动与协调机制，探索新工作与成果对接管理模式；培育更多的工程化对接主体，如创业研发企业、科技研发平台等

续表

环节	本质问题	政府介入方式	管理方法
科技成果产业化	产业化需要多个主体共同完成，需要政府部门提供服务支撑与良好的产业化环境，因此政府部门应通过政策、环境优化等提升制造企业开展产业化活动的主动性、积极性与便利性	信息普及与宣传，提升转化主动性 优惠政策刺激，提升转化积极性 通过产业化过程行为指导，提升转化便利性	利用网络平台技术，规范科技成果描述、建立制造企业科技成果供给诚信体系；对对接项目进行第三方监管，完善网络成果发布真实性考核及后续配套服务；加大案例宣传，让更多制造企业了解科技成果转化注意事项、成功经验等； 为制造企业提供免费科技成果转化培训活动，或根据制造企业提出科技成果转化面临问题组织专家提供免费咨询与指导服务；积极开展双向奖励制度，根据参与对接企业产业化技术服务情况奖励成果持有单位； 服务受理便捷化、服务响应快速化、服务内容丰富化、服务方式多样化；规定受理制造企业在科技成果产业化过程遇到问题的响应时间；动员多方力量通过组合供给、服务打包、提供系统解决方案等多种服务模式，解决科技成果产业化问题

6.4 为制造业发展提供科学资金支持

6.4.1 制造企业的融资渠道需求

1. 生命周期判定方法设计

企业生命周期一般包含初创、成长、成熟及衰退四阶段。为了能充分弥补当前研究不足，从企业当前状态、自身发展、行业比较三个维度设计制造企业生命周期阶段判定指标体系。

（1）当前状态。流动比率表示企业流动资产中在短期债务到期时变现用于偿还流动负债的能力，一般应大于 2。当前学者认为企业处于初创期或成长期时偿债能力较差，一般这两阶段流动比率低于 2，而成熟期与衰退期则高于 2。

（2）自身发展。企业成长反映其未来发展潜力，是判定其生命周期的重要考虑内容。企业成长可通过投入与产出两方面反映，企业投资增长率可反映企业在规模与业务拓展方面的情况，而总产值增长率可反映企业运营能力提升情况，通过投入与产出两方面增长情况可有效判定企业所处生命周期阶段。进入衰退期的制造企业，其投资减少同时，产出随之减少，两方面的增长率均为负值。初创期企业投资增长率明显高于产出增长率，成长期投资增长同时产出也增长，两者增长速度持平或相差较小，进入成熟期制造企业投资减少但总产值增长，一般投资增长率低于产出增长率。

（3）行业比较。初创期企业投入较多，利润为负或较低；进入成长与成熟期的企业利润将维持较高水平，但利润率增长幅度减少，进入衰退期利润重新处于较低水平。制造企业利润率高低与其所处产业存在直接联系，因此，需考虑其所处产业平均利润情况。初创期前期利润率为负，初创期后期与衰退期企业由于投资较多或收益减少而导致利润远远低于行业平均水平，成长期前期与成熟期后期利润率由于尚未达到最优状态或竞争过于激烈，通常略低于行业平均水平，而成长期后期与成熟期前期由于领先同类企业或投资成本较少而高于行业平均水平。另外，成立年限也反映企业所处生命周期阶段，不同行业企业寿命不同，不能通过成立绝对年限判定。一般而言，初创与成长期企业成立年限低于行业企业平均寿命，成熟与衰退期应高于行业企业平均寿命。

掌握单个维度状态判定标准后，需将上述因素综合考虑，具体判定步骤如下。

（1）构建生命周期判定表格，对照企业情况进行状态判定，属于对应阶段状态则得分为1，不属于则得分为0，因此可以得到0-1得分矩阵具体见表6-10。

表6-10 生命周期阶段判定表

生命周期阶段	流动比率		投入与产出增长率				利润率			成立年限	
	>2	<2	$I<0$;$O<0$	I与O不同时<0，且$I\gg O$	$I>0$;$O>0$;$I≈O$	I与O不同时<0，且$I\ll O$	≥行业平均水平	远远<行业平均水平	略<行业平均水平	>行业企业平均寿命	≤行业企业平均寿命
初创期	0	1	0	1	0	0	0	1	0	0	1
成长期	0	1	0	0	1	0	1	0	1	0	1
成熟期	1	0	0	0	0	1	0	0	1	1	0
衰退期	1	0	1	0	0	0	0	1	0	1	0

注：I表示投入；O表示产出

（2）判定指标重要性，一般可通过专家打分与AHP判定，根据企业特征得到判定0-1矩阵，其与指标权重矩阵的乘积就是企业在四个阶段的综合得分。得分最高的阶段，则为制造企业所处生命周期阶段。

2. 融资渠道

政府经费投入、银行贷款、外部合作企业投入及自有资金投入四种融资方式可贯穿制造企业运行的整个生命周期阶段，利于统一比较。本书以高科技含量制造企业为例开展分析，Ren等指出创新就是从概念到流程创新的整个过程获得创新成果的活动[98]。专利是创新经济价值的潜在标志，其作为技术成果中能够被有效统计与衡量的指标被众多学者用于衡量创新效果。因此，本书选择已授权专利数反映高科技含量制造企业发展绩效。不同筹资渠道对制造企业不同生命周期阶段的绩效影响不同。

（1）政府经费。政府部门通常为初创、成长期制造企业提供经费支持，通过制造企业创新提供论证与资金支持，减少研发风险、降低研发成本与负担。Meuleman 和 de Maeseneire 研究发现获得研发补贴为制造企业品质提供了积极信号，从而更有利于获得外部融资，利于企业成功度过成长期[99]。对于成熟期制造企业，政府部门一般鼓励强强联合，通过联盟、供应链等形式发展创新链，实现具有辐射与带动作用的能够促进产业结构升级的核心、关键、共性技术研发或致力于支持产业技术标准制定等；对于衰退期的制造企业政府部门一般通过鼓励其开展技术升级或转型，推动制造企业再成长。鉴于政府部门对竞争领域支持的限制，政府经费应当对初创与成长期制造企业绩效影响最为显著。

（2）银行贷款。银行贷款对制造企业创新支持比较谨慎，对风险较高的项目和偿债能力较弱的制造企业放贷要求较为严格。处于初创与成长期的制造企业研发资金较为缺乏，偿债能力有限，因而从银行获得发展资金支持比较困难。银行对制造企业信贷风险的评价与论证等，可为制造企业项目研发提供参考；另外，银行贷款利于减少制造企业资金压力，为制造企业资金周转提供保障，因此，对成长期后期，具备一定偿还能力、但需要资金周转的制造企业而言，获得银行贷款，将提高其创新积极性。

（3）外部企业合作投资。与外部企业开展技术合作不仅可获得有效的资金保障，更为重要的是可从外部企业获得有效知识、信息与技术，并在合作过程中学习隐性知识，通过消化吸收提升自身创新能力，因此，提高外部企业合作投入有助于制造企业创新；但投资过多会产生研发挤出效应，一方面形成对外部企业创新的路径依赖，另一方面减少制造企业危机意识，影响创新动力。因此，外部企业投资对制造企业创新的影响是双向的，且影响明显的阶段应为成长期后期与成熟期。采用合作渠道投资时，双方应具有相互学习与互补提升的空间，以有效提高创新绩效。

（4）企业留存收益。自有资金的充裕性影响创新活动开展，自有资金从不足向充足过渡阶段，对制造企业绩效影响最为显著。自有资金严重不足时，难以支撑创新活动，因此，对创新活动影响较少；而当制造企业自有资金相当充足时，制造企业创新选择已经不再取决于自有资金是否增加。制造企业初创期一般资金不足，进入成长期后期与成熟期阶段，才会出现资金充裕的情况。因此，制造企业留存收益应对处于成长期前期与衰退期前期的制造企业创新活动产生更加明显的促进作用。

3. 资金筹集渠道对制造企业绩效的影响

采用上市制造企业及专利数据进行测算分析。首先，确定有关企业所处生命周期阶段。最后，通过不同曲线模型拟合，确定资金筹集渠道与不同生命周期制造企业绩效的最优作用关系。

（1）初创期企业。根据上市制造企业 2016 年 3 月查询数据情况，选择 14 家判定为处于初创期的制造企业进行分析，具体数据如表 6-11 所示。

表 6-11 初创期资金筹集与创新绩效采集数据

股票代码	企业名称	政府经费投入/元	企业银行贷款/元	外部合作企业投入资金/元	留存收益/元	专利	流动比率	资产投资增长率	总产值增长率	利润率	年限
		EN	GI	BC	CI	SC	P	FL	IGR	GGL	BR	Y
300138	晨光生物	8 266 678.68	480 000 000.00	68 621 643.13	193 679 911.7	160	1.73	−1.45	0.97	0.88	5
⋮	⋮	⋮	⋮	⋮	⋮	⋮	⋮	⋮	⋮	⋮	⋮
002655	共达电声	24 448 773.65	14 595 426.64	47 901 215.19	173 219 789.43	153	1.36	34.07	20.28	2.78	14

注：鉴于样本数量过多，采用：表示略去相关企业具体数据，下同

首先采用 x/Maxx 方式对数值进行规一化，进而采用泊松单侧检验方法进行双变量相关性检验，经计算得出，政府经费投入与专利数相关性为 0.72，企业留存收益和专利数相关性为 0.31，其他两个筹集渠道与创新结果相关性小于 0.3。因为相关性太弱，因此，不计入考虑范畴。采用不同模型检验经费筹集渠道与创新的关系，通过显著性检验效果选择最好的拟合模型。

经计算政府科技经费投入与初创期的制造企业绩效间存在显著线性相关关系，显著性检验为 0.004，关系为专利数=0.678×政府经费投入+0.123。自有留存收益与创新绩效进行回归检验时未通过显著性检验。初创期的制造企业资金有限，无法有效支持企业开展创新活动。另外，银行贷款与外部企业合作投资没有对初创期企业产生影响。主要原因在于：初创期的制造企业规模较小，还无力独自承担过多的创新风险，其研发活动更多取决于政府部门的支持；我国银行贷款对初创期企业支持向来严格，对具有高风险特征的创新活动支持就更加谨慎；同时，初创期的制造企业受到创新能力与社会网络关系限制，合作开展创新活动机会与可能性不高，因此，两种渠道对企业创新没有明显影响。综上所述，政府部门应提高对初创期制造企业发展的支持力度，通过经费引导，鼓励资金不充裕的初创期制造企业适当开展创新活动。

（2）成长期企业。根据上市制造企业 2016 年 3 月查询数据情况，选择 12 家判定为处于成长期的制造企业进行分析，数据如表 6-12 所示。

表 6-12 成长期资金筹集与创新绩效采集数据

股票代码	企业名称	政府经费投入/元	企业银行贷款/元	外部合作企业投入资金/元	留存收益/元	专利	流动比率	资产投资增长率	总产值增长率	利润率	年限
		EN	GI	BC	CI	SC	P	FL	IGR	GGL	BR	Y
002667	鞍重股份	9 439 305.29	13 861 756.86	32 416 794.74	250 376 047.95	131	4.7	13.04	−7.77	28.93	6
⋮	⋮	⋮	⋮	⋮	⋮	⋮	⋮	⋮	⋮	⋮	⋮
300110	华仁药业	6 620 920.00	665 000 000.00	895 452 983.42	471 076 097.01	39	1.20	6.11	1.49	14.01	13

经计算企业留存收益和创新绩效相关性为 0.719，其他三个经费筹集渠道与创新结果相关性小于 0.3，不纳入考虑范畴。两者三次方程关系最为显著，显著性检验为 0.004。成长期得到政府创新经费支持减少，政府影响力减弱；我国科技金融业发展相对滞后，处于成长期的制造企业仍然难以从银行获得研发创新活动资金支持。成长期企业外部合作仍然不稳定、不深入，因此，该渠道获得的经费有限。影响成长期创新活动的主要力量从政府投入资金转向企业自有资金。伴随制造企业自有资金增长，企业将投入更多经费寻找新经济增长点与创新点。可见，成长期经营较好的制造企业，积累一定资金后会积极开展创新活动，因此，提升成长期制造企业创新绩效的关键在于提高企业自有资金储备，并推动具有资金积累的制造企业开展创新活动。

（3）成熟期企业。根据上市制造企业 2016 年 3 月查询数据情况，经过筛选与判断，选择 11 家处于成熟期的制造企业进行分析，具体数据如表 6-13 所示。

表 6-13　成熟期资金筹集与创新绩效采集数据

股票代码	企业名称	政府经费投入/元	企业银行贷款/元	外部合作企业投入资金/元	留存收益/元	专利	流动比率	资产投资增长率	总产值增长率	利润率	年限
		EN	GI	BC	CI	SC	P	FL	IGR	GGL	BR	Y
300012	华测检测	13 241 100.43	29 030 756.00	509 377 200.00	380 184 900.00	53	4.88	13.47	26.05	28.67	11
⋮	⋮	⋮	⋮	⋮	⋮	⋮	⋮	⋮	⋮	⋮	⋮
300311	任子行	8 788 600.00	760 721.02	60 412 897.46	120 709 055.26	3	4.35	0.49	27.16	10.48	15

经计算银行贷款与成熟期制造企业创新绩效相关性为 0.386，外部企业投入资金相关性为 0.461，其他两种渠道的相关性低于 0.3，不纳入考虑范围。银行贷款与外部企业投入资金与成熟期创新绩效间呈现"S"形作用关系，显著性检验结果分别为 0.069 和 0.037，在 0~1 范围内伴随两种渠道经费投入的增长，初始时创新绩效迅速提升，而后平缓增长。成熟期自有资金比较充裕，创新活跃程度受自有资金影响减少。该阶段影响创新绩效的主要因素为银行贷款与外部合作企业，银行贷款有一定影响，但显著性没有通过 0.05 检验，但整体上伴随制造企业盈利能力增加、偿债能力增强等，银行对制造企业贷款条件放宽，对创新活动支持力度增加，因此，出现银行贷款增加，企业创新绩效提升的情况。由于受到制造企业创新活动与能力的限制，银行贷款的进一步增加未能对创新产生更多激励作用。外部企业资金投入与创新绩效关系作用比较明显，成熟期创新活动日益增加，创新合作伙伴不断丰富，相互间的合作成为企业创新的有效动力。外部资金的涌入为制造企业开放创新与学习提供了有效支持，但受到边际效应的影响及外部资金双向作用影响，当外部资金投入进一步增加时，制造企业创新增速减慢。由此可见，为促进成熟期制造企业创新应积极开发更多科技金融产品，在不影响银行放贷风险情况下，

发挥资金带动作用，促进制造企业创新；同时，应为制造企业创新提供更多合作与交流平台，通过企业间合作与相互投资、学习等提升企业创新积极性。

（4）衰退期企业。根据上市制造企业2016年3月查询数据情况，选择11家判定为处于衰退期的制造企业进行分析，具体数据如表6-14所示。

表6-14 衰退期资金筹集与创新绩效采集数据

股票代码	企业名称	政府经费投入/元	企业银行贷款/元	外部合作企业投入资金/元	留存收益/元	专利	流动比率	资产投资增长率	总产值增长率	利润率	年限
		EN	GI	BC	CI	SC	P	FL	IGR	GGL	BR	Y
300299	富春通信	368 500.00	4 000 000.00	40 000 000 000.00	75 930 592.44	25	7.02	-0.48	45.41	6.27	14
⋮	⋮	⋮	⋮	⋮	⋮	⋮	⋮	⋮	⋮	⋮	⋮
300008	上海佳豪	7 192 300.11	59 672 472.29	322 860 000.00	164 034 500.00	20	4.19	15.26	-11.11	5.79	13

注：本书2016年3月统计分析时，股票代码300008对应企业名称为"上海佳豪"，2016年5月24日更名为"天海防务"

经计算企业银行贷款与创新绩效相关性为0.680，自有资金相关性为0.839，其他两个渠道的相关性低于0.3，不进行考虑。银行贷款与衰退期制造企业创新绩效呈现二次方程关系，显著性检验为0.009。企业留存收益与专利存在明显线性正相关关系，检验值为0.001。由此可知，对于衰退期制造企业而言，为提升其创新绩效应鼓励银行拓展科技贷款等支持创新的金融业务，为制造企业转型提供有效的资金支持；另外，处于衰退期的制造企业自身资金充裕，可通过转型研发、结构调整与升级等实现再创新与成长。总之，为提升我国衰退期制造企业创新绩效，应积极鼓励银行提供科技融资业务，以实现企业的持续创新与发展。

结果表明不同融资渠道对不同生命周期阶段的制造企业绩效具有不同影响。应通过政府科技经费支持初创期企业积极开展创新活动；调动成长期资金充裕企业开展自我创新，落实我国创新驱动发展战略；鼓励银行开发更多科技金融工具，为成长与成熟期企业创新提供资金支持；同时，为成熟期企业开展开放创新与合作提供有效对接平台与政策，通过引入更多外部企业合作资金，提升成熟期创新能动性，形成强强联合的高端创新。鼓励银行为衰退期企业转型提供创新资金支持，鼓励有条件的制造企业积极拓展新领域研发，以有效实现可持续发展[100]。

6.4.2 不同渠道下制造企业网络资金支持策略

1. 银行对制造企业网络发展的资金支持

银行可以通过优化评审体系、拓展资金支持渠道、开发多元产品、优化审核流程等促进制造企业网络发展。

（1）调整制造业企业网络评价指标，重点关注创新发展能力。金融机构要突出审查制造企业网络"创新驱动、质量为先、绿色发展、结构优化、人才为本"基本方针的实施和贯彻，弱化资产、收入规模等传统评价指标的权重。

（2）围绕国家政策做好对制造企业网络的信贷支持。创新信贷品种，提高信贷比例，拓宽信贷支持路径，从单一信贷产品提供者向综合金融服务商转变，综合运用信贷、债券承销、产业经营、资产管理、融资租赁、财务顾问等多种金融工具及其多样化的组合满足企业网络全面的金融需求。根据制造企业网络产业链上分工细化、空间上布局聚集的特点，深入研究区域产业特点和比较优势，为培育世界级产业集群建设服务。

（3）挖掘制造企业网络的真实金融需求，积极支持中小先进制造企业网络，提供多样化服务，实行个性化、差异化信贷政策。大力支持主营业务突出、竞争力强、成长性好、专注于智能化生产技术供应和使用等细分市场的专业化"小巨人"企业网络，紧密围绕其与优质大型制造企业网络的专业分工、服务外包、订单生产等多种业务需求，提供及时全面的个性化金融服务，逐步提升银企间的依赖度和黏性，从而筑牢长期合作的互信基础。保持原有客户经理形式的贴身服务，增加基于系统互联互通、数据交互的以科技手段为核心的线上电子化服务。

（4）银行围绕客户数据化的生产经营和交易行为，将传统的支付结算、贸易融资、保理业务、现金管理、资产托管等业务流程融汇整合，能够为企业网络提供一整套高效率、低成本的综合金融服务。

（5）银行等金融机构为制造企业网络提供更加便捷、灵活、多样的资金清算、现金管理、财富增值服务，以此提高企业网络的资金运作效率。还可增加为企业网络提供长期、稳定和低成本的技术改造和项目贷款支持，提供针对企业网络重组、并购行为的更加专业和高效的并购融资服务。

（6）针对制造企业网络发展的阶段不同提供不同的支持方案。为科技型、初创企业网络提供风险共担、利益共享原则的股权性资金支持；为成熟期企业网络提供针对整合产业链、稳定供应链和促进下游销售等方面的金融服务；为转型期或处于衰退期的企业网络提供债转股、业务重整等方面的合作，使其重新焕发生机或重新发现战略性资源的市场价值。

（7）对重大项目，予以优先安排、重点支持，结合制造企业网络实际情况，进行金融产品种类、期限、利率、担保方式、偿还方式的革新，使制造企业网络能根据实际情况在不同阶段获得不同的支持。

（8）加强与政府主管部门、第三方机构的交流与合作。借助政府主导的产融信息合作平台更加有效地获得制造企业网络在安全生产、技术标准、达标排放、资源消耗、税务、司法、购销、履约记录等方面的信息，降低银企双方的互信成本。借助其他金融同业包括独立征信平台和互联网金融企业等在平台、特色服务等方面的优势合作，为先进制造业客户提供差异化、多样化的金融服务，通过信息共享、风险共担等方式降低融资风险。

（9）探索建立绿色金融发展体系。积极探索建立包括绿色信贷、绿色债券、绿色基金等要素的绿色金融发展体系，支持制造企业网络绿色技术改造，支持传统制造企业网络的产业高端化、低碳化、职能化改造升级，以金融为手段引导和支持制造企业网络的绿色化转型，具体如图6-3所示。

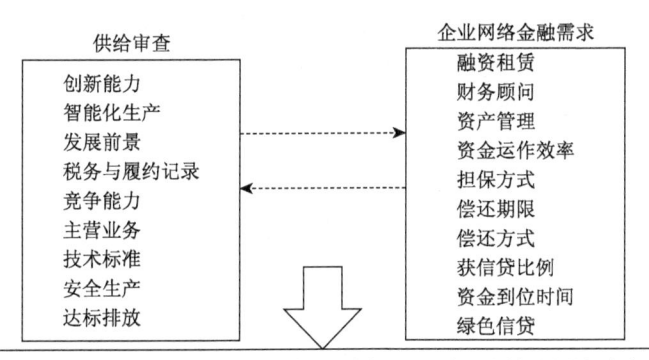

供给审查	企业网络金融需求
创新能力 智能化生产 发展前景 税务与履约记录 竞争能力 主营业务 技术标准 安全生产 达标排放	融资租赁 财务顾问 资产管理 资金运作效率 担保方式 偿还期限 偿还方式 获信贷比例 资金到位时间 绿色信贷

探索建立绿色金融发展体系，包括绿色信贷、绿色债券、绿色基金等要素的绿色金融发展体系；
更新信贷品种，提高信贷获得比例，拓宽信贷支持路径，综合多种金融工具及多样化的组合满足需求；
及时提供多样化金融服务，实行个性化、差异化、有针对性的金融支持服务；
根据企业网络数据化的生产经营和交易行为，为企业提供长期、稳定和低成本的技术改造贷款支持；
为制造企业网络发展的不同阶段提供不同的方案；
重大项目资金贷款优先安排，重点支持；
参与政府主导的产融信息合作平台，获取借款企业网络信用记录，简化制造企业网络申请流程

图 6-3　银行对制造企业网络发展的支持

2. 政府部门对制造企业网络发展的资金支持

为了更好地促进制造企业网络可持续发展，政府部门也需积极对制造企业网络发展提供资金支持。

（1）细化政府作用，科学规划引导力度和引导方向。最大化政策工具作用，积极尝试贸易、税收、劳动力、能源、教育、科学、技术和工业等政策工具之间的优化组合。

（2）提高金融支持力度。制定适用于当地制造行业发展的政策，提升制造企业网络的发展信心，通过直接资金支持方式鼓励制造行业发展。

（3）构建良好的融资环境。构建良好的融资环境不但能够使制造企业网络的运营发展获得良好的银行信贷资金支持，同时在融资环境构建科学的基础上，银行的信贷风险也能够得到有效控制。构建良好的融资环境需要政府为银行提供一

定补贴。政府除加强金融资金支持外,还需加强对违规操作行为的约束。

(4)优化企业网络担保机制。构建与制造业建设相适应的政府、银行、担保三方合作模式,与企业网络共同分担风险,减少银行风险。

(5)提高政府财政资金配置效率,积极利用财政补贴为制造企业网络提供支持。进一步消除对于非国有制造企业网络存在的"金融歧视"。

(6)完善企业网络征信平台,制定符合制造业发展的信贷政策。完善中小企业网络征信系统是优化支持先进制造业发展金融生态的重要环节,有利于降低企业融资成本,提升融资效率。根据制造业的发展阶段不同,采用不同的信贷创新。

(7)政府成立针对制造业发展的财政专项基金,与银行一起开展对制造业的支持活动。提高对制造企业网络贷款不良率的容忍度,调度银行创新支持制造业发展的积极性。

(8)推动地方政府贷款平台的建立,以中小企业网络应急周转贷款等方式,给予制造业资金救急,在其商业贷款和续贷资金未到位的时候,进行资金注入,保证其资金链的持续。

(9)创新财税金融扶持方式。政府应研究设立一定规模的"互联网+"制造业产业引导基金,拉动民间资本,深化与民间资本对接,吸引社会资本参与,放大财政资金引导示范作用。定向支持"互联网+"制造业领域重点项目和种子企业。加强银企对接,引导企业网络转变观念,实现多渠道直接融资。

(10)建立高效、便捷的信息服务体系。细化制造业各行业的分类明细,使银行的信贷支持范围和投向重点更为清晰明确,为银行指定信贷指标和实施差别化的考核机制提供参考。

(11)联合中介机构力量,打破信息孤岛,构建制造业的信息交流平台,提供全方位的信息支撑服务。加强银行、行业主管部门和企业网络的沟通及联系,银行及时掌握先进制造业发展的态势,准确把握和支持先进制造业的有效金融需求。

3.企业合作促进制造企业网络资金筹集

制造企业网络通过自我发展、拓展融资渠道与加强企业合作等,获得更多融资机会。

(1)拓宽信息获取渠道,确保信息的充分性和准确性,择优选择借贷人。提高制造企业网络核心竞争力,加强自身资金谈判筹码。规范资金使用,提高资金使用效率,做好企业网络的财务报表,使投资者了解财务信息,了解资金的去向及资金所带来的效益,保证后续资金的注入。除财务信息外,还要注重企业网络成员结构、投资结构、成员能力等信息。控制企业网络的债务,关注债务合理性,使债务分布在一定的合理范围内,减少债务纠纷,提升企业网络获取资金的谈判空间。

（2）建立制造企业网络自身的财务风险预警系统，加强资金预算与规划，增加危机意识，让投资者意识到该企业网络具有一定的危机公关能力，企业网络得到资金支持后具备上升的空间，具有一定的投资价值，从而促进企业网络成员拓展与资金筹集规模扩增[101]；根据企业网络融资渠道的广阔度，合理选择融资比例和融资时间，选择灵活的资金注入方式。

（3）建立制造企业网络征信及融资平台数据库。数据库具备制造企业网络成员融资管理功能。企业网络管理人员根据功能开展融资工作，通过数据库进行企业征信数据及行为数据的采集与分析，并由网络数据模型对企业的数据进行分析。管理人员可通过数据库中的平台与贷款机构进行交流沟通，并通过交叉技术等第三方验证技术，保障信息真实性，从而预测网络与成员存在的融资风险。

（4）发展债券融资平台。这使制造企业网络和个人能够通过非银行渠道获得直接贷款，适合处于早期发展阶段的中小制造企业网络。借款平台加快借款人与投资者之间的借贷过程，向制造企业网络成员借款人提供了更多的贷款人供其选择，同时使贷款人获得高收益和多样化投资的机会。

（5）建立制造企业中小企业互助担保网络。它旨在通过集体担保，使其成员能够获得信贷。建立严格的同级评审流程对互助担保网络控制违约风险非常重要。互助担保网络不仅可以使单独的网络成员借款人以更具吸引力的条款获得融资，而且还可以根据来自同行的建议来构建合适的财务结构。如果互助担保网络需要跨地区或跨部门运作，担保网络会提供一种有效的方式来分散、减少风险。

6.5 制造业人力资源预测与规划

6.5.1 人力资源预测视角

1. 资源匹配视角

产业生产与运营需要资源投入保障，制造业最为重要的资源是人力资源与财力资源。财力资源是产业的"血液"，维系产业生产与运营，是产业进行所有转化与交互的媒介；人力资源是产业的"大脑"，决定产业发展的软实力，是产业价值创造的根本性能动力量。两种资源缺一不可，且相互影响；当且仅当两类资源相互匹配时，才能实现产业协同发展，才能实现产业资源的有效利用与竞争优势的凸显。依据"木桶效应"，产业资源如果出现短板，则产业整体发展会因短板资源而受到限制，因此，人力资源需要与其他重要的产业投入资源相匹配；除了横向投入匹配外，人力资源需要实现纵向成长匹配，根据产业需求按步骤、按计划的平稳增减人员，避免人力资源成长轨迹出现剧烈变动，造成人力资源浪费或供给不足；另外，人力资源需要同产业发展战略相匹配，以保障产业战略目标的有效实现。因此，从追求产业资源协同、实现产业资源高效利用视角，从人力资源与其他投入资源横向匹配、人力资源与成长轨迹纵向匹配、人力资源与产业发展战略要求匹配视角开展人力资源预测，确定资源匹配视角下，需要的产业人力资源数量。

2. 自身发展视角

资源匹配视角下的人力资源预测，是为了综合考虑各种匹配，而需要的人力资源数量。然而，产业未必具有能够及时满足资源匹配需求的人力资源数量，因为人力资源受到自身发展规律限制，在无重大外力推动与约束条件下，产业人力资源发展会遵循自身演化规律。为了了解产业人力资源自然成长与匹配需求之间的差距，本书将进一步从制造业人力资源自身发展视角开展预测。

6.5.2 人力资源预测指标体系构建

1. 制造业从业人员预测指标体系构建

从产业人力资源横向匹配视角，人力资源纵向成长匹配视角及人力资源与产业发展战略目标匹配三个视角构建指标体系。

（1）产业人力资源横向匹配视角。该视角重点考察人力资源与财力资源的匹配性。产业财力资源主要包含两个方面：产业自身投入资金及政府部门为了支持制造业发展而投入的经费支持。产业自身投入资金重点转向科技活动与生产经营活动两个方向，制造业的高创新性决定产业科技活动的重要性，而制造业的高带动性、高辐射性及高成长性则凸显了产业固定资产投资的重要性，因此，选择产业研发投入及产业固定资产增加额两个指标重点反映产业的财力资源投入。政府的产业投入主要包含政策优惠、科技活动经费投入、金融活动支持等，基于指标可采集原则，选择政府科技活动经费反映政府部门对制造业的投入情况。产业自身投入资金的增加，将引致产业活动的扩张，需要配套的人力资源执行有关决定、开展相关活动；而政府科技活动经费投入的增加不仅直接提升了产业人力资源需求，同时经政府系统论证获得经费支撑后的项目吸引力大幅度提升，社会闲散资金的后续投入及产业人力资源的汇集等都将对人力资源供求匹配产生影响。因此，选择产业研发投入、产业固定资产增加额、政府科技活动经费投入三个指标作为考核产业人力资源横向匹配情况的参照指标。

（2）人力资源纵向成长匹配视角。产业人员平稳发展对产业自身发展具有促进作用，为了满足产业人力资源需求，产业应当有计划、有步骤的增加或减少产业人力资源数量，以平稳实现人力资源供求平衡。人力资源的剧烈变动将严重导致产业人力资源供给不足或人力资源冗余浪费，影响产业发展进程或导致失业，影响人力资源利用效率，为了避免这些问题，产业人力资源应当在原有人力资源数量基础上实现有效调整与变动。因此，将考核当期的上一年产业从业人员数量视为考核当期人力资源纵向成长匹配情况的参照指标。

（3）人力资源与产业发展战略目标匹配视角。区域制造业人力资源配置的最终目标是有效实现产业的战略目标，因此，人力资源应当与产业发展战略目标要求相匹配，以保障产业战略目标的顺利实现。一般而言，产业的目标包含经济/财务发展目标及成长发展/非财务目标。经济性目标不能客观、全面地反映产业发展情况，但是容易统计与计量，而且通常非经济性指标的最终目标可以通过结果性财务指标反映。为此，选择总产值与利润两个指标来反映产业的战略目标。总产值是产业生产能力的价值表现，可反映产业当前生产实力，有研究证实产值与人力资源需求呈正相关关系。人力资源也是产业利润的保障，产业利润一方面通过资金回笼，促进产业再投资，提升产业资金循环效率；另一方面可反映产业市场竞争力，高利润率的产业会吸纳更多的人力与财力资源，是产业追求的重要目标之一。因此，选择总产值与利润作为反映人力资源与战略目标匹配情况的参照指标。

2. 制造业R&D人员需求预测指标体系构建

制造业R&D人员需求预测指标体系框架依照产业总体从业人员预测指标框架进行构建，但鉴于产业研发活动的特殊性，在指标选择上有所调整，具体如下：在产业投入方面，以产业研发投入与政府科技经费投入为横向匹配参照指标，以产业上一年R&D人员数量为纵向匹配参照指标，以新产品产值与新产品销售收入为人力资源战略要求匹配参照指标，预测产业匹配要求的R&D人员数量。产业无法同时有效满足三个方面的匹配要求，但是对三方面进行综合考虑，可以从匹配视角得到相应的人力资源数量要求，可为制造业人力资源调整与人力资源规划制定提供有效决策参考。

6.5.3 人力资源预测方法设计

从人力资源匹配视角及自我发展视角进行预测，由于两种视角下对数据处理的需求不同，分别选择可综合考虑多因素影响的预测方法与遵循数据自身演化规律的预测方法来完成预测任务。

为了提高人力资源预测精准度，采取组合预测方法。在反映多因素作用效果的预测方法中,首先,选择多元回归预测法,基于从业人数需求预测指标的多样性,引入因子分析对影响因素进行精选,提取公共因子后开展回归分析;其次,运用神经网络,综合考虑多个因素实现预测仿真;最后,结合多元回归预测与神经网络预测结果,应用权变思想,采取权变组合预测方法,构建基于多元回归预测与神经网络预测的组合预测模型,降低两种预测结果的相对误差,提高预测结果精度。从制造业人力资源自身发展视角,选择能够反映数据自身演化规律的灰色预测法进行人力资源预测。综合以上两个视角得到制造业人力资源预测方法框架,具体如图 6-4 所示。

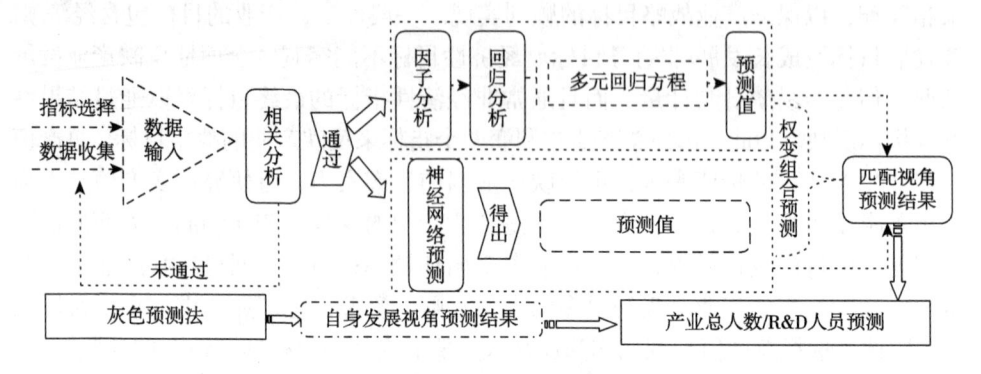

图 6-4　预测方法框架

6.5.4　人力资源预测方法检验

1. 数据采集

依据两个视角下的预测指标体系,从《中国高技术产业统计年鉴》中,搜集制造业的各指标,作为高科技含量制造企业发展的对应数据,具体结果如表 6-15 所示。

表 6-15　高科技含量制造业从业人员预测指标数据表

指标	1	2	3	4	5	6	7
产业研发投入/亿元	509.953 4	652.028 4	798.400 7	925.074 3	1 006.938 5	1 440.913 3	1 733.810 1
产业固定资产增加额/亿元	1 898.28	2 071.33	2 574.17	3 160.45	4 450.41	6 355.45	8 377.13
政府科技活动经费/亿元	39.098 4	65.040 1	87.881 9	67.099 5	78.420 2	117.394 1	145.409 4
上一年从业人员数/万人	744	843	945	958	1 092	1 147	1 269
总产值/亿元	41 996	50 461	57 087	60 430	74 709	88 434	102 284
利润/亿元	1 777	2 396	2 725	3 279	4 880	5245	6 186

续表

指标	1	2	3	4	5	6	7
R&D 人员数/万人	39.398 7	47.828 4	56.488 7	47.462 6	46.339 2	61.835 4	77.405 4
新产品产值/亿元	8 493.262 3	10 671.263 6	13 018.284 2	12 501.218 7	16 502.611 5	19 267.594 0	25 571.038 3
新产品销售收入/亿元	8 248.864 6	10 303.221 7	12 879.474 1	12 595.000 3	16 364.763 0	20 384.520 9	23 765.317 4

2. 相关性分析

针对制造业从业人员预测指标,以各年从业人员数为因变量 y_1,分别检验自变量:产业固定资产增加额 x_1、总产值 x_2、利润 x_3、上一年从业人员数 x_4、产业研发投入 x_5、政府科技活动经费投入 x_6,与因变量的相关性。在对数据进行标准化处理后,应用 SPSS17.0 软件进行相关分析,结果显示自变量与因变量之间相关系数 r 值均大于 $|0.8|$,p 值均小于 0.05,符合相关分析判定标准;针对制造业 R&D 人员预测指标,以各年 R&D 人员数为因变量 y_2,分别检验自变量:产业研发投入 x_1^*,上一年度 R&D 人员数 x_2^*,新产品产值 x_3^*,新产品销售收入 x_4^*,政府经费投入 x_5^*,与因变量的相关性,运算结果显示自变量与因变量之间相关系数 r 值均大于 $|0.8|$,p 值均小于 0.05,符合相关分析判定标准。由此说明,所选自变量与因变量之间均具有较好相关关系,适合开展后续预测分析。

3. 方法测算

采用多个视角进行产业从业人员与 R&D 人员数量测算,比较不同方法测算结果,为制造业人力资源预测提供方法支持。

(1)资源匹配视角下产业从业人员预测。采用多元回归、神经网络及权变组合方法进行人力资源数量预测。

多元回归预测:为精简预测指标,提取关键因子,对选取的六个自变量进行因子分析,利用 SPSS17.0 统计软件,首先进行 KMO(Kaiser-Meyer-Olkin)与 Bartlett 检测,结果显示指标数据适合进行因子分析。利用主成分方法提取三个公共因子,可解释总方差的 99.780%。为更加明确因子的负荷系数,继续对提取结果进行因子旋转,明确每个因子的代表变量,并对因子进行命名,具体如表 6-16 所示。

表 6-16 因子选取表

因子	因子成分	因子名称
第一个因子 C_1	产业固定资产增加额 x_1,产业研发投入 x_5,政府科技活动经费投入 x_6	(Z_1)产业生产投入因子
第二个因子 C_2	总产值 x_2,利润 x_3	(Z_2)产业经营产出因子
第三个因子 C_3	上一年从业人员数 x_4	(Z_3)产业人力资源因子

基于因子分析结果，对提取后的因子进行多元回归分析，构建的回归方程为
$$y = 1\,043.833 + 0.544z_1 + 0.672z_2 + 0.478z_3$$
结果显示制造业人力资源受产业产出与投入影响较大，产业处于成长期，人力资源变动较大，稳定的发展规律对人力资源数量影响相对较小。应用回归预测方程对2～7年制造业人力资源数量进行预测，结果平均相对误差为1.745 7%。

神经网络预测：相对于多元回归预测所建立的线性回归方程，神经网络预测具有可以拟合任意非线性函数并具有强泛化能力的特点，因此，在采取多元线性回归分析基础上，应用神经网络对多因素作用下的从业人员进行预测。运用MATLAB中NNTOOL工具进行预测分析，结果平均相对误差为2.305 3%。

两次预测方法得到的制造业从业人员具体预测值，如表6-17所示。

表6-17　高科技含量制造业从业人员预测结果

年份	回归分析				神经网络分析			
	真实值 y_{1t} / 万人	预测值 $\hat{y}_{1t}$ / 万人	残差 $e_{(1t)}$ / 万人	相对误差 $\Delta(K)$	真实值 y_{2t} / 万人	预测值 $\hat{y}_{2t}$ / 万人	残差 $e_{(2t)}$ / 万人	相对误差 $\Delta(K)$
2	843	875	32	3.7960%	843	894	51	6.0498%
3	945	919	−26	−2.7513%	945	923	−22	−2.3280%
4	958	964	6	0.6263%	958	955	−3	−0.3132%
5	1092	1073	−19	−1.7399%	1092	1105	13	1.1905%
6	1147	1164	17	1.4821%	1147	1167	20	1.7437%
7	1269	1268	−1	−0.0788%	1269	1297	28	2.2065%

权变组合预测：由于单一预测方法构建的预测模型具有不确定性，越来越多的学者采取多方法组合的复杂模型来提高预测精度。权变组合预测就是为了充分利用各种预测方法所提供的信息，提高预测精度而提出的，该方法主要以不同预测模型在不同时间段预测结果的相对误差为依据进行方法组合。

利用多元回归与神经网络两种方法，对2～7年产业人力资源数量进行预测，设 e_{it} 为第 i 种预测方法对第 t 时刻的预测误差；w_i 为第 i 种预测方法的权重系数，满足 $\sum_{i=1}^{2} w_i = 1$；e_t 为用组合预测方法得到的第 t 时段的预测误差，可得组合预测方程为 $\hat{y}_t = \sum_{i=1}^{2} w_i \hat{y}_{it}$。以上所有变量中 $i = 1,2$；$t = 1,2,\cdots,6$，运用组合预测法的重点在于 w_i 的确定。

$w = \dfrac{E^{-1}R}{R^{\mathrm{T}}E^{-1}R}$，其中，$R$ 为分量全为 1 的列向量，$E = \begin{bmatrix} \sum_{t=1}^{6} e_{1t}^2 & \sum_{t=1}^{6} e_{1t}e_{2t} \\ \sum_{t=1}^{6} e_{1t}e_{2t} & \sum_{t=1}^{6} e_{2t}^2 \end{bmatrix}$。

依据组合预测方法进行数据计算可得 $E = \begin{bmatrix} 0.000\,802 & -0.000\,406 \\ -0.000\,406 & 0.000\,430 \end{bmatrix}$，据此可以得到多元回归与神经网络两种预测方法的权重系数分别为 $w_1 = 0.941\,681$，$w_2 = 0.058\,319$，由此建立权变组合预测模型为

$$\hat{y}_t = w_1 \hat{y}_{1t} + w_2 \hat{y}_{2t} = 0.941\,681\,\hat{y}_{1t} + 0.058\,319\,\hat{y}_{2t}$$

应用权变组合预测模型，对 2~7 年制造业人力资源数量进行预测，结果平均相对误差为 1.7244%，具体预测结果如表 6-18 所示，结果表明权变组合预测方法预测结果精确度高于单一方法预测，利用权变组合方法预测未来三年后制造业从业人员数量为 1573.3186 万人。

表 6-18 高科技含量制造业从业人员组合预测结果

年份	真实值 y_{3t}/万人	预测值 $\hat{y}_{3t}$/万人	残差 $e_{(3t)}$/万人	相对误差 $\Delta(K)$
2	843	876	33	3.9274%
3	945	919	−26	−2.7266%
4	958	963	5	0.5715%
5	1092	1075	−17	−1.5690%
6	1147	1164	17	1.4974%
7	1269	1270	1	0.0545%

（2）基于自身发展的产业人力资源预测。依据制造业 2~7 年从业人员指标数据为样本，采用 GTMS3.0 软件进行灰色预测，结果为 $a = -0.079\,193$，$b = 754.717\,544$，由此得灰色预测模型为

$$y(1) = x'^{(1)}(k+1) = \left(x^{(0)}(1) - \dfrac{b}{a}\right)e^{-ak} + \dfrac{b}{a} = 10\,274.103\,833\,e^{0.079\,193k} - 9\,530.104\,230$$

将模型得到的 2~7 年人力资源预测值与真实值进行比较，得平均相对误差为 1.811\,818%，误差在允许范围内，证明该模型有效。应用该模型预测得基于产业从业人员自身发展规律的三年后人员数量为 1595.4583 万人。

6.5.5 制造业从业人员与 R&D 人员预测结果分析

依据产业 R&D 人员预测指标体系，利用《中国高技术产业统计年鉴》相关

数据，采用同样的方法，可得出三年后年制造业 R&D 人员预测值。鉴于 R&D 人员预测涉及指标较少，故在回归预测环节中省去因子分析，直接进行回归预测。预测结果显示，三年后制造业 R&D 人员匹配需求为 92.4365 万人，然而按照自身发展规律当年仅有 91.0159 万人。

从资源匹配视角与自我发展视角出发得到的三年后高科技含量制造业从业人员及 R&D 人员数量如表 6-19 所示[102]。

表 6-19　三年后高科技含量制造业从业人员及 R&D 人员预测结果　　单位：万人

预测	从业人员预测				R&D 人员预测			
预测视角	基于自身规律预测	基于资源匹配需求的从业人员预测			基于自身规律预测	基于资源匹配需求的 R&D 人员预测		
预测方法	灰色预测	多元回归预测	神经网络预测	权变组合预测	灰色预测	多元回归预测	神经网络预测	权变组合预测
预测值	1595.4583	1572.6674	1583.8342	1573.3186	91.0159	92.5518	90.5744	92.4365

6.5.6　基于预测结果的制造业人力资源发展策略

根据预测结果可知，按照制造业人力资源的自然发展，高科技含量制造业无论是从业人员，还是 R&D 人员都无法满足制造业发展的现实需求。因此，需要采取措施促进产业人力资源发展，具体如下。

（1）基于协同中心的制造业人才培养。鼓励企业、高校、科研院所联合建立重点实验室、工程技术研究中心等，通过协同中心建设掌握制造企业人才需求、技术需求等，明确高校人才培养目标与技术开发方向，直接以制造企业需求为导向，提供联合人才培养、技术开发等，在满足制造企业外在技术、人力服务需求的同时，也为制造企业未来人才与技术获取提供直接支持。保证协同中心培养的人才能够深刻掌握制造企业技术与管理实现的需求，直接投入到制造企业可持续发展业务与活动中，解决制造企业发展人力资源不足问题。

（2）学科与专业建设。对制造业相关学科，尤其是人工智能、智能制造、绿色制造技术与自动化等相关学科发展提供支持，鼓励学科交叉与融合，为制造业 2025 发展提供学科、科研人才支撑；完善相关专业课程与培养体系，适应现代制造业发展要求，培养拥有新技能、新素质、新能力的人才，为制造企业后续发展提供人力资源保证。

（3）国际合作与人才引入。加强国际合作，通过国际项目合作，吸引归国留学人员及国外高层次人才，通过专职、兼职、联合指导或联合项目开发等多种形式，促进制造业内外知识交流与学习，促进人才沟通与交流，出台吸引、留住人才的各类政策，按照人才能力与需求等提供对应政策支持，从而利用国际人力资源，满足制造企业人力与研发任务需求，促进我国制造企业可持续发展。

（4）制造业人才协会。加强制造企业之间的技术合作与联合人才培养，建立人才协会，挖掘与预测制造企业未来人才资源需求，通过行业联合培训及与高校、科研院所合作等，及时满足制造行业人才、知识能力培养。制定行业人才吸引政策，通过行业优势，吸纳更多人才致力于制造业发展。

（5）政策引导。加大对制造业发展重要性的宣传，提升公众对制造业技术与实体经济发展的兴趣，培养一批致力于制造业发展的管理人才、技术人才与投资家，为制造业发展提供政策倾斜，对制造企业从业人员尤其研发人员提供更多优惠与保证，实现从业兴趣与偏好转移，保证制造业人力资源数量与质量。

6.6 加大制造企业网络跨界价值创造的政府支持

制造企业网络为了实现可持续发展需要联合不同成员开展不同领域的跨界价值创造活动，实现经济、科技、生态与社会绩效的全面提升与综合发展。

6.6.1 跨界整合促进制造企业网络价值创造的依据

1. 宏观视角制造企业网络价值创造的内涵

价值最早是指有形经济收入，不同学者从收益与成本等不同视角进行考虑，认为高收益或低成本是价值的体现；但后期学者对价值的认知更加广泛，认为其更多体现为无形价值，包含拓展市场份额、提升商誉、具备系统解决方案能力等。当前这些研究主要从微观企业发展视角进行分析，制造企业整体作为生产运作单元集合与国家经济发展、科技升级、生态改善、社会进步息息相关，因此，考察制造企业网络宏观价值需要充分考虑其多方面的宏观贡献。这就要求判定制造企业网络价值时，不仅要考虑其为我国国民经济发展做出的贡献，还需综合考虑企业网络在制造产业与成员核心技术研发、专利创造、新产品开发、技术标准制定，以及科技成果形成、转化、许可、扩散和产业结构升级等方面促进我国科技发展方面的作用；另外，追求生态和谐是我国未来的重点努力方向，因此，制造企业网络在节能减排、环境保护与改善等方面的绩效也需重点考虑。最后，制造企业网络在充分释放剩余生产力、利用闲散资源及改善社会生活便利性等方面也具有重要作用。因此，从宏观视角看，制造企业网络价值创造体现在经济、科技、生态与社会领域内为我国发展做出的贡献，当前研究多侧重企业网络经济贡献，如何更好地促进制造企业网络实现综合价值创造成为我国当前面临的重要战略任务。

2. 制造企业网络跨界整合促进价值创造的过程

跨界价值创造主要是通过制造企业网络在经济、科技、生态与社会领域内的活动，进行有效资源、主体与环节整合，从而提升制造企业网络在各方面综合表现的过程。跨界整合可有效地促进制造企业网络价值创造，具体如下。

（1）通过促进跨界资源整合实现价值创造。资源观理论认为企业是资源的集合，静态的资源如果被放置则无法创造价值，资源需要通过一定的组织形式有效整合，并投入生产运作，通过资源流动创造产品或服务价值。该观点认为制造企业网络可通过跨界并购、在新领域成立企业等，获得更多新领域资源，通过资源整合或不同领域优势资源禀赋互惠、梯级利用等创造价值；通过利用不同领域成果，改变现有资源使用、加工、传递与运输方式等，实现高效率运作；通过延长资源使用寿命、拓展资源利用领域，提高资源利用效率。总之，制造企业网络可以通过经济、科技、生态与社会不同领域资源链接，通过跨界描述、匹配、对接与整合等，促进资源替代升级、高效运作及资源循环利用，从而提升制造企业网络综合价值贡献。

（2）通过促进跨界主体整合实现价值创造。在开放创新与经济一体化背景下，企业网络开展外部合作已成为其实现价值共创的重要途径。跨界主体整合可以通过降低运营风险、获得可靠供需及提升外部变动应对能力等提高企业网络价值创造能力，可以通过提供更多思想、知识与资源，促进产品创新、流程创新、业务创新、服务方式创新等。总体而言，跨界主体整合可通过互补效应实现差异化，在制造领域内通过新颖的运作方式或更为灵活、多变、更加柔性的管理方法，创造更多价值。

（3）通过促进跨界环节整合实现价值创造。制造企业网络可通过跨界环节的延伸与拓展创造更多价值。制造企业网络向前端创意生成、设计、研发、检测等环节的科技领域转移，以及向后端产品回收与再利用、服务化、销售模式的社会领域和生态领域转移等，都可为制造企业网络提供更多价值创造空间与机会。向前转移可优化企业网络原创能力、绿色工艺与产品设计能力及提供差异化服务能力，提升企业网络科技、生态贡献等；向后转移可优化企业网络客户服务满意度和持续获利能力，提升企业网络经济与社会贡献等。总之，制造企业网络需要不断进行跨界环节拓展与延伸，通过跨界环节整合实现特定贡献的显著提升。

综上可知，政府部门应当努力促进制造企业网络开展跨界价值创造，从而推进资源、主体与环节整合，以有效提升制造企业网络的综合价值贡献。

3. 不同价值创造方式下制造企业网络活动要点与政府支持行为

学者多采用理论分析或单案例分析方法研究制造企业网络价值创造方式，但理论分析通常缺少实践支持与检验,而单案例分析虽然可以深入跟踪一个样本,但是在研究系统性、多类别、多情景问题中缺乏对比性与可信度,因此,采用多案例、理论与实践融合分析方法,揭示制造企业网络不同价值创造方式下的价值活动要点,并基于活动要点的实际需求设计对应支持行为。

6.6.2 经济与科技领域跨界整合的价值创造

(1)形成科技型自主品牌。在新领域中通过经验总结不断提升能力,构建自有知识与资源储备,形成领先科技成果并接入国际标准,提升专利质量与数量影响国际标准,进一步整合领域内专利制定国际标准,通过科技优势获得经济收益,提升制造企业网络的科技与经济贡献。我国智能手机制造厂商多数通过低端加工环节进入该领域,通过学习与创新,将原有技术,如计算机技术、模块生产技术、手机组装技术等,与软体设计、芯片开发、网络营销等逐步整合,提升企业网络科技创新能力,形成一批自主民族品牌。我国通信领域通过"2G 跟随—3G 突破—4G 同步—5G 谋求领跑"实现了技术积累与突破,为经济收益的提升与增长提供了保障。该方式下价值活动重点在于制造企业网络知识学习与管理、产品与技术质量提升、对外高技术实力形象树立及知识产权运作等方面,政府部门应当为新领域转型企业网络与科技自主品牌创建提供有效支撑。

首先,企业网络新领域选择至关重要,为避免跨界价值创造陷阱,政府部门应当组织管理、战略、行业领域技术专家等,为制造企业网络跨界经营提供有效论证服务;政府部门需针对领域核心与瓶颈技术突破提供有效人力、专家与非竞争性研发支持,并鼓励成立技术突破基金进行市场运作,为企业网络提供更多融资机会与渠道。

其次,培育一批有资质、有影响力的认证或第三方评估机构,根据进入新领域企业网络的产品质量、工艺、品质、信誉等进行等级评定。对获得优异成绩的企业网络或产品,政府部门通过公示、宣传与奖励等方式,提高其国内口碑与影响力,以国内市场为依托,快速扶持优势企业网络在新领域做大做强,淘汰绩效差或表现一般的企业网络,加速资源周转与优势集聚,提升我国制造企业网络整体竞争实力,增加单位资源价值增值率。

再次,选择自主品牌制造企业网络进行试点示范,对转型成功甚至进入国际市场并获得国际声誉的企业网络进行试点支持,将其转型经验进行分享与推广,促使更多企业网络向价值链高端转移,发挥制造企业网络带动作用。另外,政府部门可通过建立特色产业基地,鼓励相关领域企业网络按照上下游与横向合作关系进入产业基地,通过不同企业资源与能力的整合,形成新领域规模效应,提升该类制造企业网络的整体竞争力。

最后，技术发展到一定程度，制造企业网络应致力于技术标准制定与推广。政府部门应在日常管理中鼓励企业网络开展知识产权管理与标准化建设，积极推行行业技术标准认定。提供平台与媒介鼓励优势高校、科研院所与企业网络开展合作，鼓励拥有互补技术与专利的强强企业网络联合制定国家与国际标准，并在国内加快标准基础安装速度，积极推进应用广度，帮助制造企业网络在外部国际价值获取中占据有利位势。通过知识产权侵权预警、维权保护、交叉、许可等知识产权运作，为制造企业网络未来发展提供一批知识产权专业人才队伍、专业技术服务队伍，促进制造企业网络依托科技实现价值增值。

（2）开发现有产业领域的独特产品，在某一科技点实现突破。一些制造企业网络利用特殊技术优势在原有产业领域内采用新理念或新方法，形成特色产品，参与国际竞争。例如，我国三一重工可移动长手臂挖掘机改变了国外常用的固定挖掘方式，在德国等国际市场获得竞争优势。采用该方式的制造企业网络需要在产业领域形成一定的科技实力，探索现有领域的技术空白点或改变现有领域技术运行模式，形成相对技术优势，提升价值创造能力。企业网络价值活动重点在于加强客户需求挖掘，通过开展多方合作，在某些技术点上实现跨界技术突破与创新。

首先，政府部门应组织多领域专家分析论证技术领域空白点与技术改进方向等，通过主动设计与前瞻性科技规划，引导与帮助制造企业网络开展有益的技术探索与创新。

其次，政府部门应当通过科技计划项目鼓励制造企业网络挖掘新技术创新点，开展技术攻关与多主体研发合作。

再次，政府部门应把具有技术领域突破可能性及能产生市场价值影响的技术列入计划指南，鼓励国内制造企业网络进行集中攻关，实现特定领域技术突破。

最后，政府部门应当促进技术联盟、技术合作平台建设，通过整合相关技术领域的信息、观点、理念等，促进独特技术与产品的开发，从而提升我国制造企业网络的价值创造能力。

（3）与领先企业合作，进入新兴行业领域，占据市场，获得先机。一些制造企业网络选择新兴领域进行跨界经营，从起步阶段就与国际企业合作，直接在某些领域占据高端位置。例如，美的集团（以下简称美的）2017年完成对德国工业机器人库卡公司的收购，就是希望能够利用该公司机器人综合制造实力强、下游应用经验丰富的优势，布局机器人领域的中游总装环节，并积累下游应用经验，为其在我国推广奠定基础。该方式下制造企业网络应当选择面向未来的良好合作项目与伙伴，通过整合与利用国际先进资源创造更多价值。因此，其价值活动重点在于有效的项目与合作伙伴选择，形成良好的管理与知识学习能力，获得可靠的合同条款保证,对先进技术进行消化、吸收与再创新,形成后发竞争优势。

首先,该方式下政府部门应鼓励科技合作尤其是跨国技术合作,政府可通过举办各种形式的国际论坛、技术交流、产品展会等为我国制造企业网络寻找合作项目与伙伴提供更多机会,不断提升我国主办展会的层次、规模与质量,为制造企业网络与先进企业合作提供保障。

其次,鼓励科技中介的发展,帮助制造企业网络开展涉外技术合作与对接,为企业网络提供相关法律、制度与技术成果归属咨询及知识共享管理指导等,以保障我国制造企业网络能够充分利用合作机会提升价值创造能力,避免技术中断、技术依赖与锁定等对制造企业网络持续发展的限制。

再次,对与国内制造企业网络开展技术合作的国外企业网络,政府应当通过法律制度条款予以约束,确保其技术履约的稳定性,通过保障金与惩罚金约定等形式,减少企业网络违约行为或在遭遇违约之后得到有效资金补偿。

最后,政府部门需通过人才引进项目及有效的人才吸引政策等,鼓励海外人才为我国制造企业网络价值创造贡献力量。

(4) 发挥整合优势,有效利用其他企业网络技术资源与能力。有些制造企业网络依靠市场地位及外部资源整合能力获得竞争优势,例如,小米手机通过预售组织购买与生产的方式,组建了企业网络的供应链,形成了资金、技术与渠道的原始积累,后续通过不断提升自我能力,开发出系列产品。该方式下制造企业网络需要具有良好的信息、社会网络关系、市场营销能力、知识资源集成管理能力,并应开发自身的资源管理平台,这样不仅能有效识别其他企业的技术资源,还能通过转化实现不同资源的对接与匹配,减少资源整合冲突,通过模块化任务分工、强有效的渠道、供应商关系管理等实现多主体整合。

首先,政府部门应加强"互联网+"的发展,帮助制造企业网络形成有效的信息资源、知识资源共享氛围,并为共享提供平台支持,积极鼓励制造企业网络加入资源共享平台,如大型仪器设备共享平台、检测平台、行业技术研发平台等,为企业网络科技资源供求对接提供支持。

其次,政府部门应对平台各种资源进行编码、检验,保证信息描述的科学性及资源的真实性与客观性,保障资源交易的公平与公正。

最后,政府部门应当通过鼓励中介机构发展,为供应链整合提供必要的管理、法务咨询,并通过政府部门对合作企业信誉评价与跟踪,建立良好的信誉机制,降低制造企业网络合作中的寻租与机会主义行为。

根据典型案例可得到对应价值创造活动要点,综合上述所需政府支持行为的分析,可得到经济与科技领域跨界整合价值创造的方式、活动要点及政府支持行为的逻辑关系与具体内容,见表6-20。

表 6-20　制造企业网络经济与科技领域跨界整合价值创造活动要点与政府支持行为

目标	价值创造过程	方式	典型实例	重要价值创造活动	政府支持行为
经济与科技领域跨界整合目标：提升经济与科技贡献	知识资源整合；企业网络多主体整合，提升影响力；整合研发与生产环节；整合我国优势核心与外围专利等知识产权	创建科技型自主品牌	我国智能手机行业从组装向研发、销售领域拓展，创建一批自主品牌；我国通信业实现2G跟随、3G突破、4G同步、5G谋求领跑	知识学习	组织战略等领域技术专家进行选择论证；明确瓶颈技术，重点提供人才、专家引导；鼓励成立技术突破基金，市场运作；拓展融资渠道，加强资金支持力度
				质量提升	培育有资质与影响力的认证、评估机构；对新领域企业网络进行客观评估；依托国内市场鼓励企业网络在新领域做强；淘汰表现一般企业网络，促进优势资源集聚
				扩大影响	通过示范点认定，约束行为、共享经验；建立产业基地以集成资源
				知识产权运作	鼓励日常知识产权管理与企业网络标准建设；推进行业标准认定；鼓励产学研合作与强强联合制定国际标准；国内快速推进标准安装基础扩张；知识产权人才队伍建设与专业服务供给
	企业网络与高校、科研院所多主体研究探索整合；企业网络技术联盟或平台多主体整合	开发现有领域独特产品	三一重工可移动长手臂改变国外传统固定形式，获得特色技术优势	挖掘空白点、改变现有技术模式	组织专家论证分析技术空白点；主动设计前瞻性科技规划
				整合多方能力，开发特定新产品	通过科技计划项目，支持多元合作；鼓励技术联盟与技术合作平台建设发展
				技术突破	将具有技术突破可能及能产生市场价值影响的技术列入项目指南，进行集中研发与突破
	国际先进技术整合，引入优秀人力资源；跨国多主体合作	与领先企业合作获得先机	美的收购德国工业机器人库卡公司，进军机器人市场	项目与伙伴选择	鼓励跨国合作，开展多形式论坛、交流会等
				良好管理能力	发展中介，提供涉外对接服务
				可靠合同保证	完善涉外技术合作法律条款与制度，保证制造企业网络合法权益
				消化、吸收能力	有效落实人才引进项目与政策
	整合客户、研发伙伴等优势科技资源；围绕业务整合多家供应商	整合与利用其他企业网络优势资源	小米手机整合多种资源与多家供应商，开发出系列产品	形成良好的信息与知识集成能力	搭建制造企业网络知识、信息、研发资源共享平台，知识交流与服务平台
				建立内部平台，保障资源有效对接	鼓励企业网络加盟政府平台，并保障信息科学与真实性，提高对接效率
				形成良好的冲突处理能力	鼓励中介机构提供管理、法务咨询，建立企业网络信誉跟踪评价机制

6.6.3 经济与生态领域跨界整合的价值创造

(1) 研制满足功能要求的生态化产品。制造企业网络可通过开发能源消耗少、使用更加经济的优势产品赢得客户，例如，新能源汽车实现生态化的同时，满足低成本的出行需要。传统汽车领域国外优势显著，我国制造企业网络难以获得价值突破。因此，可绕过传统垄断领域的发展轨迹，探索与寻找新替代产品，保证其更加便捷、更加智能、更加生态，从而在新领域与国外竞争企业站在同一起跑线；同时，通过完善基础设施为汽车能源补给提供便利，促进行业结构转型，实现制造企业网络价值链升级。该方式下制造企业网络需要开发出具有同样使用功能的低成本绿色、环保产品，这要求制造企业网络在设计、研发、生产过程中不断完善产品性能，有效拓展市场，从而替代传统产品。

首先，政府部门在探索性领域应当进行前瞻布局，鼓励探索性技术开发，鼓励高校与企业网络围绕市场机遇进行针对性的技术攻关，对成果转化与产业化给予政策支持，鼓励更多的制造企业网络进行跨代研究，实现弯道超车。

其次，需对从事该类研究的企业网络给予税收补贴及政策激励等，鼓励社会资金与风险投资公司资金向相关领域转移。

最后，需要帮助制造企业网络进行消费者行为与理念的引导，如通过宣传及使用费用的降低鼓励整个消费群体接受新型环保产品，并利用政府部门的力量为产品普及与推广提供各种便利的公共设施，保证产品使用的便捷性。

(2) 将绿色与生态技术引入制造企业网络各环节。制造企业网络可通过绿色、生态技术引入减少其对原材料的需求，提升原材料加工与使用效率，如佳能等很多企业开展的零排放、零污染活动，将制造企业网络各环节生产加工有机整合，实现副产物在企业网络内的对接应用，在降低企业网络成本、创造经济利益的同时，减少环境污染；尤其是在废弃物处理环节引入生态技术，不仅能减少污染，还可以拓展制造企业网络价值创造领域，如利用建筑业废弃物发电、工业废弃物造纸或零部件再加工、利用生活废弃物开展再生产品制作、工业循环水处理利用等。该类方式下制造企业网络面临的最大挑战在于上下游环节的对接与废弃物回收处理技术的开发与攻关。

首先，政府部门应整合生态及绿色技术研发领域内优势高校、科研院所与企业网络，形成多主体资源与能力整合优势。围绕绿色技术开展长期研发，形成各种替代与备用技术，为技术选择提供更多可能性。应鼓励企业网络开展绿色技术探索，对企业网络相关研发经费与设备投入给予税前抵扣与加速扣除等优惠，鼓励企业网络制定绿色技术标准，从而调动企业网络生态研发积极性。

其次，对废弃物排放进行严格限制。政府部门应根据制造企业网络利用的废弃物危害程度、处理费用等，对利用废弃物开展产品再设计与经营的企业网络给予奖励和补贴。

最后，对产业园、产业集聚区等进行合理布局与规划，按照资源与废弃物梯级利用关系筛选企业，加强对管线、能源传送等基础设施建设，为企业网络废弃物处理与转移提供保障。

（3）在生态改善领域构建完整产业链。制造企业网络可以在有待生态改善的领域寻找既经济又能获利的项目，改善生态的同时创造经济效益。钱学森曾指出防护林治理模式不可持续，在沙漠治理中应大力发展沙漠产业链，通过经济行为改善生态环境。企业网络将沙漠作物研发、种植、加工、生产、销售有效结合，形成沙漠产业链，通过沙漠承包、沙漠作物回收及沙漠荆果果汁/美容品加工、草药生产或沼气发电等形成下端产品，并通过网络进行专题营销（沙漠产品销售专区），构建新的价值链，从而拓展制造企业网络价值创造领域，获得新的经济增长点。该方式重点在于挖掘生态与经济领域结合点与价值创造点，分析价值产生的可能性与可行性，并将其形成价值链以实现生态领域与医疗、美容、电力等多领域的融合发展。

首先，政府部门应努力促成跨领域合作，鼓励各领域探索与生态领域结合的可能性，设计生态领域经济化议题，通过政府科技计划项目与创意平台征集跨界生态创意，进一步组织科研院所、工程中心设计工程化方案，积极吸纳企业网络参与论证与开发。

其次，政府部门可积极组织制造企业网络学习生态领域获取经济收益的典型国家、典型企业及其做法，通过相互交流与合作，为我国制造企业网络生态化领域业务拓展提供思路与初始技术支持。

最后，政府部门应通过产业化项目鼓励制造企业网络进行成果转化与推广，对促进价值链形成的各环节企业提供政策优惠，形成从原材料生成到营销服务完整的支持体系。

综合上述分析，可得到制造企业网络经济与生态领域跨界整合价值创造活动要点及政府支持行为，具体如表6-21所示。

表6-21 制造企业网络经济与生态领域跨界整合价值创造活动要点与政府支持行为

目标	价值创造过程	方式	典型实例	重要价值创造活动	政府支持行为
经济与生态领域跨界整合目标：提升经济与生态贡献	整合设计、生产、营销环节，通过市场需求与政策支持促进生态推广	研制满足功能要求的生态产品	新能源汽车实现生态化的同时，满足低成本的出行需要	形成较强的绿色设计与开发能力	前瞻布局，鼓励探索研究，促进成果转化与产业化，实现弯道超车
				降低价值活动风险，保障资金供给	对相关企业网络给予税收、补贴等政策激励；鼓励社会与风险资金支持相关领域发展
				有效推行绿色产品以赢得市场	引导绿色消费行为，为产品使用提供基础设施便利，降低使用成本

续表

目标	价值创造过程	方式	典型实例	重要价值创造活动	政府支持行为
经济与生态领域跨界整合目标：提升经济与生态贡献	多主体与资源整合开展技术攻关；整合生产、加工各环节，将回收处理纳入整合环节	将绿色与生态技术引入企业网络各环节	佳能等企业网络开展零排放活动，将各环节投入与产出有机衔接，降低成本	各环节对接技术开发	围绕绿色技术开展长期规划，形成替代技术库，鼓励绿色技术探索、制定绿色技术标准
				废弃物回收与处理技术开发	严格限制废弃物排放，对利用废弃物开展产品再设计企业网络给予奖励
				为能源梯级利用提供服务支持	合理筛选与布局企业网络，促进企业网络绿色生态对接；加强产业园区管线与基础设施建设
	围绕生态技术构建完善的、覆盖多环节的产业链；整合生态与其他领域主体及资源	生态改善领域构建产业链获得利润	将沙漠作物研发、种植与加工、生产、销售有效结合，形成沙漠产业链	挖掘生态域与其他领域结合点	设计生态领域经济化议题，通过科技计划项目与创意平台广泛征集创意
				学习生态域实现经济收益的经验	鼓励典型经验学习与交流，为制造企业网络提供发展思路与初始技术支持
				有效实现多领域融合	设计工程化方案，通过产业化项目鼓励企业网络转化成果，对促进价值链形成的各环节企业网络提供政策优惠

6.6.4 经济与社会领域跨界整合的价值创造

（1）开发满足社会需要的个性化、差异化的产品。制造企业网络应紧跟社会需要，创造满足未来社会需求的产品，如各种智能产品（智能家居机器人等）、无人操作产品（无人驾驶汽车等），在满足社会对便利性、简洁性需求的基础上，开辟产品价值创造空间。另外，企业网络需提升制造柔性与灵活性，以满足客户个性化与差异化要求，如戴尔、耐克等根据客户需求开展产品定制生产与服务。因此，制造企业网络应重点提升自身自动化、智能化、信息化水平，通过标准化、模块化分解，形成良好的定制生产与服务能力。

首先，该方式下政府部门应当首先积极利用"互联网+"制造企业网络的发展契机，鼓励开展"'互联网+'、技术产品、运营与商业模式"的创新及变革，努力利用大数据分析技术，制订前瞻的智能发展规划，引导制造企业网络智能转型与升级。

其次，政府部门应致力于网络信息平台环境安全、制度与法规完善工作，对企业网络信息化和智能化建设产生的软件、设备购买与研制费用及人员培训费用等进行补贴或给予税收优惠，鼓励更多制造企业网络开展自动化与智能化建设，占领更多相关国际市场。

最后，应鼓励企业网络进行模块与标准化建设，指导制造企业网络由点到线到面开展企业网络标准、行业标准与国家标准的制定、推广、普及工作，提升我国制造企业上下游间及不同制造企业间材料和半成品等资源的对接、匹配与组合效率，提高我国制造企业网络联合提供定制产品与服务的能力。

（2）实现社会参与和制造企业网络经营的有效结合。通过网络平台积极吸纳社会公众的资金、创意、知识等，这成为制造企业网络提升价值创造能力的一种重要方式。当前一些网站推出的面向所有网络用户的方案征集活动，不仅为网络用户提供了献力献策的机会，使其能够充分展示自我、丰富业余生活、获得更多额外收益，同时也为制造企业网络提供了更多创意来源与经济增长点，成功将社会个人力量与制造企业网络价值创造有效地整合。另外，通过众筹吸纳社会公众资金，不仅提升了社会闲散资金利用效率，也为制造企业网络的业务开拓与结构调整提供了更多资金保障。该方式下制造企业网络价值活动要点在于树立健康、安全的良好公众形象以有效吸引公众智慧与社会资源，准确找到企业网络与社会资源的有效结合点，降低公众参与风险，提升公众参与利益分配的公正性与可靠性。

首先，政府部门应通过设立政策性中介机构对公众创意、成果与资金供给等提供场地、平台与担保等政策支持。例如，支持众创空间发展，吸引更多公众参与方案设计，支持政策性知识产权服务中介为公众成果投入提供客观评价与运营管理咨询等，支持政策性金融机构开展众筹或对开展众筹企业网络提供一定的信誉担保等，从而促进社会公众将更多资金、信息、知识产权、创意等资源有效投入我国制造企业网络发展。

其次，政府部门应当充分发挥中介作用，对参与对接的公众与制造企业网络提供双向奖励、补贴或发放代金券等，使资源供给与需求双方获得合作动力，促进社会参与和制造企业网络经营的有效结合。

最后，鼓励一批信贷、金融、创意平台发展的同时，必须加强对平台利用公众资源情况的监管，出台约束、惩戒政策，规范平台行为与活动，保障社会公众利益不受侵害，实现各类平台的良性与持续发展，为制造企业网络与社会公众提供支持。

综合上述分析，可得到制造企业网络经济与社会领域跨界价值创造活动要点及政府支持行为，具体如表6-22所示。

表6-22　制造企业网络经济与社会领域跨界整合价值创造活动要点与政府支持行为

目标	价值创造过程	方式	典型实例	重要价值创造活动	政府支持行为
经济与社会领域跨界整合目标：提升经济与社会贡献	通过制定行业统一标准整合资源；通过信息化发展实现客户、供应商与制造企业网络整合，开发定制产品	开发满足社会需求的产品	开发各种智能、无人操作产品；根据客户个人需求开展定制产品生产	提升自动化、智能化水平	积极利用"互联网+"制造企业网络的发展契机，制订前瞻智能化发展规划
				提升信息化水平	提升信息平台安全性，完善制度与法规，对企业网络信息化投入给予激励
				提升标准化、模块化运作能力	鼓励和指导企业网络开展标准制定、推广、普及工作，提升行业匹配效率

续表

目标	价值创造过程	方式	典型实例	重要价值创造活动	政府支持行为
经济与社会领域跨界整合目标：提升经济与社会贡献	整合闲散的公众资源；利用公众力量拓展设计、服务环节	鼓励社会公众参与企业网络经营	制造企业网络创办众创空间、孵化器、众筹平台等以吸纳创意、资金、成果等公众资源	树立良好公众形象，吸纳社会资源 准确找到企业网络与社会有效结合点 提升利益分配公正性，降低风险	对公众创意、成果与资金供给等提供场地、平台与担保等政策支持 对参与对接的公众与企业网络提供双向奖励、补贴，提高合作动力 加强对平台利用公众资源情况的监管，出台各种约束政策，规范行为

6.6.5 经济、科技、生态与社会领域跨界整合的价值创造

制造企业网络在实现经济与其他领域跨界整合的价值创造基础上，会以其中某些领域整合为主导，向着全面整合的价值创造方向发展。

制造企业网络经济与科技领域跨界整合后，将考虑更多绿色、生态问题，承担更多社会责任。华为在提升研发实力形成高科技、自主创新品牌形象后，制定供应商可持续发展协议，规范供应链的成员绿色行为，提升企业网络的生态绩效；积极关注所有供应商企业员工的健康与技术能力培训及持续改进等，提升社会绩效。

实现经济与生态领域跨界整合后，制造企业网络将更加关注自身核心技术创新与社会需求服务等。亿利资源集团通过沙漠产业链建设获得生态与经济收益后，不断提升自身科技创新能力。逐步在土壤修复、水环境（综合）治理等方面形成核心技术。同时，为实现清洁与舒适的社会生活，亿利资源集团积极拓展生态城建设、居室空气净化业务，集成生物质能源、蓄电节电技术、微网技术以提供三联供分布式社会能源整体解决方案，不断提升企业网络的社会贡献。

同样，制造企业网络在实现经济与社会领域跨界整合后，将不断提升创新与生态贡献。海尔为实现经济与社会领域融合，联合中德生态园共建了集公共服务、产业孵化等社会服务功能于一体的智能制造平台。通过成立专业实验室、利用平台个性化服务的过程，积累经验，打造智能制造知识池，取得一批智能制造专利成果。同时，通过构建共创共赢生态圈，共享经验、技术、资源与标准等，提升了服务企业网络的资源利用效率及不同企业间资源对接的应用效果，实现了整体生态绩效的提升。

由此可见，制造企业网络将通过不同的跨界价值创造活动最终实现某些领域整合为主的全面跨界价值创造，这是制造企业网络发展的最终方向与目标。该阶段制造企业网络主要通过各方面的探索创新，不断挖掘价值创造的新增长点，利用良好与规范的发展环境与自我探索创新，实现价值创造活动的可持续。因此，政府应重点对制造企业网络探索性研究给予支持，并通过营造良好、公平与高效

的竞争环境、投融资环境及商务环境等，促进制造企业网络价值创造的可持续发展[103]。

6.7 本章小结

本章采用 Lotka-Volterra 模型，分析了科技服务业、金融业两类生产性服务业与制造业的关系，通过历史划分揭示了其相互作用的变动关系，结果表明政府部门应当对其关系进行优化，避免形成捕食与被捕食的关系。根据分析结果，本章提出了基于技术成熟度的制造业科技成果转化管理策略、基于制造企业网络生命周期的不同渠道资金支持策略。在此基础上，本章提出了人力资源预测与规划策略、基于跨界思想的政府支持行为策略等，为我国制造企业网络的可持续发展提供有效的环境与发展支持。

参 考 文 献

[1] Barringer B R, Jones F F, Neubaum D O. A quantitative content analysis of the characteristics of rapid-growth firms and their founders[J]. Journal of Business Venturing, 2005, 20(5): 663-687.

[2] Guo H X, Suo Z L. Structural model of the capability of enterprises sustainable development[J]. International Conference on Management Science and Industrial Engineering, 2011, 21(4): 962-965.

[3] 李君. 互联网时代的工业企业可持续竞争能力实证分析[J]. 计算机集成制造系统, 2018, 24(5): 1228-1239.

[4] 龙昀光, 潘杰义, 冯泰文. 精益生产与企业环境管理对制造业可持续发展绩效的影响研究[J]. 软科学, 2018, 32(4): 68-71.

[5] 邓万江, 马士华, 关旭. 碳交易背景下存在顾客环保偏好的双企业竞争策略研究[J]. 中国管理科学, 2017, 25(12): 17-26.

[6] Tormay P. Big data in pharmaceutical R&D: creating a sustainable R&D engine[J]. Pharmaceutical Medicine, 2015, 29(2): 87-92.

[7] Vorkapić M, Poljak P, Ćoćkalo D, et al. The importance of modular product design in the sustainable development of enterprises[J]. TEHNIKA, 2017, 67(4): 581-586.

[8] Vanessa J, Melanie B, Alexandra S. Research in sustainable business process management[J]. Zeitschrift für Interdisziplinäre Ökonomische Forschung, 2016, (1): 14-27.

[9] 黄江明, 丁玲, 崔争艳. 企业生态位构筑商业生态竞争优势: 宇通和北汽案例比较[J]. 管理评论, 2016, 28(5): 220-231.

[10] 齐平, 宿柔嘉. 国有企业基因重组实现创新驱动发展的机理研究[J]. 经济体制改革, 2017, (6): 12-18.

[11] 李柏洲, 赵健宇, 苏屹. 基于能级跃迁的组织学习—知识创造过程动态模型研究[J]. 科学学研究, 2013, 31(6): 913-922.

[12] 张立超, 刘怡君. 技术轨道的跃迁与技术创新的演化发展[J]. 科学学研究, 2015, 33(1): 137-145.

[13] 陈祖胜, 叶江峰, 林明. 网络异位置企业联盟对低位置企业跃迁的效果: 合作伙伴网络位置与环境敌对性的调节作用[J]. 管理评论, 2018, 30(1): 136-143.

[14] Schilke O. On the contingent value of dynamic capabilities for competitive advantage: the nonlinear moderating effect of environmental dynamism[J]. Strategic Management Journal, 2014, 35(2): 179-203.

[15] Liu N, Guan J C. Dynamic evolution of collaborative networks: evidence from nano-energy research in China[J]. Scientometrics, 2015, 102(3): 1895-1919.

[16] 史丽萍, 唐书林. 基于玻尔原子模型的知识创新新解[J]. 科学学研究, 2011, 29 (12): 1797-1806, 1853.
[17] Bos W, Tarnai C. Content analysis in empirical social research[J]. International Journal of Educational Research, 1999, 31 (8): 659-671.
[18] Zhang Y F, Gregory M. Managing global network operations along the engineering value chain[J]. International Journal of Operations & Production Management, 2011, 31 (7): 736-764.
[19] 王雪原, 徐晓薇. 制造企业服务化价值实现最优构形与调整路径[J]. 科技进步与对策, 2018, 35 (21): 106-111.
[20] Wang X Y, Liu C, Zhang Y F. Manufacturing enterprise network structure influencing mechanism on its ecological performance under different strategies[J]. International Journal of Service, Science and Technology, 2016, 9 (1): 265-276.
[21] Jayaram J, Xu K, Nicolae M. The direct and contingency effects of supplier coordination and customer coordination on quality and flexibility performance[J]. International Journal of Production Research, 2011, 49 (1): 59-85.
[22] Zhang Y L, Cantwell J. Exploration and exploitation: the different impacts of two types of Japanese business group network on firm innovation and global learning[J]. Asian Business & Management, 2011, 10 (2): 151-181.
[23] Kalleitner-Huber M, Schweighofer M, Sieber W. How to shift 100, 000 products toward sustainability: creating a sustainable assortment at Haberkorn[J]. Clean Technologies and Environmental Policy, 2012, 14 (6): 1059-1064.
[24] Wang X Y, Zhang Y F. Engineering network operations for international manufacturing: strategic orientations, influencing factors and improvement paths[J]. Production Planning & Control, 2019, 30 (2/3): 239-258.
[25] 程跃. 协同创新网络成员关系对企业协同创新绩效的影响——以生物制药产业为例[J]. 技术经济, 2017, 36 (7): 22-28.
[26] 刘丽敏, 孙东亮, 李杨, 等. 社会网络中隐性知识交流研究[J]. 情报理论与实践, 2017, 38 (11): 30-35.
[27] Chinowsky P S, Diekmann J, O'Brien J. Project organizations as social networks[J]. Journal of Construction Engineering and Management, 2010, 136 (4): 452-458.
[28] Fulop L, Couchman P K. Facing up to the risks in commercially focused university-industry R&D partnerships[J]. Higher Education Research & Development, 2006, 25 (2): 163-177.
[29] 方兴, 林元增. 企业联盟中关系资本的形成机制及维护[J]. 华东经济管理, 2006, 20 (3): 123-126.
[30] Cheng E W L, Li H. Job performance evaluation for construction companies: an analytic network process approach[J]. Journal of Construction and Engineering Management, 2006, 132 (8): 827-835.
[31] 张蔚虹, 陈英武, 史会斌. 包容性制造业服务化协作网络特征与实现路径研究[J]. 科技进步与对策, 2016, 33 (6): 53-57.
[32] 李晓冬, 王龙伟. 基于联盟知识获取影响的信任与契约治理的关系研究[J]. 管理学报, 2016, 13 (6): 821-828, 862.
[33] Gibson C B, Randel A E, Earley P C. Understanding group efficiency: an empirical test of multiple assessment methods[J]. Group & Organization Management, 2000, 25 (1): 67-97.

[34] 闫禹, 于润. 基于委托代理人合约信任视角的企业内部沟通[J]. 沈阳师范大学学报（社会科学版）, 2015,（2）: 69-71.
[35] 柯洪, 刘秀娜, 杜亚灵. 信任对工程合同柔性影响的实证研究[J]. 软科学, 2015, 29（6）: 139-144.
[36] 杜亚灵, 尹航, 尹贻林, 等. PPP项目谈判过程中信任的影响因素研究——基于扎根理论[J]. 科技管理研究, 2015, 35（4）: 187-192.
[37] 许婷, 杨建君. 企业间信任、合作模式与合作创新绩效——知识库兼容性的调节作用[J]. 华东经济管理, 2017, 31（12）: 35-43.
[38] 杨治, 郭艳萍, 张鹏程. 企业间信任对组织双元创新的影响[J]. 科研管理, 2015, 36（9）: 80-88.
[39] Wang X Y, Li S. Member relationship impact on the performance of different manufacturing enterprise networks[R]. Tianjin: The 12th International Conference on Services Science (ICSS). 2019.
[40] 李柏洲, 罗小芳, 张赟. 产学研合作型企业原始创新中知识生产机制——基于高新技术行业企业的实证研究[J]. 管理评论, 2014, 26（7）: 82-91.
[41] 袁建中, 林庆玮. 高科技产业绿色供应链管理、知识管理与绿色创新相关之研究[J]. 科技管理研究, 2010,（S1）: 245-248, 303.
[42] 王雪原, 马维睿, 知识管理对制造企业绩效的影响研究[J]. 科学学研究, 2018, 36（12）: 113-122.
[43] 王雪原. R&D 联盟创新资源管理效果评价[J]. 科学学与科学技术管理, 2009, 30（8）: 85-90.
[44] 李小聪, 王惠. 组织内部知识转移有效性影响因素研究——基于组织社会化早期员工的视角[J]. 技术经济与管理研究, 2016,（4）: 55-59.
[45] Lin C H, Hung H-C, Wu J-Y, et al. A knowledge management architecture in collaborative supply chain[J], Journal of Computer Information Systems, 2002, 42（5）: 83-94.
[46] 陈晓静, 芮明杰. 隐性知识创新影响因素的实证研究[J]. 统计与决策, 2007,（21）: 85-90.
[47] 杨丰强, 芮明杰. 知识创新服务的模块化分工研究[J]. 科技进步与对策, 2014, 31（19）: 137-142.
[48] 康鑫, 刘高强. 高技术企业知识动员对知识进化的影响路径——知识隐匿中介作用及知识基的调节作用[J]. 科学学研究, 2016, 34（12）: 1856-1864.
[49] 王雪原, 白雪, 董媛媛. 基于网络关系的制造企业知识管理方法研究[J]. 情报杂志, 2018, 37（1）: 163-168.
[50] Szalavetz A. 'Tertiarization' of manufacturing industry in the new economy-experiences in hungarian companies[R]. Hungary: Hungarian Academy of Sciences, 2003.
[51] Alix T, Zacharewicz G. Product-service systems scenarios simulation based on G-DEVs/HLA: generalized discrete event specification/high level architecture[J]. Computers in Industry, 2012, 63（4）: 370-378.
[52] Gebauer H, Friedli T. Behavioural implications of the transition process from products to services[J]. Journal of Business & Industrial Marketing, 2005, 20（2）: 70-78.
[53] Marceau J, Martinez C. Selling solutions: product-service packages as links between new and old economics[R]. Copenhagen: Industrial Dynamics of the New and Old Economy-Who is Embracing Whom, 228548860, 2002.
[54] 程巧莲, 田也壮. 制造企业服务功能演变与实现路径研究[J]. 科研管理, 2008, 29（6）:

59-64.

[55] 杜维, 周超. 制造企业服务创新过程中失败学习路径研究[J]. 科技进步与对策, 2015, 32 (3): 85-89.

[56] Belal H M, Shirahada K, Kosaka M. Knowledge space concept and its application for servitizing manufacturing industry[J]. Journal of Service Science and Management, 2012, 5 (2): 187-195.

[57] 冯晓玲, 丁琦. 中国"制造业服务化"发展路径探讨[J]. 亚太经济, 2011, (6): 73-78.

[58] Lu D W, Betts A, Croom S. Re-investigating business excellence: values, measures and a framework[J]. Total Quality Management&Business Excellence, 2011, 22 (12): 1263-1276.

[59] 王雪原, 刘成龙, 王亚男. 基于扎根理论的制造企业服务化转型需求、行为与绩效结果[J]. 中国科技论坛, 2017, (7): 64-71.

[60] 罗建强, 汤娜, 赵艳萍. 制造企业服务衍生的理论和实现方法分析[J]. 中国科技论坛, 2015, (4): 75-80.

[61] 李靖华, 马丽亚, 黄秋波. 我国制造企业"服务化困境"的实证分析[J]. 科学学与科学技术管理, 2015, (6): 36-45.

[62] Li H, Ji Y J, Gu X J, et al. Module partition process model and method of integrated service product[J]. Computers in Industry, 2012, 63 (4): 298-308.

[63] Harvey J, Lefebvre L A, Lefebvre E. Flexibility and technology in services: a conceptual model[J]. International Journal of Operations & Production Management, 1997, 17 (1): 29-45.

[64] 格罗鲁斯 C. 服务于营销: 基于顾客关系的管理策略 (2nd ed) [M]. 韩经纶译. 北京: 电子工业出版社, 2002: 38-40.

[65] 王雪原, 刘成龙, 张玉峰. 制造企业服务化类型与灵活性匹配分析[J]. 科技进步与对策, 2017, 34 (11): 73-80.

[66] Hansen J R, Ferlie E. Applying strategic management theories in public sector organizations: developing a typology[J]. Public Management Review, 2016, 18 (1): 1-19.

[67] Felício J A, Couto E, Caiado J. Human capital, social capital and organizational performance[J]. Management Decision, 2014, 52 (2): 350-364.

[68] 高珊珊. 我国企业战略联盟研究综述[J]. 企业改革与管理, 2009, (2): 24-25.

[69] Droge C, Claycomb C, Germain R. Does knowledge mediate the effect of context on performance? some initial evidence[J]. Decision Science, 2003, 34 (3): 541-568.

[70] 杨建君, 徐国军. 战略共识、知识共享与组织学习的实证研究[J]. 科学学与科学技术管理, 2016, 37 (1): 46-57.

[71] 张风华. 网络经济条件下企业战略转型研究[J]. 中外企业家, 2016, (18): 15.

[72] 马蕾. "互联网+"时代下的传统企业战略转型研究[J]. 湖北社会科学, 2016 (8): 88-90.

[73] Engert S, Rauter R, Baumgartner R J. Exploring the integration of corporate sustainability into strategic management: a literature review[J]. Journal of Cleaner Production, 2016, 112 (4): 2833-2850.

[74] Wang X Y, He M X. Quality Management Research for Manufacturing Enterprise Servitization[C]. Tianjin: The 12th International Conference on Services Science (ICSS), 2019.

[75] 赵龙文, 莫荔媛, 陈明艳. 面向政府数据开放的资源描述方法[J]. 图书情报工作, 2017, 61 (6): 115-121.

[76] Wang S L, Hou Y B, Gao F, et al. Ontology-based resource description model for Internet of things[C]. 2016 International Conference on Cyber-enabled Distributed Computing and Knowledge

Discovery (CyberC), 2016: 105-108.

[77] 邓飞, 冯运. 服务需求快捷响应模式下的云制造资源共享研究[J]. 机床与液压, 2017, 45 (14): 1-5.

[78] Ko E-J, McKelvie A. Signaling for more money: the roles of founders' human capital and investor prominence in resource acquisition across different stages of firm development[J]. Journal of Business Venturing, 2018, 33 (4): 438-454.

[79] 肖宇佳, 潘安成. "以理" 还是 "人情"? 创业者政治技能与资源获取[J]. 管理科学学报, 2018, 21 (02): 48-67.

[80] Liu W J, Ji J, Yang Y M, et al. Capability-based design task decomposition in heavy military vehicle collaborative development process[J]. Procedia CIRP, 2018, 70: 13-18.

[81] 王雪原, 王宏起. 基于资源观的 R&D 联盟伙伴组合选择方法研究[J]. 科研管理, 2012, 33 (6): 48-55.

[82] 朱庆华, 柳卿, 付小勇. 电信设备制造企业生态设计实践 DEMATEL 分析[J]. 研究与发展管理, 2012, 24 (3): 126-134.

[83] 刘征, 顾新建, 潘凯, 等. 基于 TRIZ 的产品生态设计方法研究——融合规则和案例推理[J]. 浙江大学学报 (工学版), 2014, (3): 436-444.

[84] 刘江南, 姜光, 卢伟健, 等. TRIZ 工具集用于驱动产品创新及生态设计方法研究[J]. 机械工程学报, 2016, (5): 12-21.

[85] 王雪原, 曾灿. 制造企业可持续发展行为方案设计[J]. 中国科技论坛. 2019, (11): 76-84.

[86] 王雪原, 白雪. 互惠视角下制造企业环境绩效提升方法设计[J]. 科技进步与对策, 2018, (16): 107-112.

[87] 曾丽华, 王健. 生产性服务业、制造业与经济增长的动态关系——基于中美两国数据的实证分析[J]. 技术经济, 2017, 36 (2): 85-93, 108.

[88] 王文, 孙早. 制造业需求与中国生产性服务业效率——经济发展水平的门槛效应[J]. 财贸经济, 2017, 38 (7): 136-155.

[89] 凌永辉, 张月友, 沈凯玲. 生产性服务业发展、先进制造业效率提升与产业互动——基于面板联立方程模型的实证研究[J]. 当代经济科学, 2017, 39 (2): 62-71.

[90] 杜宇玮. 中国生产性服务业对制造业升级的促进作用研究——基于效率视角的评价[J]. 当代经济管理, 2017, 39 (5): 65-72.

[91] 胡晓鹏, 李庆科. 生产性服务业与制造业共生关系研究——对苏、浙、沪投入产出表的动态比较[J]. 数量经济技术经济研究, 2009, 26 (2): 33-46.

[92] 庞博慧. 中国生产服务业与制造业共生演化模型实证研究[J]. 中国管理科学, 2012, 20 (2): 176-183.

[93] 徐学军, 唐强荣, 樊奇. 中国生产性服务业与制造业种群的共生——基于 Logistic 生长方程的实证研究[J]. 管理评论, 2011, 23 (9): 152-159.

[94] Wang X Y, Ma W R. Research on the relationship between producer services subdivision industry and manufacturing based on Lotka-Volterra model[R]. Shanghai: The 11th International Conference on Services Science (ICSS), 2018.

[95] 赵志耘, 杜红亮. 我国科技成果转化过程监测指标体系探讨[J]. 中国软科学, 2011, (11): 8-14.

[96] 王雪原, 武建龙, 董媛媛. 基于技术成熟度的成果转化过程不同主体行为研究[J]. 中国科技论坛, 2015, (6): 49-54.

[97] 王雪原，王宏起，李长云. 促进科技成果转化的政府行为研究[J]. 科技进步与对策，2015，(11)：5-9.
[98] Ren L Q, Zeng D M, Krabbendam K. Technological innovation progress in Central China: a survey to 42 firms[J]. Journal of Knowledge-based Innovation in China, 2010, 2 (2): 152-170.
[99] Meuleman M, de Maeseneire W. Do R&D subsidies affect SMEs' access to external financing? [J]. Research Policy, 2012, 41 (3): 580-591.
[100] 王雪原，王玉冬，徐玉莲. 资金筹集渠道对不同生命周期高新技术企业创新绩效的影响[J]. 软科学，2017，31（4）：47-51.
[101] 王雪原，王玉冬，徐玉莲. 基于规则的区域科技经费预算方法研究[J]. 软科学，2014，28（4）：88-92.
[102] Zhao Y M, Wang X Y, Li T J. Scientific and technical personnel prediction of biomedical industry based on industry characteristics[A]. Guerrero J E. : the 5th international conference on Next Generation Computer and Information Technology[C]. Harbin, China: IEEE computer Society Conference Publishing Services（CPS），2016：306-310.
[103] 王雪原，马维睿，王玉冬. 制造企业跨界价值创造活动要点与政府支持行为研究[J]. 中国科技论坛，2019，(4)：103-110.